USC 공공외교센터 니콜라스 컬 교수의 공공외교 수업

한국외대 미디어외교센터 공공외교와 커뮤니케이션 시리즈 도서 Vol. 1

공공외교

디지털 시대의 글로벌 공중 참여를 위한 기초

니콜라스 컬 지음
한국외대 미디어외교센터 옮김

Public Diplomacy

Foundations for Global Engagement in the Digital Age

한 경 사

니콜라스 J. 컬(Nicholas J. Cull)은 영국 출신으로 리즈대학교에서 국제 역사 및 정치로 박사 학위를 취득하고, 뉴욕 커먼웰스 펀드의 하크니스 펠로우로 프린스턴에서 공부했다. 그는 영국의 최연소 정교수 중 하나로 버밍엄 대학교와 레스터 대학교에서 강의를 했으며, 1997년에 미국학 센터(Center on American Studies)를 설립했다. 2005년에 서던캘리포니아 대학교로 옮겨 공공외교 석사 프로그램을 개설하고, 2004년부터 2019년까지 국제 미디어 역사 협회(International Association for Media and History) 회장을 역임했다. 또한 미국, 영국, 캐나다, 멕시코, 스위스, 네덜란드 등 전 세계 여러 외무부와 문화 기관에 공공외교에 관한 자문을 제공하고관련 교육을 진행했다. '냉전과 미국정보국 : 1945부터 1989년까지의 미국선전과 공공외교(The Cold War and the United States Information Agency: American Propaganda and Public Diplomacy, 1945–1989)' 등의 저서를 발간했다.

PUBLIC DIPLOMACY

차례

PUBLIC DIPLOMACY

역자 머리말

이 번역서의 소개를 위해 원저작인 「Public Diplomacy: Foundations for Global Engagement in the Digital Age」의 저자 니콜라스 컬(Nicholas James Cull) 교수의 학문적 궤적을 따라가는 것이 효과적일 듯하다. 그의 학문적 관심이 어떠한 곳들에 눈길을 주었고 발자국을 남겼는지 살펴보면 이 책에 담긴 그의 공공외교에 대한 애정과 열정이 우리를 어디로 안내하고자 하는지를 알 수 있기 때문이다.

그의 학자로서의 출발은 공공외교가 그러하듯이 국제 관계학 관련 분야에서 시작되었다. 그는 영국 런던 리즈(Leeds) 대학에서 국제 정치와 역사학으로 박사학위를 받았는데 그의 학위 논문은 그 학술적 가치를 인정받아 옥스퍼드 대학 출판사에서 「Selling war: The British propaganda campaign against American "neutrality" in World War II(1995)」이라는 제목으로 발간되었다. 그는 이 책에서 제2차 세계대전 당시 영국의 프로파간다 캠페인이 어떻게 제2차 세계대전에 미국을 연합전선으로 이끌었는지를 역사적 자료들을 통해 생생하게 증명해 주고 있다. 이는 매스미디어를 중심으로 하는 정보 당국의 전략적 커뮤니케이션을 조직하여 해외 공중을 직접 설득하고 회유하는 초기 공공외교의 지배적이고 원초적인 목적과 방법을 정교하게 투사해 주는 것이었다. 이후 그는 본격적인 공공외교학 분야에서 활발한 연구와 현장 개입을 해 오면서 2008년 「The Cold War and the United States Information Agency: American Propaganda and Public Diplomacy, 1945~1989」 책을 통해 제2차 세계대전 이후, 미국을 중심으로하는 첨예한 동서 냉전적 공공외교의 이론과 현장의 역사를 정리하였는데, 이는 공공외교 연구와 실천이 과거와의 단절 속에서 새로운 전기를 기획해야 할 때라는 의지를 반영한 것이다. 이어서 나온 "Public Diplomacy: Lessons from the Past(2009)"라는 연구보고서를 통해 그는 제2차 세계대전에서 냉전을 거친후 '과거'의 공공외교에서 현재와 그 너머를 전망하고 구체적 비전을 제시하기에 이른다. 이 빈역서에서 발견되는 새로운 개념과 아이디어들, 그리고 이들의 배경과 맥락들이 바로 이 보고서에서 발견되는네, 그의 공공외교에 대한 논의가 즉흥적이거나 지적 충동으로 발견된 것이 아니라 외교의 역사 과정에서 진화하고 발전되어 왔음을 알 수 있게 한다. 이를 통해 우리는 그의 학술적 궤적이 바로 공공외교학의 과거, 현재, 그리고 미래를 관통하고 있음을 알 수 있다.

이 책은 그래서 단순히 공공외교 분야의 '하나의' 저서가 아니라 오늘날 공공외교 분야의 중요한 지침들의 거처로 평가할 수 있다. 실제로 그는 이 책이 공공외교를 포함한 외교에 관련되거나 관계하는 이들을 위한 '기초적' 교재로 활용되기를 원한다고 밝히고 있다. 이는 이 책이 공공외교의 전문 이론서 혹은 전반적 개론서가 아니라 구체적인 실천적 의도를 내포한 텍스트임을 밝힌 것이다. 이는 매우 의미심장한 함의를 하고 있는데, 그 이유는 오늘날 공공외교는 지정학적 국제 권력관계의 대결 양상이 매우 가시적으로 역동적이고 복잡하며 예측 불가능하게 변화하고 있으며 이전과는 다른 수준과 범위에서 외교 주체들이 이 대결 구도에 직간접적, 그리고 의도적이고 동시에 의도하지 않은 방식으로 참여하고 있어서 외교와 관련된 연구와 실천에 있어서 명확한 대응 원칙과 방향을 제시하는 것이 그야말로 큰 도전이기 때문이다. 즉, 쉽지 않은 난제들을 대하면서 그는 세계 여론을 이해하기 위한 명확한 가이드를 제시하고자 하고 있다. 이러한 그의 자신감은 당연히 그의 연구와 실천의 흔적들의 응축된 결과이다.

구체적으로 그는 다섯 가지 외교적 실천 방식 — 청취(Listening), 옹호(Advocacy), 문화외교(Cultural Diplomacy), 교류외교(Exchange Diplomacy), 국제방송(International Broadcasting) — 과 추가로 국가브랜딩(Nation Branding)과 파트너십(Partnership)을 제시하면서 오늘날 외교 환경은 이전과는 다른 새로운 의사소통의 메커니즘에 의해 작동하고 있음을 보여주고 있다. 그리고 이 일곱 개의 외교적 방식은 우리가 '네트워크'에 의해 시공간뿐 아니라 외교의 주체의 기존의 '장벽과 경계'를 허물고 "더이상 자국의 청자만을 위한 하나의 이야기와 해외의 청자를 위한 또 다른 이야기로 나누는 것"을 불가능하게 하고 있음을 증명하는 기제들로 제시된다.

새로운 논의들은 언제나 현재의 취약함을 방패로 삼아 종종 과장 또는 허위의 의식으로 우리를 현혹하지만 컬 교수는 30년간의 공공외교 현장과 교실과 회담장 속에서 지적 체험의 교훈을 "다른 연구자와 전문가가 좀 더 촘촘하게 채워 나가도록" 안내할 따름이다. 그는 이 책에서 네트워크 미디어 시대에 공중들(Publics)에 의한 의사소통 과정과 그 결과로서 '여론'이야말로 오늘날 외교의 핵심 주체임을 강조한다. 이는 공공외교(Public Diplomacy)가 공중의 외교(Public's Diplomacy)의 패러다임으로 대전환(Great Transformation)하는 과정에 있음을 확인하고 그 현상들에 주목하게 하는데, 그가 제시하고 있는 일곱 개의 공공외교 방식은 그 현상들을 발견하고 점검하며 앞으로 우리가 개념화하고 이론화하는 학습의 게임장이라고 할 수 있다. 그러나 동시에 이 책은 우리가 주목해야 할 외교전략이 인류 역사에서 완전히 새로운 것이 아니며 고대 그리스 도시 국가의 외교에서 로마 시대를 거쳐 중세에 이르기까지 청취와 옹호 등의 사례들에서도 충분히 교훈을 얻을 수 있다는 것을 깨닫게 한다.

> 선인들은 옹호의 가치를 잘 알고 있었다. 이미 언급한 바와 같이, 프리네의 비아스는 "강제가 아니라 설득을 통해 자신의 주장을 펼쳐라"고 충고했다(p. 40).

이 역사적 교훈은 효과적인 공공외교에 있어서 일방적이 아닌 대화와 상호소통에 의한 관계의 변화가 중요한 목표가 될 필요가 있음을 상기시킨다. 이는 소셜미디어와 같은 네트워크 미디어 환경에서 기존의 전통적 공공외교 기구들이 인터렉티브한 미디어 플랫폼을 구축하고 "더 많은 행위자들이 상호교육을 목표로 자신과 타인의 이야기를 세계에 들려줄 수 있는 미래(p. 118)"를 기획하는 이유이기도 하다. 즉, 이 책은 새로운 미디어 기술 환경의 현대적 적용은 과거의 역사적 교훈과 그리 멀리 떨어져 있지 않다는 지혜를 제공해 주기도 한다. 물론 이는 컬 교수의 정치역사학적 배경에 기인한 바가 크다고 하겠다.

그럼에도 불구하고 우리는 분명히 과거와는 전혀 다른 공공외교의 미래를 기획해야 할 시기에 서 있는지도 모르겠다. 2021년 불거진 미얀마의 군부쿠데타에 저항하는 미얀마 민중들의 항쟁은 소셜미디어 플랫폼 위에서 울려 퍼지고, 우리나라를 포함한 국제 사회의 여론을 환기시키며 미얀마 군부정권에 대한 외교와 통상 정책에 엄중한 압력으로 작동한다. 한국의 일반 시민이 운영하는 대중적 유튜브 채널의 이용자들의 대화로 불거지는 다른 국가와의 갈등에 대해 국가는 어떠한 개입을 통해 화해와 협력을 도모할 것인지 여전히 방법을 찾지 못하고 있다. BTS의 글로벌 팬덤은 특정 국가를 중심으로 하는 여론과 전혀 다른 방식으로 이슈를 형성하고 국제적 차원의 정치문화적 공론장을 조직하는 시대를 우리는 지나고 있는 중이다. 한 국가 또는 지역의 특정 이해와 이익을 도모하기 위한 전략적 커뮤니케이션 전략으로서 공공외교는 이러한 새로운 '미디어공중(Media Public)'에 의해 주도되는 국가 간 혹은 국제 공중 간 관계를 효과적으로 매개할 수 있을까? 아마도 우리는 이 질문을 포함해 쉽게 대답하기 어려운 도전들이 아직 무엇인지도 모르고 있을 가능성이 농후하다. 그럼에도 불구하고 이 책은 '희망'이 있음을 주장한다.

> 공공외교는 여전히 지난 역사와 관련이 있다. 오히려 커뮤니케이션이 유례없이 중요한 역할을 하는 현시대에 과거의 교훈은 더욱 의미가 있다… 2500년이 흐른 후에도, 우리는 여전히 희망이 필요하다.

> 공공외교는 그 희망을 전달하는 메커니즘이 될 수 있지만, 더 중요한 것은 올바른 비전과 올바른 상호연결이 뒷받침된다면, 공공외교는 대중 스스로가 희망이 되는 과정 일부가 될 수 있다는 점을 반드시 기억해야 한다(p. 170).

그렇기 때문에 나는 공공외교학자와 외교관 그리고 관련 전문가들로부터 권위를 존경받는 니콜라스 컬 교수의 저서를 지금, 이곳에서 우리글로 소개할 수 있게 되어 다행이라고 생각한다. 국내에 공공외교학 분야의 해외 전문서 번역 자체가 드문 상황에서 그를 이제서야 만나는 것이 늦었지만 시작의 전기가 된다면 나름의 위안이 될 수 있을 것이다. 이 책은 국내 공공외교학 분야의 새로운 활력의 이정표로써 관련 전문가와 학생들이 고개들어 앞으로 나아갈 방향을 안내해 줄 것으로 기대한다.

마지막으로 이 번역서는 한국외대 미디어외교센터의 그룹 스터디를 통해서 시작되었다. 번역서가 나오게 되는 과정을 주도한 한국외국어 대학교 미디어외교센터의 이효복 박사님, 그리고 번역과 교정 과정에 묵묵한 헌신을 해준 김현진, 윤지수 선생님, 그리고 번역에 참여한 안정아, 박제노, 이지인 연구원에게 고개를 숙여 감사한다. 이 책은 그들의 열정과 애정에 의해 나올 수 있었다. 이 책이 국내 공공외교 분야의 발전에 이바지한다면 그것은 오롯이 우리 센터 연구원들 덕분임을 알아주었으면 한다.

2021년 5월 한국외대 미디어외교센터장 채영길

PUBLIC DIPLOMACY

머리말 및 감사의 글

이 책은 조지 워싱턴 대학의 브루스 그레고리가 “외교의 공공적인 측면”이라고 규정한 것을 주제로 쓴 책이다. 공부 중인 외교관과 외교관이 되기 위해 공부하는 학생에게 기초적인 텍스트를 제공하기 위해 쓰였다. 이 책은 세계 여론에 대한 새로운 접근법의 출현에 관한 것만이 아니라, 세계 여론 자체를 이해하기 위해서 쓰였다. 2000년도가 시작할 때 나는 영국 레스터 대학의 미국학 교수였다. 몇 년 동안 영국과 미국의 선전 역사에 관해 연구해 왔지만, 연구 성과를 강의할 기회가 없었다. 때때로 영국 문화원과 함께 일하면서 역할은 영국의 정체성에 관한 연구에 다학제적 접근법을 적용하는 것이었다. 터키에서 영국 공상 과학 프로그램과 핀란드에서 ‘영어’에 대해 다루었다. 국제 이미지의 영향력에 관심을 두는 블레어 정부의 등장으로 새로운 활로가 열렸다. 영국 문화원의 닉 와덤 스미스는 영국의 문화 영향력에 대한 미래를 검토하라는 임무를 맡은 카운터포인트(Counterpoint)라고 하는 위원회 내의 새로운 싱크탱크에 파견되었다. 닉과 그의 상사 마틴 로즈는 저를 위원회 이사회에 기조 연설을 하도록 초대했다. 그 기회에 영국 문화계 인사들에게 지금까지 진행하였던 역사적 연구의 현대적 의미에 대해 분명히 언급하였다. 그것이 처음으로 공공외교의 5대

요소를 발표할 기회였다. 그 이후로 많은 세미나를 통해서 같은 주장을 할 수 있었고, 9/11 테러 이후에 갑사기 공공외교에 대한 정부와 학자들의 관심이 미국과 유럽에서 급격히 상승하면서 더 많은 기회가 생겼다. 그렇게 되면서 전문 학술연구 기관을 통해서 어떤 기회가 생기지 않을까 기대하게 되었다. 서던캘리포니아 대학(USC)이 가장 먼저 움직였다. 2003년에 국제관계 대학교(School of International Relations)와 USC 아넨버그 커뮤니케이션 스쿨이 공동으로 공공외교센터를 설립하였다. 다음 단계에서는 공공외교학 석사학위 과정이 개설되었고, 나는 그 과정을 담당하는 전임 교원으로 고용되었다.

2005년 9월에 USC에 도착하였지만, 공공외교학 석사과정이 실제로 진행되기 이전부터, 이 에세이로 파생된 추가 프로젝트에 참여하도록 권유를 받았다. 내가 고용된 첫해에 USC 공공외교센터로 방문 연구자로 오게 된 이스라엘의 저명한 학자인 아이탄 길보아는 함께 외교관을 위한 공공외교학 연구소를 설립할 것을 제안했다. 연구소는 2006년에 마지막 2주 동안 운영되었고, 이 책의 챕터들은 그 당시의 강의 내용으로부터 발전시킨 것이다. 그 사이에 나의 연구 분야의 성과들이 강의에 반영되기 시작하였다. 그간의 연구 성과를 책으로 만들어 내기 위한 첫 시도는 2007년 영국 외무부와 영연방 사무국이 공공외교에 대한 짧은 입문서를 자신들의 용도로 활용하기 위해서 의뢰하면서부터였다. 이 작업은 「공공외교: 과거로부터의 교훈(2008)」이라는 책으로 출판되었다. 그 후 몇 년 동안, 캐나다, 칠레, 인도, 멕시코, 네덜란드, 남아프리카공화국, 한국, 스위스를 포함한 전 세계의 외국 부처와 외교 전공 학계 수업에서 이 자료를 전달하고 발전시킬 좋은 기회를 가질 수 있었다. 일부 독자들은 특별히 언급될 필요가 있다. 몇 년 동안, 버지니아주 알링턴에 있는 미국 국무부의 외국인 서비스 연구소(Foreign Service Institute)에서 객원 강사로 일하였다. 이 책의 1장과 3장은 FSI 학생들에게 친숙할 것이다. 베이징 외국어 대학교 공공외교센터에 저우 신우 교수의 초청으로 강사를 하였다. 밀라노 카톨리카대 문화외교 석사 코스에 페데리카 올리바레스 교수의 초청으로 이 책의 내용을 강의할 특별한 기회를 얻었다. 이 책은 2016년 3월에 직접 기획하였던 '공공외교의 스프링 연구소(Spring Institute in Internet Diplomacy)'를 통해서 만들어진 책이기도 하다. 그 당시 '인터넷 주소 관리 기구(Internet Corporation on Assigned Names and Numbers, ICANN)'의 수장이었던 파디 차하디와 그의 동료 노라 아부시타가 이 일을 성사시키는 과정에 많은 도움을 준 것에 대해서 감사한다. 이 책을 쓰게 된 동기는 보고서를 위해 개발된 강의와 자료를 더 완전하게 종합하기 위한 것이었다.

책을 쓰고, 연구 과정은 가족, 친구, 동료의 지원이 필요하였다. 이 책을 쓰면서, 서머 연구소(Summer Institute)를 계속 운영해 준 USC 공공외교센터 제이 왕, 필립 세이브, 제프리 와이즈먼 소장들에게 감사를 표한다. 그리고 특히 조슈아 포우츠는 아이탄과 제가 기존의 연구를 자신이 소장 직책에서 물러난 이후에도 계속할 수 있게 해줌으로써 우리를 완벽하게 행복하게 해주었다. 심리학에 대한 도전은 원래 서머 연구소 설립 및 운영과 관련이 없는 USC 아넨버그의 동료 켈튼 로드스의 연구에서 영감을 받았다. UCLA의 수미 채터지는 새로운 분야가 무엇인지에 대한 몇 가지 미묘한 부분을 명확히 하는 데 있어서 도움을 주었다. USC의 나머지 공공외교님들, 특히 밥 뱅크스, 더그 베커, 팸 스타, 콘래드 터너와 캠퍼스 주변의 내 대화상대들, 특히 미나 차우, 데이비드 크레이그, 제리 지아킨타, 게리 웩슬러, 그리고 비할 데 없는 로버트 쉬어에게 감사한다. USC를 넘어 나에게 영향을 미쳤거나 도움을 준 동료로는 아멜리아 아르세노, 마사 베일즈, 케이틀린 번, 알리 피셔, 캐시 피츠패트릭, 바실리 가토프, 제시카 지노우-헤흐트, 로버트 고버스, 브루스 그레고리, 크레이그 헤이든, 샬럿 러그, 조나단 맥클로이, 얀 멜리센, 벤 니모, 제임스 패먼트, 피터 포메란체프, 션 파워스, 먼로 프라이스, J. P. 싱, 낸시 스노우, 세자르 빌리누에바 리바스, 론다 자하르나, 그리고 고인 벤자민 바버이다. 제임스 패먼트는 전체 내용을 초안으로 읽고 그 한계를 솔직히 지적함으로써 더 좋은 책이 출판될 수 있게 도움을 준 것에 대해서는 재차 감사의 언급이 필요할 만하다. 동료인 UCLA의 배리 샌더스, 옥시덴털 대학의 데렉 시어러, UC 어바인의 세넘 세빅, 그리고 파리 정치대학의 오데트 토메스쿠 하토와 로날드 하토에게는 이 책의 내용을 그들의 학생들에게 테스트해 볼 수 있게 허락해준 것에 감사한다. 중동의 공공 정책을 연구하는 RAND 연구소의 달리아 케이와 소할라 아메리는 친절하게도 자신들의 동료들에게 이 책의 주장을 제시해 볼 수 있는 기회를 제공하기 위해서 초대해준 것에 감사한다. 조셉 나이와 사이먼 안홀트는 여전히 나에게 많은 영향을 주고 있다. 저는 매튜 암스트롱, 딕 아인트, 돈 비숍, 존 브라운, 캐서린 A. 브라운, 빌 러그, 마이크 슈나이더로 구성된 작은 모임에서 미국의 공공외교 요소에 관해 토론할 기회를 가질 수 있었던 것을 소중하게 생각한다. 공공외교위원회의 아담 클레이튼 파월 3세와 그의 동료들은 DC에서의 여러 관련된 프리젠테이션과 패널 토론의 좋은 역할을 해주었다. 이 책에서 캐나다 사례의 언급에 있어서는 에반 포터, 데릴 코플랜드, 그리고 사라 E. K. 스미스로부터 많은 영향을 받았다. 저는 영국 외교 정책 커뮤니티의 친구들에게서 많은 것을 배웠고, 은퇴하였지만 유명인인 이언 클리프와 마틴 로즈와 함께 이러한 문제들을 논의할 수 있는 특별한 경험을 누렸다. 또한, 이 책은 수년간 많은 국가의 외교관들과의 대화를 통한 배움이 담겨 있다. 대화를 나눴던 외교관들이 당황하지 않게 하려고 이름을 명시하지 않지만 분명히 감사한 마음을 기억하고 있다.

이 책의 집필을 위해서는 다양한 분야에서의 조언이 필요했다. 나의 오랜 친구이자 항공 조종사 폴 앰브로스는 청취에 관한 장의 사례를 제공했다. 다른 오랜 친구인 레이캬비크의 아르나르 구드문드슨은 같은 장의 버드 콜(Bird Call)에 대해 조언을 해주었다. 저명한 교회 역사가인 포드햄 대학교의 토마스 맥쿠그 SJ가 '선전'이라는 용어의 창시자인 예수회 기사단과 관련된 자료를 제공한 것과 독일의 위대한 예술가 군터 뎀니히가 주도한 '슈톨퍼슈타인'이라는 이름의 국제적 예술 프로젝트에도 감사한다. 카탈루냐의 학자 마크 아르게미 발베는 스페인 속담들을 수집하는 데 도움을 줬다. 이 책의 집필 작업은 USC 및 다른 지역의 학생들의 참여를 통해 구체화하였다. 안나 루프는 훌륭한 조교였다. 네팔리 윌리엄스는 스포츠 외교의 영향력을 보여 주었다. 살타나트 케림바예바는 카자흐스탄을 소개해주었다. 리즈대에서 박사학위를 공동 지도한 캐이틀린 쉰들러는 공공외교의 유용한 대안으로 '외국인 공중 참여'라는 개념을 강조하며 저에게도 그렇게 하도록 격려를 해주었다. 또한 앨리스 스루지스와 몰리 베티가 쓴 훌륭한 박사학위 논문의 심사자로서의 많은 배움을 얻었다.

나는 폴리 출판사의 지원에 감사하고, 특히 엘레 맥도날드 크래머와 메리 새비거, 그리고 세심한 편집자 게일 퍼거슨에도 감사하다.

제인슨 안스콥이 디자인을 한 훌륭한 표지는 유럽의 언어의 날 위원회로부터 영감을 받았다. 이 책은 2016년 중반까지 완료될 것으로 예상했는데, 공공외교 분야에서 실무직 프로젝트와 다양한 이벤트로 인해서 예상보다 늦어지게 되었다. 하지만 다행히 마칠 수 있어서 기쁘다.

레돈도의 친구들도 이 책이 출판되는데 많은 도움을 주었다. 토렌스 대로의 클래식 버거집에서 조엘 푸터러의 아침 식사 초대를 통해서 즐겁게 책 집필을 시작할 수 있는 날들이 많았다. 그리고 아침 모임을 위한 온라인 초대의 참가자인 브라이언 카스트너, 피터 커비코프 및 밥 리드와 함께 보낸 시간도 고맙다. 나의 세 명의 어린 아들, 알렉스, 매그너스, 그리고 올리는 휴대폰 스크린을 통해서 잠시 머리를 식힐 수 있는 즐거움을 제공하였고, 그들은 공공외교를 통해서 만들어 가는 미래의 구현체로서의 이 집필 프로젝트에 의미를 부여했다. 제 막내 아들은 8살 된 친구와 이 책과 관련된 대화에서 다음과 같은 저항에 직면해야 했다.

소녀: 네 아빠의 직업은 가짜야. 공공외교는 진짜가 아니다.

올리: 아니야 그건 진짜야. 그것은 많은 전쟁을 막았어.

소녀: 그래? 그렇다면 그 전쟁 이름이 뭐니?

올리: 쉬운 질문인데, 우린 그 전쟁은 세계 3차 대전이라고 말해.

전 세계의 국회의원들이 올리와 같은 공공외교에 대한 신념을 갖고 있다면, 공공외교 운영에 대한 걱정이 훨씬 줄어들 것이다. 제 아내 카렌 포드 컬은 감정적이고 지적인 지원과 격려를 해주었다. 마지막으로 CDP의 썸머연구소에서 이 책의 내용에 상당 부분이 기원했다는 것을 고려할 때, 나의 친구이자 동료인 에이탄 길로바와의 향후 공동 프로젝트에 대한 기대와 감사와 함께 이 책을 헌정한다.

2018년 5월 미국 캘리포니아 레도도 비치에서 니콜라스 J. 컬

01

해외 공중 참여를 통한 외교: 핵심 용어와 역사

용어 || 해외 공중 참여의 구성 요소 || 청취 || 옹호 || 문화 외교 || 교류 외교
국제 방송 || 대립과 상호관계 || 프로파간다 || 외교 정책에서 프로파간다의 역사
미국 공공외교의 등장 || 공공외교 대 프로파간다 || 새로운 공공외교의 지형
소프트파워 || 글로벌 여론이라는 새로운 슈퍼파워의 등장 || 이 책의 구성은

미국 아이오와주 무스카틴(Muscatine)의 작은 마을은 분명 세계 최대의 시가지는 아닐 것이다. 주민 2만 명이 거주하는 이 마을이 내세울 수 있는 유일한 명성이라면 '세계 수박의 고장'이라는 것뿐이다. 2012년 2월 12일 오후에 이 마을에 많은 사람이 모여들었다. 아이오와시에서 온 지역유지와 국제 학생들, 경찰과 카메라맨, 심지어 저항운동가들도 있었다. 관중들은 미국과 중국 국기를 흔들었다. 몇몇 사람들은 집에서 직접 만든 판넬을 가져왔는데, 거기에는 "아이오와 ♥ 중국"이라고 쓰여있기도 했다. 약속된 시간이 되자, 오토바이 선발대가 도착했다. 당시 중국의 부주석이었던 시진핑이 보니드라이브(Bonnie Drive) 2911번지에 있는 한 저택으로 박수갈채를 받으며 귀환하는 순간이었다. 카메라 플래시가 터지고, 시의 고위관료들이 줄지어 그와 인사했다. 그 중에는 엘리노(Eleanor)와 토마스 드보르착(Thomas Dvorchak)이라는 한 노부부도 있었다. 이들은 이번 만남을 위해 플로리다에서 이 마을로 건너왔다. 이번 행사는 시진핑 부주석의 첫 무스카틴 방문도 아니었으며, 드보르착 부부와의 첫 만남도 아니었다. 이들의 첫 만남은 30년도 더 된 1985년에 드보르착 부부가 시진핑을 그들의 저택에서 맞이했던 때였다. 당시 시진핑은 미국 생활에 관해 배우기 위해 중국 대표단의 일원으로 방문한 것이었다. 훗날 중국 주석이 된 시진핑은 미식축구 포스터와 스타워즈 피규어로 장식된 드보르착 부부 아들의 오래된 방에서 며칠을 묵었다. 2012년에 다시 돌아온 시진핑은 드보르착 부부의 저택, 그리고 무스카틴에서의 행복한 추억을 상기하며 따뜻하게 인사를 건넸다. 그리고 그가 미국 일반 시민에 대해 갖게 된 긍정적인 인식에 대해서도 이야기했다.[1]

1985년에 대표단 방문과 2012년의 시진핑 국빈방문은 중국인과 미국인이 국제 관계가 단순히 정부 간 접촉에 의한 문제가 아님을 이해했기에 일어날 수 있었다. 때로 외교 정책이 수행되는 가장 좋은 방법은 정부가 해외 대중의 참여를 유도하거나 실질적으로 해외 대중이 그들 스스로 참여할 때이다. 이러한 활동을 미국에서는 공공외교(Public Diplomacy)라고 부른다. 어떤 이는 공공외교가 단지 프로파간다(Propaganda)의 한 갈래라고 본다. 하지만, 실무자와 학자는 이 두 개념을 구분한다. 프로파간다는 화자의 메시지를 청자에게 전달하는 것이며, 화자가 옳다고 설득하는 것이다. 공공외교는 상대방의 말을 경청하고 상호 이해의 관계를 발전시키기 위해 노력하는 것이다.

용어

글로벌 대중을 참여하도록 하여 외교 정책을 수행하는 사업에 대해 보편적으로 합의된 단어란 존재하지 않는다. 이에 대해 이스라엘어는 '설명(Explaining, Hasbara)', 프랑스어는 '영향력 외교(Influence Diplomacy)', 영국 외무·영연방부(British Foreign and Commonwealth Office)는 '전략적 커뮤니케이션(Strategic Communication)'이란 표현을 사용한다. 일본 정부에서는 전 과정을 '문화 교류(Cultural Exchange)'라고 부르는데, 여기에는 문화가 아니거나 쌍방향 교환 과정이 아닌 경우도 포함이 된다. 중국 정부는 '선전'이라고 부르는데, 선전은 '선언하다(Declare)'와 '가르치다(Pass On/

Teach)'라는 개념이 결합된 복합어이다. 캐나다는 어느 때부터 대중을 향하는 전체적인 접근 방식에 대해 '옹호(Advocacy)'라고 지칭했다. 여러 소규모 국가에서는 '국가 브랜딩(Nation Branding)'의 관점에서 공중 참여 외교 정책의 전 과정을 구상해왔다. 특히 여러 국가가 국제 대중 관계나 관광 홍보와 같은 상업적인 목적에서 접근하고 있다. 이런 모든 용어는 부분적인 내용만을 내포하거나 실제로 오해를 불러일으키기도 한다. 미국에서 주로 선호되고 있는 용어인 '공공외교'는 통용되는 표현 중 가장 단점이 적은 단어라고 볼 수 있다.

'공공외교'라는 용어는 이 용어가 이론적 완성도나 그 밖의 다른 특성이 있기 때문이 아니라, 탈냉전 외교에 있어 대중의 역할을 미국의 우월성과 함께 설명할 필요가 있었기 때문에 채택되었다. 하지만 공공외교란 용어는 서구에서 충분히 활용되었고, 여러 관료 사이에서 채택되었으며 외국 부처와 전문 부서 호칭은 물론 학계에서도 통용되었다. 에이탄 길보아(Eytan Gilboa) 교수가 지적했듯이, 많은 학자가 공공외교를 연구해왔지만, 중요한 이론이 등장하지는 않았다. 대신에 이 개념은 여러 학문 분야에 도움을 주었다. 역사학과 국제관계학, 커뮤니케이션학 분야에서 특히 두드러졌고 심리학과 홍보학 분야 학자도 공공외교와 관련한 담론을 형성했다.[2] 따라서 '공공외교'라는 용어는 논문, 서적, 잡지, 학술 기관, 교수의 직책, 심지어 이중전공 프로그램에서도 널리 사용되었다.[3]

모든 용어는 그만의 부산물이 따라오는 법이다. 각 용어는 의식적으로나 무의식적으로 의미를 형성하고 종종 용어의 목표나 합리성을 주장하는 은유를 그 안에 내포한다. '전략적 커뮤니케이션'은 군사 영역을 상기시키며, 안보 분야에서 세계 흐름을 주도하고 경제력이 있는 이들에게 호소할 때 자주 선택될 것 같다. '문화 교류'는 발레 투어와 비엔날레와 같이 예술과 관련한 담화에 초점을 맞추고 있다. '영향력 외교'는 청중을 조종하는 능력을 의미하면서, 최면술사가 손을 뻗어 최면을 걸고 있는 장면을 떠오르게 한다. '국가 브랜딩'은 능숙한 판매 홍보, 샘플 로고, 개방형 사무실 등 도시 기획 전문 분야를 떠올리게 한다. 물론 '공공외교'도 나름의 이미지가 있다. 공공외교는 국가의 목표 달성을 위해 교신 활동을 하는 노련한 외교관의 모습을 연상시킨다. '공공외교'라는 용어는 미국식 가치관을 다른 지역에 전파하는 과정에서 영향력을 갖게 되었다. 한편 공공외교는 민간 국제 관계 영역에서 여러 관행이 쌓이면서 해외 공중 참여의 방식으로 특별한 가치를 갖게 되었다. '외교의 세계'는 단순한 국가 홍보 사업의 세계보다 더 나은 개념이다. 공공외교는 '프로파간다'라는 용어에 나타나는, 영미권에서 이해하는 은밀하고 교묘한 측면은 배제했다. '공공외교'라는 용어는 참여 과정을 외교의 한 형태, 즉 국제적인 주체가 국제 환경을 관리하는 방법 중 하나로 보기 때문에 유용하다.[4]

해외 공중 참여의 구성 요소

공공외교라는 용어는 비교적 새로운 개념이지만, 현명한 통치자라면 이미 여론의 중요성을 알고 있었다. 그런 통치자는 폭력행위가 수반하는 역효과를 피하는 것이 얼마나 가치가 있는지 알고 있으며, 이것은 승자에게도 마찬가지였다. 2500년 전, 비아스(Bias)라는 그리스 사상가가 지금의 터키의 한 해변에 위치한 이오니아의 프리네(Priene)에서 정치체제를 이끌었다. 그는 숙련된 정치인으로서 명성을 얻었고, 머지않아 그리스 7대 현자(賢者) 중 가장 현명한 사람으로 이름을 알렸다. 제자에게 했던 그의 충고는 명료했다: "강제가 아니라 설득을 통해 자신의 주장을 펼쳐라."[5] 비아스는 이솝 우화에서 나그네의 망토를 벗기려는 해와 바람의 내기에 대한 이야기를 들려주었다. 바람이 강하게 불자 나그네는 옷깃을 더욱 여몄지만, 곧 해가 비추자 나그네가 망토를 벗었다. 해의 온화함이 이긴 것이다. 조셉 나이(Joseph Nye)가 '소프트파워(Soft Power)'라고 지칭한 역학관계 개념도 그 중 하나이다. 현명한 정책, 매력적인 문화, 존경할 만한 인성이 외교 정책에 이점을 가져다준다. 고대 중국에서 공자는 지혜로운 황제는 "덕을 통해 끌어당긴다."고 말하면서 "멀리 있는 주체가 순종하지 않을 때, 그를 끌어당기기 위해 도덕적 자질을 기르는 것은 이런 이유 때문"이라고 언급했다. 지혜를 통해 명성을 얻은 사례로 2세기 로마 황제 마르쿠스 아우렐리우스(Marcus Aurelius)와 8세기 유럽 프랑크 황제 샤를마뉴(Charlemagne)의 통치를 들 수 있다. 13세기 이슬람 지도자 살라딘(Saladin)은 적에게도 존경을 받았다. 살라딘의 적은 전쟁에서는 그를 두려워했고, 평화 시에는 그를 신뢰했다. 1500년대 프랑스의 왕은 스스로를 국왕이라 선언했고 이러한 명성이 세계 곳곳에서 사업을 하는데 도움을 준다고 여겼다. 그러나 여기에는 설득의 가치를 인정하고 존경할 만한 정책으로 이름을 알리는 것 이외 다른 요소가 작용하고 있었다. 역사적으로, 국제 행위자는 해외 대중을 상대로 청취, 옹호, 문화 외교, 교류 외교, 뉴스·국제 방송이라는 다섯 가지 방식을 활용해왔다.

청취

공중 참여를 통한 외교 정책의 근본적 형태는 '청취'이다. 청취는 국제 대중에 관한 데이터를 수집, 분석하고 그 데이터를 이용하여 정책이나 커뮤니케이션을 적절하게 재연결함으로써 국제 환경을 관리하려는 행위자의 시도를 의미한다. 청취의 가장 기본적인 형태로, 국제 행위자가 해외 청중을 대상으로 '말하기'보다는 '듣기'로 청중을 끌어들이는 상황을 다루는 것을 말한다. 해외 여론에 대한 체계적인 평가는 비교적 현대에 등장한 개념이지만, 이웃 나라의 동태를 파악하는 것은 오래 전부터 국가 전략의 목표가 되어 왔으며, 특히 전쟁 시기에는 더욱 그랬다. 중국 현자 중 한 명인 순자는 "'예지'란 영혼이나 신에게서 이끌어 낼 수 없으며, 과거의 사건 유추나 계산을 통해서도 불가능하다. 예지는 오로지 적의 상황을 아는 사람만이 얻을 수 있다."고 설명했다.[6] 우리 시대에는 여론조사, 오픈소스 미디어 연구, 외교관과 일반 대중의 만남 등 대중과의 모든 접촉을 통해 청취가 이루어진다.

옹호

옹호란 특정 정책이나 아이디어, 또는 행위자의 일반적인 관심사를 해외 대중에게 제시함으로써 국제 환경을 관리하려는 행위자의 시도를 말한다. 고대 역사 속 사례로는 페르시아의 크세륵세스(Xerxes)가 있다. 헤로도토스(Herodotus)에 따르면, 크세륵세스는 그리스의 아르고스인과 페르시아인이 영웅 페르세우스의 혈통을 이어오고 있으므로, 서로 친족 관계에 있다고 강조하는 사절을 보내기도 했다.[7] 현대에 와서 옹호의 사례에는 세트피스 커뮤니케이션 캠페인•(소셜 미디어 포함), 대사관 언론 홍보 및 정보 업무 등이 있다. 정책과 연관성 있는 옹호 활동을 하는 것은 외교 정책 전문가의 최우선순위가 되었다. 옹호가 정책과 관련이 있다는 특성은 옹호가 전반적인 공공외교 참여 구조의 중심으로서 특권적인 활동으로 여겨지는 이유가 된다.

• 세트피스 커뮤니케이션 캠페인이란 미리 약속한 틀에 따라 진행하는 홍보 활동을 말한다.

문화 외교

문화 외교는 행위자의 삶, 신념 또는 예술에 대한 전파를 촉진함으로써 국제 환경을 관리하려는 행위자의 시도로 정의될 수 있다. 고대 역사 속 사례로는 기원전 3세기 알렉산드리아에 그리스식 대도서관을 건립한 것을 들 수 있다. 또한 860년대 비잔틴 황제 마이클 3세와 바실 1세 시기 선교사였던 성 키릴(Cyril)과 성 메토디우스(Methodius) 형제가 슬라브 지역에 정교회의 기독교 복음주의를 전파한 사례가 있다. 이 형제의 선교 활동을 통해 비잔티움 제국의 영향력을 확대할 수 있었다. 이러한 선교 활동은 슬라브 지역에 광범위한 정교 문화권을 형성했고, 비잔티움 제국이 수 세기 동안 이 지역에 세력을 뻗칠 수 있는 기반이 되었다. 정교회 문화는 여전히 성 키릴의 이름에서 유래한 슬라브어 문자 체계인 키릴 문자를 사용하는 사람에게 상당한 영향력을 발휘하고 있다.[8] 문화 외교의 보다 현대적인 사례로는 냉전 시기 소련 정부가 후원한 볼쇼이 발레단의 세계 투어, 미국 정부가 재즈 음악가의 투어를 유사한 방식으로 후원한 사례를 들 수 있다. 또한 영국 문화원이 해외 대중과의 문화 교류를 위해 에이전시 활동을 수행했던 예를 들 수 있다.

교류 외교

교류 외교는 자국민을 해외로 보내고 일정 기간 해외에서 온 외국 시민을 호혜적으로 수용함으로써 국제 환경을 관리하려는 행위자의 시도이다. 전형적인 고대 역사 속 사례로는 켈트인과 여러 다른 고대 민족이 수 세기 동안 행했던 아동 교류(Child Exchange)를 들 수 있다. 이러한 교류를 통해 서로 다른 문화권 내에서 문화 관행을 확산시키고 안정을 유지할 수 있었다.[9] 오늘날, 교류 외교는 국제적인 참여의 주요 수단이다. 미국에서는 교류 외교를 공공외교의 다른 요소보다도 우선시하여 지원하고 있다.

국제 방송

옹호는 기본적으로 주장을 피력하는 활동이지만, 논쟁에 의해서가 아니라 세상의 객관적인 상황을 전반적으로 제시(또는 제시한다고 주장)함으로써 해외 대중을 끌어들이는 관행이 있다. 20세기에는 이러한 관행을 국제 뉴스가 주도했지만, 전자 시대 이전에는 그와 유사한 방식이 동원되었다. 신성로마 황제 프레데릭 2세(1194~1250)는 정기적으로 서신을 이웃 국가의 법원에 전달했다. 이 서신에는 제6차 십자군 원정대, 현재 '중동 평화 프로세스'라고 불리는 황제의 바람이 담겨 있었다.[10] 여기에는 평화보다는 승리를 선호했던 교황과 황제 사이 이견이 내포되어 있다. 전자 매체의 등장으로 국제 행위자가 경계를 넘어 뉴스를 즉시 전파할 수 있게 되었다. 처음에는 옹호 활동, 문화 교류의 측면이 국제 방송의 일부로 다뤄졌으나, 뉴스 콘텐츠가 매체를 더욱 특별하게 만들었다. 국제 뉴스 방송은 제2차 세계대전에서 연합군의 승리, 냉전, 글로벌 사회로의 전환이 이루어질 때 국제 사회를 관리하는 데 활용되었다. 라디오와 텔레비전을 통해서, 휴대기기 콘텐츠를 통해서, 뉴스는 공공외교의 필수적인 부분이 되었다.

대립과 상호관계

이 다섯 가지 요소는 공통의 목적을 공유할 수 있지만 중요한 차이점에 의해 구분된다. 우선 정보가 흐르는 방향을 기준으로 나뉜다. 청취 활동에 있어서 정보는 대중에서 행위자로, 옹호 활동에 있어서는, 행위자에서 대중으로, 문화 활동에서 그 흐름은 행위자의 문화와 대중 사이에서 발생한다. 교환 외교에 있어서, 특정 개인이나 대중 사이에서 양방향으로 흐른다. 국제방송에서는 뉴스 관료집단과 대중 사이에서 정보의 흐름이 발생한다.

두 번째 기준은 각 요소에 대한 신뢰성의 근원을 고려하는 것이다. 청취 능력은 청자의 지각된 반응에서 비롯된다. 옹호 행위의 신뢰성은 옹호자가 그 행위자의 정책에 근접하는 수준에 따라 결정된다. 문화 외교의 신뢰성은 문화적 요인, 즉 눈에 보이는 문화적 형식이나 관행에 대한 진정성 또는 대표성에 근거한다. 교환 외교의 신뢰성은 상호 간의 인식에 바탕을 둔다. 국제 방송의 신뢰성은 저널리즘의 전문적 기준을 준수하는 정도에 따라 달라진다.

세 번째 기준은 이러한 활동이 효력이 발생할 것으로 예상되는 기간을 고려한다. 청취는 연속적인 과정의 일부분이다. 옹호 활동은 즉각적인 정책 목표에 맞춰 짧은 주기를 가진다. 문화 외교는 중기적인 기간에 맞추어 이루어지는 반면 교환 외교는 장기적인 관점에서 서서히 이루어진다. 국제 방송은 오랜 기간 방송되지만, 긴급한 상황에 대해서는 신속한 대응이 요구된다. 이러한 상이한 특성은 각 외교 방식이 지나치게 단순화하여 수용될 경우, 부적합할 수 있으며, 심지어 반내의 개념을 의미할 수도 있다.

각 개별요소에 대한 구체적인 원리와 내부로의 집결력은 충분히 강력하기 때문에 많은 국가가 대부분 또는 전부에 대해 전문 기관을

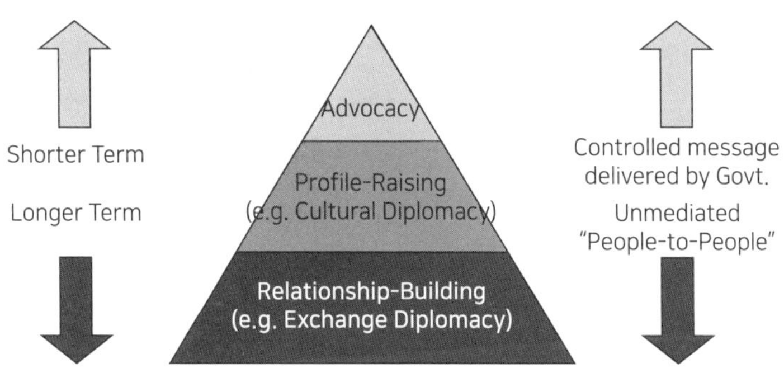

그림 1.1 캐나다의 공공외교 피라미드

운영하고 있다. 청취 활동을 위해 오픈소스 정보원, 싱크탱크를 두고 있으며, 옹호 활동을 위해 외교부 내의 홍보 기관을 운영하기도 한다. 문화 외교를 위해 무료 문화 에이전시를 두고, 교류 외교를 위해 유학 및 교환학생을 위한 기관을 운영하며, 마지막으로 방송을 위한 BBC 월드 서비스, 도이체 벨레(Deutsche Welle)와 같은 독립된 방송 기구를 활용하기도 한다. 미국의 '공공외교'라는 용어는 단순히 위의 활동에 대한 가림막 그 이상, 즉 중앙집권적 접근이 필요하다는 주장이 되었다.[11] 실무자는 공공외교를 수행하기 위해 단일 관료집단이 반드시 필요한 게 아니라는 것을 알아야 한다.

전 세계의 관료집단은 이러한 참여 요소 간 상호관계를 규명하려는 시도를 해왔다. 일부는 지나친 관료의 감시를 피하기 위한 방화벽의 필요성을 주장했다. 영국 문화원과 독일의 괴테 연구소는 정책 입안자로부터의 독립을 요구한다. 영국 문화원은 즉각적인 정책 의제와 그것이 내포하고 있는 일방적 의사소통 역학과 거리를 두기 위해 '문화 외교'라는 용어를 거부하고, '문화 관계'라는 용어를 선호한다. 마찬가지로 서방의 일부 방송사는 완전한 언론의 자유를 요구한다. 이러한 각 요소 간 차이점은 2005년 캐나다 외무부에서 제시한 '공공외교 피라미드'를 통해 구체화되었다.

이 피라미드의 상단에는 정부가 긴밀하게 통제하고 있는 단기 활동으로서 옹호 활동이 위치한다. 중간에는 대부분의 문화 외교에 해당하는 프로파일링 작업이 중기적으로 이뤄지고 있고, 이 때의 정부의 관여는 중간 정도 수준에 해당한다. 피라미드의 하단에는 관계 구축 활동이 위치한다. 장기적인 활동이 있어야 하는 교류 외교가 해당되며, 이는 국제적인 행위자가 거의 통제할 수 없다. 대부분의 교류는 궁극적으로 사람 사이 관계를 가깝게 만들고, 최선의 상황을 바라는 과정이 된다. '공공외교 피라미드'는 상당히 이상주의적이다. 교류를 글로벌 참여의 전체 구조에서 광범위하고 풍부한 토대로 개념화할 수도 있지만 그렇지 않은 경우가 많다. 역설적이게도, 이 모델과 가장 거리가 먼 공공외교의 터무니없는 사례 중 하나는 스티븐 하퍼 총리 휘하의 캐나다 그 자체였다. 당시 하퍼 총리는 캐나다의 이미지에 부정적인 결과를 초래하는 옹호 활동에만 초점을 맞췄다.[12]

프로파간다

외교 정책에서의 공중 참여의 역할은 프로파간다의 역사에 주목하지 않고는 이해할 수 없다. 이 둘을 비교하는 것은 수정처럼 맑은 계류와 광활하고 휘몰아치는 바다에 빗대어 비교하는 것과 같다. 둘 다 물이라는 점은 같지만, 본성은 심오하게 다르다. 공공외교에 대응되는 강물은 순수하고 생명력 있으나, 프로파간다에 대응하는 휘몰아치는 바다는 강력하고, 맞설 수 없으며, 마실 수 없다. 전자는 쉽게 찾을 수 없지만, 후자는 어디에나 있다. 그러나 둘은 언젠가는 만난다. 강물이 바다로 흐르는 것과 같이, 공공외교는 항상 프로파간다를 향해 흘러간다. 프로파간다 연구는 공공외교의 맥락을 이해하는 데 있어 필수적인 요소로서, 공공외교 실무자는 프로파간다에 빠져들지 않기 위해 프로파간다가 무엇인지를 분명히 알고 있어야 한다.

외교 정책에서 프로파간다의 역사

국제관계사에서 프로파간다는 하루아침에 형성된 것이 아니다. 그것은 국제관계 구조의 한 요소이다.[13] 프로파간다는 전쟁으로부터 시작되었다. 인류는 항상 문화적 요인이 전투에서 힘을 실어줄 수 있다는 것을 이해해왔다. 초창기부터 전사들은 전쟁용 페인트로 무장하고, 드럼과 트럼펫과 그들의 영웅 서사시나 무자비한 이야기로 적에 대한 자신감과 비장함을 강화했다. 기만은 이야기의 일부분이다. 권력보다는 논쟁으로 이기는 것이 낫다고 주장한 그리스 현자인 프리네의 비아스는 필요하다면 기만에 의지할 준비가 되어 있었다. 리디아 왕 알랴테스가 프리네를 포위했을 때, 알랴테스는 자신의 아들 크로에소스를 부의 대명사로 만들 수 있도록 재산 모으기에 바빴다. 비아스는 포위에도 거뜬하다는 인상을 보여주기 위해 특별히 살찌운 노새 두 마리를 적진에 풀어주었다. 알랴테스는 이 도시가 가축을 이렇게 잘 사육할 수 있는 충분한 곡물을 비축하고 있다는 사실에 놀라며 평화를 제의했다. 비아스는 리디아의 사절이 프리네에 도착하자, 실제로는 곡물을 얹은 모래에 불과했던 곡물 자루를 사절에게 보여줘 알랴테스의 과도한 자신감을 거두도록 했다. 그러자 알랴테스가 비아스에게 리디아 진영으로 와서 리디아인이 프리네를 떠날 조건을 제시하라고 요구했다. 비아스는 리디아의 왕의 말이 끝날 무렵에, '가서 양파나 먹어라'라는 반항적인 메시지를 보내고 그 자리를 떠났다.[14] 기원전 4세기 인도의 현자 카우틸랴(Kautilya)는 심리전에 큰 비중을 두었다. 아르타샤스트라(Arthashastra)라고 불리는 그의 전투 방식에는 적과 자신의 군대에서도 '심리를 흩트러뜨리기'라고 일컫는 전략이 있었다. 이를 위해 적을 억압하고 부하의 사기를 북돋기 위해 음유시인이나 예언자를 고용하기도 했다.

> 예언자와 음유시인은 천국을 용감한 자의 목표로, 지옥을 소심한 자의 목표로 묘사해야 한다. 그리고 자신의 부하의 계급, 소식, 가족, 소유물과 특성을 칭찬해야 한다. 예언자의 추종자는 그가 행한 마법의 다양한 면을 분명하게 보여주어야 한다. 스파이, 목수, 점성술사 등 또한 아군의 작전은 성공적이었고, 적군은 실패했다고 공공연히 드러내야 한다.[15]

고대 국가가 형성되면서, 통치자는 권력을 증명하기 위해 그의 국가와 자신의 상징성을 활용해 통치했다. 알렉산더 대왕보다 이에 능한 자는 없었다. 그의 공인된 초상화는 그리스에서 힌두 쿠시에 이르기까지, 흉상으로 조각되었고, 모자이크 타일에 새겨졌으며 화폐에 찍혀 유통되었다. 알렉산더 대왕은 사람이었지만, 그의 텁수룩한 머리는 사자의 권력을 보여주었고 그의 치켜 올라간 턱과 눈은 그가 신과 같은 존재라는 것을 시각적으로 나타냈다. 인간이자 사자이자 신이었던 그를 대중은 쉽게 거역할 수 없었다. 수 세기가 흘러 권력을 강화하는

전략은 더욱 정교해졌으나, 전반적인 목표는 동일했다. 이미지는 권력의 필수 요소였다.[16]

유럽에서 최초의 통신 혁명과 종교 개혁의 시대가 열리면서 프로파간다 발달 단계의 다음 국면에 접어들었다. 로마 가톨릭 교회가 유럽에서 입지를 다지고 해외에서 종교를 전파하기 위해 고군분투하는 동안, 한 전직 군인이 새로운 길을 발견했다. 스페인 바스크 국가의 전사에서 성직자로 전향한 로욜라의 이그나티우스는 효과적인 지휘관이 군사 작전에서 활용하는 방식의 체계화가 종교를 전파하는 임무에도 적용될 수 있다고 생각했다. 1539년 그는 예수회(The Society of Jesus)라는 이름의 새로운 수도회를 만들기로 계획했다.•• 최초의 문서인 '신앙의 수호와 전파(Propagation)'•••(라틴어로 프로파간다)로 '공식적인 설교, 강론, 기타 모든 방법을 통해 기독교의 교리를 전파하기 위한 것'이라는 목적을 정의한 교황 바오로 3세가 1540년 9월 이 문서를 승인했다.[17]

•• 예수회는 로마 가톨릭교회의 엄밀한 학문과 사도적 열성으로 알려진 수도회이다. 이 수도회는 1539년 이냐시오 데 로욜라에 의해 창립되어 1540년 교황 바오로 3세로부터 정식 승인을 받았다. 선교사 지원 활동, 복음화, 연구와 교육의 분야에서의 활동으로 명성이 높다.

••• '신앙의 수호와 전파(propagation)'는 예전 명칭인 포교성성(布敎聖省, Sacra Congregatio de Propaganda Fide)으로 더 잘 알려져 있기도 하다. 1982년 교황 요한 바오로 2세에 의해 지금의 이름으로 바뀌었다. 근대적 용어인 '프로파간다'는 이 심의회의 명칭에서 유래한 것이다. 프로파간다는 제1차 세계대전 당시 각국이 국수주의적인 프로파간다 캠페인을 벌이기 전까지는 전혀 부정적인 뜻이 내포되어 있지 않았다.

예수회 신자는 고전적인 수사 접근법을 동원하면서 종교를 전파하기 위한 다양한 기술을 구사했다. 프로파간다라는 용어는 그렇게 교회의 어휘에서 전 세계적 어휘로 확장되어 활용되었다.[18]

1570년대 달력 체계를 개혁한 사람으로 알려진 교황 그레고리 13세는 선교 활동을 조정하기 위해 추기경 3명으로 추기경 위원회를 구성하여 일련의 대학 및 대학기관을 설립했다. 프로파간다라는 용어의 제도화와 과정은 1622년에서야 이루어졌다. 이때에 교황 그레고리 15세가 반개혁 과정의 영구적 제도 기반으로서 로마에서 기독교 전파를 위한 회합으로 알려진 실제 관료 집단을 구성했다. 그는 이그나티우스를 성인으로 승격했다. 로마 중심부 피아짜 디 스파그나(Piazza di Spagna) 광장 한쪽에서 예수회 세대와 함께 프로파간다가 등장했다. 이 용어는 점차 널리 쓰이게 되었고, 북유럽 개신교 작가들은 이후 가톨릭에서 등장한 '프로파간다' 개념이 곧 전체주의 과잉을 의미하게 되었다는 역사적 오명을 지적했다.[19]

유럽의 종교적인 변화는 다음의 단계로 이어졌다. 개신교 국가들이 그들의 오랜 종교적 원칙을 폐기하고 혁명을 받아들이면서, 유럽을 넘어 이웃 국가에 그들의 새로운 정부 체계를 전파하기 시작했다. 그 국가들이 필요로 했던 무역과 그들이 가치 있게 여겼던 우정과 이해를 공유했다. 여기에는 네덜란드 왕국의 사일런트 가문의 윌리엄 왕자가 스페인에 대한 국가의 반란을 정당화하기 위해 수행한 캠페인도 포함되었다. 1580년 윌리엄은 필립 2세에게 자신의 행동을 자유라는 보편적 원칙의 관점에서 설명하고 국내외에서 스페인의 만행을 비난하는 반항적인 서한을 보냈다. 윌리엄의 성직자가 실제로 작성한 이 문서는 프랑스어, 네덜란드어, 영어, 독일어, 라틴어로 출판되었다. 이 문서는 1648년 이전까지 어떠한 경우에도 네덜란드의 독립을 인정하지 않았던 스페인 법정을 넘어서 일반 청중에게 알려질 수 있었다.[20] 비슷한 맥락에서 1649년 영국의 찰스 1세가 타도되어 처형된 후, 올리버 크롬웰••••의 영연방 정부는 처형 사건과는 다른 행위를 주변 국가에 해명하는 데 관심을 기울였다. 크롬웰은 시인 존 밀턴을 국가 회의 라틴 서기관(해외 기관 비서)으로 임명했다. 크롬웰 정부를 대표하여 밀턴에 의해 라틴어로 쓰여진 포고문은 유럽 곳곳에 전해졌다.[21] 아마도 혁명 정부에 의한 가장 성공적인 국제적 공세는 1776년 영국의 미국 식민지 혁명가들이 '사실을 현실 세계에 전달하도록 하라'는 독립선언서를 발표했을 때일 것이다.[22]

새로운 정치 사상과 제도에서 흘러나온 민주화는 서민들을 외교 정책 과정으로 끌어들였다. 정부는 추적하기 시작했고 심지어 외국 선거인들에게 손을 뻗기 시작했다. 1793년 프랑스 혁명 외교관 '시민' 에드몽 샤를 주네는 혁명적 대의명분을 홍보하기 위해 자코뱅 클럽을 조직하여 중립적인 입장을 고수했던 미국을 격분시켰다.[23] 19세기 프로파간다 캠페인에 멕시코와 오스만 제국도 동참했다. 멕시코의 두 대통

•••• 올리버 크롬웰은 잉글랜드의 정치가이며 군인이다. 청교도 혁명으로 잉글랜드의 군주제를 폐한 1658년 9월 3일부터 죽을 때까지 호국경으로 잉글랜드와 스코틀랜드, 아일랜드를 다스렸다.

령 베니토 후아레스(Benito Juárez)와 포르피리오 디아스(Porfirio Díaz)는 모두 미국의 의견을 얻기 위해 노력했으며, 사절단에 멕시코 외교의 선구자 마티아스 로메로(Matías Romero)도 함께 있었다. 비슷한 시기에 오스만 술탄 압둘 하미드(Abdül Hamid) 2세는 자신의 제국의 이미지를 개선하기 위해 여러 가지를 시도했다. 셀림 데링엘(Selim Deringe)이 이와 연관지어 말했듯이 그의 전략에는 긍정적인 것(서구의 주요 도서관에 사진 소장품을 전달하는 것)과 부정적인 것(대중문화에서 오스만 제국에 관해 지나치게 이국적인 표현을 바꾸도록 외교적 압력을 가하는 것)이 포함되어 있었다. 하렘•••••에 관한 네덜란드 촌극은 특히 자극적이었다. 다른 모든 시도가 실패하자, 그의 부하들은 서방 기자에게 뇌물을 주어 제국을 잘 보도하도록 했다.[24]

대외정책의 차원으로 프로파간다가 등장했던 마지막 시기는 민주화와 군부 독재의 산업화가 공존했던 세계대전 시기에 나타났다. 육군, 해군 및 군수공장에서 군사력을 확보하여 중립에 있는 자를 자신의 편으로 끌어들이고 적의 '저항 의지'를 무너뜨릴 필요가 있었다. 제1차 세계대전은 다양한 전술의 각축장이었다. 이탈리아인들은 전단을 공중에서 투하했다. 프랑스의 민간 군대는 종교와 애국심을 혼합하는 전술을 시도했다. 영국인들은 적국을 끔찍한 잔학행위를 하는 가해자로 묘사하며 악마화했고, 이후에는 우드로 윌슨 미국 대통령과 함께

••••• 하렘은 전통적인 이슬람 가옥에서 여자들이 생활하는 영역을 일컫는다.

윌슨 동맹국과 적국 모두에게 더 나은 세계라는 보다 이상적인 접근법으로 전환했다.[25]

20세기 중반까지, 이 모든 프로파간다를 부흥시킨 다양한 동인은 이오시프 스탈린과 소련의 대외 정책에서 나타났다. 스탈린 정권은 전쟁의 심리적 요인을 이해하여, 적을 속이고 혼란스럽게 하기 위해 위장 캠페인을 포함한 복잡한 도박을 시도했다. 소련 정부는 스탈린에 대한 개인 숭배를 전파하면서 이미지화했다. 소련의 공산주의 이념을 종교와 거의 유사한 방식으로 전파하고 혁명을 이전의 다른 체제처럼 역동적인 것으로 설명하기 위해 노력했다. 민주화는 기회를 제시했다. 세계대전 이후 민주주의의 초기 승리는 폴란드와 체코슬로바키아에서 선거를 통해 이루어졌다. 이탈리아는 1948년 선거에서 위험할 정도로 공산주의와 거의 유사 형태가 나타났다. 탈식민지화 과정은 공산주의가 새로운 영토로 나아가도록 이끌었다. 대중의 역할을 강조하는 전체주의 전쟁의 논리는 여전히 존재했다. 세계는 그런 나라나 캠페인을 본 적이 없었다. 이러한 분위기는 미국을 상당히 압박했다.

미국 공공외교의 등장

미국의 행위자와 기관들이 수년 동안 미국의 아이디어를 전 세계에 퍼뜨리려고 노력했지만, 1945년 당시 미국 정부는 단순히 위기를 방지하는 도구로 정보기관을 활용하는 경향이 있었다. 미국 정부의 대외

정책은 마치 호키포키 춤을 추듯, 독립전쟁, 남북전쟁, 제1차 세계대전, 제2차 세계대전과 같은 위기 상황에서는 대외 공중 참여에 다방면으로 관여했다가, 위기 이후에는 빠르게 빠져나오는 전략을 반복했다. 1948년까지 냉전의 규모가 커지자, 미국 국회의사당 다수 의원들은 미국이 다시 한번 행동할 때가 왔다고 확신했다. 그들은 공개적이거나 비밀스러운 다양한 활동에 대한 자금을 지원하기 위해 움직였다. 초기에는 알파벳을 나열하는 각종 프로그램이 등장했다. 의회는 중남미와의 교육 교류와 같이 전쟁 이전 업무에 다양하게 활력을 불어넣고, 보이스 오브 아메리카(VOA) 라디오나 대사관에 기반을 둔 미국 정보 서비스기관과 같은 전시작전 기관으로 확대시켰다. 독일과 일본의 재교육 작업 및 서유럽에서 마셜 플랜의 커뮤니케이션 부문과 같은 전후 정책을 도입했다. 그 결과는 행정상의 혼돈으로 나타났다. 1953년 드와이트 D. 아이젠하워 대통령은 일관성 있는 대응을 모색했다. 아이젠하워는 기존의 공개 프로그램의 대부분을 정비하여 하나의 통합 미국 정보국(USIA)을 만들었다.[26] 처음에 이 새로운 기관은 스스로의 업무를 정보전달 혹은 교환으로 부르는 데 만족했지만, 그로부터 10년 후 미국 정보국은 캠페인을 벌일 새로운 슬로건이 필요했다. 자금을 마련할 수 있는 해답은 공공외교라는 용어였다.

'공공외교'라는 용어는 비록 그다지 창조적이지는 않지만, 터프츠 대학교의 플레처 법외교대학 학장이 된 에드먼드 걸리온 전직 외교관이 만들어낸 개념이었다. 걸리온의 초기 목적은 '프로파간다'라는 용어에 대응하는 민주주의적인 용어를 만드는 것이었다. 그는 1967년 다

음과 같이 설명했다: "나는 프로파간다를 사용하고 싶었다. 프로파간다라는 단어는 미국이 하고 있는 일에 대한 순수한 해석에 가장 근접해 보였다. 그러나 프로파간다는 이 나라가 경멸하는 함축적 의미를 지니고 있었다. 결국 우리는 모든 범위의 의사소통, 정보, 프로파간다를 묘사할 수 있는 '공공외교'라는 단어를 발견했다."[27] USIA는 이 용어를 기꺼이 수용했다. 그 용어는 마치 포위당한 국가의 위기에 처한 지역(VOA를 읽어보라)을 유지하고 이웃 나라의 영토의 일부에 대한 통제를 확대할 권리를 보여주는 지도와 같았다(미국의 문화 프로그램을 읽어보라). 공공외교라는 개념은 이들 모두를 다루는 하나의 용어가 될 수 있다는 가능성을 보여주었다. 이 용어는 기관 직원의 직업적 열망에도 부응했다. 이제 각종 홍보 직원으로 불리는 대신에 외교관이 될 수 있었다. 용어의 도입 이후 약 1년 만에, 그들은 해외 서비스 부문의 직원이라는 보통 시민에서, 확장된 연금 혜택과 승진 전망이 높아진 대사 직급 수준의 대외 서비스 관리로 성장했다. 해외에서 공공외교란 용어가 어떤 영향을 미치든 간에, 이 용어는 미국 국내에서 실무자의 인식을 바꾸는 데 크게 기여했다.[28]

공공외교 대 프로파간다

프로파간다를 완곡어법으로 표현했다는 용어의 유래에도 불구하고 얼마 지나지 않아 실무자들은 공공외교를 프로파간다와 질적으로 다른 것으로 바라보기 시작했다. 그들은 공공외교를 다른 류의 관행으로 만들기 위해 노력했다. 이것은 그렇게 놀라운 일은 아니었다. 역사학자 프랭크 닌코비치가 기록했듯이, 국무부가 전쟁 전 공공의 참여를 위해 나선 것은 단순한 권력 연장이 목적이 아니라 사람 간 상호 지식 교류에 대한 기대에서 비롯되었다.[29] 쌍방향 소통에 대한 비전은 제2차 세계대전에서는 좌절되었지만, 냉전 시기에는 다시 고군분투했다. 영국도 비슷한 형태의 움직임을 보였는데, 영국 문화원이 자국의 문화 교류라는 온건한 형태의 용어를 선호하면서 프로파간다라는 용어를 거부했기 때문이다.[30]

공공외교와 프로파간다라는 용어를 구분하여 비교하면 다음과 같다:

- 공공외교는 진실에 근거하지만 프로파간다는 진실을 선택한다.
- 공공외교는 종종 양방향이지만 프로파간다는 양방향인 경우가 드물다.
- 공공외교는 알기 위해 경청하지만 프로파간다는 목표물에 귀를 기울인다.
- 공공외교는 정보를 내보내는 사회 및 처음으로 정보를 접하는 사회도 바꿀 수 있지만 프로파간다는 목표 사회만 바꾸려고 시도한다.
- 공공외교는 접근방식이 유연하지만 프로파간다는 엄격한 원칙을 가지고 있다.

- 공공외교는 타자를 존중하는 경향이 있지만, 프로파간다는 타자가 무지하거나 틀렸다고 가정한다.
- 공공외교는 개방적이지만 프로파간다는 폐쇄적이다.
- 공공외교는 윤리적이지만 프로파간다는 윤리를 당연시하지 않는다.

역설적이게도 미국 실무자 커뮤니티 내에서 이상적인 공공외교 원칙의 수용이 만연해 있는 가운데 의회와 국무부의 지휘부에 있는 정치지도부는 여전히 프로파간다에 훨씬 더 가까운 관행을 기대하고 있었다. 공공외교관은 일찍부터 자기 자신을 위해 전 세계적인 관여를 한다는 개념을 이해하고, 정치적 주인에게 자신의 일을 제시할 때 위협, 반군운동, 일방적 영향력을 지닌 언어를 구사했다. 이를 뒷받침하는 증거는 나오기 어렵지만 2008년 USIA 참전용사들을 대상으로 한 당시 퀴니피악(Quinnipiac) 대학교 캐시 피츠패트릭(Kathy Fitzpatrick) 연구자의 설문조사에는 분명한 시사점이 드러났다. 피츠패트릭은 평균적으로 그들은 냉전 시기의 공공외교에서 우선순위에 대한 평가에서 "공산주의 상실"을 11위로, 그리고 현대적 우선순위에 대한 평가에서 "테러를 감소시키는 것"을 7위로 평가했다는 것을 발견했다. 가장 큰 목표는 "미국과 미국의 정책에 대한 이해와 지지를 만들어내는 것"이었다. 그들은 또한 "해외 사람들과 좋은 관계를 유지하고", "다른 문화와 가치에 대한 존중을 보여주기"와 같은 목표에 높은 우선순위를 부여했다.[31]

냉전 기간 동안 미국의 의회가 전 세계에 대해 프로파간다 활동을 했다고 볼 수 있는 분명한 근거 중 하나는 냉선이 종식됐을 때 이 활동에 대한 관심이 급격히 감소한 것에서 알 수 있다. 소련 붕괴 이후 몇 년 동안, 해당 활동에 대한 예산은 급감했고 프로그램은 폐지되었다. 결국 1999년 미국 정보국이 국무부로 통합되어 글로벌 공공 부문에 참여할 수 있는 미국의 역량은 가장 낮은 수준이 되었다.[32] 역설적으로 미국의 공공외교가 좌절된 바로 그 순간, 그 개념은 세계의 여러 곳에서 널리 전파되고 있었다. 네트워크 사회로의 발전은 많은 국제 행위자들에게 그들의 국제적인 참여를 향상시키는 동기가 되었다. 정부 간 홍보뿐만 아니라 사람 간 연결에도 관심이 급증하면서 론다 자하르나(Rhonda Zaharna), 알리 피셔(Ali Fisher), 아멜리아 아르세널트(Amelia Arsenault) 같은 학자들은 관계를 기반으로 구축된 공공외교의 중요성을 탐구하고, 얀 멜리센(Jan Melissen), 제임스 패맨트(James Pamment) 등 다양한 학자들은 새로운 공공외교를 면밀히 연구하게 되었다.[33]

새로운 공공외교의 지형

오늘날의 세계를 조사하면, 이전 세대와는 구별되는 여러 가지 요인이 있다. 구세계는 탈식민지화, 지역통합과 이외의 다양한 이야기를 흑백논리로 가르고 냉전의 양극화된 구분선에 따라 지배되었다. 오늘날에는, 대중의 관심을 끌기 위해 경쟁하는 수많은 이야기들과 그러한 이야기들에 대한 많은 정보원들이 있다. 이 정보원은 단순히 일부 정부나 관련 중앙 미디어 매체만이 아니다. 한 세대 전만 해도 국제관계는 대체로 국가가 독점했다. 오늘날, 국제적인 행동과 소통은 국가뿐만 아니라 국제 기구, 지역 단체, 비정부기구, 기업, 지방과 같은 하위정부, 그리고 공유된 생각으로 타자와 연결되기를 바라는 개별 네트워크를 포함하는 놀랄 만큼 많은 행위자들에 의해 주도된다.[34] 실제로 2015년까지는 비국가 네트워크인 이라크 시리아 이슬람 국가/다에쉬(ISIS/Daesh)••••••가 미국 정부 수사 기관의 국가 안보에 대한 주요 위협으로 간주되었다. 국제 무대의 모든 행위자가 그만의 이야기를 전파함으로써 이익을 증진시키기 위해 노력한다.

새로운 세계는 의사소통의 새로운 메커니즘을 형성한다. 위성통신과 월드와이드웹 인터넷이 함께 통신의 속도를 높이고 정보의 확산을 가져왔다. 고대에는 '함께' 하나의 사건을 보는 '모든 육체'라는 개념은 실로 기적적인 것이었다.[35] 오늘날의 이러한 모든 일들은 일상이 되었다. 비결은 관심을 수렴하기 위한 하드웨어를 만드는 것이 아니라 충분히 설득력 있는 무언가를 구상하는 것이다. 소통의 방향이 바

•••••• 이라크 시리아 이슬람 국가(ISIS)는 2017년부터 이라크의 북부와 시리아의 동부를 점령하고 국가를 자처했던 극단적인 이슬람 원리주의 비국가 무장단체이다. 다에쉬(Daesh)는 테러리즘 단체가 국가로 불리는 것을 용납하지 않는 의미에서 미국, 러시아, 아랍국가, 이란 등에서 부르는 용어이다.

뀌었다. 과거에는 제한된 수의 관료와 언론기관에서 흘러나오는 메시지가 위에서 아래로 흘렀다. 새로운 세계에서 메시지는 동등한 타자와의 네트워크를 통해 수평으로 전달된다. 사회학자 마누엘 카스텔스(Manuel Castells)가 말했듯이, 우리는 '네트워크 사회'에 살고 있다.[36]

새로운 세계에서는 많은 장벽과 경계가 허물어진다. 경제, 문화 세계화의 힘은 어떤 한 장소를 초월하는 시장, 기업, 그리고 교류를 만들어냈다. 이것은 정부의 의사소통 담당자에게 상당한 영향을 끼쳤다. 더 이상 자국의 청자만을 위한 하나의 이야기와 해외의 청자를 위한 또 다른 이야기로 나누는 것은 불가능하다. 오늘날에는 칸자스에서 흘러나온 이야기를 칸다하르에서도 들을 수 있다. 이 변화는 특히 정치인들이 해외의 청중에 대해 생각하지 않고 성급하게 발언할 때 나타났다. 대표적으로 조시 W. 부시 대통령이 9/11테러에 대한 대응으로 테러리스트에 대한 '십자군전쟁(Crusade)'을 제안했을 때를 들 수 있다.[37] 또한 오늘날의 변화는 많은 국가의 국제 방송에 대한 접근의 성격을 바꾸기도 했다. 한 세대 전만 해도 해외 외교관 스스로 적절하다고 생각하는 대로 참여할 자유가 있었으나, 오늘날에 그들은 '메시지 원칙'을 지키는 요건과 규율에 의해 제약을 받는다는 것을 알 수 있다. 칸다하르의 외교관이 언급한 말은 칸자스의 유권자가 어떻게 반응할지에 대해서도 고려되어야 한다.[38] 무엇보다, 국가 홍보의 주요 이니셔티브는 외국인을 끌어들이려는 욕구가 아니라, 행위자의 정당성을 강조할 필요성에 의해 추진되는 것으로 보인다. 2008년 베이징 올림픽이나 2010년 상하이 엑스포의 원동력은 단순히 해외 대중의 찬사를 받기 위한 것이 아니라 중국 국민에게 전 세계의 찬사를 받도록 하기 위한 중국 정부의 복잡한 움직임이었다.[39]

또 하나의 허물어진 경계는 상업적 통신과 정부 사이의 경계에서 나타난다. 이제 정부가 장소나 국가의 브랜드에 대해 논의하고 브랜드 전략을 채택하는 것은 흔한 일이다. 국제 문제를 해결하기 위해 정부, 비정부, 지역적, 국제적 기관 심지어 기업 등 다양한 국제 행위자와 함께 일하는 것도 흔한 일이 되었다.

소프트파워

현대의 사회 환경에서 성공에 필요한 자질은 달라졌다. 국제 행위자는 군사력과 경제력이라는 전통적인 영향력에만 의존하기보다는 다른 수단으로 이끌어가는 능력을 고려할 필요가 있다. 알레한드로 필리온(Alejandro Philion)의 경험을 생각해 보라. 2005년 알레한드로 필리온은 멕시코 출신의 젊은 외교관으로서 힘든 업무를 맡게 되었다. 서아프리카의 UN팀에 파견된 그는 악명 높은 한 장군의 진영에 가서 분쟁을 중단하고 평화 회담에 참여하도록 설득하는 임무를 맡았다. 처음에, 그의 예상대로 일련의 사건이 발생했다. 느린 4륜구동 차량을 타고 캠프를 통과했고, 어디서든 볼 수 있는 AK-47 총을 안고 있는 피로한 모습의 어두운 안경을 쓴 남자들. 그가 첫 만남을 향해 성큼성큼 걸어갈 때 상대편의 지휘관이 인상을 찌푸렸다. 젊은 외교관은 손을 내밀며 자신을 소개했다. "알레한드로…" "알레한드로?" 장군이 말을 가로막았다. "루비의 남자친구 이름이네?" 순식간에 필리온은 장군이 작년부터 대히트를 친 멕시코 드라마 '루비'의 등장인물을 언급하고 있다는 사실을 깨달았다. 극중에서 알레한드로는 팜므 파탈이라는 치명적인 매력에 의해 삼각관계에 휘말린 잘생긴 의사로 등장했다. 외교관은 "맞아요."하고는 "루비의 남자친구와 같습니다."라며 대답했다. 고향에서 1만 킬로미터 떨어진 외부인이었던 그는 갑자기 친숙하게 환영을 받았다. 단 몇 분 만에, 장군은 회담에 참여하기로 동의했다.[40] 외교관 필리온은 그의 나라가 경제력이나 군사력을 가했기 때문이 아니라 단순히 장군이 멕시코의 문화를 매력적으로 느꼈기 때문에 무언가를 성취할 수 있었다. 이를 바로 조셉 나이는 '소프트파워'라고 불렀다. 행위자의 문화나 행동에서 나오는 매력의 정도는 파트너십을 구축하고 의제를 발전시키며 국제 공간에서 활동하는 것을 더 쉽게 만들어 준다.[41]

소프트파워라는 개념이 널리 쓰이는 데 비해 — 최근 중국 지도자가 상당히 즐겨 쓰는데[42] — 반드시 일관적이거나 정확하게 사용되지는 않는다. 나이 교수는 처음에는 왜 일본의 경제력이 미국의 상대적인 경제력 쇠퇴로 이어지지 않는지를 설명하는 방법으로 이 용어를 만들었지만, 일부 미국계 분석가들은 소프트파워와 부를 합쳐야 한다고 주장했다. 당근과 채찍으로 당나귀를 움직이려는 아이를 묘사하는 유명한 그림에서 소프트파워는 확실히 채찍도 당근도 아니다. 두 가지 모두 행동에 동기를 부여하는 중요한 요소이다. 아이가 당나귀에게 친절하다는 평판이 생기거나 자신의 농장에 있는 당나귀가 아라비아 종마처럼 느껴진다고 당나귀에게 말할 때 소프트파워가 작용하게 될 것이다. 물론 당나귀에게 그런 식으로 동기를 부여하는 것은 불가능하지만, 여러 가지 미래를 상상하고 서사적인 이야기를 통해 세상을 이해할 수 있는 인간의 능력을 감안할 때 왜 우리가 가축에 빗대어 구성된 동기 부여의 모델을 활용해야 하느냐고 반문할 수도 있다. 소프트파워의 위대한 통찰력은 국가가 이것을 이해하도록 도와준다는 데 있다.

소프트파워는 현대 국제 정치의 다양한 역학을 이해하는데 도움이 된다. 그것은 교황 프란치스코나 말랄라 유사프자이처럼 도덕적 영향은 있지만 관심이나 순응을 강요할 수는 없는 행위자의 가치를 설명하는 데 도움이 된다. 소프트파워는 세상의 투명성으로 인해 행위자에 대한 반발과 희생자에 대한 동정심이 급증하지 않는다면 하드파워를 발휘할 수 없는 세상에 적합하다. 소프트파워는 어떤 사람들에게는 놀라운 자원이었다. 태국은 많은 사람이 태국 요리를 좋아하기 때문에 지역 경쟁국보다 우위에 있다는 사실에 놀랐다. 태국 정부는 태국 음식점의 우수성을 장려하고 태국 요리사를 파견하여 세계 요리학교에서 체험 수업을 실시함으로써 이러한 찬사를 적극적으로 홍보하였다.[43]

소프트파워는 긍정적인 면에서만 작동하는 것이 아니다. 부정적인 소프트파워 또한 있다: 부정적인 정책과 행동은 차별과 불평등의 문화, 편협한 지도자의 추악한 언사, 그리고 동맹으로부터의 탈퇴는 모두 고귀한 이상이 끌어당길 수 있는 만큼 확실히 불리하게 작용할 수 있다. 상황은 윤리에 대한 보편적인 인식이 부족할 수록 더 복잡해진다. 가치는 시간과 장소에 따라 변할 수 있다. 지속가능성 문제에 주어진 현재 우선순위가 도덕성의 근원이 될 수 있듯이 국제 행위자가 판단하는 새로운 우선순위가 등장할 수 있다. 게다가 가치는 이곳저곳으로 옮겨간다. 한 국가의 우선순위는 다른 국가에서는 통하지 않을 수 있으며, 한 집단에 불쾌감을 주는 의제는 다른 집단에게는 도덕적인 힘을 실어줄 수 있다: 9/11 이후 하드파워와 소프트파워 문제가 복잡하게 얽혀 있던 미국의 대응은 권력, 경제적 레버리지, 개발 및 소프트파워의 파급력의 혼합을 상상하는 것이었다. 그들은 그것을 '스마트파워'라고 불렀다.[44] 스마트파워는 국회의사당이 선사한 개념이었다. '소프트한 것'에 대한 대중의 지지를 회피하기 위해 자의적으로 노력했던 상원의원들은 '스마트한 것'이라고 불리는 것을 기꺼이 지지했다.

소프트파워는 공공외교와 동일한 것이 아니다. 오히려 공공외교는 국제 행위자가 스스로의 소프트파워를 높이는 데 활용할 수 있는 일련의 접근법이다. 소프트파워에 관한 중요한 학술 프로젝트에는 인도, 중국, 터키, 베네수엘라, 러시아를 포함한 다른 행위자의 국제적인 매력도를 도표로 나타낸 다야 키샨 소슈가 말하는 '미국 중심에서 탈피한 소프트파워' 또한 포함된다.[45]

글로벌 여론이라는 새로운 슈퍼파워의 등장

소프트파워와 공공외교의 분야에서 많은 요소가 수 세기 동안 이미 존재해 왔지만, 현재 강조되는 중요성은 새롭게 다가온다. 사실, 일부 관찰자에게 있어 추세의 축적된 양상은 국제 시스템의 근본적인 변화에 해당하므로 국가 대표단은 어떻게 대응해야 할지 불확실하다. 2010년 12월 칸쿤에서 열린 UN 기후변화 회의에서 사이먼 앤홀트 영국 분석가는 "지구상에는 단 하나의 슈퍼파워밖에 없다. 그 슈퍼파워는 여론이다."[46]라고 말했다. 국제 공간에서 일하는 모든 행위자는 여론이라는 새로운 슈퍼파워에 관심을 기울이고 그것을 포용하고 조정하는 방법을 모색할 필요가 있다. 안홀트의 연설 이후 몇 년 동안, 새로운 슈퍼파워로서 여론의 방향은 당연하게 여겨질 수 없다는 것이 분명해졌다. 많은 국가는 종종 희생자성(Victimhood)을 이용하여 국가 능력으로 규정된 정체성으로 대중의 관심을 돌리는 것에 성공했다. 일부 행위자는 대중들이 오보와 가짜 뉴스에 현혹되면 혼란 속에서 능숙하게 강성권력(Hard Power)을 휘두를 수 있다는 것을 알게 되었다. 여론이라는 슈파파워는 여전히 역할을 하고 있다.

이러한 도전에 직면하자 새로운 기술에 초점을 맞추고, 소셜 미디어의 시대에 과거의 일들은 아무런 관련성이 없다고 가정하는 잘못에 빠질 수도 있다. 세계 최대 상업 회사는 물리적인 상점이 없으며, 세계 최대 택시 회사는 차를 소유하지 않으며, 세계 최대 소셜 미디어 사이트에는 가장 인구가 많은 나라보다도 더 많은 팔로워가 있다는 것을 깨닫는다면 더욱 그러한 판단을 할 수밖에 없다. 하지만 과거는 현재의 우리에게 힘을 주고 미래를 형성하는 데 도움이 되는 교훈을 가지고 있다. 깃털로 만든 필기구를 사용하던 시대나 광고 인쇄물의 시대와 마찬가지로 소셜 미디어를 사용하는 현재에도 아무리 좋은 대외 공중 참여 정책을 내놓아봤자 나쁜 정책에 대항하기에는 한계가 있는 것처럼, 아무리 세상에서 제일 좋은 정책이라도 이것에 대해 아는 사람이 없으면 가치가 없다. 공공외교 혹은 소프트파워 전략의 외교 정책만으로는 세계를 구할 수 없지만, 외국의 공중 참여는 해답을 찾기에 아주 좋은 대안이며, 이 주제에 관한 책은 대안을 모색하기 위한 좋은 출발점이 될 것이다.

이 책의 구성은

이 책은 차례로 청취, 옹호, 문화 외교, 교류 외교, 국제 방송이라는 고전적인 형태의 공공외교의 다섯 가지 기본 요소에 대한 개요를 제시한다. 이어 국가 브랜딩과 파트너십이라는 새로운 공공외교 영역에서 등장하는 두 가지 주요 요소에 관해 구체적으로 살펴본다. 그 다음으로는 국제 관계학과 외교학, 커뮤니케이션학, 미디어와 영역 연구, 그리고 심지어 행동 심리학에서 나온 통찰력을 학문의 경계를 넘어 통합하고자 한다. 그러나 본래의 역사적 원칙은 겉으로 드러나는 것과 크게 다르지 않을 것이다. 특히 내가 가장 잘 알고 있는 공공외교의 세

가지 사례, 즉 제2차 세계대전의 영국, 냉전의 미국, 그리고 인종 차별 정책을 둘러싼 국제적인 캠페인에 대해 다룬다. 이 세 가지 사례는 본문 전체에 걸쳐 재조명된다. 나는 또한 제임스 패먼트가 '디지털 혁명에 비추어 볼 때 영국 외교의 재구상'[47]이라고 불렀던 과정을 추적한다. 그중 일부 과정은 가까이에서 관찰하였다. 그러나 공공외교라는 개념을 영미 권역의 독점적인 행위로 규정하는 것이 아니라, 다른 국가와 다양한 범위의 국제적 행위자의 사례를 통합하고자 한다. 이 책의 주장과 관점의 한계를 다른 연구자와 전문가가 좀 더 촘촘하게 채워 나가도록 영감을 주고, 고유의 학문 영역과 지역을 위한 논의의 세부적인 부분과 이론의 영역으로 확장될 수 있는 계기를 제공하기를 원한다. 이 책은 소셜 미디어의 시대를 위한 책이지만 반드시 소셜 미디어의 시대에 관한 것만은 아니다. 디지털 접근법과 소셜 미디어의 발전적 영향을 개별적으로 다루지 않고 오히려 각 장에 자연스럽게 논의가 될 것이다. 행위자의 국제적 인지도를 바꿀 수 있는 확실한 마술과 같이 소셜 미디어의 활용을 고유한 영역으로 분리하는 것은 오해의 소지를 만들 수 있다고 생각한다. 새롭게 등장하는 플랫폼과 기술의 진정한 역량과 한계를 균형적으로 이해하기 위해서는 활용되는 각 영역의 전체 진화 과정을 이해할 필요가 있다. 결론은 "정보가 무기화되고 있다."고 표현한 피터 포메란체프의 문구에서 알 수 있듯 우리 시대의 위기를 전 세계적인 공중 참여로 어떻게 해결할 수 있을지에 대한 실마리를 책 전반의 논의를 통해서 끌어내고자 한다.[48]

02

청취: 기본적인 역량

청취의 결핍 || 정의 || 청취의 주체는 누구인가? || 공공외교 청취의 선례
공공외교에서의 훌륭한 청취자 || 평가 || 청취의 실패
효과적인 청취에 있어 도전 요소: 인지적 편향과 사회적 편향
인지/사회적 편향: 누구의 말을 듣는가 || 인지적/사회적 편견: 무엇을 듣는가
인지/사회적 편향: 언제 청취를 하는가 || 인지/사회적 편향: 어디서 그리고 왜 듣는가
인지/사회적 편향: 청취 방법과 의미 || 맹목적인 편견 || 이상적인 청취 프로세스 설계

1990년대 말, 스위스는 이미지에 타격을 입었다. 스위스 은행이 나치의 금을 보호해왔다고 폭로한 것부터 시작하여, 유럽연합(EU) 비회원국으로 유럽 내 주변국 사이에서 고립된 위치에 있던 스위스는 국가의 위신과 영향력이 추락하는 심각한 상황에 직면했다. 2001년 스위스 연방 외교부는 스위스 정부 및 사회의 다른 핵심 기관과의 파트너십을 통해 스위스의 이미지 개선을 위한 새로운 기관을 개설했다. 이 새로운 기관의 이름은 영어로 프레센스 스위스(Presence Switzerland, PRS)였다.• 이 기관은 스위스 외교부에서 상당히 주목받고 있던 요하네스 마티야씨(Johannes Matyassy) 대사가 이끌었다. 마티야씨 대사는 초창기부터 연구의 필요성을 강조했다. PRS는 문제점과 진행 사항에 관한 현황을 보여주기 위해 즉시 주요 대상 국가에서 7차례에 걸친 이미지 관련 설문 조사를 실시했다. 조사 방법에는 여론 조사와 미디어 분석이 포함되었다. 그 데이터는 결과물을 형성하고 효과를 평가하는 데 도움을 주었으며, 스위스의 이미지에서 눈에 띄는 차이를 지적했다. 마티야씨 대사와 팀원은 스위스 내에서 잘 알려져 있으면서도 가치 있다고 여겨지는 측면, 즉 직접 민주주의, 현대성, 인도주의적 기여 등의 가치가 종종 스위스 이외의 국민에게는 많이 알려지지 않았다는 점을 발견하고 놀라움을 금치 못했다. 거기에는 지역적인 문제도 있었다. 2002년 주요 유럽국가의 대중, 기업 경영자, 정치인의 의식 비교 연구에 따르면, 영국의 정치

• 불어로는 Presence Suisse, 독어로는 Prasenz Schweiz이다.

적 표본에서 기이한 급증이 나타나는 것을 발견했다. 유럽에서 스위스에 대한 긍정적 태도가 평균 65%인 것에 반해, 영국은 고작 30%의 정치인만 스위스에 대해 긍정적인 태도를 보인 것으로 나타났다. PRS는 영국의 정치적 엘리트들이 스위스를 보수적인 국가로 인식한다는 것을 알아냈다. 이는 스위스인이 가지고 있는 전형적 이미지인 알프스의 호른산맥에서 자수가 놓인 블라우스를 입으며 생활하는 문화 보수주의가 아니라, 당시 집권한 노동당의 토니 블레어에 대항하는 영국 보수당과 이념적으로 매우 유사한 점이 있다고 생각한 것이다. 추가 조사에 따르면, 마거릿 대처 집권기 및 주요 시기 동안 스위스 대사관은 줄곧 영국 보수 단체를 위한 행사들을 후원했으며 신노동 정부 시기에도 보수당에 대한 후원은 계속 이어졌다. 그때까지도 아무도 방향을 바꿀 생각을 하지 않았다. 추가 조사 이후, 스위스 대사관은 영국에 대한 후원을 보수당에서 노동당으로 전환했다. 여론 조사 결과, 다른 지역의 스위스에 대한 태도와 예상대로 일치했다. 시간이 지나 PRS는 세계 박람회 파빌리온(World Expo Pavilion)을 통해 신뢰를 회복하고, 모든 국가 중 국가 이미지를 가장 잘 관리하는 국가가 되었다. 이 모든 것은 청취 전략에 초점을 둔 데에서 비롯되었다.[1]

수백만 개의 휴대용 스크린에 트윗이 동시에 팝업으로 올라가고 이를 통해 하나의 생각이 백만 명의 마음을 사로잡는 놀라운 기술 시대에, 범세계적 대중 참여가 하드웨어로부터 시작된다고 가정하는 것은 솔깃하게 들릴지도 모른다. 그러나, 단순히 공공외교만이 강력한 메시지의 핵심은 아니다. 옹호(Advocacy)는 여전히 중요한 자리를 차지하지만 공공외교의 과정을 주도할 수는 없다. 결국, 건전한 공공외교의 기반은 항상 청취하고자 하는 의지에 달렸다. 공공외교관의 첫 번째 임무는 청취이다. 이 장에서는 해외 대중을 참여시키는 메커니즘으로 청취 과정에 관해 설명하고자 한다. 공공외교에서 성공적으로 청취한 사례와 반대로 실패한 사례를 다룰 것이다. 또한 이 장에서 무엇이 우리의 청취력을 방해하는지에 대해 다룰 것이다. 여기에는 사회적 장벽, 인지적 장벽 등이 있다. 공공외교관이 스스로 효과적인 청취가 무엇인지 예측하는 법을 배워야 한다. 마지막으로 청취에서 효과적인 접근방식이 어떤 것인지를 살펴보겠다.

청취의 결핍

대인 관계에서 '좋은 청자'가 되는 것의 가치를 생각해보면, 공식적인 국제 관계나 정치학의 연구 과정에서 그동안 많은 관심을 기울이지 않았다는 점은 상당히 이례적이다. 영국의 정치 과학자 앤드류 돕슨(Andrew Dobson)은 2014년 저서 「민주주의를 위한 청취: 인식, 대표성, 화해(Listening for democracy: Recognition, Representation, Reconciliation)」에서 이러한 태만함을 바로 잡기 위해 중요한 조치를 취했다. 돕슨은 청취의 결여를 서구 정치사상에서 일종의 원죄로 본다고 말했다. 이것은 아리스토텔레스의 연설을 통해 강조되었다. 돕슨에게 청취는 단순히 듣는다는 피상적인 행위를 넘어서는 본질적이고 의식적이며 신중한 활동이다. 그는 청취하는 통치자만이 국민을 이해할 수 있으며 피지배자도 통치자를 이해할 수 있다고 주장한다. 돕슨은 청취가 부정적인 영향을 극복하는 '권력의 용매'로 작용할 수 있다고 주장한다. 상호 청취를 통해 권력의 불균형으로 분리된 집단이 신뢰를 쌓거나 재건될 수 있다. 그의 주장은 국내 정치와 관련하여 다뤄지고 있지만 한편으로는, 해외 공중 참여가 직면한 문제점에도 적용 가능하다.[2]

정의

공공외교에서 청취란 대중으로부터 수집, 분석하여 도출해낸 정보를 정책 결정 과정에 반영하여 해외 대중의 참여를 유도하는 것으로 정의될 수 있다. 보다 제한된 형태로 자료를 수집하는 과정을 의미하지만, 도출해낸 정보를 활용해서 메시지를 만들어내 관리, 조정하는 과정을 포괄하는 개념이다. 청취는 해외 공중 참여를 위한 행위자의 적극적인 행동이다. 장작은 자를 때 한 번, 태울 때 한 번, 두 번 따뜻하게 해준다는 속담처럼 공공외교에서 청취는 두 배의 가치가 있다. 청취는 해외 대중에 잘 대응하는 효과적인 정책과 해외 대중에 대한 접근으로 이어질 때 가장 큰 가치를 발휘한다. 대중은 자신의 입장이 전달되는 것을 좋아한다. 청취를 통해 얻은 평판은 소프트파워 자산이다. 하지만 공식적으로 집계된 정보가 공식적으로 무시된다면 위험도 역시 올라갈 수 있다.

청취의 주체는 누구인가?

공공외교 관료로서 행할 수 있는 청취의 요소는 다양하다. 역사적으로, 청취의 최전선에는 현지 언론과의 대화와 접촉을 통해 대중과 일상적으로 접촉하고 발견 사항을 보고하는 현장 사무관이 있었다. 그 뒤에는 외교부나 본부에서 지역적인 지식을 갖추고 일하는 분석가가 있다. 분석가는 수집된 자료를 추적하고 종종 외교관이나 해당 국가의 디아스포라와 접촉하는 등 자체적인 지역 정보원을 갖고 있다. 공공외교에서 행위자는 대중의 관심사에 대한 태도에 관해서 전통적인 시장 조사를 의뢰하는데, 많은 수의 행위자가 자체 조사 및 연구 능력을 갖추고 있다. 청취는 은밀한 정보 수집 영역과도 겹친다. 역사적으로 은밀한 정보는 오픈소스 조사 작업을 통해 공공외교 청취 과정에 포함되어 왔으며, 여기에는 국제 라디오 방송 모니터링이나 비밀 감시 및 신호 첩보 업무 등도 포함된다. 이러한 청취의 단점은 비공개적인 비용이 상당 부분 수반된다는 점이다. 다른 청취 요소에는 비정부적 학술 분야에 대한 연구 결과에 주목하는 것이 포함되는데, 관료적 환경보다 장기적이면서 세부적으로 정치적 변화 과정을 추적할 수 있다는 특성이 있다.

공공외교 청취의 선례

다른 형태의 공공외교와 마찬가지로, 청취도 좋은 관행을 보여주는 역사적 사례를 찾아볼 수 있다. 중국의 손무••는 그의 제자에게 '적을 알라'고 충고하면서, 상상 속에 존재하는 적의 정신적 투영이 아닌 실존하는 대화 상대와 교감해야 한다고 강조했다.[3] 공공외교도 마찬가지다. 비록 형식적인 정치 이론에서는 주목받지 못했으나, 청취는 오래전부터 리더십과 관련하여 대중문화의 일부분으로 기능해왔다. 민화에서는 서민으로 변장한 왕이 등장하는데, 실질적인 국정 운영의 실태를 파악하기 위해 자신의 나라와 이웃 나라의 민중의 삶에서 직접 실제의 목소리를 듣는 이상화된 군주로 그려진다. 유럽 역사에서만 볼 수 있는 예로는 덴마크의 망누스 1세, 헝가리의 마차시 1세, 폴란드의 카지미에시 3세, 혹은 스웨덴의 찰스 6세가 있는데 왕의 별명인 '그라카판(Grakappan)'은 변장 시에 그가 입고 다니던 회색 망토를 지칭하는 용어에서 유래했다. 영국의 알프레드 대왕은 덴마크 군의 의식과 사기를 파악하기 위해 음유시인으로 위장한 후, 덴마크 군대의 대열에 합류했다. 위장 잠입하는 현명한 통치자 이야기 중에서 가장 궁극적인 사례는 신분을 숨기고 지구 위를 걷는 신, 즉 오딘, 크리슈나, 예수 그리스

•• 손무(孫武, 기원전 545년경~기원전 470년경)는 중국 춘추시대의 전략가로, 자는 장경(長卿)이다. 손자(孫子)는 경칭이며, 한국에서는 이 이름으로 더 많이 알려져 있으며, 「손자병법」을 지었다.

도에 관한 종교적 교리를 들 수 있다. 이들은 인간의 상태를 깊은 내면부터 이해했다. 최근에는 요르단의 압둘라 국왕이 변장을 통해 시민의 생활상과 국가의 공정성을 점검한 사례가 있다.[4] 2009년, 영국에서 방영되어 크게 성공한 '언더커버 보스(Undercover Boss)'라는 제목의 리얼리티 TV쇼는 회사의 대표가 과거의 '위장한 왕'과 같이, 자신의 직원에게 정체를 숨긴 채 '위장한 대표'로 탈바꿈한 내용을 다루었다.[5] 1940년 5월의 윈스턴 처칠 이야기를 다뤄 호평을 받은 2017년 영화 '다키스트 아워(Darkest Hour)'에는 총리가 런던 지하철을 타고 평범한 사람과 어울리는 장면이 나온다. 우리가 리더십에 투영하는 환상과 열망은 수천 년 동안 매우 일관되게 유지되었다.

일찍이, 사기는 정보 수집에 초점이 맞춰져 왔다. 손무는 '분위기를 파악하는 기술'을 이야기했으나, 청취야말로 전쟁터에서 승리로 나아가기 위한 보다 핵심적인 전술이다.[6] 청취는 통치를 위한 필수적인 습관이다. 당나라 태종 황제는 "궁에 사는 황제는 외부의 직접적인 정보를 얻기 쉽지 않다. 황제가 봉쇄된 위치로 인해 국가의 결함을 발견하지 못하고 문제가 방치되는 것이 우려된다면, 충실한 제안을 이끌어내고 진실한 충고에 귀 기울일 수 있는 다양한 장치를 마련해야 한다…"고 충고했다.[7] 청취는 억압받거나 위험에 처한 사람을 위한 기술일 수 있다. 폭정에 시달리는 사람들은 수사법이나 이미지의 작은 변화를 발견하여 다음에 직면하게 될 상황을 미리 이해하고, 세밀한 사항을 해석하는 데 능숙해질 수 있다. 또한 청취는 위안이 될 수 있다. 고백 행위인지, 신부가 성당의 고해성사를 듣는 것인지에 대해서는 논란의 여지가 있지만 이 때에는 말하고 듣는 전 과정이 치유의 일환이 될 수 있다.

반(反)종교개혁 동안 종교적 커뮤니케이션이 프로파간다 관행으로 알려지면서 실무자는 신자의 정신적 흐름을 도표화하여 과정에 피드백을 형성하는 법을 배웠다. 인쇄 매체가 정치 활동의 장이 되면서, 한 나라를 이해하려는 외교관에게 인쇄 매체 분석은 매우 중요한 관심사가 되었다. 미국 외교 기록 보관소의 첫 번째 책인 「미국 외교 관계」는 남북 전쟁 중에 출판되었다. 당시 미국 대사관이 미국의 눈에 띄는 민주적 개방성을 보여주는 차원에서 수많은 해외 대중을 상대로 진행한 여론 조사를 포함했다.[8]

20세기에는 여론 조사를 포함한 사회과학적 도구가 외교 수단에 포함되었다. 조지 갤럽(George Gallup)•••과 엘모 로퍼(Elmo Roper)••••와 같은 여론 조사의 선구자는 20세기 공공외교 기관의 자문 역할을 수행했다. 1950년대에 미국 정보 기관은 갤럽을 매우 가치 있게 여겨서, 냉전의 핵전쟁에서 이기기 위해 그에게 정부의 내부 은신처에 있는 특별한 지위를 부여했다. 비록 그가 거대한 대전쟁의 여파로 누구를 투표했는지는 기록에서 알 수 없지만 말이다. 또한 공공외교는 연구 관행과 공공외교를 통합했다. 여기에는 뉴욕 광고 대행사 벤튼 앤 볼스

••• 조지 호레스 갤럽(George Horace Gallup, 1901~1984)은 미국의 통계학자로 갤럽 여론조사로 유명하다.

•••• 엘모 번즈 로퍼 주니어(Elmo Burns Roper Jr., 1900~1971)는 시장 조사와 여론 조사에서 그의 선구적인 업적으로 알려진 여론조사 학자였다.

(Benton and Bowles)의 설립자이자 맥스웰 하우스 커피(Maxwell House)와 같은 브랜드가 인기를 얻는 데 기여했던 연구 기반 광고의 선구자, 윌리엄 벤튼(William Benton)이 대표적이다.[9]

21세기에 들어 청취의 속도와 범위는 크게 확대됐다. 행위자들은 수많은 분석 도구와 실시간 블로그 모니터링 소프트웨어를 구축했고, 공공외교에서 데이터 마이닝의 잠재력은 이제 막 이해되기 시작했다. 타겟 국민에 대한 정보를 얻을 수 있다는 점에서 청취는 소셜 미디어 플랫폼에서 특별한 역할을 한다. 사실 투명성은 양방향으로 작용한다.[10] 트위터 프로필은 다른 트위터 사용자들이 얼마나 팔로워를 많이 보유하는지, 그리고 그들이 누구인지를 정확히 공개한다. 미국 외교 트위터 계정 1세대에서 나타난 가장 큰 문제 중 하나는 팔로워를 끌어 모으고, 메시지를 전하는 데에만 집중하였을 뿐, 해외 대중의 이야기를 듣는 청취 매체로 트위터를 활용하는 데에는 크게 관심을 기울이지 않았다는 점이다. 타인의 트위터 계정, 혹은 외국인 계정도 팔로우하지 않았고, 이에 따라 대중의 의견은 반영될 수 없었다.

청취는 많은 국제 디지털 미디어에서 누락되어 있는 측면일 수도 있으나, 우리 시대에서 가장 혁신적인 정치 관행 요소로 떠오르고 있다. 돕슨은 남아프리카공화국 진실화해위원회(South African Truth and Reconciliation Committees)의 점령 운동에서의 청취, 그리고 리우+20 컨퍼런스가 외부에서 미리 형성된 아이디어를 가져오는 전체 연설자보다 기조청취자(진행 상의 의견을 모아 참석자들에게 전체적으로 보고하는 사람)를 선정하는 방식을 강조하면서 청취의 중요성을 언급했다.[11]

공공외교에서의 훌륭한 청취자

공공외교의 역사에는 청취가 잘 이루어진 사례가 많다. 미국 최초의 공공외교관인 벤자민 프랭클린(Benjamin Franklin)이 파리에 머물면서, 그가 프랑스인에게 가장 감명을 준 것은 주의 깊게 귀를 기울이는 그의 태도였다.[12] 훌륭한 공공외교 캠페인 사례를 검토하면 훌륭한 청취 모델을 찾을 수 있다. 중립적 위치에 있던 미국을 제2차 세계대전으로 끌어들이려고 했던 영국의 작전을 살펴보자. 이때 청취 요소에는 특수 목적으로 설립된 뉴욕의 영국 언론 서비스를 통해 전국의 언론 자료를 수집하는 대규모 활동이 있었다. 이 연구에 기여한 인물 중 한명은 옥스퍼드 대학 철학과 교수 이사야 벌린(Isaiah Berlin)이다. 이사야 벌린은 1941년 이후 제2차 세계대전 동안 워싱턴과의 대화를 통해 수집한 자료를 뉴욕의 영국 언론 서비스를 통해 얻은 자료와 통합하여 미국 정치 생활의 매력적인 주간 사진을 만들었다. 후에 루즈벨트(Roosevelt)도 그의 분석을 열광하며 받았다. 또한 영국은 여론 조사 전문가와 접촉하여 미국의 고립주의 지역, 세대, 인종, 심지어 젠더 역학 관계에 대한 이해도 확립했다. 영국은 히틀러와의 전쟁에 대항하여 미국이 영국에 합류할 수도 있다는 제안에 대해, 여성이 가장 회의적인 태도를 보이는 집단 중 하나라는 사실을 알게 됐다. 이러한 결과를 바탕으로, 프론트라인 패밀리(Frontline Family)라고 불리는 독일 공세 하에 런던 생활을 그린 라디오 연속극을 기획하여 특수한 젠더 지원 계획을 동원했다.[13]

아이젠하워 대통령이 1953년에 설립한 공공외교기관인 미국 정보 기관의 업무에서 연구는 핵심적인 요소였다. 이 기관은 1954년에 설립된 IRI(Institution of Research and Information, 연구정보기관)의 핵심 기관으로 미국 국무부 정보국을 전신으로 하는 소수의 여론 분석 전문가 집단을 계승했다. IRI는 당초 보이스 오브 아메리카(Voice of America)의 감독으로 부상한 헨리 루미스가 이끌었고, 조직 내 직원으로 레오 크레스피(Leo Crespi)라는 여론 조사 전문가가 합류했다. 크레스피는 독일 점령에 참여했으며 1980년대에 은퇴할 때까지 USIA 연구 작업을 주도적으로 이끌었다. 이 단체는 전 세계 주요 의견 동향을 연구하고 기관의 방침과 프로그램을 평가했다.[14] 이 기관에서 주도한 놀라운 연구는 나름의 뉴스거리로 주목을 받았다. USIA는 1957년 소련의 스푸트니크 발사••••• 이후 전 세계 대부분 국가가 소련을 냉전의 승리자로 본다는 사실에 관한 충분한 증거를 찾아냈다. 1960년 대통령 선거 때, 미국이 치른 상당한 비용이 결국 소련의 위신을 높여주었음을 보여주는 USIA IRI 보고서가 케네디 선거운동에서 유출되었고, 이 유출된 자료는 케네디와 리처드 닉슨 사이의 유명한 텔레비전 토론의 주제가 되었다. 국제 여론은 심각하게 동요했고, 대통령 케네디에게 유리하게 작용

••••• 1957년 10월 4일 소련의 바이코누르 우주기지에서 발사된 인류 최초의 인공위성으로, 스푸트니크 1호는 러시아 우주계획의 선구자인 콘스탄틴 에두아르도비치 치올코프스키의 탄생 100주년과 국제 지구 관측년(1957년 7월 1일~1958년 12월 31일까지의 18개월간의 기간)의 기간에 맞추어 발사되었다.

했다. 취임 후, 케네디 대통령은 USIA 여론조사와 그 분야의 공공외교관들이 보낸 세계 사설 요약문을 꾸준히 구독했고, 그는 여론조사의 결과를 정책과 발표에 반영했다.[15]

평가

공공외교 분야에서 청취의 마지막 측면은 공공외교 수행에 관한 평가다. 이는 공공외교를 주의 깊게 살펴보는 것이라고 할 수 있다. 평가는 여론조사, 포커스그룹, 미디어콘텐츠 분석 등의 방식으로 이뤄진다. 다만 기존 공공외교 운영에 있어서 실효성에만 초점을 맞출 경우 앞을 내다볼 때 한계에 부딪힐 수 있다. 예산이 줄어들고 입법부가 매우 까다로워진 현 시대에, 평가는 대부분의 공공외교 관료에게 가장 중요한 임무 중 하나다. 이 활동은 다른 청취 프로젝트와 마찬가지로 인지 오류에 쉽게 노출될 수 있으며, 몇 가지 다른 인지 오류를 가지고 있다. 한 가지 두드러진 문제점은, 공공외교 평가 접근법을 적절히 고려하지 않는 관료주의의 경우 단기적으로 감지할 수 있는 변화만을 전달하고 쉽게 관리할 수 없는 변화를 오히려 무시하면서 스스로를 과대평가하는 결과로 이어질 수 있다는 것이다. 이러한 근시안적인 분석은 잘못된 해석을 유도하여 측정하기 쉬운 옹호 캠페인으로 흐르게 하고, 비록 결실을 맺는 데에 시간은 걸리지만 참여자의 능력을 배양하여 장기적인 영향을 줄 수 있는 지도자 교류와 같은 활동에는 투자하지 않게 되는 위험성을 지닌다. 평가자는 측정할 수 있는 모든 것이 의미 있는 것은 아니며 의미 있는 모든 것이 측정될 수 있는 것은 아니라는 아인슈타인의 말을 명심해야 한다.[16]

역사적으로, 공공외교는 실질적인 변화로 이어질 수 있는 내적 결과보다는 외적인 성과에 주목하는 모습이 많이 나타났다. USIA 보고서는 영화를 보거나 라디오를 듣거나 민스크나 마그니토고르스크에서 열린 다른 전시회에 참석한 사람들의 숫자를 보여주는 통계로 가득했다. USIA의 국장 에드워드 R. 머로우(Edward R. Murrow)는 공공외교 성공의 질적 지표가 필요하다는 것을 인식했다. 그는 "사람이 마음을 바꾸거나 자유를 선택할 때 컴퓨터를 클릭하지 않으며 현금등록기도 울리지 않는다."고 주장하며 시각 자료에 대한 의회의 지나친 의존에 빈기를 들었다.[17] 시대가 변하고 있다. 소셜 미디어를 통해 트위터 메시지 리트윗에서부터 연설 반응에 대한 실시간 상세 분석까지 공공외교에 대한 긍정적, 부정적 반응들을 추적하는 여러 가지 실시간 청취 도구를 배치할 수 있게 되었다.

오늘날 현명한 공공외교 관료는 공공외교의 한 부분인 기존 설계에 대한 평가를 포함하고 있으며, 캠페인이 측정될 수 있는 명확한 기준과 주요 성과 지표를 결정한다. 이에 대한 연장선으로 평가를 위해 특별 예산을 편성하는 것도 포함한다. 공공외교는 임무별 목표뿐 아니라 중앙집중적으로 결정된 의제에 기여하는지에 대해서도 정기적으로 측정되어야 한다. 1970년대 초, 모든 USIA 프로그램들은 공산주의와의 싸움에 대한 그들의 기여에 초점을 맞춰 검토했다. 현재 영국에서 사용하는 평가표에는 모든 활동의 평가에서 여성의 권한 부여라는 목표를 달성하는 것을 포함하도록 요구하고 있다.

오늘날 현명한 공공외교 담당 관료들은 공공외교의 설계에서 평가를 포함시키고 명확한 벤치마크를 설정하며, 캠페인을 측정할 수 있는 주요 성과 지표를 결정한다. 이러한 확장된 설계 방식에는 예산의 일부를 평가를 위해 따로 떼어 놓는 것을 포함한다. 공공외교는 임무별 목표뿐만 아니라 중앙에서 결정한 의제에 기여하는지에 대해서도 정기적으로 측정되어야 한다. 1970년대 초, 모든 USIA 프로그램들은 공산주의와의 대결에 얼마나 기여했는가를 기준으로 검토되었다. 현재 영국에서 사용되고 있는 평가 매트릭스는 모든 활동이 여성의 권한 부여에 대한 기여도를 평가 내에 포함하도록 요구하고 있다.[18]

청취의 실패

주의 깊은 청취 및 효과적인 평가가 이루어지고 있지만, 청취가 제대로 이뤄지지 않는 예들이 훨씬 더 많이 발견된다. 미국 외교 정책의 역사에는 실패한 사례가 다수 등장한다. 주의를 기울이지 않는 청자가 그의 대화 상대자에 의해 조종당할 때 청취는 실패로 이어지고 결국 그가 듣고 싶은 대로 듣게 된다. 조지 W. 부시 행정부는 이라크 망명 지도자인 아흐메드 찰라비•••••• 국무장관에게 관심을 가졌고, 다른 사람들은 그의 이라크 여론에 대한 설명과 '정권 변화'에 대한 개방성이 믿을 만하다고 여겼던 듯 하다. 돌이켜보면 찰라비는 행정부가 듣고 싶었던 말을 분명히 전하고 있었다.

청취는 정책과 연결되지 않으면 실패한다. 베트남 전쟁을 둘러싼 USIA의 국제 여론 추적은 존슨 대통령이 베트남 전쟁에 관한 국제 여론 조사를 따르는 것을 거부하면서, 아무런 가치가 없어졌다. 게다가 존슨 대통령은 미국 정책에 대한 국제적 적대감을 보여주는 여론조사를 공개할 시, 야기될 수 있는 정치적 피해를 지나치게 우려하여 공개를 취소하라고 명령했다.[19] 청취는 잘못된 정보에 좌우되어 적용될 때 실패한다. 그 대표적인 예가 2002년 국무부의 공유 가치 캠페인(Shared Values campaign)•••••••이다. 해당 캠페인은 샬럿 비어스 국무부 공공외교 차관의 아이디어였다. 그녀는 광고회사 경력이 있었고, 이러한 경험은 적절한 연구 없이는 어떤 캠페인도 성공할 수 없다는 것을 가르쳐

•••••• 아흐메드 찰라비는 이라크 출신 망명자로, 2001년 911테러 이후 사담 후세인의 무기고에 관해 미국 측에 정보를 제공하면서 2003년 미국이 주도하는 이라크 침공을 결정하는 데 역할을 했던 인물이다. 결과적으로 해당 정보는 조작된 정보인 것으로 드러나 수년간 유혈 사태와 비난을 피할 수 없었다.

••••••• 공유 가치 캠페인은 미국 국무부가 창안하고 전 매디슨 애비뉴 광고회사 회장이었던 샬럿 비어스가 연출한 홍보 캠페인으로 이슬람교도들의 대우에 대한 신화를 없앰으로써 시청자들이 미국을 더 잘 인식하고 개방하며 받아들이도록 설득하고자 했다. 캠페인은 2001년 9월 11일 직후 시작되었고 미국 이슬람교도들이 미국에서 박해 없이 행복하고 자유롭게 살고 있다는 것을 보여줌으로써 전 세계의 이슬람교도들에게 "새로운" 미국 신화를 형성하고자 했다. 비록 처음에 미국 정부와 샬럿 비어스의 팀에 의해 성공적으로 평가되었지만, 1,500만 달러의 계획은 실패로 끝났다.

주었다. 그러나 그녀의 직원은 미국인들이 신념과 가족에 대한 가장 소중한 가치를 공유하고 아랍계 미국인들은 관용의 가치 안에서 번영하며 살았다는 것을 이슬람 세계에 보여주고자 했고, 샬럿 비어스 차관이 시작한 멀티미디어 캠페인을 확실히 시험해 보긴 했으나, 청중의 마음 속에 있는 핵심 질문이 무엇인가에 관해서는 듣지 못했다. 그의 선거운동은 아무도 묻지 않은 질문에 답할 뿐이었다. 사실 미국에 대한 무슬림의 적대감은 아랍계 미국인이 미시간주 디어본에서 힘든 시간을 보냈다는 잘못된 생각에서 비롯된 것이 아니라, 중동에서의 미국 정책에 대한 상당히 정확한 아이디어에 바탕을 두고 있었다.[20]

청취된 정보의 노출은 문제가 될 수 있다. 미국의 유럽 이미지는 2013년 에드워드 스노든이 국가안보국(NSA)의 인터넷 감시 규모에서 유출한 자료로 인해 타격을 입었다. 청취는 여론을 달래기 위해 소통의 표면적인 면을 바꾸는 과정일 뿐 상황에 대한 깊은 고려와 관련이 없을 경우 가치가 반감된다. 청취는 단지 연설자가 연설을 재개하기 전에 잠시 연설을 반복하는 것에 불과할 때 실패한다. 말할 필요도 없이, 가장 좌절스러운 행위는 아무 것도 듣지 않는 것이다.

미국 공공외교관이 청취에 실패한 가장 유명한 사례 중 하나가 꽤 자주 언급된다. 2005년 조지 W. 부시의 두 번째 임기 초기, 미국의 대외 이미지가 상당히 암울했던 시기에 대통령은 그의 오랜 보좌관이자 커뮤니케이션 고문인 카렌 휴즈(Karen Hughes)를 국무부 공공외교공보담당 차관보로 임명했다. 휴즈는 즉시 중동에 '청취를 위한 답사'에 착수한다고 발표했고, 미국 언론 매체를 초대해 함께 즐거운 답사를 떠났다. 불행히도, 언론은 그의 기본 방식이 선거 운동의 일환이었으며, 부유한 사우디 여성에게 인젠가 사우디 여성이 차를 운전하는 것을 볼 수 있기를 고대한다고 언급한 사항에 대해 휴즈 차관보를 조롱하면서•••••••• 그의 행보에 크게 주목하지 않았다. 그의 청중 중 몇몇 여성은 그들이 스스로 운전하는 것보다 운전사를 데리고 있는 것이 낫다고 그에게 설명했다. 하지만, 형편없는 상황에도 불구하고, 차관보는 청중을 대신하여 정말로 듣고 있었다. 귀국 후, 그녀는 아랍의 여론의 동향에 대해 자세히 설명하면서, 이스라엘과 팔레스타인 사이의 문제의 중심축과 미국이 팔레스타인의 많은 부분을 개선하기 위해 노력하고 있는 것으로 보여져야 한다고 강조했다. 2006년 1월 가자지구에서 하마스의 선거 성공과 그에 따른 긴장 고조로 미국의 정책을 수정하려는 계획은 불행히도 실현되지 못했다.[21]

청취의 실패는 비단 미국만의 정치 특성이 아니다. 다수의 국가 정상이 정상회담에 서기까지 너무 많은 것을 읽는데, 이는 과거에 훌륭한 청취자였던 사람조차 그 자신의 판단을 과대평가하게 되는 결과로 이어지게 된다. 이는 정치가 갖는 직업상의 위험성과 관련이 있다. 정치적 언론은 문제의 일부이다. 과정상의 변화는 일반적으로 나약함의 표시로 묘사되는 경우가 있다. 영국의 마가렛 대처 총리는 1980년 10월 자신의 경제 정책에 대한 비판에 귀를 기울이지 않는다고 공개적

•••••••• 당시에 사우디아라비아에서 여성은 운전이 금지되었으며, 2018년에 공식적으로 사우디아라비아에서 여성의 운전이 허용되었다.

으로 언급했다. "대중매체 캐치프레이즈를 기다리며 숨을 죽이고 기다리는 분들에게 한 가지 말씀드립니다. 가령 '유턴'이라는 말처럼 말입니다. 여러분이 원하면, 알아서 몸을 돌리세요. 여성 총리는 몸을 돌리지 않을 겁니다."라는 어록을 남겼다.[22]

문제는 정치인이나 자신만만한 정책 입안자에게 있는 것이 아니다. 인간의 인식이라는 근본적인 하드웨어에 문제가 있다. 잘못은 결국 우리 자신에게 있다.

효과적인 청취에 있어 도전 요소: 인지적 편향과 사회적 편향

청취는 어렵다. 현명한 커뮤니케이션을 하는 사람들은 항상 사람의 인식에는 한계가 있다는 것을 알고 있다. 프리네의 비아스는 "순진한 사람은 쉽게 속는다."라고 강조한 바 있다. 수 세대에 걸친 허풍쟁이와 사기꾼 예술가는 이러한 인식 오류를 통해 연명했다. 문제는 공공외교에서 주로 그렇듯, 누군가 어떤 해외 대중과 외국문화를 이해하려고 할 때 복잡해진다. 이것은 공허한 한탄이 아니다. 사회과학 연구자들은 인간 인식의 합리성이 자주 무너진다는 것을 입증한 지 오래다. 인간 인식의 왜곡은 인지적, 사회적 편향으로 알려져 있다. 인간 심리학에는 인지적, 사회적 편향의 존재에 대한 다수의 설명이 있다. 세계는 처음으로 복잡해지고, 그 분석가들은 시대에 뒤처진 것처럼 보인다. 편의상의 이유로, 사람들은 효율적인 지름길을 활용하거나, 적절한 휴리스틱 방법론•••••••••을 통해 빙하기에는 털로 뒤덮인 매머드 사냥을 하는 행위에서부터 현대에 스마트폰 구매에 이르기까지 결정 속도를 높이고, 삶의 비즈니스를 가능한 효율적으로 만들곤 한다.[23]

고전 시대부터 수사학자들은 메시지에 대한 생각을 "누가, 무엇을, 언제, 어디서, 왜, 어떤 방법으로, 어떤 수단으로"로 나누었다.[24] 인지적, 사회적 편향과 이러한 범주의 요소들이 어떻게 우리의 청취 능력을 왜곡시키는지에 관해서도 동일한 구조를 적용할 수 있다.

인지/사회적 편향: 누구의 말을 듣는가

가장 명백한 편향은 편견(Prejudice)이다. 청취자들은 고정관념과 신념의 그물망을 통해 정보를 걸러내고 기존의 개념과 의견을 긍정하는 정보를 우선하여 받아들인다.[25] 이것은 특정 출처에 주어진 신뢰성 수준에 따라 다르게 나타날 수 있다. 출처가 신뢰할 수 없는 것으로 간주되면 중요한 정보를 놓칠 수 있다. 그래서 지난 세기들의 가장 큰 서사를 처음에는 믿지 못하게 되기도 한다. 1969년 4월 17일, 라디오 하노

••••••••• 휴리스틱 방법론이란 불충분한 시간이나 정보로 인하여 합리적인 판단을 할 수 없거나, 체계적이면서 합리적인 판단이 굳이 필요하지 않은 상황에서 사람들이 빠르게 사용할 수 있게 보다 용이하게 구성된 간편추론의 방법이다.

이는 이전에 500명의 남베트남 지역의 민간인이 마이 라이라는 마을에서 학살당했다는 소식을 전했다. 미군은 하노이 보고서가 당시 어디에도 없었던 82공수 사단의 부대들을 비난하고 있다고 지적하며 이를 일축했다. 물론 그 사건은 너무나 실제적이었다. 가해자는 제23보병(미보병)이었다. 이 소식은 당시 지휘관의 비밀 재판이 시작된 지 몇 달 후인 1969년 11월, 세이모어 허쉬(Seymour Hersh) 기자의 수사 덕분에 서방 언론에서 다뤄졌다.[26]

여기에 청취자의 심리적 상태와 관련된 편향이 적용될 수 있다. 낙관적인 사람들은 비교적 긍정적이고 새로운 소식을 찾지만, 어두운 측면을 선호하는 개인과 사회는 비관적인 세계관을 확인시켜주는 정보를 선호한다. 이러한 판단으로 인해 20세기 초 덴마크의 영화 산업은 늘 두 가지 엔딩 모두를 촬영해야 했다. 모두가 생존했다는 내용의 해피엔딩으로 끝나는 결말은 서부 유럽국가로 수출했고, 모두가 죽는 슬픈 결말은 러시아 제국으로 수출했다.[27]

청자의 정체성과 연관된 사회적 편향도 있다. 인간은 그들이 정체성을 공유하는(또는 친화력을 공유한다고 믿는) 사람들을 더욱 신뢰하는 경향이 있다. 여기에는 국적, 성별, 사회계층, 또는 단체 모두가 해당할 수 있다.[28] 오늘날, 친화성 편향(Affinity Bias)은 고용 문제에서 다양성을 확보하지 못하는 주요 걸림돌이 되기도 하지만, 이미 고대에서부터 내려온 취약성이기도 하다. 과거에 자신 있는 사기꾼들은 이러한 심리를 잘 알고 있었다. 그들은 가방에 소속을 나타낼 수 있는 배지를 잔뜩 담고 다니다가 상황에 따라 재빠르게 양복 깃에 꽂곤 했다. 그들은 프리메이슨(Freemason)의 선원, 오드펠로우(Odd Fellow),● 콜롬버스의 기사, 혹은 비슷한 것이 되기도 하면서 하나의 '표식'을 통해 가짜 안정감을 줬다. 영국 관리들이 전쟁 직후의 케임브리지에 침투한 스파이를 발견하지 못한 것은 학교 동창이라고 하거나 어머니를 알고 있다며 접근한 누군가가 실제로는 스탈린을 위해 일하고 있다는 것을 발견하지 못한 무능력 때문이었다. 직업적 지위, 사회적 지위, 그리고 같은 종교를 믿는 사람에 대한 신뢰는 월가의 거짓말의 귀재 버니 마도프(Bernie madoff)가 투자자들을 끌어들이고 의심을 피하는 데 전부 활용되었다. 이러한 취약함은 우리 모두의 약점이 된다. 청취자들은 자신이 말하는 주제와 무관하더라도 존경할 만한 자질을 가진 사람들의 정보를 선호하기 때문에 비록 그들이 말하는 주제와 무관한 자질일지라도, 유명인사 대변인의 말을 선호한다. 이를 후광 효과(Halo effect)라고 한다.[29] 국제 사회는 이런 후광 효과에 영향을 받는다. 때때로 특정 지역 국가의 경우, 지도자들은 젊고 멋진 외모 때문에 추가적인 매력을 갖는다. 저스틴 트루듀(Justin Trudeau) 캐나다 총리 또한 이 후광 효과를 통해 좋은 결과를 얻은 인물이다.

● 프리메이슨을 본떠서 18세기 영국에서 창립된 비밀 공제조합의 회원

인지적/사회적 편견: 무엇을 듣는가

청자는 화자뿐만 아니라 말하는 내용에 따라 상황을 편집한다. 만약 전달된 메시지의 내용이 지나치게 극단적일 경우 믿을만한 메시지 전달자가 신뢰할 수 없다고 여겨질 수 있다. 정책 입안자는 미래의 가능성에 대한 지침으로서 과거의 사건에 의존하는 것으로 악명이 높다. 2005년 허리케인 카트리나가 미국을 강타했던 때에는 허리케인이 뉴올리언스에 입힐 홍수 같은 재난에 대해 전문가들이 성공적으로 경고하지 못한 것에도 이러한 편향이 작용했다. 또한 기후 변화의 주원인인 탄소에 대한 경고를 과소평가하는 이유가 되기도 한다.[30] 역사학자 데보라 립스타트(Deborah Lipstadt)는 이런 종류의 상상력의 실패를 미국 언론이 홀로코스트에 대한 뉴스를 받아들이지 못하는 사실에 적용하며, 「믿음을 넘어서(Beyond Belief)」라는 제목의 저서를 발간했다.[31] 이전에 불행한 상황이 발생했기 때문에, 그것이 다시 발생할 수 있다고 믿는 편향도 있다. 타조 편향(Ostrich bias) 또는 정상 편향(Normalcy bias) ●• 으로 알려져 있다. 이 편향은 특히 월가의 투자 은행가와 같이 지속적인 신뢰를 바탕으로 우연히 기득권을 얻게 된 사람들 사이에서 쉽게 발견된다.[32]

●• 정상 편향은 사람들이 경고 위협을 믿지 않거나 최소화하도록 하는 인지 편향이다. 결과적으로, 개인은 재난의 가능성, 재난에 영향을 미칠 수 있는 잠재적인 부작용 및 예측을 과소 평가하게 된다.

인지/사회적 편향: 언제 듣는가

기존에 가졌던 인식에 대한 편향은 단순히 편견이나 내용의 확장만을 의미하진 않는다. 한 가지 정보에 대한 청자의 반응은 이미 다른 정보를 먼저 들었다는 단순한 이유에 의해 크게 달라질 수 있다. 이것을 확증 편향(Confirmation bias)이라고 한다. 확증 편향이란 사람들은 이미 갖고 있던 신념을 확인시켜주는 정보를 선호하고 더 쉽게 믿을 수 있다는 것을 의미한다. 이와 유사한 문제로 이어지는 것이 노출 효과(Exposure effect)이다. 어떤 사상에 익숙해지면 본질적인 진실성과 무관하게 그 사상을 받아들인다. 비슷한 맥락에서, 청자는 가장 쉽게 기어할 수 있는 정보(가용성 경험적 접근법, ailability heuristic) 또는 미디어에서 가장 자주 반복되는 정보(능력의 과봉, ability cascade)에 주목한다. 청자는 정보가 운율이 있는 방식으로 제시되는 등의 비논리적인 요인에 영향을 받을 수 있다. 이 같은 방식이 상업 광고에서 흔히 사용된다.[33]

한번 확립된 신념은 시간이 지나면서 변화하기 매우 어려워진다. 거기에는 사람들이 이미 가지고 있는 소유물을 선호하도록 유도하는 부존자원 효과(Endowment effect)가 작용한다. 사람은 이미 자신이 소유한 소유물을 잃어버리는 것을 싫어한다. 단순히 사용 가능한 동일한 대상물뿐 아니라 몇 가지 우수한 품질을 가진 소유물도 마찬가지이다.[34] 사물에 대한 효과는 신념에도 적용된다. 비록 결점이 있는 신념일지라도 자신이 갖고 있는 신념에 대한 청자의 선호도는 오랫동안 확장될 수 있으며, 반론에 의해 과정을 가속화하려는 시도는 신념에 대한 애착을 파괴하기보다는 강화하는 것처럼 보인다. 이는 아마도 인지된 위험에 의해 그들의 손실에 대한 회피 정도가 증가하면서 애착을 강화하는 원리로 해석될 수 있다.

데이터의 초기 도입 시에 야기되는 많은 다른 왜곡 현상도 찾을 수 있다. 그중 점화 효과(Priming Effect)●••는 우연히 언급된 단어나 개념이 특정한 방식으로 사건이나 문제에 대한 인식을 유발할 수 있음을 시사한다.[35] 대대적인 혁명에 관한 두 가지 보고서를 읽은 외교관은, 읽은 자료와 유사하다는 점으로 인해 관련 없는 장소에서 혁명의 증거를 찾는 경향이 나타날 수 있다. 게다가 처음에 접한 단일 정보가 후속 논의와 추정에도 영향을 줄 수 있다. 이는 앵커링 효과(Anchoring Effect)●•••로 알려져 있으며 특히 협상에서 자주 나타난다.[36]

●•• 점화 효과는 하나의 자극에 노출됨으로써 의식적인 지침이나 의도 없이 후속 자극에 대한 반응에 영향을 미치는 현상을 일컫는다.

●••• 앵커링 효과는 협상 테이블에서 처음 언급된 조건에 얽매여 크게 벗어나지 못하는 효과를 의미한다. 다시 말해서, 최초 습득한 정보에 몰입하여, 새로운 정보를 수용하지 않거나, 이를 부분적으로만 수정하는 행동 특성을 말한다.

인지/사회적 편향: 어디서 그리고 왜 듣는가

정보를 얻는 과정은 지각에 중요한 영향을 미칠 수 있다. 외교 정책 과정에서 경청에 대해 특히 주목할 만한 편향 중 하나는, 일상 생활에서 자주 볼 수 있는 도청 편향(Eavesdrop Bias)이다.[37] 이 편향은 통제된 환경에서 재현하기 어려운 것으로 판명된 정보를 엿들을 때 나타나는 편향이다. 인간은 서로에 대한 불신이 강하기 때문에 직접적으로 얼굴을 맞대고 전해들은 것이 아니라 오히려 엿들은 메시지를 더 신뢰하는 경향이 있다. 특히, 엿들은 정보가 그들에게 유리할 때 더 그렇다. 과거의 사기꾼들은 가짜 투자를 유도하는 가장 좋은 방법을 알고 있었는데 사기꾼과 공범자의 대화를 엿듣도록 하는 것이었다.[38] 아마도 자원의 희소성이 사람의 의심을 증폭시켰을 것이다. 인간은 직접적인 메시지는 한정된 자원을 보호하기 위해 잘못된 정보에 불과할 수 있다고 의심하는 경향이 있다. 근원이 무엇이든, 편향은 텔레비전 광고의 전체 장르에 영감을 준 듯 하다. 광고는 잠재 고객에게 동료(주부 2명) 또는 권위 있는 인물(의사 2명)로 인식될 수 있는 인물 간의 대화 속에서 가정용품이나 의약품 등 상품에 대한 정보를 몰래 엿듣는 방식을 구성한다. 이 때 정보는 청자의 의구심을 파고들어 심리적으로 유용한 정보를 얻고 있다고 인식시킨다. 정치에서는 때때로 '마이크를 켜둔 지 모르고 발언하기'와 같이 후보자의 본성을 드러내는 데 지나치게 관심을 보이는 경우로 나타난다.[39] 외교 정책에서는, 미국이 누구나 찾을 수 있는 정보보다도 이라크의 대량살상무기 관련 비밀 증거와 같은 오픈소스 기밀 정보에 불균형적으로 비중을 두는 것을 사례로 들 수 있다. 이와 관련한 명백한 사례가 해당 프로그램은 폐기되었다는 오픈소스 증거에 비용을 들인 것이다.[40]

인지/사회적 편향: 청취 방법과 의미

정보가 수신되는 방식과 관련된 편견이 있는데, 이것이 바로 정확한 인식을 가로막는다. 예컨대, 청자들은 새로운 현실을 반영하지 않을 수도 있는 어떠한 특정한 출처에 익숙하여 그것에 의존하는 경향이 있다. 대표적인 사례로, 1979년 이란 주재 대사관들이 이란에 혁명이 일어나려 한다는 사실을 깨닫지 못한 것을 들 수 있다. 그들은 익숙하고 뻔한 경로의 신문을 읽고 있었던 반면, 루홀라 호메이니(Ayatollah Khomeini)와 그의 동지들은 카세트 테이프에 녹음한 설교를 직접 배포하여 기반을 형성했다.[41] ●•••• 비슷한 맥락으로, 몇몇 외국 언론사들은 2016년 대선 결과를 앞두고 워싱턴 DC에서 미디어를 수집했다. 나아가, 청취는 활발한 행위이고, 청취의 일환으로 개인의 시각이 정확한지 검토하는 것을 통해 정확성을 확인하곤 한다. 하지만 유감스럽게

●•••• 루홀라 호메이니는 카세프 테이프에 이란을 당시에 통치하고 있었던 팔레비 왕정을 무너뜨리고 쿠란의 가르침에 따라 이슬람의 법학자가 통치하는 이슬람 공화국을 수립해야 한다고 연설했다.

도 청자가 가설을 세우는 순간, 그것을 검증하려는 노력이 수반되지 않는 경우가 많다. 이를 합치 편향(Congruence bias)이라 부르며, 청자는 사건이나 경향에 대한 기존의 아이디어와 설명에 부합하는 정보를 선호하고 적합하지 않은 대체 설명을 고려하거나 시험하기를 꺼린다.[42] 이러한 종류의 편향은 냉전 시기 미국 정부의 정보 분석가가 수많은 제3세계 대중운동에서 천편일률적인 '공산주의 혁명' 프레임을 계속 적용하면서 국가 개별적 특성을 반영하는 데는 실패한 사례를 설명하는 데 도움이 된다. 이러한 문제는 정보가 수집되는 사회적 맥락과 관련한 다양한 왜곡으로 인해 복합적으로 나타난다. 집단 지성, '집단적 생각'과 다른 다양한 형태의 순응성은 역사적으로 여러 차례 공공외교의 청취 행위를 방해했고, 2011년 아랍의 봄과 같은 수많은 대중 운동을 과소평가하는 결과로 니다났다.

맹목적인 편견

공공외교나 다른 분야에서 청취 활동을 위협하는 가장 위험한 편향은 아마도 '편향 사각지대(Bias Blind Spot)'일 것이다.[43] 서아프리카인의 속담에는 "우리는 다른 사람을 있는 그대로 보지 않는다. 대신 그가 마치 나인 것처럼 본다."라는 말이 있다.[44] 대부분의 사람은 이를 인정하려 하지 않을 것이다. 인간은 다른 사람의 편향과 편견을 빠르게 알아차리더라도, 자신의 편향과 편견은 인식하지 못하는 경우가 많다. 모순적이게도 자기 자신의 편향 인식이 심각할수록 남에 대한 편향을 의식할 가능성이 적은 것으로 나타난다. 따라서, 역사상 최악의 청자 중 상당수가 그 자신이 타인의 편향에 의해 피해를 보았다는 경험을 강조했다. 아파르트헤이트●····· 정책을 펼친 남아프리카 공화국의 아프리케너 소수민족 정부와 독일에서 권력을 잡고 부상하던 아돌프 히틀러의 사례를 보면 더욱 분명하다. 전자는 앵글로-보어 전쟁●······으로 영국의 손에 고통을 받은 지역 사회를 강조했고, 후자는 제1차 세계대전이 종식하고 독일에 '강제로 점거된' 평화의 부당함을 거듭 강조했다. 일부 잘못된 청자는 피해를 입었다는 이야기 없이 상황을 다루기도 한다. 영국의 인도 통치 기간, 영국 제국주의자는 인도의 언어를 배우고 인도의 전통을 연구하며 인도의 민속 양식을 기록했지만, 이 활동이 인도의 열등성과 영국의 우월성이라는 가정에 기반했다는 점을 고려하면, 사실상 거의 이해하지 못한 것과 같다. 1870년 새해 전날 펀자브 총독의 자격으로 툰크(현재의 파키스탄 탱크 지역) 마을을 방문한 헨리 듀란드(Henry Durand) 소령이 대표적인 예다. 인도에서 오랜 경험을 쌓은 그는 코끼리를 가리켰고, 그는 코끼리를 타고 마을에 들어가야 한다고 주장했다. 참석한 인도인들은 그에게 이는 좋은 생각이 아니라고 경고

●····· 17세기 무렵 남아프리카공화국의 백인이 비백인을 극단적으로 차별한 인종차별정책으로, 본래는 분리나 격리를 뜻하는 아프리칸스어이다.

●······ 1899~1902년 동안 아프리카에 살던 네덜란드계 백인인 보어인과 영국인들 사이에 벌어진 전쟁

했지만, 그는 자신의 권위를 강조하는 것에 대해 확신을 갖고 행동하면서 그들의 우려를 일축했다. 마을 대문은 너무 낮았고, 기마병들과 함께 코끼리를 탄 채 권위를 과시하는 사람이 대문을 통과하는 것이 해당 지역민에게는 그 어떤 깊은 인상도 주지 못할 것이라는 것을 그는 알지 못했다. 그는 결국 마을 대문에 머리를 부딪쳐 넘어졌고, 다음 날 죽음을 맞이했다.[45]

인지의 바깥쪽 경계에는 파레이돌리아(Pareigolia)●········라고 불리는 착각과 관련한 현상이 있다. 이는 관련이 없는 패턴에서 의미 있는 것을 찾아내는 심리적 과정을 일컫는다. 우리가 달이나 탄 토르티야에서 얼굴을, 구름 속에서 성(Castle)을 발견하는 것이 대표적인 예이다. 우리는 새의 소리를 들을 때, 종종 단어를 듣는 것과 같은 느낌을 받는다. 영어 사용자에게 공작의 소리는 마치 '헬프'라고 외치는 것처럼 들리고, 스코틀랜드 사람은 붉은 뇌조의 울음 소리를 '고 백(Go Back)'으로 듣는 것도 같은 현상이다. 아이슬란드어 사용자는 황금 물떼새가 디르딘(Dyrdin), 즉 '놀랍다'는 의미의 말을 외친다고 하며 '봄의 전령'이라고 여겼다. 무작위한 증거 속에서 규칙성을 찾고자 하는 욕구는 외교

●········ 파레이돌리아(pareidolia) 또는 변상증(變像症)은 일반적으로 영상이나 소리 등의 자극을 통해 전혀 관련이 없는 패턴을 느낌으로써 이에 심적으로 반응하는 심리적 현상이다. 일반적으로는 구름 모양의 짐승, 얼굴, 물건, 그리고 화성 인면암, 옥토끼, 거꾸로 재생하거나 빠르거나 느린 속도로 재생되는 녹음된 음악의 히든 메시지, 에어컨이나 선풍기에서 나오는 임의의 소리 속 음성 등을 예로 들 수 있다.

정책에서도 쉽게 찾아볼 수 있다. 외교관이 착각에 가까운 것에 의해 실패했다는 말을 들어본 적은 없지만, 이라크전이 발발하기 전 대중 여론의 특성에서 규칙성을 읽으려 하는 등의 몰이해는 많은 고전적인 시나리오에서 쉽게 발견될 만큼 흔한 일이다. 큰 변화가 발생하면, 세계는 집단적으로 무의미한 캠프파이어 속에서 패턴을 찾는다. 1989년의 범상치 않은 사건들에 관해 지배적이었던 낙관적 상상은 유고슬라비아에서 발발한 전쟁과 명확히 불일치 했으며, 집단적인 착각은 역내에서 악한 의도를 갖고 있는 이들에게 기회를 제공했다. 청자는 인간은 동물이라는 북미 회의론자 마이클 셰머(Michael Shermer)의 격언을 종종 떠올린다. 우리는 규칙성에 관한 이야기를 하는 데 익숙하다. 규칙성이 존재하든 않든 말이다.[46]

이상적인 청취 프로세스 설계

일단 청취가 주요 의무일 뿐 아니라 수행하기 힘든 일이라는 것을 알게되면, 어떻게 그것이 효과적으로 수행될 수 있는가에 대한 문제가 뒤따른다. 인지 편향은 공공외교에서 극복할 수 없는 문제는 아니다. 사실, 이러한 편향은 옹호 활동을 위한 접근 방식에서 중요한 수단이 되기도 한다. 인지 편향으로 인한 문제에 대한 주된 해결책은 자신의 청취 능력의 한계를 받아들이고, 규율을 통해 청취 과정에 접근하는 것이다. 노벨상 수상자인 행동경제학자 대니얼 카네만(Daniel Kahneman)

은 체크리스트, 데이터, 판단에서 주관적 요소의 역할을 최소화하려는 노력을 일상화해야 한다고 강조한다. 그는 1953년 버지니아 애프거(Virginia Apgar) 박사가 고안한 태아 체크리스트가 분만실에서 문제가 있는 아기를 발견할 수 있는 의사의 능력을 획기적으로 향상시킨 방식에 주목했다. 카네만은 자신의 책의 모든 장을 특정한 편견이 의사결정에 미치는 영향을 최소화할 수 있는 방법을 제안하면서 끝맺었다.[47]

인식 편향의 영향을 최소화하려고 했던 사례 중 하나는 일부 항공사가 조종사에게 서로 다른 성격 유형이 동일한 자극에 굉장히 다르게 반응할 수 있음을 이해시키기 위해 교육했던 방식에서 찾을 수 있다. 특히 스트레스가 극심해질 경우 더욱 그랬다. 브리티시 에어웨이즈 항공 승무원은 다수의 승무원이 근무하는 환경에서 다른 조종사가 승무원들의 우려를 다른 방식으로 말하거나 심지어 반응을 내면화하기도 한다는 사실을 인지하도록 훈련받는다. 이것은 사실 조종실에서 유용한 기술인데, 조종석에 앉으면 본래 신체 언어를 통해 전달될 수 있는 단서가 최소화되기 때문이다.[48] 이와 비슷한 맥락에서, 1973년 욤 키푸르 전쟁●·········의 정보 전달 실패로 인해 경각심을 느낀 이스라엘군 정보부는 다가올 미래의 집단 사고에 대비하여 방어막을 설계하기로 결정하였다. IDF 정보국(IDF Intelligence Directorate)은 붉은 팀(Red

●········· 욤 키푸르 전쟁(라마단 전쟁, 10월 전쟁, 또는 1973년 아랍-이스라엘 전쟁)은 1973년 10월 6일부터 10월 25일까지 이집트와 시리아가 주축이 된 아랍 연합군과 이스라엘이 치른 전쟁이다.

Team) 혹은 악마 옹호국(Devil's Defendor Office)으로 알려진 팀을 만들어 반대론적 견해를 연구하는 임무를 맡았으며, 보복의 두려움 없이 직접 상부에 보고할 수 있도록 했다. 그들의 작전명은 '입차 미스타브라(Ipcha mistabra)'인데, 이는 아람어 ●·········로 "반대로 볼 때는 이렇게 보인다."라는 뜻이다. '10번째 사람 규율(The 10th man doctrine)' ●●이라는 접근법은 맥스 브룩스의 2006년 소설이자 동명의 2013년 영화 '월드 워 제트(World War Z)'에 등장하면서 널리 알려지게 되었다. 이 규율을 적용하면, 이스라엘은 전 세계적인 좀비 전염병에 대비할 수 있는 유일한 나라가 될 수 있다.[49] 영국에서 가장 유명한 청자로는 영국정부통신본부(Government Communications Headquarters, GCHQ)의 코드브레이커(Code-breakers)와 온라인 모니터 부서를 들 수 있다. 이 부서는 좋은 청취를 위해서는 나이, 성별, 성, 신경 유형별로 무제한의 다양한 그룹이 필요하다는 것을 알게 되었다. 특히, 본부는 아스퍼거 증후군●●· 이 있는 사람을 고용한 사례를 자랑스러워 했다. 2017년에는 NGO 스

●········· 아람어(Aramaic)는 한때 시리아 지방, 메소포타미아에서 기원전 500년경부터 기원후 600년 무렵까지 고대 오리엔트 지방의 국제어로 사용되었으며, 아프로아시아어족의 셈어파의 북서셈어군에 속하는 언어이다. 현재는 시리아 일부 부족과 이라크 일부 부족이 사용한다.

●● 사람들은 이 접근 방식을 '10번째 사람 규율'이라고 칭하는데. 이에 따라 그 집단이 의도적으로 최소한 한 사람을 충실한 반대자로 임명한다.

●●· 대인관계에 문제가 있고 행동이나 관심분야가 한정되어 있어 같은 양상을 반복하는 정신 질환

톤월(Stonewall)의 시민권에서 LGBTQ●●•• 커뮤니티를 가장 많이 채용한 100대 고용주 중 하나로 선정되기도 했다.[50]

미국의 교육 이론가 레오나드 왁스(Leonard Waks)는 가장 나쁜 종류의 청취는 '카타파식(Cataphatic)'●●••• 청취라고 주장해 왔는데, 이것은 미리 정해진 범주에 지나치게 맞추는 것을 말한다. 범주에 맞춰 청취하는 청자는 쉽게 체크박스에 담긴 내용을 검토하고, 이러한 방법에서 대화 상대자는 무언가 다른 것을 표현하는 데 어려움을 느끼면서 중요한 것을 놓칠 수 있게 된다. 1930년대의 오래된 미국 일화가 이를 잘 나타내주고 있다. 한 경찰관이 공산주의자와 상대편 무리 사이의 길거리 다툼에 끼어들어, 공산주의자처럼 보이는 남자를 붙잡고는 경찰봉으로 그를 때리려고 했다. 그러자 남자는 "날 때리지 마오. 나는 빈 공산주의자오."라고 외쳤다. 그러자 경찰이 대답했다. "나는 당신이 어떤 종류의 공산주의자든 상관없어!" 그리고 그를 세게 쳤다. 경찰관은 공산주의, 트로츠키주의, 무정부-신디칼리즘(Anarcho-Syndicalism)과 같이 급진적 철학의 여러 범주를 제시할 소명이 있었고, 얼버무릴 기분이 아니었다. 왁스는 자신이 '아포파식(Apophatic)●●•••• 청취'라

●●•• LGBTQ 또는 LGBT는 성소수자 중 레즈비언, 게이, 양성애자, 트랜스젠더를 합하여 부르는 단어다. 퀴어나 레즈비게이에 비해 논쟁이 덜한 용어로 알려져 있다.

●●••• 카타파(Cataphatic) 또는 카타파 신학(cataphatic theory)은 신성한 것을 묘사하거나 언급하기 위해 "긍정적인" 용어를 사용하는 신학을 말한다.

고 부르는 방법이 더 좋은 방법이라고 주장했다. 이는 미리 정해진 범주에 대한 강조를 피하는 더욱 개방적인 접근법이었다. 돕슨이 언급한 것처럼, 이렇게 보이는 모델은 임상 모범 사례에 대한 권고 사항에서 찾을 수 있다. 간호사이자 학자인 쉴라 D. 쉬플리(Sheila D. Shipley) 교수는 실제로 효과적인 임상적 청취는 눈맞춤이나 귀족 학교에서 의례껏 가르치는 끄덕임 등 주의를 기울이고 있다고 여겨지는 피상적인 지표가 아니라고 강조했다. 오히려 어떤 구절이나 개념이 반복적으로 사용되는지 지속적으로 관찰하고 단어가 제대로 이해되었는지 확인하는 등의 깊은 관여에 의해 이루어질 수 있다는 것이다. 이는 "그래서 당신이 하는 말은…"과 같은 표현을 통해 확인할 수 있다. 이렇게 해서 대화는 일종의 공동창작(Co-Creation)이 되고, 실시간 피드백으로 형성되어야 한다. 그런 식으로 대화에 참여한 사람은 그들이 들은 것을 느낄 수 있다.[51]

대화가 효과적으로 기능하기 위해 공공외교에서 청취는 체계적이고 일관되어야 한다. 여러 시간에 걸쳐 다양한 장소에서 축적된 데이터와의 비교를 통해 맥락과 연결되었을 때, 비로소 현재의 여론이 적절하게 이해될 수 있다. 청자는 알려진 것이 대표성을 띠는 지의 여부를 이해해야 한다. 이러한 이유로 최소한 일부 청자가 특정 국가의 장

●●•••• 아포파(Apophatic) 또는 아포파 신학(Apophatic theory)은 신학적 사고와 종교적 실천의 한 형태로서, 부정(不定)에 의해 신, 즉 완벽한 신성함에 대해 설명하는 것을 말한다.

기적인 경험이 있는 사람이거나 여론의 흐름을 이해할 수 있는 사람일 경우 도움이 될 수 있다. 그렇게 함으로써 출신 지역의 성치에서 쉽게 들어맞도록 투영하는 규칙성으로 인한 위험을 최소화할 수 있다.

청취는 개방적이고 투명해야 하며, 그렇게 해야 실제로 이뤄지는 것을 볼 수 있고 관심의 모집단 속에서 청자의 진정한 관심도 명확해질 수 있다. 청취는 반응에 능하고 피드백에 개방적이어야 한다. 모집단은 역동적일수록 정보원이 다양해지고 청자가 상상력을 발휘하는 데 도움이 된다. 익숙한 정보원에 의한 청취는 오해를 불러일으킬 수 있으며 중요한 변화를 발견해내기 어려울 수 있다. 청취는 노동 집약적일 수 있으며 현명한 국제 행위자는 동맹국과 업무를 공유하는 것의 가치를 이해하고 있다.[52]

청자는 항상 자신의 편향, 기대, 그리고 문화에서 파생될 수 있는 왜곡을 경계해야 한다. 이는 다른 편향을 가진 다른 사람과 협력하여 중요한 모집단을 추적하기 위한 또 다른 이유이기도 하다. 국제 행위자는 관료주의 내에서 청취 문화가 자리잡기를 원한다면, 성과 수단과 보상 시스템으로 청취에 대한 보상을 마련해야 한다는 것을 인지해야 한다. 일부 기관은 이러한 체계를 갖고 있는데, 보도의 영향과 독창성을 위한 사무총장상(Director General's Award for Impact and Originality in Reporting)을 수여하는 국무부를 예로 들 수 있다.[53] 하지만 기억해야 할 마지막 사항은 어떤 식이든 지나친 청취는 비생산적일 수 있다는 점이다. 행위자가 청취에 지나치게 몰두하면 해외 여론에 민감한 문화가 발달할 위험성이 있는데, 그들이 알게 된 것에 따라 행동하는 것을 무시하고(주로 1990년대 독일에서 나타났던 방식이다) 지나치게 분석된 모집단이 연구대상이 되는 것에 실증을 느껴 여론 조사와 같은 귀찮은 청취 기술에 협력하는 것을 포기할 수 있다. 일부 서구 여론조사 기관은 2010년에 이르자, 아프가니스탄 국민들이 여론조사에 신물이 나서 질문자가 전화를 걸었을 때 의도적으로 혼란스러운 답변을 하기 시작했다고 분석했다.

모든 행위자가 동일하게 듣는 경향이 있는 것은 아니다. 규모, 자신감의 정도, 청취에 대한 의지력 사이에 상관관계가 있는 것처럼 보인다. 특히 강대국은 최악의 청취력을 가진 듯 하다. 강대국에게 청취하는 방식을 교육하는 것은 상당히 힘든 일이다. 그러한 훈련을 고려하는 이들은 행위자가 더 효과적으로 발화하도록 하고 그것이 같은 효력을 발휘하길 원하는 이들을 가르치는 것이 더 나을지도 모른다.

디지털 미디어와 소셜 미디어의 등장은 청취에 있어서 지금까지 꿈도 꾸지 못했던 일들을 가능하게 해주었다. 최근 몇 년 동안 이러한 도전에 직면하기 시작한 기관은 UN이다. 2009년 UN의 정책 및 계획 담당 차관보인 로버트 오르(Robert C. Orr)(현재 메릴랜드 대학의 공공정책 학장)는 사무처 내에 디지털 연구혁신 부서를 설치했다. 그는 그것을 '글로벌 펄스(Global Pulse)'라고 불렀다. 본 부서는 실시간 디지털 데이터의 새로운 소스가 어떻게 UN 활동을 이끌 수 있는지 알아보고, 대규모 참여 조사를 대체하기 위해 온라인 미디어의 데이터 수집 및 분석에 새로운 지평을 확인하기 시작했다. 나아가 데이터 사용 능력에서 UN의 내부 역량을 강화하는 궁극적인 목표를 설정했다. 글로벌 펄스 부서는 인포그래픽과 데이터 시각화 사용에 있어 높은 기준을 설정하면서, 새롭고 이해하기 쉬운 방법으로 연구 결과를 공유하려고 시도했다.

글로벌 펄스 부서는 그 목표에 부합하는 약속을 이행했다. 부서는 실시간 정보와 피드백에 초점을 맞추어 소셜 미디어와 다른 온라인 미디어에서 프록시 지표를 추적하는 것의 가치를 알게 되었다. 글로벌 펄스 부서는 인도네시아와 우간다에서 2012년을 기점으로 펄스 연구소라고 불리는 지역 혁신 허브를 구축했다. '청취'에 관한 특별히 새로운 접근법을 통해 우간다에 있는 글로벌 펄스 연구소는 지역 라디오 방송에서 주요 단어를 자동으로 분석하는 시스템을 도입했다. 미디어에 있어서는 라디오가 여전히 압도적인 영향을 발휘하는 우간다에서 이러한 방식은 대중에게 우려되는 이슈에 관해 사전 경고하기 위한 수단이 되었다. 특히 그 지역의 다른 곳에서 대량 학살을 했던 상대 적군의 반인륜적인 대화의 대부분이 여기에서 다뤄진다. 유사한 방식으로 인도네시아에 있는 연구소는 화재와 분쟁지대에서 실시간 정보를 제공하기 위한 시민주도의 온라인 콘텐츠 및 디지털 미디어를 분석하는 대시보드를 구성했다. 글로벌 펄스 업무의 가장 흥미로운 부서는 UN의 대중 여론 조사와 관련된 마이월드(MyWorld)라는 업무일 것이다. 이는 전 세계의 사람들을 대상으로 새천년개발목표(Millennium Development Goals, MDG) 중에서 어떤 목표가 가장 중요한가에 관해 조사하는 것이다. 어떤 목표가 가장 중요한가에 관해 표면적인 지역 내 합의는 있으나, 지역 간의 합치는 없다는 점에서 결과는 다소 우울하다. 어떤 사람들은 성 평등에 투표를 했고, 다른 사람들은 반부패에, 또 어떤 사람들은 기후 문제를 우선시 해야할 목표로 꼽았다. 또 다른 사람들은 산모의 건강을, 다른 사람들은 노인 복지를 강조했다. 그러나 놀랍게도 한 사안에 대해서는 만장일치를 보였다. 세계의 모든 지역이 가장 중요한 목표치의 2위 혹은 심지어 1위로 교육을 선택했다. 이러한 조사는 인류 보편적인 공유 가치를 잘 보여주었다.[54]

청취에 관한 기초를 바탕으로 이제 다음 챕터의 주제인 옹호에 관해 생각해볼 수 있다.

03

옹호: 최첨단 기술과의 만남

2012년, 리바 간굴리 다스(Riva Ganguli Das)와 인도 외교부 공공외교부팀은 대규모 예산 없이 온라인상에서 인도를 홍보하는 어려운 업무를 수행해야 했다. 2011년 외교부는 "인도는…"이란 제목의 3분짜리 유튜브 영상을 전 세계인을 대상으로 공모하여 성공을 거두었다. 다스와 동료는 스틸작가들의 경쟁을 유도하는 게 성공을 가져올 수 있을지 여부에 의구심이 있었다. 이론상으로 이러한 공모는 참가자가 자신이 찍은 영상을 인도 외교부뿐만 아니라 수천 개의 개인 온라인 게시물에 공유하도록 유도하고 공공외교 부서가 활용가능한 이미지 라이브러리를 얻을 수 있다고 여겨졌다. 그리고 실제로도 그랬다. 외교부는 수천 건의 공모 영상을 받았다. 스틸작가는 그들의 사진을 다른 사람과 공유했고 외무부는 우승작품을 공개했으며 가장 좋은 사진을 공공외교부의 인쇄물로 출간했다. 모든 사진이 인도를 긍정적으로 홍보하는 수단이 되었다.[1]

옹호(Advocacy)는 특정 정책, 아이디어 또는 해당 행위자의 일반적인 관심사를 해외 대중에게 홍보하기 위해 국제 커뮤니케이션 활동을 수행함으로써 국제 환경을 관리하려는 행위자의 시도이다. 옹호의 요소는 해외 공중 참여의 모든 영역에서 찾아볼 수 있으며 정치적 리더십에 있어 옹호의 단기적 유용성은 편향으로 이어졌다. 옹호 활동은 공공외교의 전체 구조 내에서 중심에 위치하는 경향이 있는데, 옹호 활동이 갖는 관료적인 특성과 관련이 있다. 옹호는 공공외교의 총체적 활동으로 간주되어서는 안되지만, 옹호 활동에서 활용되는 최첨단 기술이 어느 정도인지에 관해 세심히 들여다볼 필요가 있다. 이 장에서는 다음 사항을 고려한다. 옹호 활동을 설명하는 데 사용되는 언어의 범위, 옹호 활동을 수행하는 공공외교 기관의 유형, 옹호 캠페인의 유형과 이들이 인지 편향에 대처하는 방식, 마지막으로 성공적인 메시지 전달의 구체적인 예를 살펴보고자 한다.

역사 속 옹호

선인들은 옹호의 가치를 잘 알고 있었다. 이미 언급한 바와 같이, 프리네의 비아스는 "강제가 아니라 설득을 통해 자신의 주장을 펼쳐라."고 충고했다. 그러나 고대부터 옹호와 미사여구는 신뢰받지 못했다. 오랜 기간 옹호는 정보, 정책 옹호, 정치적 소통, 영향력, 스핀(Spin)을 통한 여론 조작과 동의어로 사용됐다. 2004년경, 미국의 관료적인 특수용어에 '바늘을 움직인다'는 표현을 수용했는데, 이는 실시간으로 감지할 수 있는 대중의 반응을 기대하면서 옹호 활동에 대한 피드백을 이끌어내기 위해서였다.[2] 옹호 활동은 영향이 있을 것으로 예상되었다. 옹호를 프로파간다와 분리하는 것은 글로벌 참여에서 가장 어려운 요소이다. 옹호는 반드시 직접적으로 이뤄지진 않는다. 프로파간다라는 용어를 재도입한 이그나티우스 로욜라(Ignatius Loyola)는 자신의 예수회 명령이 다른 사람들에게 영향을 미치도록 할 것을 권고했다. 그는 다음과 같이 썼다. "영향력을 통해 다른 사람을 지도할 수 있는 사람과 장소에게 우선권이 주어져야 한다." 그의 조언은 여전히 의미가 있다.[3]

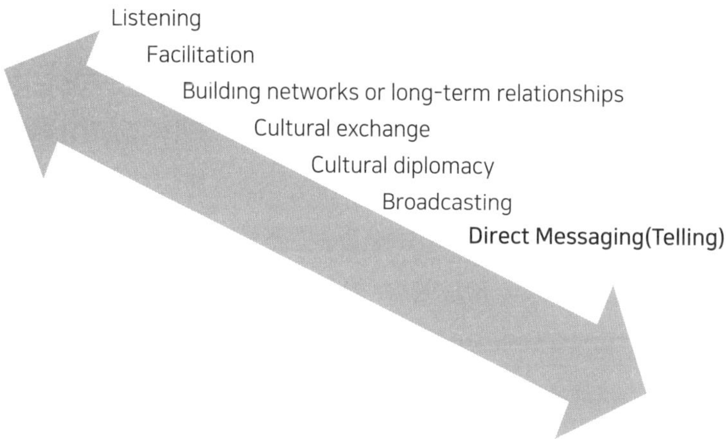

그림 3.1 피셔와 브뢰커호프의 '영향력 선택' 스펙트럼(2008)

Reproduced by kind permission of Ali Fisher and Aurelie Brocherhoff

공공외교 내에서 옹호의 층위를 시각화하면 일반적으로 옹호는 극단에 위치하게 된다. 옹호는 캐나다 공공외교 피라미드의 정점에 위치한다. 알리 피셔(Ali Fisher)와 오렐리 브뢰커호프(Aurelie Brockerhoff)가 이끄는 영국-독일 분석팀에 따르면 옹호는 '영향력 선택' 스펙트럼의 한쪽 끝에 있다(그림 3.1).[4]

스펙트럼의 반대쪽 끝에는 청취가 위치하며, 다음 과정으로 촉진, 네트워크 구축, 문화교류가 차례로 뒤따랐다. 중간 지점에는 문화외교와 국제 방송에서 단일 활동이 더 많이 이뤄진다. 맨 끝에는 옹호를 통한 직접적인 메시지 전달 활동이 있다. 이러한 모든 접근방식은 정책 목표를 진전시키기 위해 사용될 수 있지만, 모든 접근방식 중에서 옹호가 가장 많은 대중적 적개심을 불러일으키거나 저항과 직면할 가능성이 높다.

많은 종류의 옹호 단체가 있다. 그 중에서 국가 옹호 기관이 가장 잘 알려져 있다. 국가 하부 기관으로는 스코틀랜드, 카탈로니아 또는 퀘벡을 옹호하는 단체처럼 지역을 대표하여 발언하는 기관이나 국가 차원의 파트너십을 예로 들 수 있다. 다국적 기관은 회원국을 대표하거나 공동 관심사에 대해 집단적인 지지를 보내는데, 이는 유럽 위원회, NATO의 언론 기구의 경우를 들 수 있다. 모든 주요 국제 기구들은 옹호 활동을 하는데, 가장 눈에 띄는 기구는 UN 사무국 소속의 홍보부(Department of Public Information)이다. 역사상 어느 시점부터 UN 총회는 특정 이슈에 각각 집중하는 옹호 기관을 구성했다.

모든 옹호 활동은 신뢰가 요구되지만, 모든 옹호자가 똑같이 신빙성이 있는 것은 아니다. 옹호자에게 신뢰를 요구하는 것은 옹호자의 과거 위선에 대한 기록을 묻는 것일 뿐만 아니라, 전체 범주의 옹호 활동에 적용될 수 있다. 믿을 수 없는 알비온(Perfidious Albion)•의 악마 또

• 믿을 수 없는 알비온은 유럽 대륙에서 영국을 경멸적으로 지칭할 때 쓰던 표현이다. 알비온은 고대 그리스 시대에 브리튼을 지칭하는 표현이다. 브리튼에 대한 혐오가 가장 심했던 프랑스에서 이 숙어가 탄생하였다. 13세기 프랑스에서 이러한 숙어가 유래된 것으로 보고 있다.

는 믿을 수 없는 엉클 샘(Perfidious Uncle Sam)••은 믿을 수 없는 신자유주의 국가(Perfidious neoliberal state)의 악마로 대체되어 묘사 대상이 이어질 수 있다. 대체된 목소리의 형태는 다른 부류의 신뢰성을 내포한다. 국가 하부 단위의 목소리는 특히 국가 이야기와 일치할 때 신빙성을 얻을 수 있다. 한 국가 내에서 소수 또는 일부 집단을 대표하는 목소리도 마찬가지인데, 이들의 증언은 국제적으로 특정 상황에 더 많은 기득권을 가진 발언자의 증언보다 덜 편향된 것으로 해석된다. 국제적으로 미국을 지지하는 가장 효과적인 옹호자 중 일부는 버락 오바마 대통령의 당선으로 정점을 찍은 아프리카계 미국인들이다. 국제적인 목소리는 그들의 타고난 폭과 집단적 성격을 통해 신뢰성을 갖는다. 비정부기구는 단일 이슈에 집중하면서, 일관성 없이 옆길로 샐 가능성이 낮다. 프렌즈 오브 어스(Friends of Earth)•••는 정부 기관이 아니므로 대중에게 설명해야 하는 세금 정책이나 건강 관리 시스템이 없다. 중앙의 옹호 기구와 달리 비정부기구는 제한적인 역사적 맥락을 갖고 있

•• 엉클 샘은 미국을 의인화한 것이다. 1812년 미영전쟁 때 처음 쓰였고 1852년에 처음으로 그림이 그려졌다고 하며, 전하는 바에 의하면 새뮤얼 윌슨 의 이름이 붙여진 것이다.

••• 프렌즈 오브 어스는 1969년 9월 데이비드 블로워가 미국 샌프란시스코에서 설립한 환경단체로서 그린피스, 세계자연기금과 함께 세계 3대 환경보호단체 중의 하나이다.

다. 한 세기 전에 세계자연기금(World Wildlife Fund)••••이 침해했던 사항에 대해 아무도 분개하지 않았다. 전체 비정부기구 부문은 신뢰에 기반한 집단적 아우라를 누려왔다. 그러나 역사는 이 아우라가 파괴할 수 없는 존재가 아니라는 것을 보여줬다. 비정부기구는 잘못된 행위에 노출되기 쉽다. 신뢰성 변수는 많은 현대 공공외교 행위자들이 파트너십을 수용하는 주요한 이유이기도 하다. 그래서 많은 현대 공공외교 행위자는 특정 이슈를 둘러싼 파트너십에 대해 적어도 한 구성원이 관심 있는 분야에 대해 신뢰를 받을 수 있어야 한다고 믿고 있다.

옹호, 인지 및 사회적 편향

청취 과정과 마찬가지로 옹호 활동은 인간 인식의 한계, 즉 모든 개인의 판단을 형성하는 인지적, 사회적 편향에 의해 심각하게 영향을 받는다. 그러나 이러한 편향이 청취 활동에는 적이지만 효과적인 옹호

•••• 세계자연기금(World Wide Fund for Nature, 약칭 WWF)은 스위스에 국제 본부를 둔 세계 최대 규모의 국제 비정부기구로, 멸종위기종 보존을 주목적으로 한다. 전 세계 약 100여개국에 500만 명 이상의 회원들이 글로벌 네트워크를 통해 함께 활동하고 있다. 설립 초창기에 WWF는 세계 야생 동물 기금(World Wildlife Fund)을 의미했으나, 1986년에 이 명칭이 기관의 활동 범위를 모두 반영하지 못한다고 판단하여 세계자연기금(World Wide Fund for Nature)으로 변경했다. 반면, 미국과 캐나다에서는 기존 명칭을 유지하고 있다.

활동이 이루어지는 메커니즘이기도 하다. 공공외교 옹호자는 편견을 악용한다고 생각하지는 않지만, 옹호가 효과적으로 작동하는 경우를 자세히 들여다보면 이러한 편향이 작용하고 있음을 알 수 있다. 실무자가 성공을 통해 배우고, 시행착오의 결과로 편견을 활용하는 것은 당연한 것이 되었다. 편향을 이해하는 것은 효과적인 캠페인을 구축하고 불필요한 오류를 피하는 한 방법이다. 인지적, 사회적 편향을 논의하기 위해 '누가, 언제, 어디서, 무엇을, 왜, 어떤 방식으로, 어떤 수단을 통해'라는 분류에 따라 다시 살펴보고자 한다.

인지 편향: 누가 옹호해야 하는가

편향에 대한 연구는 일부 연사가 다른 연사보다 더 신뢰받을 수 있다는 것을 보여준다. 청자는 전문가를 신뢰하는 '권위 효과(Authority Effect)'에 영향을 받는다. 그러나 권위는 장소에 따라, 그리고 시간에 따라 달라진다. 어떤 사람은 종교기구를, 어떤 사람은 학계를 신뢰한다. 청취 능력을 흐리게 할 수 있는 동일한 후광 효과는 심지어 연사의 직접적인 전문분야를 넘어서서 신뢰도를 형성할 수 있다. 국제 행위자는 유명인사가 지닌 대변인로서의 가치를 알고 있다.[5] 신뢰도를 높이는 또 다른 방식은 유사성을 활용하는 것인데, 유사성 효과란 말하는 사람이 청자와 동일하다는 인식을 형성하는 것이다. 이는 2009년 영국 외무부가 국내 공공외교 캠페인인 '노우 비포 유 고(Know Before You Go)'에서 효과적으로 활용했던 것으로, 지중해 주재 영국 영사관은 영국 출신 관광객들이 여행보험이 없어 해외에서 어려움을 겪고 있다고 보고했다. 영국 외무·영연방부는 커뮤니케이션을 통해 이 문제를 해소하기로 결심하고, 대부분의 영국인들이 커플 형태로 여행을 다닌다는 점과 이들 중에서 주로 여성이 보험 가입을 담당한다는 점, 그리고 공식 기관의 강의가 행동을 바꿀 것 같지 않다는 점 등 여러 가지 사실을 발견했다. 영국 외무·영연방부는 젊은 영국 여성 청자에게 신뢰가 형성된 사람을 활용하기로 했고 영국 축구 선수의 아내나 여자친구 커뮤니티, 즉 '왝스(WAGs)'에게 맡기기로 결정했다. 여름이 다가오자, 영국 외무·영연방부는 왝스(WAGs)에 여름 휴가 준비를 위해 피부과나 수영복 선택 등에 관해서 잡지사와 인터뷰를 할 때, 여행 보험에 가입하는 것을 그들의 리스트에 포함시킬 것을 조심스럽게 제안했다. 해당 계획은 효과가 있었고, 다음 시즌에는 영사 문제가 상당히 감소했다.[6]

유사성 편향은 공공 외교관에게 확실히 문제가 될 수 있는데, 도달하기를 원하는 외국 청중과 외교관이 반드시 같은 입장에 처해있지는 않기 때문이다. 해외 청자 중 누군가가 자신을 대신해서 발언할 수 있도록 힘을 실어주는 전략이 중요한 이유다.

인지 편향: 무엇이 전달되어야 하는가

가장 학문적인 관심을 끌었던 인지 편향의 요소는 프레임이다. 국내 정책과 마찬가지로 외국에서도 이슈에 대한 국민의 인식은 이슈를 제시하는 프레임이나 맥락에 의해 크게 영향을 받는다. 정치적 이슈는 대안적인 프레임을 내보내는데, 그 원인과 연관된 가장 긍정적인 요소를 강조하려고 한다. 따라서 미국의 낙태 반대 논쟁에서 싸우는 사람들은 각각 생명 우선주의와 선택 우선주의라는 프레임을 내건다. 공공외교에서 결투 프레임은 비국가 행위자의 군사작전을 '테러' 대 '해방투쟁', 또는 외세가 남의 영토에 침투하는 것을 '간섭,' '침략' 대 '경찰행동,' '해방'이라는 구도로 프레임을 구성한다. 최적의 프레임을 선택하는 것은 전쟁에서 최적의 전장을 선택하는 것과 같으며, 물리적인 싸움과 마찬가지로 먼저 전장에 도착하는 것이 엄청난 이점을 갖는다. 위기외교의 가장 중요한 측면 중 하나는 일어난 일에 대해 가능한 최선의 프레임을, 상대에게는 가능한 최악의 프레임을 내놓는 것이다.[7]

언급된 내용을 구체화하는 데 있어 중요한 고려사항은 가장 기억에 남는 정보나 주장이 청중에게 영향을 미치는 것인데, 이를 '가용성 편향(Availability Bias)'이라고 한다. 때때로 이러한 현상을 "운율(Rhyme)은 논리와 같다."고 부른다. 논쟁이나 주장을 운율을 통해 표현할 때, 논쟁이 기억에 더 잘 남고 영향력을 가지면서 효과를 발휘할 수 있다. 간결한 운율 "어두운 밤의 붉은 하늘은, 목동을 기쁘게 하고/이른 아침의 붉은 하늘은, 목동을 긴장하게 하네"•••••는 하늘의 색과 날씨 사이의 상관관계에 대한 두서없는 장문보다 더 기억에 남는다. 같은 방식으로, 피고측 변호사가 '장갑이 맞지 않으면 무죄를 선고해야 한다(if

••••• 원문의 시는 다음과 같다. red sky at night, shepherd's delight/red sky in the morning, shepherd's warning.

the glove don't fit, you must acuit)'라는 대구 표현을 이용해 배심원단의 증거를 기각한다면 온갖 검찰 수사를 뚫고 나갈 수 있다. 일부 문화권에서는 전시 세력에 대한 민간 경고를 다음 구절과 같이 표현하기도 한다. "전쟁이 일어나면/거짓말이 모래와 같이 쌓인다(Kommt der Krieg ins Land/Gibt Lugen wie Sand)"[8] 스페인에는 "전시에는, 바다와 육지에서 거짓말이 나온다(En tiempo de 3ucrra, mentiras pors mar y por tierra)"라는 표현이 있다.[9]

소셜미디어 시대에는 편향의 동인으로서 감정의 역할에 주목할 필요가 있다. 청자의 감정과 연관된 주장은 이성적인 논리만으로 구성된 주장보다 훨씬 더 큰 영향력을 발휘한다. 많은 영화 제작자는 유머를 좋아한다. 2009년 영국 외무부는 젊은 남성들이 그리스에 있는 동안 술에 취해 문제를 일으키는 것을 만류하는 데 어느 정도 성공할 수 있었다. 그리스에 머물면서 발생하는 다양한 극한 상황에서 딕이라는 만화 캐릭터를 통해 희화화하여 보여주었고, 그의 친구 톰과 해리가 혐오감을 가지고 그를 계속 바라보는 장면을 내보냈다. "딕이 되지 마세요(Don't be a Dick)"라는 슬로건은 자극적이면서도 효과적이었다. 감정적인 요소는 복잡하고, 초기에는 슬로건이 내포하는 직설적인 유머가 기능하지만, 바로 다음에는 독자 자신의 행동도 해당될 수 있을지도 모른다는 불확실성을 야기한다.[10]

감정을 이용하는 메커니즘은 상황의 개인화를 포함하며, 이를 '식별할 수 있는 피해자 효과(Identifiable Victim Effect)'라고 부른다. 이 효과는 청자가 추상적인 위기를 인지하는 데에는 어려움이 있지만, 식별할 수 있는 피해자 한 명을 알게 될 경우 강한 감정적 동요를 겪을 수 있다는 연구에 기반한다. 파키스탄의 여성 교육 문제는 새로운 것이 아니지만, 말랄라 유사프자이(Malala Yousafzai)가 구체적인 희생자로 등장한 것은 이 문제를 새로운 방식으로 극화시키는 계기가 되었다. 마찬가지로 예전엔 아무것도 아닌 것으로 인지되었던 시리아 난민 문제가 터키 해변에 죽은 채 발견된 아일란 쿠르디(Aylan Kurdi)가 누워 있는 사진을 통해 극화되었다. 피해자 효과의 가장 강력한 역사적 사례는 홀로코스트에 대한 전 세계적 관심을 불러일으켰던 한 사람을 들 수 있다. 600만 명의 사망자는 너무 큰 숫자였지만, 1950년대에 안네 프랑크의 일기와 그의 일기를 드라마와 무대, 스크린에서 재구성하면서 특징 한 사람의 경험을 통해 홀로코스트를 현실적으로 이해할 수 있게 되었다. 이 세 가지 사례에서 특정 상황을 보여주는 피해자가 모두 아이라는 점에 주목하면 흥미롭다. 유사한 방식으로 고통을 겪은 성인의 사례는 얼마든지 있지만, 아동 학대에 대한 문화적 금기와 아동은 본질적으로 결백하며 문제의 고통에 대한 어떠한 가혹한 도발행위보다 우선한다는 가정에 따라 아동의 이미지는 특히 강력한 힘을 갖는다. 여성 피해자는 국제 정치를 극화하는데도 이용되어 왔다. 1898년 스페인-미국 전쟁을 앞두고 미국 여론을 들끓게 한 쿠바 젊은 여성 두 명, 대중의 이목을 집중시킨 에반젤리나 코시오(Evangelina Cosio)와 '가짜 뉴스' 클레멘시아 아랑고(Clemencia Arango) 등이 대표적이다.[11] 성(Gender)은 1990년대 미얀마/버마의 아웅산 수지에 대한 과도한 관심을 설명해준다. 모든 성별, 인종, 신분에 대한 정치적 박해로 인해 식별 가능한 피해자들을 공표하는 것은 인권 보호를 목적으로 하는 NGO 국제 사면위원회의 핵심적인 전술이기도 하다.

옹호의 대상을 고려하는 데 있어 마지막 요소는 내용 측면에 있다. 현명한 의사소통 능력자는 때때로 메시지의 신뢰도를 확보하기 위해 과소평가된 것의 가치를 알고 있다. 그 예술적 예로는 최근 드론 전쟁을 다룬 영화 굿 킬(Good Kill, 2014년)의 제작자들이 드론 카메라의 해상도를 실제보다 훨씬 낮은 해상도로 제시했는데, 이것은 관객에게 신뢰감을 주기 위한 목적이었다.[12]

인지 편향: 언제 말해야 하는가

2장에서 지적한 바와 같이 가장 강력한 인지 편향 중 하나는 '확증 편향(Confirmation Bias)'••••••이다. 청중이 어떤 문제에 대해 처음 듣는 정보를 받아들일 때, 불균형적으로 영향을 받는다는 증거는 여러가지가 있다: 모든 후속 정보는 청자가 기존의 아이디어나 인식을 확인하는 자료를 선호하기 때문에 걸러진다. 그리고 같은 방식으로, 기존 정보에 반하는 정보는 쉽게 받아들이지 않는다. 이는 언제 특정 정보를 제공하는 것이 유리한가에 대한 일반적인 해답이 "가능한 한 빨리"라는 것을 의미한다. 그렇지 않으면 경쟁자가 해당 사건에 대해 기초적인 사

•••••• 확증 편향은 원래 가지고 있는 생각이나 신념을 확인하려는 경향성을 말한다.

실을 확립할 것이기 때문이다. 옹호의 대상과 시기를 통합적으로 볼 때, 당면한 사안의 가장 유리한 프레임을 빠른 시일내에 확립하는 것은 상당히 중요하다. 기억에 남는 정보에 대한 '가용성 편향(Availability Bias)'•••••••에는 시간 관련 측면이 있다. 특정 정보가 이미 들은 정보일 때, 더 기억에 남기 마련이다. 게다가, 사람들은 마지막으로 들었던 주장을 과대평가하는 경향이 있다. 옹호자에게 이것은 한번 한 주장이 정기적으로 반복되어야 한다는 것을 의미한다. 그 접근법이 반드시 확실한 승수를 보여주는 것은 아니다. 왜냐하면 적수가 '우물에 독극물을 타듯' 논쟁의 표현과 부정적인 의제 사이에 연관성을 유도할 수 있기 때문이다. 이를 통해 해당 주장이 청자에게 부정적인 요소로 각인될 수 있다. 이라크전쟁 당시, 미국 내 이슬람권 사람들에 의해 유사한 사례가 발생했는데, 그들은 미국의 이스라엘에 대한 무조건적인 지지와 이집트 배교 정권 강화 이슈를 미국의 의제와 성공적으로 결부시켜 미국에 결과적으로 좋지 않은 결과를 낳았다.[13]

인지 편향: 어디서 그리고 왜 옹호해야 하는가

인지 편향은 의사소통에 사용되는 채널 방식의 상대적 효율성에 따라 다르게 작동한다. 청취와 관련해 2장에서 언급된 바와 같이, 청자는

••••••• 가용성 편향은 쉽게 떠오르는 사물의 예가 실제보다 더 대표적이라고 생각하는 경향성을 말한다.

직접 듣는 것보다 그들이 발견하는 자료에 더 큰 신뢰를 갖는다. 이것이 바로 '도청 편향(Eavesdrop Bias)'이다. 1917년 멕시코 주재 독일 대사에게 전달된 소위 짐머만 전보(Zimmerman telegram)••••••••를 영국 정보부가 미국 언론에 공개했을 때 엄청난 반향을 일으켰던 것을 대표적인 사례로 들 수 있다. 텍사스, 아리조나와 이외 잃어버린 영토 회복을 약속하며 멕시코를 세계대전에 참여시키라는 제안을 감청한 것이다. 잃어버린 영토를 보상으로 제안한 것은 다분히 폭발적인 의미를 내포했으며, 몇 주 후 세계대전에 미국이 개입하는 데 중요한 요인으로 작용했다.[14]

인지 편향: 옹호의 방법 및 수단

이와 관련된 사회적 편향은 다른 사람이 동의하는 것처럼 보일 때 사람들이 논쟁에 대해 더 확신하는 것을 선호하는 현상으로, 밴드웨건 효과(Bandwagon Effect)라고 부른다. 과거 미국 선거 후보자가 밴드를 고

•••••••• 짐머만 전보(Zimmermann Telegram)는 제1차 세계대전이 한창이던 1917년 1월 16일, 독일 제국의 외무 장관인 아르투르 짐머만이 멕시코 주재 독일 대사에게 보낸 비밀 전보문이다. 멕시코 정부에게 미국에 대항하는 동맹을 제안하라는 지시가 담겨 있었다. 그러나 영국이 이 전보 내용을 감청해 암호 해독반이 해독하였다. 이 전보 내용은 미국의 독일에 대한 반감이 높아지게 하여, 미국이 제1차 세계대전에 참전하는 계기가 되었다.

용하여 마차에 앉게 하고, 그것을 시내에서 타고 다니며 유세를 했는데, 유권자들이 말 그대로 '밴드왜건'을 따라 회의장이나 투표장까지 함께 갈 수 있도록 하는 관행으로 이어지면서 붙여진 이름이다. 1960년 선거에서 프랭크 시나트라(Frank Sinatra)의 존 F. 케네디 선거 캠페인 노래의 오프닝 가사에 이런 심리를 활용한 후렴구가 있었다: "모든 사람이 잭에게 투표한다…" 이 효과는 종종 자신의 편이 다수 지지를 받고 있다는 것을 나타내기 위해 여론 조사의 선별적인 인용으로 국내 정치에서 자주 활용된다. 이것은 또한 국제적인 논쟁의 일부로 알려져 있다. 오늘날의 국제 비정부기구는 일상적으로 특정 이슈에 관한 시류를 형성하거나 제시하곤 한다. 이것은 2007년 출범한 온라인 캠페인 플랫폼 아바즈•••••••••의 핵심 전술이기도 하다.[15]

논쟁의 수용과 유지를 촉진할 수 있는 마지막으로 중요한 인지 편향은 소유와 관련된 것으로, 부존자원 효과(Endowment Effect)와 참여 효과(Participation Effect)가 있다. 부존자원 효과는 시청자가 이미 갖고 있는 견해의 강도를 설명한다는 점에서 확증 편향과 같은 영역에서 활용된다. 부존자원 효과는 물리적이든 인식적이든 소유하는 것에 대해 개인이 소유의식을 느끼며, 이미 소유하고 있는 것을 과대평가하는 것

••••••••• 아바즈(Avaaz)는 2007년도에 설립된 글로벌 시민 단체로 기후변화, 인권, 동물의 권리, 부패, 빈곤 및 분쟁 관련 이슈에 대한 활동을 촉구하고 있다. 아바즈의 강령은 '우리가 살고 있는 세상과 세상 대부분의 사람들이 원하는 세상 사이의 격차 줄이기'이다.

을 의미한다. 그래서 그들에게 새로운 의자를 팔거나 그들의 고정관념에 대한 대안을 설득하는 것을 더 어렵게 만든다. 더욱 강력한 것은 개인이 의자를 직접 만드는 데 개인적인 역할을 하거나 완성을 위해 어떤 식으로든 참여하는 경우에 나타나는 효과다. 행동 경제학자들은 이것을 '이케아 효과(IKEA Effect)'라고 부르며, 가구를 조립한 사람은 기성품 가구보다 본인이 조립한 가구를 더 높이 평가한다고 설명한다.[16] 공공외교의 사례로는 감지되는 것을 피하면서도 공식적인 방해에 직접 대응하며 작업해야 했던 많은 동유럽 시청자가 서부 라디오 방송에 애착을 느끼는 것을 들 수 있다. 그들은 실질적으로 뉴스의 공동 창작자가 된 셈이었고 이케아 효과에 따라 해당 뉴스를 소중히 여겼다. 조사했을 때, 많은 캠페인은 국제적인 행위자에게 유리한 영역에서 여러 편향을 보여준다. 이 장의 나머지 부분에서는 성공적인 메시징의 개별 사례를 고려하여 네 가지 핵심 접근방식에서 먼저 전략적 수준을 보고 전술적 수준에서 옹호하는 사례를 검토하고자 한다.

옹호에 관한 네 가지 핵심 전략적 접근법

공공외교에서 옹호에 관한 네 가지 핵심적인 접근법이 있다. 첫 번째는 연설과 캠페인 작업의 직접적인 호소(Direct Appeal)로, 직접적인 독자나 청자를 영향의 대상으로 시각화한다. 두 번째는 여론형성층을 대상으로 하며 더 많은 청중을 대상으로 할 수 있도록 메시지를 전달하는 2단계 과정에 따라 진행되는 간접적인 호소다. 세 번째 접근법은 메시지 공간을 아우르는 것인데, 이 선략은 다른 두 가지를 통합하지만 공개된 자료의 양에 있어 상징적인 것으로 구별되는 전략이다. 이 접근법은 다른 접근법을 끌어내고 그것에 대한 청자의 노출을 극대화하여 논쟁을 촉진하고 토론에서 우위를 점하는 것을 목표로 한다.[17] 네 번째는 파트너십으로, 행위자가 스스로 말하는 대신에, 다른 사람에게 힘을 실어주는 것이다. 간접적인 호소와 유사하지만 참여자의 자율성이 커지고 메시지가 형성되는데 공동의 참여가 이루어진다는 점에서 차이가 있다. 다음 사례를 통해 구체적으로 살펴보겠다.

에이브러햄 링컨의 직접적인 메시지 전달

남북전쟁 동안, 에이브러햄 링컨은 국제 커뮤니케이션 문제에 직면했다. 그는 남부에 위치한 주들이 연방에 다시 가입하도록 설득하기 위해서, 남부에 자금을 지원하거나 전쟁 물자를 제공하는 이들로부터 고립시켜야 한다는 것을 알고 있었다. 그는 유럽이 중립을 유지할 필요가 있다고 생각했다. 이것은 단순한 우려만은 아니었다. 유럽의 면화 공장은 미국 남부 지역에서 면화를 상당 수준으로 수입했고, 공장의 소유주들은 미국 남부 연합과 지속적으로 무역을 이어갔다. 링컨은 유럽이 중립을 지킬 수 있도록 유럽의 신문 지면에 일련의 공개 서한을 게재해 유럽 국민에게 직접적으로 호소했다. 그 서한은 미국 연방의 대의명분을 국가의 권리에 대한 추상적인 투쟁이 아닌 노예제 문제를 둘러싼 강렬하고 인간적인 투쟁으로 재조명했다. 이러한 방식은 유럽인들이 추구하는 도덕성을 자극하기에 충분했다. 링컨은 국내 청자에게 연방 구성의 명분을 설명하기 이전에, 국제적으로 재조명했는데, 1863년 1월 1일 해방 선언이 그러한 목적의 일환이라고 볼 수 있다. 링컨의 캠페인은 서사 형태로 전해지면서 유럽인의 가슴에 닿아 강력한 인상을 남겼다. 특히 서면으로 제시된 노예제 내러티브는 노예제 생존자들의 개인적 경험을 다루는 피해자 효과를 활용했다. 특히 작가 해리엇 비처 스토우의 '톰 아저씨의 오두막집'과 같은 소설은 미국 남부 지방의 노예제도를 극화시켰다. 이런 것들은 링컨의 주장을 뒷받침하는 기초적인 요소들이었다. 유럽이 이미 갖고 있는 자질을 활용했고, 링컨이 이를 분명히 하면서 남부 지지자들은 힘을 잃어갔다. 특히 유럽의 노동자 여론은 링컨의 입장을 강력하게 지지했고, 유럽의 지도자들은 남부 연합을 지지한다는 입장을 폐기하기에 이르렀다.[18]

간접적 호소: NATO와 INF 유럽 배치

1975년 소련은 SS20 미사일●의 형태로 동유럽에 중거리핵전력(Intermediate Nuclear Forces, INF)을 배치하기 시작했다. 당시 북대서양조약기구(NATO·나토)는 이에 준하는 미사일이 없었고 소련 당국은 막대한 전략적 우위를 점했다. 억제력을 확보하고 군비축소 회담을 유도하기 위

● 소련의 트럭 이동식 중거리 탄도 핵미사일을 일컫는다.

해, 미국은 맞대응적 미사일 배치가 필요했지만 서유럽 전역에서는 핵 배치를 반대하는 대중적인 여론이 증가하고 있었다. 1979년 나토는 자체 중거리핵전력을 유럽에 배치하면서 군축협정을 모색하는 '쌍궤도(Twin-Track)' 정책을 추진하기로 했다. 차기 레이건 정부는 지상발사 순항 미사일과 페르싱 2호(Pershing II) 탄도미사일을 배치했다. 레이건 정부는 공공외교를 지지하는 캠페인을 관리하기 위해 소규모 정부간 그룹을 소집했는데, 이 그룹은 미국의 직접적인 핵전력 배치에 관한 주장은 비생산적일 뿐만 아니라, 유럽 정치와 언론의 지역적 목소리에 의해서도 차선책을 택하는 것이 바람직하다고 판단했다. 캠페인을 홍보하는 과제는 데이비드 앱샤이어(David M. Abshire) 나토 신임 미국대사에게 주어졌다. 앱샤이어는 워싱턴 DC에 있는 전략국제문제연구소(CSIS)의 설립자로 유럽의 싱크탱그 주도 세력과 주요 군사 기자뿐만 아니라 평화운동을 주도하는 원로들도 알고 있었다. 이 캠페인은 미국의 계획의 일환이라는 점 대신, 소련이 배치한 SS20 미사일이 진정한 평화를 해치고 있다는 프레이밍을 구성했다. 앱샤이어는 진정한 평화는 전쟁이 없는 것 이상으로, 국가 간 존중을 바탕으로 한 국제 시스템이라고 강조했다. 1983년 6월, 부시 부통령은 유럽 순방을 하고 미사일 배치에 필요한 합의를 이끌어냈고 네덜란드를 제외한 모든 곳에서 계획대로 진행할 수 있었다. 후속적인 여론 조사에서 중거리핵전력 배치는 대중적인 지지를 받지는 않는다고 밝혀졌으나, 유럽인들은 대체로 미국식 접근방식의 진정성을 받아들였고, 오히려 경제와 같은 오늘날의 다른 사안에 대해 훨씬 더 걱정했다. 미사일 배치를 허용할 만큼 여론이 조성되었다는 것이 요지였다. 미국은 소련에게 협상을 강요하는 조치를 취했는데, 돌이켜보면 냉전 대결에서 결정적인 역할을 해낸 것으로 평가받을 수 있었다. 앱샤이어는 이에 대해 공로훈장을 받았다.[19]

심리적 편향에 적용시켜보면, 미국의 핵전력 캠페인은 유럽 국가의 동의를 얻는 과정에서 유사성 효과와 권위 효과를 활용했다. 미국은 러시아의 계획에 대해 상호 군비축소 회담을 도입하기 위함이라는 프레이밍을 형성했다. 이 캠페인은 레이건 정부에 대한 지지를 높이는 것이 아니라 중거리핵전력 배치에 대한 대응이라는 논리를 통해 객관성을 확보하고, 대규모 지지층 확보가 어려울 수 있었던 다수의 대중이 아닌 유럽의 여론주도층을 대상으로 선정했으며, 목표 청자에게 권위 효과를 발휘하기에 충분했던 앱샤이어를 고용했다는 점에서 적절하게 대응했다고 볼 수 있다. 마지막으로 레이건 행정부는 자국의 공공외교가 국내 미국 대중에게 비효율적이라고 보여지는 것도, 그 결과 행정부의 신뢰도에 영향을 미칠 수 있다는 점을 크게 우려하지 않았다는 점이 주목할 만하다.

메시지 공간을 가득 메우기: 블레어 정부와 기후변화

2000년대 중반, 지구의 기후가 점점 불안정해지고 인간의 활동이 그 원인일 가능성이 있다는 것이 전 세계의 대부분의 과학자에 의해 확실시되었다. 영국의 토니 블레어 총리 정부는 이 문제에 대해 전 세계적 대중의 관심을 불러일으키기 위한 리더십을 발휘하고자 했다. 기후

변화 문제는 당시 영국에게 재정적으로 도움을 주었던 지식경제 홍보, 반극단주의, EU 문제와 더불어 가장 중요한 커뮤니케이션 우선순위로 손꼽혔다. 팔길이원칙을 따르는 기관(Arms-Length Units),●• BBC 방송사, 영국 문화 교류 기관, 영국 문화원 등을 포함해, 블레어 정부는 영국의 범세계적 공중 참여의 모든 요소 중에서 전략적인 우선순위를 간략히 공개했다. 기후가 우선순위에서 가장 두드러졌다. 이 캠페인의 중요한 부분은 관련 용어를 재조성하는 것이 포함되었는데, '기후변화'가 아닌 '기후안보'라는 표현을 강조했다. 모든 요소가 활용되었는데, 비공개된 사례를 시각화하기 위해 통계, 근거, 데이터, 그래픽이 공공 영역을 가득 채우고, 반대하는 입장을 가렸다. 외무부는 기상청의 디자이너, 과학자와 함께 세계 평균 기후가 4℃(7°F)만 변화하면 발생할 문제를 보여주는 내화형 지도를 제작했다. 사용자는 클릭 한 번으로 화재, 농작물 피해, 물 부족, 해수면 상승, 해양 열화, 해빙, 사이클론, 극도의 더위 등의 심각한 문제가 발생하는 곳을 볼 수 있었다.[20] 그러나 만약 이 문제에 대해 세계의 이목을 이끈 또 한 명의 영국인이 있다면, 그는 2007년 경제학자 니콜라스 스턴 교수일 것이다. 그는 그의 공식 의뢰 논문을 발간했다. 스턴의 논문은 기후변화로 인해 세계경제가 치르는

●• 팔길이원칙(arms-length principal)은 공공 지원 정책에서는 '지원은 하되 간섭은 하지 않는다'는 의미로 민간의 자율성을 보장하려는 취지의 원칙이다. 1945년 영국이 예술평의회(Arts Council)를 창설하면서 예술을 정치와 관료 행정으로부터 거리를 두도록 하기 위해 이 원칙을 채택했다. 여기서 팔길이 기관(arms-length units)은 이러한 원칙을 따르는 기관을 말한다.

비용, 집단 발전의 방향에 대한 새로운 시각을 바탕으로 기후변화를 검토했다. 이는 때때로 반복적인 논쟁처럼 보였던 문제를 새롭게 전환시키는 신선한 사고방식이었다.[21]

스턴의 논문(이와 함께 정부 발간 자료의 상당 부분)은 영향력을 극대화하기 위해 여러 형태의 신뢰도를 활용했는데, 여기에는 존경받는 과학 전문가를 통해 자료 자체의 신뢰도를 확보하는 권위 효과를 들 수 있다. 기후안보 프레임은 한파가 닥칠 때마다 일부에서 의문을 품었던 '지구온난화' 프레임의 한계를 뛰어넘었다. 게다가, 이 프레임은 전통적으로 정부에게 가장 높은 우선 순위인 안보 영역에 도전적으로 다가갔고, 국내외 청자에게 분명한 연계성을 갖고 접근했다. 모든 냉철한 과학적 접근에 대해, 감성적인 측면을 강조했는데, 스턴의 논문, 4℃ 지도, 그리고 다른 메시지에도 활용되었다. 기후변화를 늦추기 위해 아무런 조치도 취하지 않을 경우의 세상을 상당히 무시무시한 결과와 함께 보여주었다.

파트너십: 남아프리카 공화국의 인종차별철폐 투쟁

1948년, 남아프리카공화국의 선거로 극단주의 정부가 권좌에 복귀했다. 백인 및 아프리칸스인(Afrikaans)●••을 대표하는 국민당은 남아공의

●•• 아프리칸스인은 아프리칸스어라는 남아프리카공화국, 나미비아 등 일부 지역에서 서부 독일계 언어를 구사하는 소수 민족을 뜻한다.

흑인과 백인, 혼혈인을 구분하여 백인의 특권을 보장하고 인종에 따라 개인의 운명이 결정되는 국가를 건설하기 위해 일련의 법률을 제성하였다. 일찍이 반식민주의에 항거했던 기존 정당인 아프리카민족회의(African National Congress, ANC)를 포함해 본 체제는 격렬한 반대에 휩싸였다. ANC는 해외의 남아프리카인, 특히 영국에 거주하는 남아프리카인과 함께 이슈화, 항의, 남아프리카 제품 불매운동을 통해 관련 사안에 대한 국제적인 지지를 이끌어내기 위해 노력했다. 1960년, 남아프리카 정부는 반대 운동을 감시하는 조치를 단행했다. 그해 3월에는 요하네스버그 인근 샤프빌(Sharpeville)에서 경찰이 시위 군중에게 사격을 가했고, 남아프리카로 국제적인 관심이 쏠리는 계기가 되었다. 뉴욕에서는 UN이 점점 더 불량국가가 되고 있는 남아프리카 공화국을 검열하는 결의안을 통과시켰고, 인종차별정책(Apartheid)●•••에 반대하는 캠페인을 벌이기 위해 기구를 설립했다. 특히 이 기구에서 분파된 기관인 'UN 인종차별철폐센터(UN Center Against Apartheid)'는 남아공 정권에 대한 국제적 압력을 가하는 핵심 기관이 되었다.

●••• 남아프리카 공화국의 극단적인 인종차별 정책과 제도를 말한다. 원래는 분리·격리를 뜻하는 아프리칸스어(語)이다. 남아프리카에서는 약 16%의 백인이 84%의 비백인(非白人)을 정치적·경제적·사회적으로 차별해 왔다. 백인우월주의에 근거한 이 인종차별은 17세기 중엽 백인의 이주와 더불어 점차 제도로 확립되었는데, 1948년 네덜란드계 백인인 아프리카나를 기반으로 하는 국민당의 단독정부 수립 후 더욱 확충·강화되어 아파르트헤이트로 불리게 되었다.

출처: [네이버 지식백과] 아파르트헤이트 [Apartheid] (두산백과)

인종차별정책에 반대하는 UN 캠페인의 중심에는 파트너십 구축이 있었다. 첫째로, UN 내에 센터를 구축하기 위해 함께 모인 사람들은 본 사안에 공감할 수 있는 여건에 처한 국가들이었다. 독립한 아프리카 국가, 동유럽 국가, 북유럽 국가가 지지를 보냈고, 우크라이나가 주도권을 잡았다. 다음 단계에서 아프리카민족회의와 경쟁정당인 범아프리카민족회의가 동참했고, 그들은 망명한 상태였지만 변화를 위해 노력했다. 세 번째 단계로, UN이 남아프리카공화국 현지 인종차별 철폐 운동에 관여했다. 반인종차별주의 운동에는 대중 참여 시위와 보이콧이 강조되었고, 각 참여자에게 포용적이고 충분한 보상이 따랐다. 반인종차별주의 운동은 1960년대의 전 세계의 에너지가 한 데 모이는 몇 안 되는 곳 중 하나였다. 이 운동은 콘퍼런스, 출판물과 참여자 명부 작성 등의 기반이 마련되어야 했다. 해당 명부에는 스포츠 불매운동과 뒤이어 문화적 불매운동을 타개하기로 선택한 개인들에 대한 이름이 포함되었다. UN 기구의 의장이자 인도의 외교관이었던 E. S. 레디는 넬슨 만델라의 이야기가 이 캠페인이 가진 가장 위대한 자산 중 하나라는 것을 깨달았다. 그리고 그는 만델라의 60번째 생일에 맞춰서 1978년 이 캠페인을 재개하기로 제안했다. '넬슨 만델라를 해방하라'는 그 시대의 슬로건이 됐다. 남아프리카 정부 문서들은 인종차별정책에 반대하는 UN 센터의 도전이 잘 이해되었다는 것을 보여준다. UN의 활동은 인종차별정책 의제에 대한 가장 심각한 위협이 되었고 남아공 정권은 향후 정치적 재앙으로 남을 자체적인 프로파간다 프로그램을 도입하기에 이르렀다. 이 프로그램은 이른바 '멀더게이트

(Muldergate)'나 정보 스캔들(Information scandal)●····로 불리는 굴욕적인 사건으로 이어진다. 남아공의 인종차별정책에 대항하는 파트너십에는 다음과 같은 옹호 전략이 적용되었다. 여기에는 해방 운동이 신뢰받을 수 있는 UN 기관을 통해 수행된다는 점에서 권위 효과를, 넬슨 만델라라는 특정인을 통한 피해자 효과, 바르클레이은행(Barclays Bank)이나 쉘석유(Shell Oil)사와 같이 남아공 정부와 연루된 기업에 대한 보이콧, 행진 등 대중 참여를 동원한 참여 편향 등이 있다. 사람들은 보이콧에 대한 참여로 그들이 투쟁의 일부라는 느낌을 받을 수 있었다. 1980년대 중반 남아공의 안보 상황이 변화하고 악화되자 워싱턴에 있던 남아공 정권의 오랜 옹호자들은 경제 제재를 가했다. 이러한 일련의 활동 결과, 협상안이 마련되었고 궁극적으로 인종차별정책이 폐지될 수 있는 길이 열렸다.[22]

●···· '정보 스캔들'로도 알려진 멀더게이트 스캔들은 남아공 정보부가 연루된 남아공 정치 스캔들이었다. B. J. 보스터 남아공 총리, 코니 멀더 박사(정보부 장관), 헨드릭 판 덴 베르흐 장군(국가안보국장), 에셀 루디 박사(정보부 장관) 등이 당시 인종차별정책을 유지하기 위한 프로파간다전을 벌이기 위해 정부 자금을 동원하는 계획을 수행했다. 1973년에 보스터 총리는 일련의 프로파간다 프로젝트를 수행하기 위해 국방 예산에서 약 6,400만 랜드를 차용하는 멀더의 계획에 동의했다. 본 계획에는 국제 통신사에 비자금을 보내고, 워싱턴 스타 신문을 구입하는 등이 포함되었다.

통합 전략: 처칠, 제2차 세계대전에 미국을 참전시키다

1940년, 영국은 진퇴양난의 위기에 처해 있었다. 유럽에서 독일과 이탈리아가 동맹을 맺고, 태평양에서는 일본의 위협에 맞서야 했는데, 모든 것은 영국 혼자 치러야 했다. 새 총리가 된 윈스턴 처칠은 영국이 살아남기 위해서는 미국의 원조가 절실하며, 전쟁에서 승리하기 위해서는 미국의 개입이 필요하다는 것을 알고 있었다. 그러나 중립을 유지하려는 미국 국민에게 전쟁 참전을 유도하는 어설픈 프로파간다전을 펼칠 경우, 효과를 발휘하지 못할 것이라는 것도 이해하고 있었다. 미국인들은 영국이 대전에 참전했다는 점을 비난했고 전쟁터로 돌아가는 것을 서두르지 않았다. 다행스럽게도 영국 정부는 이러한 상황을 인지하여 미국인을 자극하지 않으면서도 전쟁 참전 메시지를 전달할 수 있는 광범위한 대중 참여 캠페인을 시작했다. 영국 캠페인의 첫 번째 원칙은 직접적인 호소를 하지 않는 것이었다. 일부는 1941년 2월 처칠이 미국에 "우리(영국)에게 도구를 주면 우리는 그 일을 끝낼 것"이라는 직접적인 메시지를 방송하는 방식이 동원되기도 했지만, 그 때 한 번 뿐이었다. 영국 정부는 간접적인 활동을 선호했다. 정보부는 영국에 대한 언론과 대중의 관심 및 전쟁 노력에 대응하기 위해, 미국에 영국 정보국(British Information Service)을 설립했으며, 가능하면 언제든지 영국을 대표하여 발언할 수 있도록 일부 미국인의 목소리를 동원하려고 노력했다. 이 과정에서 가장 중요한 역할을 해낸 인물은 에드워드 R. 머로우(1908~1965)●•••••로, 그는 런던 대공습(The Blitz)●••••••에 관한 취재를 위해 특별 출입을 허가 받은 컬럼비아 방송(CBS)의 런던 특파원이었다. 영국은 라디오 방송, 소설, 다큐멘터리, 픽션 영화, 소설, 그리고 심지어 시까지 영국의 전쟁 경험을 극대화하고 국가의 의제를 설명할 수 있는 모든 종류의 멀티미디어를 활용해 미디어 영역을 가득 채웠다. 여기에는 다양한 파트너가 참여했다. 영국은 미국 상류층에서 활동했던 '자유를 위한 투쟁 위원회(Fight for Freedom Committee)'●•••••••와 같은 압력 단체를 설립한 기관을 발견했고, 영국은 할리우드와 제휴하

●••••• 에드워드 R. 머로우(1908~1965)는 CBS 유럽 특파원으로 세계대전의 전황을 현장에서 전한 진실직인 저널리스트이다. 심층 뉴스와 다큐멘터리 개척에 큰 족적을 남겼다. 라디오와 TV 뉴스, 다큐멘터리에서 내레이터의 기용, 생생한 현장음과 목소리 그리고 스튜디오에서 제작된 극적인 장면의 사용 등 당시로서는 혁명적인 포맷을 도입했다.
출처: [네이버 지식백과] 최초의 종군 기자 - 에드워드 머로 (세계방송의거인들, 2014. 4. 15., 김우룡, 김해영)

●•••••• 영국 대공습(The Blitz)이란 제2차 세계대전 당시 1940년에서 1941년에 거쳐 독일 공군이 영국에 가한 일련의 폭격 및 공습을 영국 측에서 일컫은 말이다. 영국의 주요 도시가 모두 전격폭격의 대상이 되었지만, 보통 "전격폭격"이라 하면 그 중 가장 유명한 런던 대공습을 말한다.

●••••••• 자유를 위한 투쟁 위원회(Fight for Freedom Committee)는 윌리암 엘렌 화이트(William Allen White)가 1940년 5월 연합군을 지원하기 위한 목적으로 설립했다. CDAAA 회원들은 영국에 대한 미국의 군사 물자 지원을 옹호하는 것이 미국을 유럽 전쟁에서 벗어나게 하는 가장 좋은 방법이라고 주장했다.

여 '미니버 부인(1942)'●········과 같은 영화를 통해 제2차 세계대전에서의 영국의 상황을 묘사했다. 영국은 망명중인 동맹국 정부와 협력했고, 결국 루즈벨트 대통령과 협력을 도모할 수 있었다. 1941년 여름, 처칠은 전후 세계를 더 나은 곳으로 만들기 위해 영국과 미국을 이상주의 국제주의 의제로 내건 루즈벨트의 대서양 헌장●·········에 서명했다. 주지하다시피, 이 다양한 캠페인은 광범위한 사회적, 인지적 편향을 활용했기에 가능했다. 영국 정부가 힘을 실어준 미국인에 대한 옹호의 목소리는 대중에게 유사성 효과로 작용했고, 영국인들은 미국 내 영국인 디아스포라를 관리하는 차원에서 유사성 효과를 활용했다. 영국의 활동에 대한 미국의 원조는 미국인들에게 처음에는 멀다고 느꼈던 전쟁에 대한 소유의식을 갖게 했다. 영국은 새로운 브랜드, 즉 인간의 전쟁과 싸우는 국가라는 이미지를 강조함으로써 제국주의적이고 계급주의적인 과거로 인한 전통적 불신의 영향을 최소화할 수 있었다. 처칠은 심지어 도청 효과를 활용하기도 했다. 그는 미국과 직접 대화하기보다는, 미국 대중이 '영국 국민이 스스로의 의무에 따르는 대대적인 상황'을 라디오를 통해 전해들을 수 있도록 했다. "해변에

●········ 미니버 부인(1942)은 윌리엄 와이어러가 감독한 1942년 미국의 로맨틱 전쟁 드라마 영화로, 그리어 가슨과 월터 피지온이 주연을 맡았다.

●········· 대서양헌장은 제2차 세계대전 중인 1941년 윈스턴 처칠과 루스벨트가 대서양에서 회담한 결과로, 전후의 세계 질서에 대한 14개조의 평화조항으로 구성된다.

서 그들과 싸우라"는 그의 연설처럼, 미국 관객에 대한 그의 희망은 시간이 흐르면서 수면 위로 나타났다. "신세계는 모든 힘을 다해 구원의 구호와 해방에 나설 때"라는 표현을 통해 연설은 "신이 허락하는 때"라는 점을 강조했다. 결국 이 캠페인의 핵심은 감성을 자극했다는 점이었다. 히틀러는 오래 전부터 미국에 증오를 가져다줬지만, 영국의 개입은 미국에게 애정을 선사했다. 1941년 가을, 영국에 대한 미국의 지원은 대서양에서는 예상되지 않았던 해상 전쟁으로 확대되었다. 일본의 진주만 공습은 단지 이 거래를 성사시킨 것에 불과했다.[23]

은밀한 유혹

이 다섯 가지 사례 모두 어떤 형태의 은밀한 활동을 포함하고 있다는 점은 꽤 흥미롭다. 우리는 링컨이 직접적인 호소에 모든 것을 신뢰하지는 않았다는 것을 알고 있다. 벨기에 주재 미국 대사인 헨리 셸턴 샌포드(Henry Shelton Sanford)는 기자들에게 뇌물을 줄 준비가 되어 있었고 그의 주장을 뒷받침하는 유럽 신문사에 보조금을 지급하기도 했다.[24] NATO의 INF 캠페인은 핵무기 반대자를 '소련의 꼭두각시'라고 비방하기도 했는데, 이것이 항상 논의에서 도움이 되진 않았지만 말이다. 게다가, 활동가들은 CIA가 인위적으로 핵무기 반대 운동을 와해하기 위해 옥스퍼드셔(Oxfordshire) 그린햄 커먼에 있는 미국 공군기지 외부 여성 평화캠프와 같은 고도의 반핵 활동에 몰래 침투해 활동한다는 점을 확실히 알고 있었다.[25] 인종차별반대 투쟁에도 은밀한 방식이 동원되었는데, ANC의 게릴라 캠페인 외에도 남아공에 대한 선전물 침투와 캠페인 구성원에 대한 엄격한 통제가 이뤄졌다. 심지어 진주만 공습 이전 영국은 미국에서의 선거 운동에서 밴드왜건 효과를 극대화하기 위해 여론조사를 조작하고, 정복된 라틴 아메리카를 분할하는 나치 계획을 허위로 작성하여 유출하고, 영국을 폄하하는 사람들을 흠집내려는 시도 등 여러 은밀한 활동을 수행했다.[26] 블레어의 기후 캠페인만이 전적으로 투명한 것처럼 보인다. 2009년 11월 이른바 '클라이밋게이트(Climategate)' 이메일 해킹을 통해 블레어 정부에 자료를 준 이스트 앵글리아 대학의 기후과학자들이 은밀하게 물질을 조작했다는 증거를 발견했다고 주장했지만, 이는 사실이 아닌 것으로 밝혀졌다. 블레어의 캠페인에 대한 신뢰도를 떨어뜨리기 위해 여기저기서 긁어 모은 해킹 자료를 제시한 것에 불과했다.[27] 은밀한 활동이 공공연한 참여에 개입했다는 이 기록은 옹호자들이 자신의 진영 내에서조차 그들의 온건한 접근이 공동체에서 유일한 목표물이 되지 않는다는 것을 암시한다. 역효과를 낳는 '플랜 B'에 대항하여 자기편으로부터 보증을 받는 것을 포함해 상당한 주의가 요구된다. 이보다도, 옹호자들은 그들 자신의 은밀한 활동을 주장하는 공격을 감내해야 한다. 이것을 막을 수 있는 방법은 개방성과 신뢰도에 기반한 명성을 쌓는 데 있다. CIA나 그와 동등한 사람들에게 개방성을 기대할 수는 없지만, 영국의 '클라이밋게이트' 과학자들이 그들의 데이터를 더 투명하게 했다면 더 잘 해냈을 것이다. 그들의 은밀성에 대한 평판은 해킹된 자료가 처음

유포되고 보도되었을 때 최악의 상황을 믿는 사람들에게도 공개되기 때문이다.

밈을 만나다: 전술적 수준의 메시지 전달하기

위 사례들은 전략적 혹은 캠페인 수준의 옹호 활동에 관한 내용을 다뤘다. 그렇다면 전술적 수준은 어떠한가? 성공적인 메시지는 그만의 삶을 담고 있다. 성공적인 메시지를 생각해내는 데 도움이 되는 방법이 생물학 영역에서 차용됐다는 점은 놀라운 일이 아니다. 1976년 고전인 『이기적 유전자』에서 신화 이론가인 리처드 도킨스는 '시간이 지나도 번식하고 퍼져 나가는 문화적 특성을 가리키는 유전자'로 생물학적 용어와 유사한 개념이 있어야 한다고 제안했다. 그는 그러한 문화 단위를 밈(Meme)으로 부를 것을 제안했다. 디지털 영역의 발달은 밈의 전파를 위한 충분한 환경을 조성했고, 그 용어는 실제로 온라인에서 공유되는 유머의 세부 장르와 동의어가 되었다. 밈은 유머에만 국한되지 않는다. 밈은 지도, 통계, 이미지, 그 자체로 작은 어떤 것부터 발성의 개념과 패턴을 상호 연결하는 인간의 행동과 같은 훨씬 더 광범위한 것, 혹은 언어 그 자체까지 모든 것을 공유하거나 모방하는 문화적 형태일 수 있다. 생물학에서 도킨스가 예언한 것과 같이 — "혼합은 무작위지만 선택은 그렇지 않다." 문화권에서는 그렇지 않다. 일부 밈의 어필이 무작위인 것처럼 보이지만, 성공적인 밈은 많은 문화적 자질

을 공유하고, 강력한 메시지는 설계될 수 있다.[28]

옹호자가 어떻게 메시지를 조작할 수 있는지를 보여주는 청사진은 칩과 댄 히스 형제(Brothers Chip and Dan Heath)가 쓴 「스틱(Made to Stick)」이라는 책에서 윤곽을 드러냈다. 첫째로, 그들은 성공적인 메시지는 간단해야 하며 당면한 문제의 본질을 찾아야 한다고 주장한다.[29] 그들은 최상의 메시지는 청중의 주의를 끌기 위해 경쟁하는 소음과 구별할 수 있는 예상할 수 없는 자질을 보유해야 한다고 지적했다. 성공적인 메시지는 구체적이어야 하고, 명확한 요점을 가지고, 신뢰할 수 있어야 한다. 인지적 편향에 따르면 감정은 고착된 것이 중첩되면서 나타나게 된다. 메시지는 공감, 향수, 현대 서양에서 정치적 메시지로 등장하는 공포의 감정을 자극하는 식별성의 전형(典型)으로 다가갈 때 감정적인 힘을 갖는다.[30] 마지막으로, 메시지가 효과를 발휘하기 위해서는, 이야기 형태로 전달할 필요가 있다. 이야기는 기억에 남고, 말하는 사람과 듣는 사람에게 의미가 있으며, 쉽게 재현될 수 있어야 한다. 이 모든 목표를 달성하는 메시지는 살아남아 확장되고 성공적으로 전달될 가능성이 높다. 히스 형제는 성공(SUCCESS)의 알파벳 이니셜을 통해 요점을 명확히 했다. 즉, 단순성(Simplicity), 예측불가성(Unexpectedness), 구체성(Concreteness), 신뢰성(Credibility), 감성(Emotional), 서사성(Stories), 성공(Success)이다. 성공(SUCCESS)이란 스펠링은 정확히 그들의 공식에 들어맞는다.

히스 형제의 공식은 전 역사에 걸친 메시지 전달에서 효과를 발휘하고 있음을 알 수 있다. 링컨이 태어나기 한 세대 전, 노예제 반대 운동가들이 직면했던 문제를 예로 들어보자. 당시의 가장 효과적인 밈은 수백 명의 노예가 어떻게 노예선에 의해 미국으로 건너왔는가를 보여주는 그림이었을 것이다. 이미지는 단순했다(Simple). 무슨 일이 일어나고 있는지 알아내는 것은 쉬웠다. 예측불가성(Unexpectedness)은 반노예제를 위해 전형적으로 활용되는 형식의 이미지보다는 시각화 장르를 전용한 데서 찾을 수 있었다. 예를 들어, 반노예제 운동의 로고로 자비를 구하며 체인에 감긴 채 무릎을 꿇고 있는 노예를 등장시킨 것이었다. 계획된 이미지는 구체적이었다(Concrete). 즉, 인간을 화물과 같이 취급하고, 상상할 수 없이 잔인함으로 가득 찬 화물에 대한 강력한 증언이었다. 그 이미지는 노예제도의 '중간통행'에 대한 이전의 설명과 일치하고 따라서 내용에 신빙성이 있었다(Credibility). 또한 사회적 맥락 때문에, 신뢰할 수 있는 지도자들의 권위가 뒷받침되어, 노예제 폐지 운동을 하는 동료 구성원들 사이에 전달된다는 점에서 더욱 신뢰성을 높였다. 동료 구성원은 노예제의 기존의 헌신과 공유된 종교적 믿음이라는 유사성으로 더욱 연결될 수 있었다. 감성은 그림에 나타난 사람들에 대한 인간성을 인지하도록 하여 충격을 주면서 자극했다(Emotional). 이 그림은 이미 그런 식으로 수송된 수백만 명의 사람들의 이야기를 담고 있으며, 그 자체가 서사와 그 시기의 역사가 되었다(Stories). 이 그림은 결국 그 시작을 넘어서 표준 교과서의 삽화가 되었고(Success), 노예 매매업자에게는 노예제도 반대 운동의 요소보다는 불법적인 거래 매뉴얼의 일부처럼 자주 사용되었다.[31]

제2차 세계대전에서 미국의 중립에 반대하는 영국 캠페인과 유사하게 강력한 밈은 병원 침대에 누워 독일군의 공습으로 부상을 입은 아일린 던(Eileen Dunne)이라는 어린 소녀의 사진을 들 수 있다. 그 사진은 주변의 구체적인 실상에 가려지지 않은 선명한 이미지를 보여주었다(Simple). 전쟁의 이미지로서 예측불가성은 제복을 입은 반항적인 전사가 아니라 고통받는 민간인을 보여준 것이었다(Unexpectedness). 이는 예상을 빗나갈 뿐만 아니라, 잊혀지지 않는 직접적인 메시지를 전달했는데, 전쟁 원조를 위해 그의 직업까지 바꾼 패션 사진작가 세실 비튼 덕분에 가능했다. 그림은 옳고 그름을 보여주면서 구체적이었다(Concrete). 그것은 확실히 믿을 만했는데, 사진은 당면한 내재적인 신뢰성을 가지고 있는 것으로 보였다. 구체적인 희생자로서 아이가 등장했다는 점에서 더욱 신뢰도를 확보할 수 있었다(Credibility). 아이에 대한 공감을 확장시키면서 감성을 자극했다(Emotional). 그것은 라이프 잡지의 표지가 되었다(Success). 연합군이 포스터로 사용했으며 전쟁 사진 전시회에도 걸렸다. 전쟁 아동 희생 이미지는 그 당시 할리우드 영화에서 두드러진 주제로 등장했다.[32]

성공한 밈으로서 감정을 가장 잘 활용한 사례는 캐나다인이 1995년 가자미 전쟁(Turbot War)●● 때 보여준 것을 들 수 있다. 1995년 3월, 캐나다군은 그랜드 뱅크에서 낚시를 하고 있는 스페인 트롤어선 에스타이를 붙잡아 캐나다법에 따라 허용된 그물보다 더 작은 망을 가진 트롤 그물을 인양했다. 브라이언 토빈 캐나다 수산부 장관은 보도자

●● 가자미 전쟁(Turbot War, 스페인에서는 Guerra del Fletan으로 알려짐)은 캐나다와 스페인 간의 국제적인 어업 분쟁이자 무혈 분쟁이었다.

료나 캐나다 의회 연설을 통해 이 사건에 대한 관심을 높이려 하기보다는 극적인 조치를 취하기로 했다(Unexpectedness). 그는 비지선을 빌려 뉴욕 UN 본부를 지나 거대한 크레인에 그물을 매달고 손에 마이크를 들고 즉석 기자회견을 했다. 문제는 분명하게 제시되었다(Simple). 발표는 놀라움을 자아냈고 구체적인 사례를 보여주었다(Concrete). 토빈은 그물을 진열해 놓았다. 그것은 믿을 만한 메시지였다(Credibility). 토빈은 목사의 권한이 있었고 증거는 누구나 볼 수 있는 곳에 있었다. 상황에 유머가 담겨있었지만 누구나 분노할 만했다(Emotional). 그것은 성공적인 시도로 증명되었다(Success). 그 사례는 뉴스소재가 되었고 많은 이들의 관심을 끌었다. 스페인과 유럽연합(EU)을 지지했던 이들은 그들의 방식을 개선하라는 전례 없는 압력을 받았다. 스페인은 캐나다에 대한 비자 제재로 반격했고 캐나다인들은 해상에서의 단속을 강화했다. 긴장이 고조되자 EU는 입장을 바꿔 스페인이 캐나다와 협상하도록 압력을 가했다. 분쟁의 당사자들은 1997년 4월 중순에 상호 수용가능한 합의점을 찾을 수 있었다.[33]

공공외교 학자들은 밈의 한 요소로서가 아니라 문제에 대해 일관된 의사소통을 구사하고 청자와 공유된 의미를 구축하기 위한 중요한 메커니즘으로서 서사의 차원에 특별한 관심을 기울였다. 이 접근방식을 주도했던 학자로 앨리스터 미스킴몬(Alister Miskimmon), 벤 오로린(Ben O'Loughlin)과 로라 로셀(Laura Roselle)이 있는데, 이들은 '전략적 내러티브(Strategic Narratives)' 수준에서 접근했던 것으로 알려져 있다.[34]

오늘날의 옹호

소셜 미디어 플랫폼을 통한 메시지 전달 개발을 위해 각국이 난타전을 벌이면서, 오늘날의 옹호 활동은 특히 디지털 미디어와 동일시되었다. 2017년 현재 가장 인기 있는 플랫폼은 트위터로, UN 회원국 중 92%의 지도자가 본인의 계정을 통해 일부 피드(Feed)를 운영하고 있다. 페이스북이 88%로 2위, 유튜브가 76%로 3위를 차지했다. 모든 메시지는 팔로워에 의해서 확인될 수 있다는 점에서 지도자 사이에서는 트위터가 선호되지만, 페이스북이 이용자수는 더 많다. 2017년 가장 많이 팔로우된 지도자는 프란치스코 교황이며, 가장 많은 트윗을 한 지도자는 트럼프 대통령이고, 가장 많이 리트윗된 지도자는 사우디아라비아 살만 국왕이었다.[35] 미 국무부는 가장 많이 팔로우 된 외무부였다. 일부 행위자는 일방향식 연결을 넘어서는 연결성을 개발하려고 노력했다. 이 분야의 선구자로 데이비드 사랑가(David Saranga) 기자가 있다. 그는 당시 뉴욕 주재 이스라엘 영사관의 대변인을 맡았다. 2009년 1월(플랫폼 출시 2년 반 만에) 세계 최초의 정부 트위터 기자회견을 통해 '캐스트 리드 작전'●●•이라는 가자지구 공습 당시 상황을 전했다. 당시의 메시지는 다음과 같다:

●●•'캐스트 리드 작전'으로도 알려진 가자 전쟁은 가자지구 팔레스타인 준군사조직과 이스라엘 방위군(IDF) 간의 3주간의 무력 충돌로 2008년 12월 27일 시작돼 2009년 1월 18일 일방적인 휴전으로 막을 내렸다. 이 충돌로 팔레스타인인 1,166명에서 1,417명 사이의 사망자와 이스라엘인은 13명의 사망자가 발생했다.

> @BacklorOPS: 한쪽은 멈춰야 합니다. 효과가 없는 일을 계속하는 이유는 무엇입니까(대량 심판/보복)? 아랍 평화 이니셔티브?
> @BacklorOPS: 1 side has to stop. Why continue what hasn't worked (mass arial/grnd retaliation)? Arab Peace Initiative?
>
> Israelconsulate: 우리는 프로 협상가입니다. 확실한 대화가 팔레스타인과 진행되었고, 양국에 대한 대화를 지향합니다. 우리는 단지 둘 다 산다는 것을 수용하는 사람과만 대화합니다.
> Israelconsulate: we R pro nego. crntly tlks r held w the PA + tlks on the 2 state soln. we talk only w/ ppl who accept R rt 2 live.

트위터 피드 자체가 누구를 설득했는지는 논쟁의 여지가 있지만, 이 에피소드의 레거시 언론 보도는 이스라엘을 기술 혁신과 동일시하는데 도움을 주었다.[36]

2008년부터 각국 정부의 디지털 이니셔티브를 둘러싸고 여러 축하인사가 이어졌다.[37] 코넬리우 비욜라(Corneliu Bjola), 일란 매너(Ilan Manor)와 같은 학자들은 이 기술이 아직 외교관에 의해 청자와 양방향 관계를 구축하거나 자료를 공개하는 것 이상을 하기 위해 널리 사용되고 있다는 증거를 거의 발견하지 못했다고 밝혔다.[38] 많은 외교부가 외교관이 소셜 네트워크 업무와 대화에 참여할 수 있도록 정식 허가를 내주지 않는 것도 문제다. 이는 마치 정부가 3차원 공간에서 비행할 수 있는 초음속 항공기를 보유하고 있으면서도 '2차원' 고속도로를 주행할 것을 고집하는 것처럼 소셜 미디어의 잠재력을 따라가지 못하고 있다. 하지만, 정부 소셜 미디어 플랫폼에 관해 얘기하거나 시도하는 것에 관한 연구들은 거대한 스토리를 놓치고 있을지도 모른다. 즉, 국경을 넘어 소통하고 그들의 청자와 긴밀한 관계를 구축할 수 있는 소셜 미디어 크리에이터 세대의 출현이다. 우리는 이미 이러한 창작자들과 그들의 네트워크들 중 일부가 정부를 뒤로하고 그들 자신의 권리로 국제적인 행위자가 되는 것을 보고 있다. 프랑스의 소셜미디어 스타 제롬 자르(Jerome Jarre)가 조직한 러브 아미(Love Army)가 좋은 예다. 이 단체는 많은 동료 소셜 미디어 스타들을 모아 대화를 촉진하고, 종종 다른 사람들에 의해 방치된 문제들을 중심으로 그들 자신의 개발 프로젝트를 위한 기금을 모금하고 관리한다. 2017년 12월 말 러브 아미는 하루 만에 100만 달러를 모을 수 있었다.[39]

심지어 소셜 미디어 시대에도, 일부 국가는 여전히 그들의 메시지를 전달하기 위해 구식 기법을 찾는다. 블라디미르 푸틴이 2013년 9월 뉴욕타임스에 실었던 시리아에 관해 미국에 보낸 편지를 생각해보자: 이것은 오래전 링컨이 사용한 방식이었다. 마찬가지로, 2011년 1월과 2월, 뉴욕 타임스퀘어에서 중국 정부는 '놀라운 중국의 미(美)', '중국인의 부', '어워드를 수상한 중국 인재' 등 다양한 분야에서 활약하는 중국인의 사진을 중심으로 미국 청중에게 연설한 적이 있다. 중국의 유명 첼리스트인 지안 왕(Jian Wang)이 지적했듯이, 광고 대행사인 로우앤파트너스(Lowe & Partners)의 상하이 지사에서 만든 이 광고는 중국을 홍보하는 효과적인 메커니즘보다는 중국 국내 소비에 대해 더 큰 의미를 가졌다. 광고에 출연한 50명의 중국 출신 유명인 중에는 극소수만이 미국인에게 알려져 있었고, 타임스퀘어의 광고는 뉴욕 시민보다 관광객에게 오히려 더 관심을 받는다. 이와 같이 중국 이미지에 있어 국가적 가치 측면을 보여주는 경우 자국민에게 엄청난 상징적 의미가 있는 장

소에서 시도하는 것이 효과적인 방법이었을 것이다.[40]

오늘날 공공외교의 한 요소로서 옹호 활동이 전면적인 역할을 하는 것을 보면, 현재 공공외교에 있어 파트너십이 어느 정도까지 요구되고 있는가를 실감할 수 있다. 권한 부여 전략은 소셜 미디어 시대의 특별한 가능성을 지니고 있다. 옹호 활동의 핵심적인 질문은 '내가 그들을 설득하기 위해 할 수 있는 말이 무엇인가'에서 '누가 그들을 설득하기 위해 권한을 부여할 수 있는가'로 옮겨갔다. 앨 고어(Al Gore) 전 미국 부통령은 오스카상 수상 경력을 넘어 기후 위기에 대한 영화적 지지로 한 발짝 나아갔다. 그는 영화 '불편한 진실(2006)', 현재 기후 현실 프로젝트라고 불리는 기구를 통해 옹호자들의 네트워크를 구축하는 데 영화 수익을 활용했다.[41] 이와 유사하게, 뉴욕 타임즈에 푸틴의 편지를 게재한 홍보 기관인 케첨(Ketchum) 또한 표면상으로는 러시아와 무관한 작가들에게 허핑턴포스트와 다른 온라인 플랫폼에 대한 투자를 장려하는 작품을 제작하도록 돈을 지불한 바 있다.[42] 파트너십과 권한 부여 전략 또한 폭력적 극단주의 대응(Countering Violent Extremism, CVE) 노력의 중심이 되어 활용되었다. 영국 정부는 효과적인 온라인 자료를 만들기 위해 런던에 본사를 둔 싱크탱크 연구기관과 같은 파트너들과 협력했다.[43] 이 연구소의 결과물에는 온라인상에서 효과적으로 메시지를 전달할 방법을 모색하는 커뮤니티 기반의 기관을 위한 편리한 매뉴얼이 포함되어 있다. 해당 기관의 매뉴얼은 2016년에 발간되었고, 캐나다 공공안보기구의 재정 지원을 받았다.[44] 마찬가지로 2015년 2월 오바마 백악관의 CVE 정상회담을 계기로 미국 행정부는 온라인

상에서 시민사회 주도의 반대 담론 형성을 지원하기 위해 다른 정부 및 민간 부문과 협력할 것이라고 발표했다.[45] 백악관 정상회의에서 보여준 좋은 사례로는 젊은 영국계 이슬람교도이자 전직 급진주의자였던 필명 압둘라 X(Abdullah X)가 만든 온라인 애니메이션 영상 시리즈가 있는데, 그는 압둘라 X는 '학자의 마음, 전사의 심장'이라는 태그를 달고 ISIS의 오류에 대한 전직 내부자의 견해를 밝혔다. 말할 필요도 없이, 압둘라 X는 외부인의 연설보다 위험에 처한 청자에게 훨씬 더 신뢰를 형성할 수 있었다.[46]

뉴미디어는 밈과 신뢰에 기반한 목소리들의 잠재력을 바탕으로 공공외교에 대한 놀라운 가능성을 보유하지만, 뉴미디어가 가진 기술은 상대방인 적도 동일한 조건에서 이용가능하며, 윤리의식 없이 활용할 경우 더 큰 피해를 줄 수 있다는 문제가 있다. 대규모 반 폭력적 극단주의(CVE) 노력이 필요한 이유는 지하드●●•• 가 그 자체로 강력한 밈이 되었기 때문이다. 제프리 핼버슨(Jeffrey Halverson), H. L. 구달(H. L. Goodall), 스티븐 코먼(Steven Corman)이 '이슬람 극단주의의 주요 담론(The Master Narratives of Islamic Extremism)'이라고 칭한 핵심 아이디어는 히스 형

●●•• 이슬람교를 전파하기 위해 이슬람교도에게 부과된 종교적 의무. '성전(聖戰)'이라고 번역하는데, 이는 신앙이나 원리를 위하여 투쟁을 벌이는 것을 의미하기 때문이다. 이 싸움은 옛날부터 비이슬람교도에 대한 약탈 전쟁으로 간주되어 왔으나, 최근에는 반드시 공격적 성격만을 띠는 것은 아니고 평화를 갈망하는 이슬람교도가 위기에 처하여 부득이 싸움을 하지 않으면 안되는 방위적 성격의 것으로 보고 있다.
출처: [네이버 지식백과] 지하드 (두산백과)

제와 같은 이들이 제안한 최고의 조언과 일치한다. 그들의 핵심 아이디어는 극단적인 아이디어의 성공과 비범한 도달 범위를 설명하는 데에도 너무 멀리 나아갔다.[47] 이것은 2016년부터 공공영역 훼손을 치열한 논쟁거리로 만든 허위사실과 가짜뉴스의 영향을 전혀 설명할 수 없다. 설상가상으로 인지 편향은 그 자체에 핵심적인 한계가 자리한다. 공동으로 창조한 아이디어에 애착을 가진 사람들을 만들 수 있다는 점에서 동일한 효과를 발휘하는 기부 효과는 그들이 이것이 공격받고 있다고 느낄 때 훨씬 더 격렬하게 아이디어를 유지하도록 만든다는 문제가 있다. 고착된 아이디어에 대해 강력한 옹호 활동을 보이는 패턴은 강경파 청자에게는 역효과를 낳는 것처럼 보인다. 이것은 2010년 브렌던 니한(Brendan Nyhan)과 제이슨 라이플러(Jason Reifler)가 규명한 '역화 효과(Backfire Effect)' ●●•••이다.[48]

중요한 사안을 다루거나 한 나라의 관점을 투영하는 데 있어서 옹호 활동이 가진 힘에도 불구하고, 실무자와 학자는 오래전부터 국제적 주장이 단순한 미사여구에 의해서만 효과를 발휘하는 건 아니라는 것을 알고 있었다. 또한 그들은 국제 행위자가 더 광범위한 분야에서 존경받으면서 좋은 평판을 통해 이익을 얻을 수 있다는 것을 이해했다. 현명한 국제 행위자는 국제 청중의 참여를 유도하는 것에 한정하지 않고 문화 외교와 같은 평행적인 접근을 동원해야 한다.

●●••• 역화 효과(backfire effect)는 신념과 모순되는 증거가 제시되어도 반발 심리에 의해 기존 편견이 더욱 강화되는 경향을 말한다.

04

문화: 친근한 설득자

용어 || 문화외교에 대한 짧은 역사 || 19세기의 기반 || 세계대전의 시대
문화 냉전 || 소프트파워 시대 || 문화외교 평가 || 문화외교 행위자의 유형
문화외교에 대한 핵심 접근법 || 문화외교 장르

2009년 무렵, 앨리샤 아담스(Alicia Adams)는 이미 문화 외교관으로 두각을 나타냈다. 아담스를 돋보이게 한 것은 여성, 혹은 아프리카계 미국인이어서가 아니라, 역사적으로 문화 수출을 강조해 온 분야에서 문화를 들여왔다는 점이다. 아담스는 1990년대 후반부터 워싱턴 DC에 있는 존 F. 케네디 센터의 국제 프로그래밍 부대표로서 미국의 수도에서 세계의 문화를 만나볼 수 있도록 하기 위해 노력해왔다. 그는 다양한 플랫폼 중에서도 예술 축제를 선택하여, 센터의 모든 장소와 전시 공간을 이용하여 하나의 주제나 장소에 대한 행사들을 분기별로 기획했다. 아담스는 아프리카(아프리카 오디세이 1997~2000), 라틴아메리카(아메리카아테스, 2003), 중국(2005)의 예술을 소개하는 축제를 기획했는데, 2001년 9월 11일 이후 그가 가장 기획해보고 싶었던 축제는 바로 아랍 문화의 축제였다. 그는 아랍 문화에 대한 노출 부족으로 인해 고정관념에 사로잡혀 있는 미국인의 상태를 바로잡기 위해 무엇이든 하고 싶었다. 아담스는 정치적 반대의 가능성을 무릅쓰고 — 이 센터는 의회의 자금 지원을 받았다 — 센터의 사장인 마이클 카이저(Michael Kaiser)의 후원을 확보했고, 프로젝트를 시작하기 위한 적절한 시기를 기다리기 시작했다. 경제 위기가 온 2008년에 이르러서는 완벽한 타이밍이 따로 있지 않을 것이라는 점이 드러났기에 어찌 되었든 2009년 2월과 3월에 축제를 진행하기로 계획했다. 이 축제의 이름은 '아라베스크: 아랍 세계의 예술(Arabesque: Arts of the Arab World)'이었다.

축제를 기획하는 것은 개별 공연자들뿐만 아니라 갤러리, 박물관 같은 문화 기관과 중동 전역 문화 부처와의 파트너십을 필요로 하는 까다로운 일이었다. 천만 달러의 예산으로 아라베스크라는 프로그램 하에 그림, 의상, 보석, 서예, 사진 등을 전시하는 공연자들과 전시회들이 모였다. 아랍 과학의 황금시대를 보여주는 '탐험대(Exploratorium)'라는 독특한 비디오 설치물도 있었다. 예시로는 라말라 소재의 알카스바바 극장(Al-Kasbaba Theater)과 시네마테크가 함께한 '팔레스타인에서 전합니다: 점령당한 이야기(Alive from Palestine: Stories under Occupation)' 등이 있었다. 공연을 올린 무용단에는 알레포의 '휠링 더비시(Whirling Dervishes)'와 레바논의 카르칼라 댄스 극장(Carcalla Dance Theatre)이 있었다. 음악 부문은 솔로부터 작은 앙상블까지 다양했는데, 패시 살라마(Fathy Salama), 이집트의 유쑨두(Youssou N'Dour) 같은 그래미 수상자부터, 로린 마젤(Lorin Maazel)의 지휘로 상주 작곡가 마르셀 칼리프(Marcel Khalif)와 연주한 카타르 필하모닉 오케스트라에 이르기까지 다채로웠다. 쿠웨이트 작가 겸 감독인 술레이만 알-바삼(Sulayman Al-Bassam)이 셰익스피어의 작품을 각색해 만든 '리차드 3세: 아랍 비극(Richard III: An Arab Tragedy)'이나 현대무용과 힙합을 비디오에 접목시킨 프랑스 시에 라 바라카(Cie La Baraka)의 '알레고리아 스탠자(Allegoria Stanza)'처럼 그 자체가 문화교류 역할을 한 공연도 있었다. 아담스는 중동이 멀거나 이국적이라는 생각에 초점을 맞추지 않고 인류의 보편적인 점을 강조하고자 했다. 그는 이런 이념이 센터에서 길게 줄 지은 갤러리에 설치된 전지역에 걸친 웨딩드레스 전시회에서 가장 명확하게 드러났다고 느꼈다. 그 전시회는 뚜렷하고 보편적으로 공감할 수 있는 경험인 결혼을 주제로 전시하면서도 아랍 문화의 다채로움을 보여주는 것에 성공했다.

축제 한 번으로 기적을 일으키기는 힘들지만 아담스는 영향은 미칠 수 있을 것이라 확신했다. 케네디 센터는 이러한 축제 포맷의 가치에 확신하고 곧이어 인도, 노르딕, 아일랜드에 초점을 맞춘 축제들도 기획했다. 안타깝게도, 수 년 간 케네디 센터에서 아랍 문화 관련 축제를 개최하는 것은 불가능해졌다. 아랍의 봄을 겪은 후, 국제적인 예술 교류를 할 여력이 있는 국가는 몇 없게 되었다.[1]

문화외교는 행위자가 외국 대중과 교류를 하는 방식인데, 그 중에는 행위자의 문화 생활 측면을 전파하도록 촉진하는 것이 있을 수 있다.[2] 이번 장에서는 문화외교의 역사적인 배경, 몇 가지 용어 및 실행, 주요 사례, 그리고 반복되는 문제를 다뤄볼 것이다.

용어

문화외교를 논할 때 가장 먼저 제기되는 사항은 '문화'라는 단어 자체가 논의의 여지가 많은 단어라는 점이다. 영어에서는 문화를 질적인 방식으로 생각하고 한 사회의 이념과 그것의 표현 방식으로 생각하던 시절부터(현재 고급 문화라 불리는 것) 행위자의 경험을 총체적으로 일컫는 것(현재 대중문화라고 불리는 것)으로 진화해 왔다. 외교무대로의 확장에 대한 연구는 단 하나의 합의된 어휘가 없기 때문에 더욱 복잡하다.

현장에서는 문화를 통한 해외 대중의 참여를 묘사하기 위해 다양한 용어를 사용한다. 미국에서 선호하는 용어인 '문화외교(Cultural

Diplomacy)'는 외교 정책의 주요 목적과 활동의 관련성을 강조한다. 영국에서 선호하는 용어인 '문화관계(Cultural Relations)'는 이것이 유기적인 과정이라는 함의가 있는데, 정부의 역할이 더 용이하고, 그 결과가 특별히 목표 지향적이기보다는 느슨하게 유익한 결과를 낳을 가능성이 있다는 것을 의미한다. 일본에서 선호하는 용어는 '문화교류(Cultural Exchange)'로, 특정 지리적 위치에 있는 사람들의 특성이 우월하다고 전제하기보다 상호 학습이라는 개념을 강조한다. 청중, 후원자, 그리고 실무자에게 이 단어들은 어떤 식으로든 논쟁의 틀로 작용한다. 모든 문화외교는 소프트파워를 발전시키는데 중요한 도구로 여겨진다. 서론에 요약한 바와 같이 현대의 작가들은 문화를 대외공모나 공공외교의 5대 핵심 범주 중 하나로 보고 있다. 어떤 국가에서는 단기 목적과 옹호의 구조에 간극이 있다. 그렇기 때문에 실무자와 그 지역의 이론가들은 문화외교에 대한 접근이 공공외교의 일종이 아닌, 공공외교와 평행한 개념이라고 주장하기도 한다. 이런 주장은 멕시코의 문화외교의 중요한 측면을 보여준다. 공공외교의 틀에 암묵적으로 다른 나라의 일에 개입하는 요소가 있어 주요한 역사적 정책 금기를 깨뜨리는 사회가 나타날 수 있는데, 멕시코의 문화외교가 이를 야기할 수 있다는 것이다.[3] 국제관계 이론에서 문화외교는 명백하게 문화와 가치의 소프트파워를 극대화하려는 시도다. 편향 심리학 측면에서 볼 때, 후광 효과, 즉 한 영역에서 먼저 마주한 우수성이 이와 무관한 분야에 이익을 가져다주는 것으로도 나타날 수 있다. 문화외교에 대해 에드워드 코스(Edward Corse)는 동물의 왕국에서 짝을 유혹하거나, 경쟁자를 물리치거나, 지배력을 확립하기 위해 사용되는, 즉 공작의 꼬리와 같은 것일 수도 있다고까지 주장한다.[4]

공공외교의 도입이 얼마 되지 않은 것처럼, 문화외교 또한 상대적으로 최근에 나온 개념이다. 문화적으로 투영을 해서 힘을 키우는 국가라는 개념은 20세기 초, 독일 담론에서 등장했다. 이 경우에 외국 문화 정책, 외국 문화 관계(Auswartige Kulturpolitik, 혹은 Auswartige Kulturbziehung)와 같은 용어가 사용되기는 했다.[5] 문화적 외교 (Kulturediplomatie)라는 용어가 개별적으로 사용된 사례도 있는데, 영문 번역어는 전쟁 이전의 일본 문학계에서 찾아볼 수 있다.[6] 영문 텍스트에서는 1954년 뉴욕 타임즈 미술 평론가 알린 B. 룩하임(Aline B. Louchheim)의 글에서 처음 등장한 것으로 추정된다. 룩하임은 그 해 브라질 미술 비엔날레에 미국이 참가하지 않은 것을 유감스럽게 여겼다. 냉전 중 미국이 공식적으로 고급 문화를 어떻게 활용해야 하는지에 대해 역설한 수많은 글 중 하나였다. 냉전 시기 초기 광범위한 문화 개입은 이러한 현상을 명명할 단어의 필요성을 드러냈고, 1960년에 이르러 문화외교라는 단어가 국무부 내에서 사용되기 시작했다. 1959년, 외교관 로버트 다이어(Robert Thayer)는 보고서에서 다시 한번 미국이 미국에서의 일상과 예술을 국제적으로 알리는데 노력해야 함을 역설했다. 이 용어는 1960년대 미국에서 광범위하게 사용되었고, 1970년대에 이르러서는 영국에서도 사용되기 시작했다. 영국에서는 데탕트 시대 영국의 문화 참여 메커니즘을 보존할 필요성에 대한 논의가 두드러졌고, 유럽의 합작 문화 홍보가 어떻게 작용할 수 있을지에 대한 고민 또한 이어졌다.[7] 그러나 문화

외교가 실제 행해진 역사는 용어 자체보다 더 오래되었다.

문화외교에 대한 짧은 역사

문화는 정적인 영역이 아니다. 문화는 지리와 근접성에 따라 지역마다 구별되는 믿음체계와 행동양식(특정 문화)을 만들어냈지만, 이러한 지역 단위는 언제나 변화를 거듭해왔다. 변화는 주로 주변과의 관계에 영향을 받았다. 태초부터 문화는 서로 영향을 주고받았다. 물질적인 문화 요소는 무역을 통해 전파되었고, 관습은 의도되었든 그렇지 않든 정복을 통해 확장되었다. 사람들은 이주를 하면서 고유의 문화를 함께 가져갔다. 때때로 통치자들은 문화의 특정 요소를 다른 곳에 전파하기도 했다. 많은 경우 특정 지역 내에서의 문화적 확장(로마 황제 콘스탄티누스가 자신의 왕국 안에서 기독교를 지지한 것과 같은)과 관련이 있지만, 인도의 통치자 아소카 대왕이 불교를 이웃나라 스리랑카와 버마(지금의 미얀마)에 수출하려고 했던 것과 같이, 통치자가 의도적으로 이웃 나라에 문화 관행을 확장했던 고대의 사례도 있다. 사실 대다수가 자국 문화의 특수성과 순수성을 강조하지만, 문화는 이웃과의 교류를 통해 변화하고 발전했다. 전 세계적으로 음식에서 나타나는 절충주의, 그리고 종교에서 발견되는 상호 언어 차용 현상 및 혼합주의(Syncretism)•만 보더라도 인간은 문화를 빌려오고 공유하는 존재임을 알 수 있다.

문화외교의 역사가라면 국가가 일상과 신념에서 공통적으로 나타나는 것에 특별히 관심을 갖게 되는 시점에 주목해야 한다. 유럽에서는 프랑스의 사례를 예로 들어볼 수 있다. 외부인들이 프랑스의 지리적 경계 이내에서 외부로 향하는 힘을 잘 인지하지 못한다는 점을 통해서 프랑스 문화 민족주의가 얼마나 성공적이었는지 알 수 있다. 프랑스의 일부라 여겨지는 피레네 산맥 북쪽과 라인강 서쪽에 있는 땅에는 브르타뉴어, 카탈루냐어, 바스크어와 같은 완전히 독립적인 언어와 남쪽의 오크어군을 포함하여 다채로운 언어가 있었다.[8] 이러한 다양성은 일부 정부로 하여금 언어 사용을 통제하도록 이끌었다. 대표적으로 1539년에 프란치스코 1세가 라틴어 대신 프랑스어를 법률 사무 언어로 정립한 사례, 1634년 리슐리외 추기경이 아카데미 프랑세즈(Academie francaise)를 제정한 한 사례 등이 있다. 아카데미 프랑세즈는 프랑스어의 완전성, 즉 '불멸성'을 보장하고자 하는 가장 존경받는 작가 40명으로 구성되었다. 왕실 특허에서 루이 13세는 "국가의 행복에 있어 가장 중요한 증거는 과학과 예술이 그 안에서 번영하며, 문무(匡嶠)가 모두 존

• 싱크리티즘(syncretism) 또는 혼합주의(混合主義)는 본질적으로 상이하거나 혹은 완전히 정반대의 성격을 가진 여러 믿음을 조화롭게 공존시키고 다양한 학파의 사상들을 융합하는 것을 의미한다. 알렉산드로스 대왕에서 시작된 헬레니즘 시대와 로마 제국 시대에 각지의 다른 종교들이 서로 결합되거나, 3세기에 페르시아의 마니는 기독교·조로아스터교·불교의 요소를 혼합하여 나스티시즘의 일파인 마니교를 창시한 사례가 있다.
출처: 위키피디아

중받는가에서 나타나며 이는 강력한 국가가 보유하는 가장 중요한 요소이다."라는 리슐리외(Richelieu) 추기경의 관점을 인용했다.[9] 1789년 혁명의 시대 이래로 타언어에 대한 억압은 국민을 단결시킬 필요성을 느꼈던 프랑스의 주요 과제가 되었다. 프랑스, 프랑스의 계몽주의, 그리고 프랑스 생활방식의 가치와 같은 내부 이야기들은 외부적인 결과를 야기했다. 이는 프랑스인이 단일 언어를 사용하도록 통합시키고, 프랑스 국경 너머로 언어와 언어 문화를 확장하기 위해 수십년 간 이뤄졌던 프랑스의 문명화 정책(Mission Civilistarice Francaise)의 일환이었다. 19세기부터 프랑스는 해외에서 자국의 문화가 어떻게 투영되는지, 그리고 국내에서 문화를 어떻게 보호해야 할지에 대해 깊은 관심을 가졌다. 프랑스만큼 자국어를 사용하는 공동체를 전 세계에 형성하고 보존하기 위해 수 세기 동안 꾸준히 투자한 국가는 없었다.[10]

19세기의 기반

프랑스는 단지 약간 앞서고 있었을 뿐이다. 19세기 유럽 국가들은 공통의 문화적 특성을 동포라는 개념으로 공유하여 국가를 건설하려 노력했다. 충분히 예측 가능한 현상이었다. 이들은 개혁이나 혁명을 통해 자국의 영토에 속한 정부를 장악했고(혹은 장악하고자 했고), 이웃국가와 비교를 통해 자국의 상대적 우월성을 강조하는 정치를 시도했고, '축복받은' 삶의 방식을 다른 국민에게 전파하기 위해 노력했다. 종교 부흥은 선교 활동으로 이어졌고, 유럽의 교회는 아시아, 아프리카, 그리고 태평양 지역에 있는 이들을 개종하고자 했다. 재외국민을 위한 학교를 해당 국가에 설립하는 프로젝트는 자국의 문화적 요소 국가의 이미지 안에서 현지 인구를 모델로 만드는 과정으로 바뀌었다. 본격적인 제국주의 프로젝트에는 정치적인 신념과 가치를 위로부터 아래로의 방식으로 조화를 이루게 하여 권위의 위계 구조를 나타내는 것이 있었다. 여러 정부로 나뉘었던 18세기 독일에서 'kultur••'라는 개념을 중심으로 발전한 공통성이라는 개념이 드디어 영어에도 등장하기 시작했다. 한때 식물의 성장을 가리키는 동사였던 'culture'는 명사로 거듭났다. 시인이자 비평가였던 매슈 아놀드(Matthew Arnold)는 1987년 「문학과 도그마: 성경의 더 나은 감상을 위한 에세이(Literature and Dogma: An Essay Toward the Better Appreciation for the Bible)」에서 해당 단어를 자주 사용했고, 개념이 생소하다고 여길 독자를 위해 이를 '세상에 알려진 최고의 것, 즉 인간 정신의 역사를 알아가는 것'이라고 정의했다.[11] 1875년, 옥스포드 영어 사전은 이 단어를 아놀드가 명명한 개념으로 등재했다.

문화가 민족적인 당국 이미지 형성에 중요한 역할을 한만큼, 경쟁의 장으로 변모하게 된 것은 당연한 수순이었다. 안타깝게도 체계적인 국제 문화 홍보는 주로 누군가의 특별한 생활양식과 발전이 다른 이의 행동에 의해 위협받는다고 느낄 때 시작된다. 주체는 정부가 아

•• 문화, (특히 나치 시대 국민 정신 고양에 사용된) 정신 문화, 독일 문화
출처: 동아출판 영영사전

니었다. 민간 문화 단체들은 제시카 기노프-헤흐트(Jessica Geinow-Hecht)가 독일에 대해 기록한 바와 같이 언어와 음악 같은 문화적 요소를 해외로 전파하기 위해 노력했다.[12] 해외에 유럽의 언어와 문화를 보존하고 발전시킨 최초의 주요 기관으로 1883년 작가 쥘 베른(Jules Verne), 과학자 루이 파스퇴르(Louis Pasteur), 수에즈 운하의 아버지라 할 수 있는 페르디낭 드 레셉스(Ferdinand de Lesseps) 등, 위기감을 느낀 프랑스 시민이 모여 설립한 알리앙스 프랑세즈(Alliance Francaise, AF)를 들 수 있다.[13] 이 기관은 해외 거주 프랑스인 가족들과 그 이웃이 모두 활용할 수 있도록 세계 각지 도시에 시민학교 네트워크를 만들고 지원하는 것을 목표로 두었다. 1889년에 이탈리아에서도 단테 알리기에리 협회(Societa Dante Alighieri)와 같은 기관을 프랑스의 대항마로 서둘러 설립했다는 점에서 AF가 얼마나 성공적이었는지 알 수 있다. 1881년 독일의 시민들은 이미 독일 학교 총협회(Allgemeine Deutsche Schulverin)를 설립하여 재외국민 독일인 대상 학교를 운영하기 시작했다. 이때 이후로 독일은 성공가도를 달리기 시작했다. 지지자 중에는 저명한 고전 역사가이자 노벨문학상 수상자인 테오도어 몸젠(Theodor Mammsen)도 있었다. 1908년부터는 재외국민 독일인을 위한 협회(Verein Fur das Deutchtum im Ausland, VDA)라는 이름을 사용하기 시작했다. 이렇게 교육 전쟁이 시작되었다.[14] 경쟁이 어찌나 치열했던지, 1894년 피에르 드 쿠베르탱 남작(Baron Pierre de Coubertin)에 의해 설립되어 스포츠 문화로 사람들을 통합하고자 했던 국제올림픽위원회(IOC)는 거의 순식간에 민족주의의 온상이 되었다. 1896년 아테네 올림픽에서 그리스 마라톤 선수가 우승하면서 형성된 국민적인 감정은 그리스 민족주의 극단주의자의 감정을 부추기기도 했다. 이는 그리스가 촉발해 1년 후 패배하게 된 그리스-오스만제국 전쟁의 주요인으로 꼽힌다.[15]

미국 또한 이와 같은 자극에서 자유롭지 못했다. 1866년 베이루트에 설립된 시리아 개신교 대학교(1920년에 베이루트 아메리칸 대학교로 개칭)의 사례에서도 알 수 있듯이, 미국의 선교 사업은 기독교 선교 활동 못지않게 폭넓은 문화적 영향력 행사와 발전에 관심을 두었다. 많은 외국인이 상업적인 매체를 통해 미국 문화에 노출이 되었는데, 그 예로 국제적으로 잘 알려진 작가 마크 트웨인(Mark Twain)이나 버팔로 빌 코디(Buffalo Bill Cody)와 같이 대서부 방송을 통해 미국인의 해외 생활에 대한 관심을 모으고 돈을 번 기업가의 쇼맨십을 들 수 있다. 1870년대에는 아프리카계 미국인 합창단 피스크 주빌리 싱어즈(Fisk Jubilee Singers)의 국제 순회공연을 통해서 '흔들리는 전차(Swing Low Sweet Chariot)'•••나 '예리코의 전투(Joshua Fit the Battle of Jericho)'••••와 같은 영가

••• 흔들리는 전차(Swing Low Sweet Chariot)는 아프리카계 미국인의 영가로 구약성어에 있는 예언자 엘리아가 천국에서 마중하러 온 불꽃의 전차를 타고 요단강을 건너 천국에 갔다는 이야기를 다룬다.

•••• 예리코의 전투(Joshua Fit the Battle of Jericho)는 구약성서 《여호수아》의 이야기를 담은 흑인영가이다. 여호수아가 거느린 이스라엘군이 '약속의 땅' 가나안을 정복하기 위하여 예리코 성채를 일곱 번 돌고 제사장이 나팔을 불면서 하느님의 영광을 외치자 성벽이 무너져 내렸다는 구약성서에 나온 이야기에 의한 노래이다.
출처: 두산백과

를 전 세계에 알릴 수 있었다. 유럽이 자국의 문화를 전 세계의 청중을 상대로 알리는 데 관심을 두게 된 주요 동인이 미국이 영향력을 발휘하면서 강세를 보이기 시작했다는 인식이 증대했다는 점에 주목해야 한다. 또한 다음 세기 내내 유럽이 미국의 영향력에 저항하기 위해 행동했다는 사실 또한 흥미롭다.[16]

세계대전의 시대

세계대전이 코앞으로 다가오자, 문화는 세계 정세에 더욱 중요한 요소가 되었다. 미국의 재단들은 행위자들의 대열에 합류해 교육, 보건 분야와 같은 문화적 의제를 포함하는 프로그램을 후원했다. 전쟁이 발발하면서 문화는 곧바로 무기화되었는데, 특히 영국은 중립국을 동맹국으로 끌어들이려는 노력의 일환으로 문화 교류에 힘썼다. 영국의 저명한 작가인 러디어드 키플링(Rudyard Kipling)과 존 골즈워디(John Galsworthy) 등은 전 세계에 있는 지인들에게 편지로 영국의 대의명분을 알리도록 권장 받았다. 작가들의 인맥을 활용하고자 한 것이다. 펜과 잉크를 중심으로 한 페이스북 외교였다. 1916년이 셰익스피어 300주기였다는 점도 영국의 중요성을 알리는데 도움이 되었다.[17] 1917년 미국이 제1차 세계대전에 참전하기 시작하면서, 미국 또한 문화적 영향력을 확대하기 위해 노력했다. 외교적으로 가장 중요한 장소에 도서관을 설립하는가 하면, 적군의 문화적 영향력을 부정적인 문화외교를 동원하여 억눌렀다. 독일의 영화 배급사는 라틴아메리카와 심지어 스칸디나비아에도 더 이상 배급을 못하게 되었다. 미국 정부가 해당 국가가 찰리 채플린 영화와 같이 인기 많은 할리우드 영화를 수입하기 위해서는 독일 영화에 대한 배급을 제한해야 한다는 요건을 제시했기 때문이다.[18]

전쟁 후에는 국제적인 문화 홍보 활동이 국가 재건의 주요 요소가 되었다. 상호 문화 이해를 증진시키기 위한 국제 연맹 프로그램도 활용되었지만, 각 국가가 문화를 국제적인 명성을 쌓거나 재건하는 방법으로만 이해했다는 점은 아쉬움이 남는다. 프랑스 정부는 외교부에 문화 관련 부서(Service des oeuvres francaise a l'etranger)를 만들었고, 무솔리니의 이탈리아 정부는 문화 기관들을 공개했으며, 모스크바의 볼셰비키 정권은 음악, 문학, 첨단 영화, 그리고 외국 문화 기관과의 교류를 통해 국제적인 인식을 증진시키고자 했다. 아돌프 히틀러가 독일에서 정권을 잡았을 때, 독일은 외국에 거주하는 독일 민족을 대상으로 한 홍보 등, 다수의 국제적인 문화 책략을 펼쳤다. 이와 같은 위협은 영국이 1934년에 영국문화원(British Council on Cultural Relations Overseas)을 설립하는 계기가 되었다. 이 기관은 영어를 가르치고 의회 민주주의를 홍보하는데 중점을 뒀다. 미국 정부의 문화 활동은 초기에는 제한적이었다. 미국 정부는 1938년 미 국부무의 문화 관계 부서가 설립될 때까지 문화 프로그램을 도입하지 않았고, 심지어 설립된 부서는 라틴아메리카 국가들과 연결고리를 만들어 나치 모험주의에 대항하는 것에만 집중했다.[19]

문화 외교는 제2차 세계대전때 본격적으로 발달했다. 참전 국가들은 모두 중립국을 끌어들이고 동맹국과의 관계를 공고히 하는데 문화를 활용하려 했다. 연합군 정부는 내부에서도 문화적 충돌이 있을 것이라는 점을 인지하고 서로를 이해시키고자 노력했다. 미국이 전쟁에 참전하자, 문화 주재관과 도서관을 특정 대사관에 포함하기 시작했는데, 특히 터키, 이란, 아프가니스탄 등 전후 기간에 중요할 것이라 여긴 장소에 더욱 집중을 했다. 물론 구체적인 성과를 문화계에 돌리기는 어렵다. T. S. 엘리엇(T. S. Eliot) 초청강의가 해안 전투나 전략교 포획과 같은 결정적인 역할을 했다고 볼 수는 없을 것이다. 그럼에도 불구하고, 에드워드 코르세(Edward Corse)는 드문 예외 상황을 발견하기도 했는데, 스웨덴 외무장관이 영국 의회 실내악 콘서트에서 크게 감동하여, 당시 스웨덴 영토에 추락한 독일 V2 로켓 시제품을 영국 정부에 제공하기로 합의한 일이다.[20]

문화 냉전

문화는 냉전에서 중요한 역할을 했다. 냉전 초기부터 당사국들은 그들이 영토만이 아니라 상상력 전쟁을 하고 있다는 것을 깨달았는데, 그들의 '편'에게 사상을 주입하고 지지를 받는 것이 곧 승리라고 여겼다. 소비에트 연방은 음악과 춤을 전파하도록 애썼고, 올림픽에 참가하기 시작한 후로는 스포츠에서의 성공이 체제의 우월성을 증명하는 데 활용될 수 있도록 노력했다. 미국은 재즈 뮤지션들이 등장하는 유명 투어와 같이 국제적인 관객을 끌어들이기 위한 노골적인 문화 프로젝트를 동원했고 이와 함께 새로 창설된 CIA를 활용하여 서유럽에서 역동적인 비공산주의 좌익 이미지를 강화하는 은밀한 시도를 감행했다. 비밀리에 보조적으로 수행된 활동으로는 문화자유회의라고 불리는 작가와 사상가들의 모임과 「만남」과 같은 문학잡지가 포함되어 있었다. 이러한 활동들은 성공적이었지만 10년 후 CIA의 진상이 발각되었을 때의 부끄러움을 상쇄할 정도는 아니었다. 엑스포는 냉전 시기 문화적 성과를 드러내는 쇼케이스가 되었는데, 외부의 건축학적 화려함이 내부에 전시된 보물들과 맞붙어 국가의 전체적인 모습을 투영했다. 하이라이트는 1967년 몬트리올, 1970년 오사카 엑스포의 미국 전시관이었는데, 건축가와 디자이너들에게 충분한 예산이 주어졌고 미국 정부는 우주 하드웨어와 달 탐사에서 가져온 월석을 자랑했다. 냉전 시대 영국의 엑스포 하이라이트는 메리 퀀트(Mary Quant)에게 몬트리올 엑스포 영국 전시장 여성 안내원들의 의상을 디자인하게 하여 미니스커트를 전 세계 관객들에게 소개한 것이었다.

데탕트 시대에 냉전이 해빙되면서 소련-미국의 합작 장편영화 등 문화를 만남의 장으로 삼아 교류의 발판을 마련하려는 시도가 있었다.[21] 서유럽에서 문화외교는 냉전 전략에서 수출 추진과 국제 개발 의제의 일환으로 전환되면서 재창조되었다. 기관들은 또한 특정 서비스에 요금을 부과할 수 있다는 것을 깨닫고 정부 자금에 대한 의존도를 낮췄다. 레이건 정부 시절, 새로운 냉전은 미국의 마지막 활동을 추진하는 밑거름이 되었지만, 소련 붕괴는 미국 정보국 존립의 명분을 없애는 결과를 야기했다. 여전히 해야 할 일이 많았음에도 불구하고, 문화외교에 대한 미국의 공공 예산은 급감할 수 밖에 없었다.

소프트파워 시대

탈냉전은 미국의 문화외교에 있어서 그다지 행복한 시기는 아니었다. 특히 국회에서 문화 프로그램을 정당화하기 어려워졌고 대대적인 축소 작업이 이뤄졌다. 그러나 미국이 문화외교 프로그램을 축소하는 동안에도 문화는 국제관계의 담론에서 점점 더 중요하게 다뤄졌다. 1993년, 새뮤얼 P. 헌팅턴(Samuel P. Huntington)은 국제 시스템의 미래를 '문명의 충돌'이라고 규정 짓기까지 했다.[22] '반면 이란의 대통령 모하마드 하타미(Mohammad Khatami)와 UN 총회 등은 문명의 대화를 촉진할 필요성을 언급했다. 공공외교의 실천 측면에서 가장 강력한 아이디어는 의심할 여지 없이 조셉 나이(Joseph Nye)의 소프트파워와 사이먼 앤홀트(Simon Anholt)의 국가브랜드 개념이었다. 둘 다 엑스포에서 전시하고 유치하는 데 엄청난 에너지를 쏟은 중국, 한국, 터키, 카자흐스탄, 아랍 에미리트 연합국 같은 익숙하거나 새로 등장한 국가들이 문화 정책을 시행할 근거를 마련해줬다. 21세기에 비정부 행위자들이 정부 예산이 미치지 못하는 곳에 반응하여 활동하면서, 문화외교가 공공외교 관행에서 중요한 요소로 남아 있다는 것이 분명해졌다.

문화외교 평가

문화외교에 대한 평가는 역사적으로 결과물보다는 산출물을 측정하는 데, 또는 특정 위치에서 특정 프로그램의 효과에 초점을 맞추는 데 집중했다. 영국문화원은 2012년에 영국의 문화외교에 대한 노출이 영국에 대한 외국인의 신뢰를 증가시켰는지, 또한 그것이 무역이나 투자 가능성과 상관관계가 있는지를 조사하기 위해 트러스트 페이즈(Trust Pays) 분석을 실행하면서 유의미한 결과를 얻었다. 최종 보고서의 부제, '국제 문화 관계는 어떻게 영국에 대한 신뢰를 쌓고 영국 경제의 성공을 뒷받침 하는가(How International Cultural Relationships Build Trust in the UK and Underpin the Success of the UK Economy)'라는 핵심을 잘 보여주었다.[23] 이 데이터는 입소스 모리(Ipsos MORI)와 유고브(YouGov)가 10개국에서 약 1,000명의 그룹을 대상으로 실시한 여론조사(대부분 온라인)를 통해 수집되었다. 영국문화원은 문화 활동에 대한 노출과 영국에 대한 신뢰 사이에 극적인 상관관계가 있음을 시사하는 결과에 기뻐했다. 어떤 종류이든 의회 프로그램에 참여했던 사람들은 그렇지 않은 이들보다 16% 더 높은 신뢰 수준을 보였다. 파키스탄의 경우 26%나 차이가 났다. 게다가, 이 연구 결과는 영국에 대한 신뢰와 영국과의 사업 사이의 강한 연관성을 나타냈다. 문화외교 업무와 이익 간 뚜렷한 상관관계는 다른 나라의 문화사업을 지지해야 한다는 일부 주장에도 중요한 근거가 되었다. 이는 위탁을 의뢰하는 국가뿐만 아니라 전체 부문에 대한 공공외교 활동에서 광범위한 현상 파악이 상당한 가치가 있다는 점을 시사했다.

비슷한 맥락에서 2017년 에든버러 대학의 J. P. 싱(J. P. Singh) 교수는 '소프트파워 투데이: 영향과 효과 측정(Soft Power Today: Measuring the Influences and Effects)'이라는 영국문화원을 위한 연구를 통해, 문화외교 활동을 포함해 소프트파워 분야의 강점이 UN 총회에서 표를 가져다 줄 수 있는지와 같이 외교정책 성공에 대한 가시적 효과가 있는지 연구했다. 결과는 극적이었다. 그는 한 나라의 문화적 지위가 내부적인 투자로 이어지며, 하드파워 능력보다도 UN에서 지지를 얻는 능력과 훨씬 강한 상관관계를 가지고 있다는 것을 발견했다. 그는 "국제외교에서 강력한 권력의 영향력은 하드파워보다는 문화적 지위 및 정치적 제약의 미비 등 소프트파워에 더 많이 의존한다."고 결론지었다. 영국문화원은 이것을 문화관계에 관한 좋은 사례라고 평가했다.[24]

문화외교 행위자의 유형

공공외교에서의 다른 활동과 마찬가지로 문화외교도 다양한 단계에서 행해지고 있다. 국가 문화외교 기관들은 문화 업무를 통해 외교 정책을 일반적이거나 구체적인 방향으로 진전시키는 임무를 맡고 있다. 최근 예시로는 푸틴 대통령이 러시아어와 정교회 기독교 가치를 전 세계에 알리기 위해 2007년 설립한 루스키미르재단(Fond Russkiy Mir)●●●●●을 들 수 있다. 민족국가들은 이런 종류의 활동을 수행할 다양한 부서를 설립했다. 미국 국무부 등 일부 국가들은 외교부의 특정 부서에 문화를 위탁한다. 대부분의 유럽 국가들은 그 목적을 위해 독립된 기관들을 가지고 있는데, 그들은 느슨한 지도와 일부 자금 지원은 받지만 편집에 대한 통제는 거부한다. 대표적으로 스페인의 세르반테스 연구소나 영국의 영국 문화원이 있다. 독일에는 두 종류의 기관이 있는데, 대사관 문화부설의 네트워크를 감독하기 위한 외교부의 문화 기관이 있고,[25] 1951년부터 독일의 문화와 언어를 해외에 홍보해 온 독립 기관으로 괴테연구소가 있다. 더 나아가, 국가 기관으로는 일본국제교류기금과 한국국제교류재단이 있다.

국가 수준 이하로는, 역사적으로 해외에서 소수의 목소리를 대변하는 역할을 해온 지역 단체들이 있다. 이들 중 일부는 독립 운동이나 자치 운동을 대변하기 위한 기관이다. 카탈로니아와 퀘벡이 수년간 진행한 국제 문화 활동은 이런 뉘앙스를 내포한다. 독일 바덴뷔르템베르크(슈투트가르트가에 위치해 있는 주) 지역에는 국제관계연구소(Institut fur Auslandbeziehugen, IFA)가 있다. 해당 지역에서 출범했음에도 불구하고, 연구소는 독일 연방 외교 정책 의제의 일환으로 전 세계에 걸쳐 수많은 교육 및 교류 사업을 운영하고 있다.[26] 스코틀랜드 문화 이니셔티브는 두 가지 방향의 중간에 위치하는 특성이 나타나는데, 내부 투자를

••••• 루스키미르재단은 2007년에 설립된 러시아의 비영리 단체로, 러시아 정부에 의해 설립된 공적인 국제 문화 교류 기관이며 각국의 러시아어 보급과 러시아와 외국 간 교육·문화 교류를 목적으로 하고 있다. 모스크바에 본부가 있다.

촉진하기 위한 브랜드화 의제를 반영한다. 더 작은 범위로는, 국제 문화 분야에서 두각을 나타낸 많은 도시들이 있다. 대표적인 도시로 베니스를 꼽을 수 있는데, 1895년에 설립된 베니스 예술 비엔날레(Venice Biennale of Art)이 이어져오며 세계적으로 중요한 문화 행사의 주최자로서 가장 자주 언급되는 도시이다. 이 행사는 많은 지역에서 온 예술가에게 무대 공간을 제공하면서도, 항상 베니스 그 자체를 위한 무대 공간이 되었다.[27] 어떤 이들은 그들 나름대로 문화 외교 행위자로 활동할 수 있을 정도로 문화적 의미를 지니고 있는데, 대표적인 예로 1950년대에 본인의 의지로 소련을 여행하고 그 과정에서 캐나다와 구소련의 관계를 개선하는 데 기여했던 캐나다 출신 피아니스트 글렌 굴드(Glenn Gould)가 있다.[28]

유럽연합 회원국의 문화 기구 간 협력을 증진하기 위해 설립된 파트너십 플랫폼인 유럽연합 국가문화연구소(European Union National Institutes of Culture, EUNIC)와 같은 다국적 문화외교 행위자도 있다. 이 연구소는 전 세계 여러 도시에서 합작하여 유럽 문화 행사를 주관하고 있다. EU는 문화를 통해 뻗어나가겠다는 의지를 분명히 했다. 2016년 6월, 유럽연합 외교안보정책 최고대표 페데리카 모게리니는 다음과 같이 선언했다.

> 문화는 우리의 외교 정책의 일부이자 일환이 되어야 합니다. 문화는 사람들, 특히 젊은이들 사이에 다리를 놓고 상호 이해를 강화하는 강력한 도구입니다. 문화는 또한 경제 및 사회 발전을 위한 엔진이 될 수 있습니다. 그리고 우리가 공통의 도전에 직면하면서, 문화

> 는 유럽, 아프리카, 중동, 아시아 우리 모두가 극단주의와 싸우기 위해 협력하고, 우리를 분열시키려는 이들에 대항하여 문명 연합을 형성할 수 있도록 도울 수 있습니다. 이것이 바로 문화외교가 오늘날 세계와의 관계의 핵심이 되어야 하는 이유입니다.[29]

비슷한 맥락에서, 프랑스어권 국제기구(Organization Internationale de la Francophonie, OIF)••••••와 같이 공유된 언어를 중심으로 형성된 문화 행위자가 있다. 이 기구는 1970년 21개의 전 프랑스 식민지들이 설립한 문화기술협력기구(Agence de Cooperation Culturelle et Technique, Agency for Cultural and Tcchnical Cooperation)를 전신으로 한다.[30]

문화 공간에서 활동하는 세계적인 국제기구들이 있다. 유네스코(United Nations Educational, Scientific and Cultural Organization, UNESCO)는 문화 개발, 보존, 보호 등 집단적 가치가 있는 문화 사업을 추진하고 있다.[31] 유네스코의 구성원들이 민족 국가이지만, 프로그램 중 일부는 보다 지역적이고 친밀도 있는 수준으로 관여한다. 예를 들어, 유네스코는 무형문화유산과 특별한 관련이 있는 회원 도시로 구성된 NGO인 도시간 무형문화협력 네트워크(Intangible Culture Cooperation Network, ICCN)를 후원한다. ICCN은 2004년부터 음악, 댄스, 연극, 요리 같은 문화를 통

•••••• 프랑스어권 국제기구(Organization Internationale de la Francophonie, OIF)는 프랑스어를 모국어나 행정 언어로 쓰는 국가들로 구성된 국제기구로서, 주로 적지 않은 인구가 프랑스어를 사용하는 "프랑코폰"이거나 프랑스어 및 문화가 깊게 침투해 있는 곳이다.

해 도시 차원의 기념 행사를 지원하기 시작했다. 회원 도시로는 두브로브니크, 이스파한, 베들레헴, 한국의 강릉이 있다.[32] 또한 국제올림픽위원회와 같은 문화의 특정 측면을 중심으로 활동하는, 비교적 소규모의 부문을 소관하는 국제기구들이 있다.

국제기구와 병행하여, 특정한 두 국가를 연결하는 양국 문화 외교 구조도 있다. 미국의 가장 중요한 관계 중 하나는 전시 적대국이자 전후 동맹국인 독일과 일본을 포함한 외교 구조에 의해 촉진됐다. 미-독 관계는 국무부와 괴테연구소가 공동으로 운영하는 독일-미국 파트너십 프로그램에 의해 지원받고 있다.[33] 2년마다 열리는 미-일 문화교육교류회의(CULCON)와 일-미 우호위원회가 미국과 일본 교류에 도움을 주고 있다.[34] 미국과 중국, 미국과 한국 관계를 지원하기 위한 유사한 플랫폼이 만들어졌다.

비정부기구들은 문화 교류 영역에서 오랜 역사를 가진다. 얼라이언스 프랑수아즈(Alliance francaise)가 가장 좋은 예이다. 1920년대부터 미국 문화외교는 해당 도시와 고국이 연결되어 영어 수업, 도서관 운영, 네트워크 교류를 위한 재외동포 미국인들과 지역 사회 지도자들이 설립한 이른바 양국 센터들의 도움을 받아 왔다. 그 첫 번째는 1925년에 방콕에 있었다. 이 센터들은 1928년 부에노스아이레스의 중심지로 시작하여 남아메리카에서 특히 중요한 역할을 했다. 1990년대까지, 그 네트워크는 아르헨티나 단 한 국가에만 10여개의 기관이 있었다.[35] 1956년 넬슨 록펠러가 아시아와 서구의 문화 간 이해 증진 등 의제를 내걸고 뉴욕에서 설립한 아시아 소사이어티는 베이징 주재 미국대사관처럼 국가기반 배우들의 역량을 훨씬 뛰어넘는 전시와 문화행사를 개최할 수 있다. 아시아 소사이어티의 성공은 2011년 11월 베이징에서 열린 미·중 예술문화포럼으로 이어졌고 요요마, 메릴 스트립, 무용수 릴 벅 등 미국 작가들의 참여를 이끌어냈다.[36] 새로운 문화 외교 비정부기구는 대중의 관심, 활동, 기회의 흐름을 모두 반영하여 지속적으로 생겨난다. 최근 추가된 기구로 '쿠바스케이트(Cuba Skate)'라는 스케이트보드를 좋아하는 미국과 쿠바의 젊은이들을 한데 모으기 위해 활동하는 NGO를 들 수 있다.[37] 물론, 폭넓게 정의된 종교 조직 또한 문화 NGO로 간주될 수 있다.

최근 몇 년 동안, 상업적인 행위자들은 그들의 브랜드를 높이기 위한 방법으로 국제적인 문화 프로젝트와 행사들과 연관 지어 스포츠 행사나 교향악단 등 다양한 프로젝트를 후원하면서 문화 공간에서 노골적으로 활동하기 시작했다. 일부 브랜드는 기업의 사회적 책임의 연장선이나 광고의 정교한 연습으로 문화재를 만드는 것을 후원할 정도로 유명해졌다. 2001년과 2002년 BMW가 앙 리, 알레한드로 곤살레스 이나리투, 가이 리치, 토니 스콧 등 유명 감독들이 연출한 인터넷 다운로드용 단편 영화 8편을 후원한 것을 대표적인 사례로 볼 수 있다. 이 시리즈는 영국 배우 클라이브 오웬이 '하이어(The Hire)'라는 타이틀로 매회 다른 BMW 모델의 미스터리한 운전자로 출연했다. 이를 통해 온라인 컬트 추종자들을 끌어들였다. 자동차 판매가 활기를 띠면서 주류 영화계에서 트랜스포터 프랜차이즈(BMWs를 노골적인 상품 배치로 선보이기도 함)의 형태로 즉각적인 모방을 불러일으켰다. BMW는 또한 출판사 다크호스와 함께 만화 시리즈에서 자체 후속작을 제작했다. 그러나 주목할 만한 지점이 있었다. BMW 브랜드의 역사적 이미지와 우수한 엔지니어링에 대한 독일의 평판이 밀접하게 연결되어 있는 점을 감안할 때, 스크린에서나 감독, 제작자, 작곡가, 편집자로 독일인이 한 명도 관여하지 않았으며 독일어가 한 마디도 이 프로젝트에 사용되지 않았다는 점이 매력적이다. 마치 BMW가 탈국가적 정체성을 포용하는 것처럼 의미했고, 이러한 사회적 환경은 이전까지 볼 수 없었던 세계 문화 중 하나임에 분명했다.

마지막으로, 공공외교의 많은 요소들과 마찬가지로 파트너십은 문화외교에서 점점 더 중요한 영역이 되고 있다. 행위자들은 위에서 제시한 일부 또는 전부를 포함하여 점점 더 많은 협력을 구축한다. 그 과정에 대해서는 8장에서 구체적으로 다루겠다.

한편, 문화 외교의 내용은 무엇인가? 수십 년 또는 심지어 수 세기 동안 실천에 옮기기 위한 핵심적인 접근 방식은 무엇이었는가?

문화외교에 대한 핵심 접근법

1. 문화 선물

문화외교에 대한 가장 기본적인 접근방식은 문화 선물이다. 이것은 국제 행위자가 해외 청중의 감탄을 자아내기 위해 선보일 문화의 요소를 선택하는 것이다. 잘 알려진 미국의 예로는 윌리엄 포크너(William

Faulkner)와 같은 작가들의 순회공연이나 1956년 보스턴 심포니 오케스트라의 동유럽 방문 등이 있다. 캐나다의 예로는 정부가 수년 동안 뉴욕에서 운영했던 포티나인스 패러럴(49th Parallel) 미술관을 들 수 있다.[38] 영국 예술 외교의 예로는 영국 문화원이 2001년 국립극장 작품 〈햄릿〉을 베오그라드에 보낸 것, 2003년 테헤란에서 〈겨울 이야기〉를 공연했을 때 남녀가 무대에서 서로에게 닿지 않도록 하는 '문화적으로 민감한' 무대를 올린 것, 중국 정부가 베이징 오페라 〈모란정〉을 2013년 시드니 오페라 하우스에 보낸 것 등을 들 수 있다.[39] 이 접근법의 단점은 고정관념이 작용하는 경향이 있고, 수신자가 전달자가 중요하게 생각하는 예술적 또는 문화적 요소를 반드시 인정하거나 이해한다는 보장이 없다는 것이다. 물론, 메시지를 보내기 위해 '선물'을 선택할 수도 있다. 제2차 세계대전 전날, 영국 의회는 셰익스피어의 〈헨리 5세〉와 〈햄릿〉을 무솔리니의 이탈리아로 보냈다. 어떤 이들은 이것을 유화적 의도로 해석했지만 다른 이들은 헨리 5세가 셰익스피어극 중 가장 호전적이며, 폭군(무솔리니)의 지속적인 부당함에 격분했을 때 평화로운 왕자(영국)가 어떻게 반응할지 보여준다며 경고로 읽었다. 어느 쪽이든, 메시지를 보낼 때는 더 합리적인 방법이 있다.[40]

2. 문화 정보

문화외교에 대한 두 번째 접근방식은 문화 정보이다. 즉, 이미지를 바로잡기 위해 해외에 문화의 알려지지 않은 차원을 공유하는 것이다.

미국은 인종차별이라는 이미지를 반전시키기 위해 1954년과 1955년에 조지 거슈윈(George Gershwin)의 〈포기와 베스(Porgy and Bess)〉 지중해 투어를 공식 후원했다.[41] 캐나다의 사례로는 제1국가의 삶과 문화를 묘사한 캐나다 국립영화위원회(National Film Board) 자료의 국제적 유통을 들 수 있다.[42] 영국 문화원 예술 외교의 예로는 외국인들이 잘 알지 못하는 중국의 다양성을 이해하도록 돕는 일을 들 수 있다. 그 한 예가 2005년 워싱턴 DC의 케네디센터 〈중국 축제(Festival of China)〉에서의 여러 중국 지역 및 언어 단체들의 결혼식 의상 전시였다. 이 접근방식은 청중의 추측에 대해 새로움과 도전을 제공했다는 이점이 있지만, 선물과 마찬가지로 접근하는 방식이 지나치게 획일적이라는 단점이 있다. 또한 많은 문화 기관들이 최첨단 자료를 해외로 보낼 때 정치적 문제에 직면해 왔다. 1946년 미국 현대 미술을 해외로 보내려 했던 국무부의 좌절된 실패는 잘 알려져 있다. 다른 사례들로는 1998년 영국의회가 마크 라벤힐(Mark Ravenhill)의 자극적인 제목의 연극을 수출한 것에 대한 영국 내 논란을 들 수 있다. 토니 블레어(Tony Blair) 정권 교육부 장관인 데이비드 블런켓(David Blunkett)은 "불온한 언사로 가득찬 것으로 알고 있다."고 말했다. "셰익스피어한테는 필요 없는 것이었겠지?" 블런켓은 영국 문화원에 1페니도 "과하다."고 덧붙였다. 영국 문화원은 이 연극을 '위대한 영국의 글'이라며 반박했다.[43]

3. 문화 역량 강화

국제 청중과의 관련성을 보장하기 위한 한 가지 중요한 방법은 문화 역량 구축 프로그램을 통해 그 필요성을 확인하고 충족시키는 것인데, 이를 통해 이해를 돕고, 연결고리를 만들고, 분야에 따라 개발을 촉진할 수 있다. 가장 잘 알려진 형태는 물론 어학 교육으로, 최근 몇 년간 중국 공자센터가 가장 집중하고 있는 분야다.[44] 예술외교 분야에서 국무부는 케네디센터의 멘토십을 받아 활동하는 국제 예술인들이 현대적인 예술경영 방식과 기업 후원을 학습할 수 있도록 지원해 왔다. 캐나다는 여러 해 동안 캐나다 연구 대학 프로그램을 후원했다. 영국 문화원은 종종 더 넓은 형태의 문화적 역량 구축에 관여하곤 했는데, 연극 외교에서 발트해 지역의 신흥 정치 작가들을 위한 워크숍이나 1973년 피터 브룩(Peter Brook)의 캘리포니아 방문 중 엘 테아트르 캄페시노(El Teatro Campesino)라는 캘리포니아의 멕시코계 미국인 커뮤니티의 정치극 육성을 도운 것을 예로 들 수 있다. 그 극단은 1976년 미국 문화 프로그램을 대표하여 세계 투어를 진행하기도 했다.[45] 영국 문화원은 런던의 왕립 코트 극장과 파트너십을 맺고 매년 여름 학교와 우간다, 팔레스타인을 포함한 외국에서의 프로젝트를 바탕으로 전 세계 극작가들을 개발하고 있다. 역량을 키우기 위해 꼭 국가 행위자가 될 필요는 없다. 1990년대에 조지 소로스(George Soros)의 오픈 소사이어티 재단(Open Society Foundation)과 영국의 국립극장은 런던과 지역 모두에서 행사가 열리는 가운데 중부와 동유럽의 새로운 민주주의 국가들 사이에서 연극과 문화를 건설하기 위한 "네트워크 시드(Seeding a Network)" 프로젝트를 만들었다.[46]

4. 문화 대화

문화외교의 마지막 방법은 문화를 교류와 대화의 장으로 활용하는 것이다. 문화 대화는 다른 접근방식과 달리 명시적으로 쌍방향으로 이뤄지며 상대방의 적극적인 참여를 요구한다. 중국의 예로는 인도와 중국의 사상가들이 모여 수 세기에 걸쳐 인도 사상이 중국에 미치는 영향을 고려하는 웨스트 헤븐즈(West Heavens) 프로젝트, 혹은 중국과 인도의 역사적 교류에서 찾아볼 수 있는 7세기 여행자이자 승려 현장에 대한 공동 제작 영화를 들 수 있다.[47] 캐나다에서는 캐나다 유수의 박물관 일부를 포함한 비정부 동맹인 '캔포컬처(Canadian Fund for International Delivery with Culture, Can4Culture)'가 중국과 4차례의 문화 대화 컨퍼런스를 개최하였다.[48] 최근 미국 국무부는 캘리포니아 대학교 로스앤젤레스(UCLA) 문화 공연 센터와 같은 장소에서 국제적인 공연자들을 한데 모으기 위한 자금과, 중동의 소규모 청소년 예술 전문가 그룹을 미국으로 데려오고 미국 청소년들을 요르단과 모로코로 보내 지역 청년 극장들 간에 교류를 추진한 페가수스 프로젝트에 대한 지원을 포함했다.[49] 대화를 문화외교로, 문화외교를 대화로 구축하는 것은 영국 문화원의 표준적 접근법이었다.[50] 예술제는 최고의 문화 간 융합과 대화의 장이다. 1947년 에든버러 국제축제가 탄생하면서 축제와 문화

외교의 연결고리가 노골화됐다. 영국 문화원의 스코틀랜드 대표 헨리 하비 우드(Henry Harvey Wood)는 오스트리아 태생의 오페라 단장 루돌프 빙(Rudolf Bing)과 함께 이 축제를 공동 주최했다.[51] 대화 위주 전략의 단점은 빠른 승리와 일방적인 성공을 추구하는 정치 거장들에겐 팔기 힘들 수 있다는 점이다.

잘 짜인 문화외교는 이 네 가지를 모두 포함할 수 있다.

문화외교 장르

문화외교에는 여러 장르가 있다. 예술 외교는 음악, 미술(국제 전시회에 대한 기여 포함), 연극 및 무용 외교, 국제 축제 개최 등의 방식을 통해 이루어진다. 미국 문화를 해외로 수출하기 위한 미 국무부 프로그램에는 아메리카음악어브로드(American Music Abroad), 댄스모션(DanceMotion), 스마트파워(SmARTPower) 등이 있다. 예술 외교가 수출에 초점이 맞춰질 필요는 없다. 많은 국제 행위자들은 공연자들을 그들 자신의 나라로 데려오기 위해 노력한다. 현재 미국의 인바운드 프로그램으로는 특정한 외국 공연자들을 미국 지역 극장으로 이끌기 위한 센터 스테이지(Center Stage) 프로그램, 밴드 캠프와 로드 트립이라는 미국적인 요소의 합치인 국제적인 음악가들을 미국으로 데려와 교육하고 순회 공연하는 음악 프로그램인 원비트(OneBeat), 그리고 해외 유망 작가들을 아이오와로 불러들여 기술을 개발하고 그 과정에서 미국에 대해 무엇인가를 배우게 하는 국제 글쓰기 프로그램(International Writing Program)을 지원한다.

스포츠 외교에는 행사 개최, 활동 전파를 통한 민족 문화 시연(일본, 한국, 브라질 등이 무술을 통해 효과적으로 진행해 왔듯이)이나 기존 스포츠의 규칙을 영국이 19세기 동안 많은 일을 한 것처럼 체계화하는 것이 포함될 수 있다. 스포츠는 이전의 소원해진 국가들 사이에 상호작용을 시작할 수 있는 안전한 영역으로 사용될 수 있다(미국/중국 탁구 교류가 가장 잘 알려진 예이다). 이러한 사례는 한 국가의 공식/비공식적인 소프트파워를 가진 개인이 될 수도 있다. 유명한 예로 전문 스포츠 선수가 에스토니아의 아이스 하키 팬들과 같이 특별히 우호적인 팬들이 자아내는 좋은 분위기로 인해 대사관 연설 투어를 수락했던 것을 들 수 있다.[52]

문화외교에서 중요한 요소는 참여사회의 문화적 가치에 대해 인식과 보존을 중심으로 한 문화유산을 보유하며 이를 바탕으로 문화 프로그램을 수행하는 것이다. 유네스코가 유적지나 특정 문화유산 또는 2003년 무형문화유산협약을 채택한 이래로 춤이나 수공예와 같은 문화적인 관습에 대한 인정을 확대한 것과 마찬가지로, 유산 프로젝트는 때때로 집단적으로 수행된다. 국가 행위자들은 유산을 오랫동안 활용해 왔다. 20세기 초 레바논에서 강대국들은 고대 과거의 유산들을 발굴하고 보존하기 위해 경쟁하기도 했다. 빌헬름 2세(Kaiser Wilhelm II)는 1898년 방문에 이어 고고학팀을 발벡에 직접 파견했다.[53] 미국은 오랫동안 문화보호협약을 시행하기 위해 노력해왔다. 미국의 온라인 문화외교의 첫 활용 사례 중 하나는 골동품 밀수에 대응하기 위한 USIA

웹사이트와 데이터베이스였다. 오늘날, 미국무부는 대사의 문화 보존 기금을 유지하고 있는데, 이 기금은 작지만, 잘 사용된 기록을 보유하고 있다. 미국과 이슬람 세계를 대변한다고 주장하는 사람들 사이에 긴장이 계속되고 있는 상황에서 미국의 자금이 고대 사원과 이슬람 교서의 보존에 쓰이는 것처럼 보인다는 것은 특히 의미가 크다.[54]

문화 외교의 다른 하위 분야로는 국제 행위자들의 식문화를 활용하는 음식 외교가 있다. 주요 요리 학원의 요리사 훈련/말하기 투어에 셰프를 파견하거나, 상을 수여하거나, 국제적인 요리 전문가들에게 인증하는 것을 예로 한다. 이러한 접근 방식에 중점을 둔 대표적인 나라로는 태국과 페루가 있다.[55]

눈부신 성공을 거둔 이력이 있음에도 불구하고 문화외교는 여러 가지 반복적인 문제를 일으키기 쉽나. 이들 중 일부는 문화 자체의 본질에서 비롯된다. 문화는 항상 그것을 창조하고 살아가는 사람들만큼 복잡하고 모순적이며, 그렇기 때문에 관료들이 관리하는데 좌절감을 느낄 수 있다. 서양 국가의 누군가는 공공 자금을 지나치게 덧없이 이것 저것 '쓸데없는 데'에 사용하는 것을 반대하는 목소리를 낼 수 있다. 사회주의, 무신론, LGBTQ 문제는 논쟁의 도화선이 되었다. 상원의원들은 국무부가 코미디언들을 순회 공연에 내보내는 것을 공격하는 동안 영국 문화원은 데일리 익스프레스(Daily Express)•••••••가 80년 동

••••••• 「데일리 익스프레스」는 영국의 보수 성향의 타블로이드판 신문이다.

안이나 제기한 비판을 견뎌내야 했다. 이는 행위자들이 문화외교를 피해야 한다는 것이 아니라 오히려 비판을 기대해야 한다는 것과 영국문화원과 괴테연구소를 자국 정부로부터 분리하는 방식의 방화벽이 훌륭한 발상이라는 것을 의미한다. 많은 행위자들은 문화외교를 실행하면서 비정치적인 방법으로 제시될 수 있는 일에 단기적인 옹호 의제를 부여하려는 시도를 하면서 어려움을 겪어 왔다. 한편으로는, 문화외교를 옹호의 입장에서 방향을 잡는 것이 어렵기 때문에 종종 자금지원을 받기 위해 고군분투해야 했다. 문화 프로그램은 미국 공공외교에서 가장 적은 지원을 받는 요소 중 하나로, 프로그램 비용은 미화 1,000만 달러 부근에 남아 있지만, 방송과 교류는 각각 7억 5천만 달러를 유치했다.[56]

문화기관들은 어려운 선택을 해야 한다. 행위자로선 가장 잘 알려진 문화와 처음에는 관객들에게 덜 알려진 작품 사이 어디쯤 선을 그어야 하는지에 대해 고민해야 했다. 미국과 같은 나라는 많은 사람들에게 다양한 것을 의미한다. 배리 샌더스(Barry Sanders)는 그것이 긍정적이든 부정적이든 사람들의 환상에 대한 일종의 '아바타'이며 그런 상황에서 상업적인 경로를 통해 동일한 문화를 재주입하는 것은 단순히 그 나라의 이미지 문제를 심화시키고 있는 것일 수도 있다고 주장했다.[57] 이와 관련된 문제에서 국제 행위자들도 문화 제국주의의 문제를 고려할 필요가 있다. '선물'을 지나치게 강조하는 것을 통해 문화외교에 접근하고 끊임없이 자신의 문화적 우수성을 홍보하는 나라는 유인하는 것만큼이나 많은 사람들을 소외시킨다는 것을 발견할 수 있을 것이다.

디지털 미디어와 소셜 미디어의 등장은 문화외교의 지형을 변화시켰고, 협업을 위한 새로운 가능성, 교류를 위한 새로운 플랫폼, 그리고 아마도 가장 심각하게는 이웃들이 디지털 세계에 적응하는 것을 돕는 새로운 도전과 의무사항들을 만들었다. 유럽안보협력기구(Organization for Security and Co-operation in Europe)와 같은 국가기관, NGO, 국제기구는 서발칸 등 유럽의 취약지역에 미디어 문화 구축 사업으로 프로파간다에 대응한 미디어 리터러시 향상을 위해 노력해왔다. 이를 위해 영국 문화원은 영어를 단순한 습득 이상으로 업무상의 역량강화 측면을 강조하여 '20세기적 기술'의 촉진을 활동의 주요 요소로 보고 있다. 이러한 기술에는 비판적 사고와 문제 해결, 협업과 소통, 창의성과 상상력, 시민권, 디지털 사용능력, 학생 리더십, 그리고 개인 발전 등이 포함된다.[58]

문화외교의 최종 쟁점은 예술인이나 문화인과 관련한 문제다. 예술가들이 갖는 즉흥적이고 창조적인 에너지는 근본적으로 공식적인 외교 정책의 신중한 접근과 반대된다. 예술가의 예상치 못한 행동에서 비롯된 문화외교적 골칫거리의 사례는 이어지고 있다. 영국 문화원의 최악의 악몽 중 많은 일들이 이와 같은 예술가들의 돌발행동에서 비롯되었다. 배우 랄프 리차드슨(Ralph Richardson)과 소설가 콜린 맥킨즈(Colin MacInnes)는 둘 다 해외에서 악행으로 블랙리스트에 올랐다. 미국의 악몽은 정치적인 것에서 비롯됐다. 대표적으로 1970년 베니스 비엔날레에서 인쇄물을 전시한 작가 윌리엄 위지(William Weege)는 '닉슨 탄핵'이라고 적혀 있는 포스터를 제작해 배포했다.[59] 오늘날 정책 입안자들의 구미에 맞추기보다 흐름과 관계없이 문화를 대표하고자 한다면 정부와 문화외교부 사이에 방화벽을 세우는 것을 통해 수많은 오해를 예방할 수 있을 것이다.

결론적으로, 문화를 자국 홍보의 메커니즘으로 이용하여 얻을 수 있는 것도 있긴 하지만 동시에 잃는 것도 많다. 우리는 사람들이 참여를 통해 가장 많이 배우고 애착을 갖게 된다는 것을 안다. 잘 선정된 문화 협력 프로젝트는 가망 없어 보이는 상황에서도 평화를 가져오게 한다. 가장 분명한 예는 다니엘 바렌보임(Daniel Barenboim)과 고(故) 에드워드 사이드(Edward Said)가 아랍과 유대인 출신 음악가들을 통합하기 위해 설립한 동서디반 관현악단(East-West Divan Orchestra)이다. 독일 NGO인 로버트 보쉬 재단(Robert Bosch Foundation)은 문화교류팀들이 만든 프로젝트에 매년 영화상을 수여함으로써 협력을 장려하기 위해 노력해왔다.[60] 문화기관들은 다른 이들이 스스로를 표현할 수 있도록 힘을 실어주는 매개자 역할을 할 잠재력을 가지고 있으며, 그것을 통해 그들 자신의 문화의 피상적인 매력이 아니라 자기 실현의 시스템으로서 그 근본 의미를 확장해 나갈 수 있다. 이러한 점은, 많은 국제 행위자가 협업을 기획하는 문화 프로그램뿐만 아니라 교류와 교육 업무를 강조하는 이유가 된다.

05

교환과 연수: 공공외교의 대표적 형태

기초 || 교환 연수의 기원 || 현대 국제 교육과 교류의 등장 || 20세기 미국의 사례
프랑스-독일의 화해 || 교류/ 국제교육의 위험성 || 교환의 유형 || 결론

준 맥멀린(June McMullin)이라면 오히려 혐오할 만한 충분한 이유가 있었다. 북아일랜드의 시민이자 예비 경찰이었던 그녀의 첫 번째 남편 존 프록터(John Proctor)는 1981년, 준이 두 번째 아이를 낳은 런던데리의 산부인과 병원을 나오던 중에 테러리스트가 쏜 총에 맞아 사망하였다. 그녀의 아이가 10대가 되면서, 그녀는 무언가 변화되어야 한다고 생각했다. 그녀는 북아일랜드 아이들을 위한 우호 친선 프로젝트(CFPNI)를 신청하였다. 이 프로그램은 서로 분리된 지역이자, 반대되는 신념을 갖는 공동체 출신의 아이들끼리 짝을 지어주고 여름 동안 미국에서 함께 살게 하는 프로그램이었다. 같이 핫도그를 만들고 야구 게임을 하면서 10대들이 서로 얼마나 많은 것을 공유하는지 깨닫고 가톨릭과 국가주의 간의 분열, 북아일랜드의 영국 합병을 지지하는 자와 지지하지 않는 자 사이의 분열을 이어주는 우정을 형성할 것이라는 취지였다. 그리고 그 효과는 입증되었다. 게다가, CFPNI는 단순히 아이들을 연결해 주는 것 이상의 효과가 있었다. NGO는 아이들이 각자의 동네로 돌아오자 부모들끼리 만남을 성사시켜주었고, 서로 다른 공동체 간의 연결고리를 만드는 것을 도왔다. 참가한 아이들이 향후 리더 역할을 할 수 있도록 졸업자 동문을 마련하였다. CFPNI는 매년 100~150명의 아이들을 받았지만, 얼스터(Ulster)•와 같은 소도시에서는 참가자가 상당히 늘어났다. 이 프로그램은 준 맥멀린에게 범죄를 비롯하여 남편

• 아일랜드의 전통적인 네 지역 중 하나. 북동부에 위치

을 죽인 살인자를 그가 속했던 공동체와 분리하는 방법을 제시해주었다. 아들이 돌아온 후, 그녀는 CFPNI의 자원봉사자가 되었다. 그리고 1990년대 중반부터 2008년 은퇴 전까지 활동하였다. CFPNI의 미국 시민 사회 후원자들에게 그녀의 이야기는 이 프로젝트의 영향력을 입증할 수 있는 사례가 되었다. 또한, 공공외교의 도구로서 교환의 가치를 설명해주었다.[1]

인류 사회는 문화, 가치 체계, 기술 같은 중요하고 복잡한 요소를 외부자에게 전달하는 가장 효과적인 방법 중 하나는, 이러한 속성이 많이 있는 환경에 외부인을 편입시키고 생생한 경험을 하면서 문화를 흡수하도록 지원하는 것이라고 오랫동안 이해해왔다. 이러한 활동은 내부자가 이미 먼저 획득한 문화나 가치 체계, 기술을 전파하여 외부자로 하여금 자연스럽게 습득하도록 유도한다. 언어도 종종 이와 같은 방식으로 교육되었다. 삶의 경험을 통한 교육법에는 두 가지 이점이 있다. 첫 번째는 참여자가 깊이 내면화하도록 하여 제2의 본성으로 만들어 준다는 것이다. 두 번째는 개개인 간의 연결고리가 만들어진다는 것이다. 이러한 현상을 뒷받침할 외교적 사례 연구 자료는 부족하지 않다. 그렇기 때문에 아마 누군가는, 그렇다면 왜 이것이 보다 더 유능한 국제적인 도구로 이용되지 않느냐고 물어볼 것이다. 이러한 교환 방식의 명백한 단점은 재무 자원 수준, 특히 프로세스를 달성하는 데 필요한 시간에 있다. 그러나 많은 사람들은 여전히 투자 가치가 있을 뿐만 아니라 장기적인 복지에 필수적이라고 생각한다. 이러한 교환 방식은 미국에게 특히나 중요해서, 트위터와 페이스북의 시대에 미국은 국무부 예산의 매년 5억 달러를 상회하는 예산을 이에 쓰고 있다. 만약 국방부와 교육부의 지원을 포함한다면 아마 총 예산은 매년 10억 달러를 넘길 것이다.[2]

기초

교환은 캐나다 공공외교 체계 관점에서 보았을 때 '관계 형성'으로 기능하며, 전체 외교 활동 구조상 가장 기본적인 단계에 위치한다고 볼 수 있다. 교환은 장기적으로 작용한다. 정부의 역할은 계획, 자금지원, 지도, 관리 등 능동적인 측면이 있을 수 있지만, 옹호 외교처럼 크게 관여하지도 않고, 문화 프로그램을 만드는 것처럼 생산적이지도 않다. 교환은 서로 상호적인 면과 내재적인 교육 이점을 통해 신뢰를 구축하고, 만약 적절하게 구상된다면, 강압적인 옹호의 접근 방식이 초래하는 예상치 못한 결과나 역효과의 위험을 최소화할 수 있다. 교환은 삶을 통해 작동하기 때문에 삶 속에서 느낄 수 있다. 교환을 통해 얻어지는 경험은 곧 정체성의 일부분이 된다. 인지적이고 사회적인 편향의 측면에서 보았을 때, 교환 활동을 통해 동일성과 친밀성을 주고받고 상대방 적과 연결되고, 참여를 통해 교환되고, 스스로의 문화를 적용하여 개개인을 능동적인 주체로 만든다. 또한 재능 기부의 효과를 보이며, 교환 과정 내내 긍정적인 이미지를 쌓는다.

교환과 국제 교육은 다양한 분야의 국제 행위자들을 통해 제공되어 왔다. 프로그램은 공공외교 전문가로 구성된 국가 기관을 통해 운영되었다. 지역과 도시와 같은 산하 조직들도 스스로의 교환 프로그램을 갖출 수 있었다. '자매 도시(Sister city)'는 때때로 국가 정책에서 선두를 맡거나 혹은 그 반대의 입장을 표했다. 레이건/대처 시절 니카라과의 사회학자와 함께 진행된 미국과 영국 도시 간 저항적인 결합이 그 사례이다.[3] 몇몇 국제 기구들은 교육과 교환을 사용한다. UN은 도쿄에 UN 대학을 설립하였고, 코스타리카에 평화 대학을 설립하였다. 그리고 유네스코가 관리 감독하는 다양한 프로그램을 갖추었고, 유럽연합은 EU와 세계 간의 교환을 공고히 하는 과정을 개발하였다. 민간단체와 비정부 단체들은 교환에 있어 언제나 중요한 역할을 맡았고(국제 로터리 클럽 협회는 1929년부터 청소년 교환 프로그램을 진행하고 있다) 대학들은 종종 국제 공간에서 스스로 권리를 지닌 행위자로 활동한다. 마침내, 교환과 교육에서 개개인의 선택은 특히나 중요한 것이 되었다. 학자이든 여행가이든 주인이든, 사람들은 자신들의 국제 경험을 드러내며 일방적인 결정을 한다. 거대 국가들 간의 양자적 문화 관계는 이러한 국제관계의 다양성을 통해 이루어진다. 역사적으로, 개인의 국제 진출과 귀국은 문화 교류 학습에서 큰 역할을 하였다. 19세기 일본의 여행자인 후쿠자와 유키치(Fukazawa Yukichi)의 이야기를 떠올려 볼 수 있다. 유럽과 미국을 여행하고자 했던 그의 개인적인 결정은 서양을 일본에 소개하고 새로운 방법으로 일본의 교육을 이끄는 데 유리하게 작용하였다.[4] 위대한 개혁가이자 아르헨티나의 7번째 대통령인 도밍고 파우스티노 사르미엔토(Domingo Faustino Sarimiento)가 걸었던 길을 떠올려보

자. 그는 1840년대 여행가/난민이었던 경험을 가지고 고국으로 돌아와 1860년대에 주미 아르헨티나 대사가 되었고, 공공 교육의 개척자로서의 통찰력을 조국뿐만 아니라, 지역 모두에 적용시켰다.[5]

길스 스콧 스미스(Giles Scott-Smith)와 같은 국제역사학자는 영향력과 이해력을 수반할 수 있는 가치 있는 네트워크를 생성하는 교환의 잠재력에 오랫동안 주목해왔다.[6] 현대 사회의 본성은 이러한 네트워크적 측면의 교환을 특히 유의미하게 만든다. 오늘날 네트워크 사회에서, 소통은 특정 정보 제공자(정부 혹은 미디어제국과 같은)로부터 대중에게 수직적으로 전달되었던 20세기의 모습에서 많이 변화되고 있다. 이제 정보는 수평적으로, 비슷한 사람들, 즉 박사에서 박사, 엄마에서 엄마, 10대에서 10대, 백인 우월주의자에서 백인 우월주의자, 스타트랙 팬에서 스타트랙 팬 사이의 네트워크를 통해 돌아다닌다. 정보는 이 같은 경로를 통해 수용되고, 이전의 낡은 미디어와 달리 사람들은 새로운 미디어를 통해 얻은 정보를 심각한 비판 없이 받아들인다. '나와 같은 사람들'이라는 부분에서 특별한 신뢰를 느낀다. 그리고 이 '친구'의 지지가 전통적인 근원의 이야기를 보충한다. 물론, 동료 간의 연결고리가 겹치게 될 수도 있고, 박사와 스타트랙 팬 간의 사이처럼 두개의 다른 네트워크 속에 존재하는 개인 간에도 가능할 수 있다. 한 사람이 다른 사람에게 신빙성 있는 정보를 제공할 수 있는 것이다. 마누엘 카스텔스(Manuel Castells)는 이러한 개인을 '스위치(Switch)'이라고 표현했다. 국제 교환은 '스위치'를 만들기 위한 메커니즘이다. 당신이 멤버로 속해 있지 않은 네트워크에서 한 사람을 꺼내 오는 것이다. 그리고 또 누군가의 네트워크에 그들을 집어넣는 것이다. 그리고 그들에게 새로운 세계 대신, 그들이 속해 있던 이전의 세계에 대해 신뢰성 있게 말할 힘을 주는 것이다.[7]

물론 현대 사회에서 네트워크가 가진 힘에도 불구하고, 많은 교환을 지지하는 이들이 네트워크 유지의 필요성을 이해하는 데 계속 실패해왔다. 그들은 네트워크가 스스로 알아서 지속 가능한 존재로 변화될 것이라는 희망을 갖고 행동하며, 이는 네트워크를 지속하는 데 요구되는 유지 작업에 대한 투자를 더디게 만든다. 네트워크를 위해 졸업생 데이터베이스 유지와 같은 단순한 행위에 집중하는 것 역시 좋은 시작이 된다. 이러한 작업에 드는 비용은 단체의 교환 행위의 시작에서 단지 일부분에 불과하다.

교환 연수의 기원

교환 방식은 길고, 독특한 역사를 가지고 있다. 그 힘을 예견한 프리네의 비아스에 관한 유명한 이야기가 있다. 이오니아(Ionia)가 메시나 왕국**과 사이가 좋지 않았을 때, 비아스는 꽤 많은 수의 메시나 포로 소녀들을 노예 시장에서 매수했다. 그 후 그의 동네 주민들이 모두 놀

** 이탈리아 남부 시칠리아에 위치한 도시

랄 정도로 그는 메시나 포로 소녀들을 딸과 같이 교육시켰다. 몇 해가 지나고 그는 소녀들을 그들의 가정으로 돌려보냈다. 메시나 소녀들은 비아스의 현명하고 자선적인 행동에 경의를 표하려고 돌아왔지만, 비아스는 그들의 선물이었던 삼각대 상을 거부하고, 그가 가르쳐준 지식은 아폴로의 것이지 자신의 것이 아니라는 말을 전했다.[8] 몇 세기가 지나, 로마 제국은 후계자들을 교육하기 위해 이웃 왕국에서 로마에 데려오는 행위가 가진 문화적 가치에 대해 이해할 수 있었다. 외국의 왕자들은 인질이 되면서까지 로마의 가치를 배웠다. 친근한 왕의 자식을 가르치는 것에도 물론 문제가 있었다. 단지 로마 공화국과 이웃 국가의 엘리트 집단과의 연결고리를 만드는 것이라는 점과 상호적인 학습이 제한적이었다는 점이다.[9]

학습 센터가 개발되고, 이 센터들은 국제 교환과 상호 학습의 중심이 되었다. 비(非)그리스인들은 기원전, 4세기 동안 아테네에 있는 이 센터의 철학 수업에 참석하였다. 그리스 왕국은 이후, 지중해 전역에 문명을 전파하려는 노력의 일환으로 교육과 교환에 관한 대규모 센터를 알렉산드리아 도서관의 형태로 전파했다. 로마제국은 로마 문화를 전파하기 위해 여러 법학대학을 설립하였다. 알렉산드리아, 아테네, 베이루트, 카이사레아, 콘스탄티노플에 모두 대학이 있었다. 물론 영원의 도시(로마)에서의 교육을 가장 선호하긴 했지만 말이다. 370년까지, 제국은 갈리아와 다른 외딴 지역에서 제멋대로 학생들이 쏟아져 들어오는 것에 대처하기 위해 특별법을 필요로 했다. 로마는 혼자가 아니었다. 다른 큰 학습 센터에서도 주변의 학자들을 데려왔다. 639년 중국에서는 당태종이 제국의 국경을 넘어 '이방인들'로부터 8,000명의 학생을 끌어올 수 있는 고등 교육 기관을 설립했다. 인도에도 역시 대수도원과 같은 교육기관이 나란다(Nalanda)***에 있었다. 600년대까지 학자와 선교사들이 중국, 심지어 한국에서 공부하러 왔고, 이중에는 현장, 의정과 같은 유명한 여행가들도 있었다. 비슷한 이야기가 이슬람 땅에도 있었는데, 975년 설립된 카이로의 알 아자르 대학과 같은 기관들이 있었다.[10] 북유럽은 12, 13세기에 대학을 발전시키기 시작했다. 헬렌 와들(Helen Waddle)이 그의 고서인 「중세를 떠도는 학자들(The Wandering scholars of the middle ages)」에서 밝힌 것처럼, 학교는 전문화되어 있기 때문에 교수들은 다양한 분야의 지식을 찾아 자주 한 학교에서 다른 학교로 옮겼다.[11] 물론, 이러한 학교들은 여전히 전문가들만 접근할 수 있었다. 평범한 사람들과의 교류는 800년대 후반 발칸에서의 키릴로스와 메토디오스의 선교 활동 같은 경우에서 찾아볼 수 있었다. 그러나 그들의 업적은 전형적인 일방향 문화 프로세스다.

일반인 수준에서의 양방향 교환의 사례는 고대의 양육 행위에서 찾아볼 수 있다. 이는 전 세계의 많은 부족 사회에서 찾아볼 수 있으며 7살의 아이들을 이웃 마을에 보내고, 젊은 성인들의 손에 길러지게 한 뒤 다시 다른 마을의 아이들을 교환하여 데려오는 식으로 구성되어 있다. 이러한 행위의 증거는 켈트족과 노르웨이 사회에서 많이 찾

*** 인도 비하르주의 고대 대학

아볼 수 있고, 노르웨이어로는 '포스티르(Foster)'라고 했다. 그리고 이 단이는 영어의 '자녀양육(Foster Child)'이라는 단어의 기원이 되었다. 이것은 기술의 전파를 도왔고 우정, 심지어는 국제결혼이라는 결속으로 공유된 지역의 안정성을 증진해준 것처럼 보인다. 가장 일방향적인 예시로 보자면, '교환'이라는 용어는 문화, 유산, 정체성에 관한 배움과 필수적 교육에 있어서 교환된 사람이 관여하여 지속적으로 개인적인 접촉을 하는 것이라고 설명될 수 있다.[12]

전체 도시들 간에 이루어지는 양방향 교환의 사례가 있다. 한 가지 특별한 사례는 독일의 도시 파더보른(Paderborn)과 프랑스의 도시 르망(Le Mans) 간의 관계에 관한 것이다. 지리적으로 860km가 떨어져 있다 해도, 800년대에 두 도시는 프랑크족의 주교 관할 지역으로 묶여 있었다. 그리고 836년, 각국의 주교들은 서로 친선 관계로서 상호 이익을 발견하였으며 '프라테르니타스 카리타티스 페르페투아(Fraternitas Caritatis Perpetua)'라는 계약을 체결하였다. 파더보른은 르망에 성물을 선물로 보내며 계약을 체결했다. 이 관계의 흥미로운 점은 두 도시가 연결되었던 기억을 가지고 있으며, 1200년대에 이를 재개하는데 어려움을 겪었다는 점이다. 게다가, 400년이 지난 후인 1656년, 프랑스와 독일 주민들 간의 증오는 점점 심해졌고, 프랑스의 군대는 라인강의 동쪽 지역에서 30년 전쟁을 일으켰으며 프랑스 왕국은 파더보른의 독립을 주장했다. 이 관계는 19세기에 다시 주목을 받았고, 1967년 이루어진 세속적인 합의로 재개되었다. 이 사건은 현재 유럽의 두 도시 간 관계 중 가장 끈질긴 관계로 평가받는다.[13]

현대 국제 교육과 교류의 등장

현대에 들어서면서 국제적인 경험은 유럽 엘리트 교육에서 일반적인 형태로 자리잡았다. 영국, 프랑스, 독일에서 온 젊은이들은 그들의 지식을 세계에 전파하기 위해 유럽 문화 중심지 곳곳을 돌아다녔다. 주변 국가들에게 여행은 국가 발전의 정보를 얻기 위한 필수적인 과정이었다. 가장 유명한 사례는 표트르 대제(Tsar Peter the Great)의 사례인데, 그는 집권 초기 18개월 간 서유럽 외교관으로 가장하여 신장 2m 군주인 본인의 실제 신분을 최대한 숨기고 곳곳을 여행하였다. 이는 유럽의 방식을 배우고 선박을 건조하는 방법과 해군 기술을 배우기 위함이었다.[14] 아메리카 식민지 출신의 젊은이들도 그들이 할 수 있는 일을 찾기 위해 모여들었다.

19세기 동안 유럽인들은 이러한 아이디어를 전파하기 위해 적극적으로 움직였다. 예수회가 선두를 이끌었으며, 유럽과 중국 양방향의 아이디어 교류에 중요한 역할을 하였다.[15] 프로테스탄트 선교사들도 대학교부터 지역 초등학교까지 연결하는 세계적인 교육 네트워크를 설립하여 이들을 따랐다.[16] 선교사들이 이 과정을 선도했지만, 정부 역시 뒤쳐지지 않았다. 제국주의는 종종 학교를 설립하거나, 1834년부터 1838년까지 인도에 있는 영국최고회의에 토마스 바빙턴 매컬리(Thomas Babbington Macauley)****가 재임한 사례와 같이, 교육 체계를 완전히 재

**** 영국의 역사가이자 휘그당 정치인

편하였다. 매컬리는 대학과 기술 학교를 설립하였고 지금까지의 인도 문명을 간단히 묵살하면서 인도의 교육 수단으로 영어를 강제 도입하는 데 성공했다. 인도 민족주의자들은 여전히 매컬리주의(Macauleyism)를 격렬하게 비판한다.[17]

이윽고, 몇몇 유럽인들은 상호 학습의 과정을 볼 수 있게 되었다. 덴마크의 경우가 유익한 사례가 된다. 19세기에 많은 덴마크인들은 덴마크가 주변 이웃들로부터 배워야 한다는 사실을 깨달았고, 자신들의 생각을 주장하기보다는 교류의 기회를 추구하고자 했다. 예를 들어, 기업가 J. C. 제이콥슨(J. C. Jacobsen)은, 광활한 지역을 여행하면서 해외의 양조 기술을 배워 자신의 사업인 '칼스버그(Carlsberg)'에 적용시켰다. '아마도 세계 최고가 될 라거'를 완벽하게 만든 제이콥슨은 과학과 지식의 교환을 촉진하여 자신이 만든 운명을 개척해 나갔고, 이를 영구적으로 보존하기 위한 장소로 코펜하겐에 칼스버그 아카데미를 설립하였다. 그의 구상은 세계를 제패하는 데 정복보다 더 나은 방법이 있다고 보는 새로운 사상과 일치했다. 그룬트비••••• 주교는 국내외의 집단적 개선을 위한 실용 교육의 비전을 개척하였다. 덴마크 이민자들은 평생 교육과 민중고등학교에 대한 그의 아이디어를 신세계로 옮겨왔다. 20세기에, 그의 방법은 동포인 폴머 위스티(Folmer Wisti)가 단지 국가의 주장을 위한 메커니즘으로서가 아니라 (아마 1940년에는 이상하게 보였겠지만) 교환을 위한 채널로서 덴마크 협회(Danish Society)를 설립하는 데 많

••••• 덴마크의 개신교 루터 교회 목사

은 영감을 주었다. 1947년에 이 기구는 해외에 지사를 설립했다. 1989년에는 덴마크 문화원(Danish Cultural Institute)으로 이름을 변경하였다.[18]

19세기 말에 교육 봉사 활동에서 가장 영향력 있는 존재는 독일 제국이었다. 독일은 자신들의 전통 강호인 대학 분야를 국제적 영향력을 구축하는 매커니즘으로 보았고, 외교 정책 차원에서 외국문화정치(Auswartige Kulturpolitik, foreign cultural politics)를 이야기했다. 젊은 미국 학자들은 철학 박사 학위를 취득하기 위해 독일 교육기관에 등록했고, 미국 학교들은 독일의 노선을 따라 발전하면서 독일 교수들이 미국 교육의 정점을 차지하게 되었다. 하버드 대학 독일 심리학의 선구자인 휴고 뮌스터버그(Hugo Munsterberg)는 그 당시의 저명한 지식인으로 늘 미국 신문에 등장했다.[19] 영국은 영향력을 잃을까 봐 두려워했고 결국 방향을 우회하여 자신들만의 박사학위 프로그램을 만들기로 결정했다.[20] 경쟁의 분위기는 몇몇 사람들을 좌절시켰는데, 특히 역사를 인종차별적인 관점에서 보는 사람들이 그러했다. 대영제국의 기업가였던 세실 로즈(Cecil Rhodes)의 경우, 앵글로 색슨족의 민족적 연대 덕분에 많은 부를 이룰 수 있었다.

그는 유언을 통해 로즈 장학 프로그램에 유산을 기부했고 영국, 독일, 미국의 젊은이들을 옥스포드 대학에 모두 모아 그들이 세상을 이끌 수 있는 초 엘리트로 연합할 것이라는 믿음을 가지고 공부할 수 있게끔 하였다. 당시 로즈 장학금은 일찍이 미국의 비(非)백인남성을 포함하는 한편, 불명예스럽게도 여성과 아프리카 흑인들은 뒤늦게 포함시키면서 비교적 덜 인종차별적인 노선으로 진화했다. 1907년에 아프리카계 미국인 시인 알랭 로크(Alain Locke)가 장학금을 받은 반면, 여성은 1977년에 이르러서야 그 자격을 얻을 수 있었고 1978년에 비로소 최초의 남아프리카 흑인 수학자 로이소 농사(Loyiso Nongxa)가 선발되었다.[21]

20세기 미국의 사례

20세기에는 미국이 국제 교육의 주역으로 등장했다. 카네기, 록펠러 등 진보적인 시대의 민간 단체들은 곧 세계적인 국제 교육 프로젝트를 개척했다. 정부의 초기 개입에는 복서(Boxer) 장학 제도••••••가 포함되어 있었다. 국제 사회가 1899~1901년에 중국에서 벌어진 반외세 의화단운동을 빌미로 벌금을 부과할 때, 시어도어 루즈벨트 행정부는 그 돈의 일부를 중국인들을 교육하는 데 쓰기로 결정했다. 중국의 학자들은 대학에 수강하기 위해 미국을 방문하였으며, 미국 정부 산하 대학들이 중국 본토에 설립되었는데, 그중 하나가 오늘날 세계에서 가장 권위 있는 학교 중 하나인 칭화 대학교로 발전하였다. 한 세대 동안 복서 장학 제도는 미국과 중국 간의 살아있는 연결 고리를 만들어주었다. 졸업생들은 중국 공화국의 민족주의적 리더십에서 두각을 보였다. 1949년 국공내전의 결과, 민족주의 정부의 피난처인

•••••• 중국 학생들이 미국에서 공부할 수 있게끔 하는 장학금 프로그램

대만과의 특수한 관계를 보상하기 위한 투자의 가치가 감소했으나, 원칙은 타당했다.[22]

미국의 문화가 전파되기 시작하면서, 제2차 세계대전 직전에 미국의 교환을 이끌었던 것은 정부가 아닌 민간이었다. 세계대전이 끝난 뒤 미국교육위원회(American Council on Education), 국제교육협회(International Institute of Education), 미국학술단체협의회(American Council of Learned Societies)와 같은 민간 기업들이 미국의 대학을 세계와 연결시키기 위해 등장했다. 미국 도서관 협회(American Libraries Association)와 같은 기성 단체들 역시 국제적 교환을 모색하는 것처럼 보였다. 그들은 1925년 제네바에 설립된 국제교육국(International Bureau of Education)이나 1926년 파리에 설립된 국제지적협력위원회(International Institute on Intellectual Cooperation)와 같이 국제 연맹과 관련된 교육기관들을 포함하여 다른 대륙의 열정적인 파트너들을 찾았다. 1930년대까지 미국은 특히 동아시아에서 온 학생에게 잘 구축된 목적지로 여겨졌고, 비록 여자 대학교 위주이긴 했지만 고등학교 3학년 시기를 해외에서 보내는 것은 자국 대학의 특징이 되었다. 미국정부가 이 과정에 참여한 것은 1930년대 후반이었다. 1938년, 미 국무부는 라틴아메리카와의 양자 관계를 발전시키기 위해 문화관계부처(Division of Cultural Relations)를 설립하였다. 설립자인 벤 셔링턴(Ben Cherrington)은 상호 교육을 신뢰하였지만, 미국정부가 교육과 교환을 미국의 힘을 확대하기 위한 또 하나의 요소로 여기기 시작하면서 자신이 조류를 거스르고 있다는 걸 깨달았다.[23]

제2차 세계대전의 결과는 국제 교육의 명분에 뜻밖의 횡재로 작용할 두 번째 기회를 제공하였다. 로즈 장학생으로 지낸 옥스포드 대학에서의 시간을 통해 인생이 바뀐 아칸소주 출신 신진 상원의원인 윌리엄 풀브라이트(William Fulbright)는 세계 전역에 남아 있는 미국의 잉여 전쟁 물자에 담긴 잠재력을 알아보았다. 그는 1946년 여름, 파트너국에서 미국을 방문한 학생들과 해외에서 공부하는 미국 학생들을 위한 상호교육 프로젝트에 이 돈이 쓰일 수 있도록 1944년의 잉여물자법(Surplus Property Act)에 수정 조항을 추가하였다. 상호성의 측면은 중요했다. 풀브라이트는 반대로 그의 동포들도 세상에 대한 교육이 필요하다는 것을 깨달았다. 또한 그는 국내의 정치적 현실과 더불어 이것이 정치화될 위험이 있음을 깨달았고, 선견지명을 발휘하여 각각의 양방향 교환 관계가 비정치적 이사회에 의해 관리되어야 한다고 주장했다. 프로그램이 발전하면서, 지나친 냉전 프로파간다와의 단절은 거의 대부분 유지되었다. 풀브라이트 프로그램은 1961년에 극적으로 확장되었고, 일부 경우에는 독일과 일본을 포함한 몇몇 주요 파트너들이 더 동등한 관계를 추구하면서 명백한 쌍방향이 되기도 했다. 그러므로, 교환은 미국 공공외교의 핵심 방법으로 자리잡으면서 전략적 파트너국과의 연결고리를 강화하고 신생국과의 관계를 구축하고, 심지어는 적대국과 새로운 문을 열기도 했다.[24]

1950년 후반 냉전의 완화는 미국과 소련의 관계에서 교환의 가능성을 열어주었다. 소련-미국 간 교환의 초기 이점에는 알렉산드르 야코블레프(Alezander Yakovlev)가 포함되어 있었다. 그는 1958년에 콜롬비아에서 공부하고 1970년대에 오랫동안 주캐나다소련대사로 근무하면서 가장 먼저 지니게 된 관점을 가져와, 1980년대 미하일 고르바초프(Mikhail Gorbachev) 중앙정부의 핵심적인 개혁성향을 지지하는 멤버가 되었다.[25] 1975년 동-서 헬싱키 협정은 소련의 동유럽 지배를 인정했지만 훨씬 더 광범위한 교육 및 문화적 교류를 시행하면서 체결했다. 이는 소련 경제의 정체와 동시에, 소련 시민들의 광범위한 단면이 외부와 접촉하고 서구의 개인적 지식을 갖추는 것을 보장했다. 로버트 잉글리시(Robert English)와 같은 학자와 예일 리치먼드(Yale Richmond) 같은 실무자들은 이를 1980년대 정치적 변화의 필수적인 동인으로 보았다. 교환에 대한 미국의 투자가 보여준 엄청난 성과였다.[26]

프랑스-독일의 화해

역사적으로 중요한 몇몇 교환은 다양한 수준의 정부에서 여러 행위자들의 노력이 축적되어 이루어졌다. 정치적 화해를 위한 인간적 기반과 더불어 유럽연합의 초석이 된 공동작업을 구축한 전후 프랑스-독일 간의 교환은 한 개인의 주도로 이루어졌다. 1945년, 장 드 리바우(Jean du Rivau) 유대인 목사는 프랑스-독일 간의 지식과 이해 증진을 위해 프랑스 청소년 단체(BILD)를 설립하고 독일에도 이와 동등한 단체인 구즈(GUZ)를 설립하였다. BILD는 학교 아이들 간의 교환을 개척하였다. 거의 비슷한 시기에, 도시 지도자들은 화해를 기대할 수 있게 되었다. 1947년에 프랑스와 독일의 시장들은 마이레 국제 연합(UIM)을 통해 한

데 모였고, 차례로 '결합(프랑스어로 jumelage, 독일어로 Stadtepartnerschaft)' 협정 네트워크를 고안하였다. 이 같은 협정은 비슷한 규모, 역사 혹은 산업을 지닌 프랑스와 독일의 마을을 연결해주었다. 첫 번째 협정은 1950년 9월에 이루어졌다. 1948년, 3명의 독일 정치인인 카를로 슈미트(Carlo Schmid), 프리츠 쉥크(Fritz Schenk), 테오도어 호이스(Theodor Huess)는 협력하여 일하기 위해 독일 프랑스 연구소(Deutsch-Franzosisches Institut)를 설립했다. 10년 이상의 교환과 교회 모임, 스포츠 시설, 시민 교류가 이루어지고 나서야 마침내 정부는 이 협정을 체결했다. 1963년 1월, 독일 수상 콘라드 아데나워(Konrad Adenauer)와 프랑스 대통령 샤를 드골(Charles de Gaulle)은 프랑스-독일 청년 사무소(프랑스어로 Allemand pour la Jeunesse, 독일어로 Franzosisches Jungendwerk) 창설에 관한 엘리제 협정을 체결하였다. 참가사는 매년 30만 명을 넘었고, 1997년까지 500만 명의 학생이 교환되었으며 그중 70%는 고등학생이었다. 한 분석가는 이를 '역대 최대의 이주'라고 명명했다.[27]

교류/ 국제교육의 위험성

역사적 예시는 현대의 교환에 있어서 선례 이상의 의미를 지닌다. 또한 이 역사적 예들은 잠재적인 문제들을 나타낸다. 로마 교육의 수혜자 중에는 유다의 킹 해롯 왕(기독교 성탄절 이야기의 악인), 악명높은 셀레오코스 왕 안티오코스 4세 에피파네스(유대인 하누카 이야기의 악인이자 미친 안티오코스로 알려짐) 등 진정한 악인들이 여럿 포함되어 있었다. 어느 왕도 자신의 로마 스승에게 신뢰를 보이지 않았고, 그들이 겪은 로마에서의 경험은 그들의 불안정한 행동에 기여했을 수도 있다. 우리 시기에도 교환 과정의 역효과 사례가 있다. 가장 악명 높은 사례는 신경쇠약을 겪던 일본 학생 이세이 사가와(Issei Sagawa)의 사례일 것이다. 그는 1981년 파리 소르본 대학에서 박사학위 공부를 하던 중 네덜란드인인 동기를 살해하고, 신체 일부분을 취식했다. 일본 정부가 사가와를 송환 직후 석방하기로 결정한 것은 네덜란드와 일본의 관계에 거의 도움이 되지 않았다.[28] 이러한 이야기들은 교환에서 잠재적인 심리 요소를 고려한 신중한 선택 과정이 중요함을 강조해준다.

부족의 부양 체계 역시 경고를 포함하고 있다. 켈트족의 법은 그들이 다른 가족의 아이를 부양할 때 발생하는 부양 부모의 책임을 강조하며, 만일 잘못될 경우 개인의 명예가 위태로워질 수 있음을 분명히 했다. 선조들은 교환 과정에서 경시나 착취가 발생할 수 있음을 인지하였고 교환된 사람의 복지를 최우선 순위로 보장하는 조치를 취했다.[29] 현대의 국제 연구와 같은 많은 현대 아날로그에서, 종종 다른 이슈들이 우선순위를 차지한다. 디지털 시대의 캘리포니아이든, 철기 시대의 아일랜드이든 교환은 교환된 당사자를 위한 복지를 절대적인 최우선으로 두고 자부심의 포인트로 삼아야 한다. 호주는 국제 교육에서 주요한 위치에 있는데, 1968년에 저명한 콜롬보 플랜의 핵심을 설정하고 우리 시대의 이니셔티브를 재개했기 때문이었다. 그러나 이러한 이니셔티브는 취약했다. 2009년 멜버른에서 일어난 인도 학생 폭행

사건은 인도에 대해 나쁜 감정을 불러일으켰다. 인도 영화 제작자들은 호주의 반사회적 행동을 발리우드 영화의 소재로 삼기까지 했다.[30]

마지막으로, 교환에 내재된 영구적인 문제는 교환된 사람의 부정적인 경험이 증폭될 수 있다는 것이다. 호스트 문화에 빠져들지 않은 채 국제 교육을 경험한 사례가 많이 있다. 망명 중인 아프리카민족회의(African National Congress) 의원들은, 동부지역 교육은 서양에 대한 애정을 발전시키거나 혹은 그 반대로 만드는 확실한 방법이라고 우스갯소리를 하기도 했다. 일부 교류의 수혜자는 강하게 적대심을 보이기도 했는데, 가장 유명한 사례는 이집트인 민족주의자인 사이드 쿠틉(Sayyid Qutb)의 사례다. 1948년, 콜로라도의 국제교류 방문자로서의 그의 경험은 미국 문화에 대한 그의 불안을 과장시키고 그를 목격자로 만들어 미국의 문제에 관해 더 신뢰할 수 있는 권위자로 만들었다.[31] 쿠틉 증후군의 정책적 함의를 정확히 집어내기는 어렵다. 아마 애초에 그를 뽑지 말았어야 했을지도 모르지만, 당신이 이미 동의한 사람들을 뽑는 것만이 제한적인 선택지였을 것이다. 확실히 그는 더 세심하게 체계화되고 교정 받아 콜로라도에서의 삶을 보다 넓은 맥락에서 볼 수 있도록 지도받았어야 했다. 그는 방문한 기간 동안 해당 지역에 대해 제대로 받아들였어야 했다. 1940년대에 분리된 미국에서 그의 인종차별 경험은 미국 국제 봉사활동의 진정한 한계를 보여주었다. 그의 사례는 교환 경험이 되려 자국 문화의 매력을 높이고 교환된 사람을 자국문화의 가장 극단적인 버전으로 다시 밀어낼 수 있다는 진정한 위험을 강조해준다. 이것의 예시는 독일 함부르크에서의 연구인데,

모하메드 아타, 그리고 소위 말하는 9/11 납치범이 함부르크 감방에서 미치는 영향이 될 것이다.[32]

외교 발령부터 해외 교육에 이르기까지 국제 경험에서 나타나는 한 가지 심각한 문제는, 바로 문화충격이다. 외국 문화에 노출되는 것의 최종 결과는 압도적으로 긍정적이지만, 이 상태까지 도달하는 과정은 평탄하지 않다. 문화를 넘나드는 경험이 펼쳐질수록 여행자들이 반드시 타야 하는 독특한 롤러코스터가 있다. 초기의 경험은 짜릿하다. 새로운 문화에 대한 2~3주간의 활기 넘치는 접촉이 이루어진다. 이후 이는 약 한 달 만에 수평화되면서 급작스러운 감소와 함께 3개월 무렵에는 문화에 대해 부정적인 반응이 뒤따른다. 경험은 약 1년 후까지 서서히 개선되어 낡은 문화와 새로운 문화 모두에 대한 지식을 갖추어 잘 적응하게 된다. 만약 그들이 자국의 문화로 돌아가야 한다면, 전체 곡선 모양은 문화충격의 반대 과정으로 다시 반복되며 경험은 마치 확대된 "W"글자처럼 보이게 된다.[33] 문제는, 일반적으로 교환 기간을 결정할 때 문화충격의 이 같은 궤적에 대해 제대로 인지하지 않은 채 그저 예산에만 초점을 맞춰 결정을 내린다는 것이다. 사고의 흐름은 이런 식으로 이루어진다. 만일 1명에게 1년 동안의 교육 교환이 긍정적이라면, 4명에게 3개월 교환을 4번씩 주는 것이 나을 것이다. 문화충격은 그 반대가 진실이라고 말한다. 3개월 교환을 4번씩 주는 것은 1번의 긍정적인 경험이 4번의 부정적인 경험으로 대체되는 것을 보장한다. 이는 4명에게 자국으로 돌아가는 직접 목격자의 권한을 부여하는 일이기 때문에 심각하다. 안타깝게도, 예산이 줄어들면서 많은 국제 행위자들은 더 짧은 학기의 경험을 선호하고 있다.

이러한 부정적인 사례를 고려해보았을 때, 우리는 네 가지의 계명을 정립할 수 있다. (1) 후보자를 신중하게 선정할 것, (2) 착취로부터 후보자를 보호할 것, (3) 문화충격에 대한 우려를 고려하여, 원하는 정책목표의 통과 가능성을 높이기 위해 그들의 경험과 멘토를 구성할 것, 그리고 (4) 이미 구축된 관계의 가치를 이해하고 그가 본국에 돌아간 이후에도 계속 연락을 유지할 것.

교환의 유형

현대 교환에는 다양한 유형이 존재한다. (1) 고등 교육 교환, (2) 지도자 교환, (3) 전문가 교환, (4) 제3자 교환, (5) 청소년 교환 및 멘토링, (6) 온라인 교환, (7) 개발/업무 경험이 있다. 이들 각각의 특성과 장점은 차례대로 고려되며, 특히 미국에 의해 특정한 참고로 사용된다. 마지막 분야에서는 (8) 관광이 이 행동 체계에 어떻게 적합하게 작용할 수 있을지 생각해볼 것이다.

1. 고등 교육 교환

교육 교환은 젊은 성인들을 위해 구성된 것으로 주최국에 있는 교육 시설에서 지내는 기간이나 특별히 마련된 교육 경험을 포함한다. 처음에는 민간 영역으로 시작되었지만 20세기에 많은 국가들의 국제 참여 전략에서 중심축이 되었다. 제1차 세계대전의 여파 속에서, 학문적 접근법은 독일이 세계 속에서 자신들의 입지를 다시 세우기 위해 사용한 방법 중 하나였다. 1925년 바이마르 공화국은 베를린에 독일 학술 교류처(Deutscher Academischer Austauschdient)를 설립하고 전 세계에 사무소를 두어 독일 공공외교의 주요 역할을 담당하게 하였다. 전후 소련은 순교한 콩고 독립 지도자의 이름을 딴 파트리스 루뭄바 대학교(현재는 러시아 민족 우호 대학교로 알려져 있음)를 설립했다. 유명한 졸업생으로는 니카라과의 대통령인 다니엘 오르테가(Daniel Ortega)와 팔레스타인 자치 정부의 대통령인 마흐무드 압바스(Mahmoud Abbas)가 있다. 알렉세이 포민크(Alexey Fominykh)가 보여준 최근 연구처럼, 러시아 교육은 특히 중앙아시아에서 상당한 관심을 끌고 있다.[34]

새로운 종류의 교육 프로그램에는 유럽 연합의 에라스무스(ERASMUS)와 같이 대학 간에 지역을 오가며 공부할 수 있도록 한 프로그램이 포함되어 있다. 또 중요한 것은 해외 지역에 설립하기 시작한 유명한 서구 기관들의 국제 캠퍼스이다. 영국 노팅엄 대학교 캠퍼스를 말레이시아 스므니(1999년)와 중국 닝보(2004년)에 설립하였으며, 오스트레일리아 모나시 대학교 캠퍼스를 남아프리카 요하네스버그(2001년)에 설립하고, 뉴욕 대학교 캠퍼스를 아부다비(2008년)에 설립하였다.[35]

2. 지도자 교환

지도자 교환은 목표 사회에서 현재 또는 미래의 영향력을 가지고 있다고 파악된 사람을 위해 마련된 경험이다. 경험의 기간은 대체로 짧으며 보통 2주 혹은 3주 정도만 이루어진다. 신흥 정치인, 언론인, 작가들이 선호되긴 하지만 교환된 인물에는 영향력을 지닌 다양한 사람들이 포함되어 있다. 지도자 방문은 임시적인 방식으로 시작되었다. 소위 '단기연수(excursion)'라 하는 초기 미국의 사례가 포함되는데, 이는 1889년에 미국이 그 해 겨울에 열릴 첫 범미주회의를 앞두고 라틴아메리카와 카리브해 지역에서 온 지도자들에게 특별 기차를 제공하여 6주 동안 41개 도시, 9천 킬로미터의 미국 투어를 제공한 것이었다.[36] 제2차 세계대전 동안 넬슨 록펠러의 지도 하에 마련된 이메리카 대륙 간 사무소는 남아메리카 언론인들을 미국에 방문객으로 데려왔으나, 국무부는 제2차 세계대전이 끝난 후 독일의 점령에서 이같은 식의 교환 프로그램을 정기적으로 활용하여 국가 지도자들과의 연계를 구축하였다. 1952년 국무부에서 실시한 조사에서 이 논리는 명확했으며, 미국 독일인에 대한 정보의 출처가 가장 신뢰할 수 있는 것으로 판명되었다. 50%는 '방문한 다른 독일인'을 첫 번째 선택으로 꼽았다. 같은 나라 사람들에게 신뢰가 가는 환경에서, 가능한 한 많은 영향력 있는 독일인들이 '방문한 독일인'만큼 권위 있게 말할 수 있도록 하는 교환 프로그램에 자원을 투입하는 것이 가장 타당했다. 10년 후 독일 연방의회의 31%, 독일 연방상원의 53%, 서독 내각의 70%가 모종의 교류 프로그램으로 미국을 방문했을 정도로 교육과 지도자 방문이 성행했다.[37] 서독을 동맹으로 재통합하는 데 성공하면서 지도자 방문은 지도 전반에 걸쳐 표준으로 자리잡았다.

미국의 국제 방문자 지도자 프로그램(IVLP) 지원금을 받은 유명 인사로는 영국의 마가렛 대처(Margaret Thatcher)와 토니 블레어(Tony Blair), 프랑스의 니콜라 사르코지(Nicolas Sarkozy), 짐바브웨의 모간 창기라이(Morgan Tsvangirai), 남아공의 프레데리크 빌렘 데 클레르크(F. W. De Klerk), 이집트의 안와르 사다트(Anwar Sadat), 멕시코의 펠리페 칼데론(Felipe Calderon), 아프가니스탄의 하미드 카르자이(Hamid Karzai) 등이 있다. 현직에 있는 동문으로는 시릴 라마포사(Cyril Ramaphosa) 남아프리카공화국 대통령(1983년 노조위원장 방문자), 에르나 솔베르그(Erna Solberg) 노르웨이 총리(1996년), 도날트 투스크(Donald Tusk) 유럽평의회 의장(1995년 폴란드 방문), 테리사 메이(Theresa May) 영국 총리(2004년) 등이 있다. 구성원 중 절반 이상이 동문인 내각의 사례도 있다. 인도네시아는 특히 좋은 서비스를 받아왔다. 칠레 정치인들은 좀처럼 합의점을 찾지 못했지만 2015년 여름 모든 정당의 대표들은 IVLP 프로그램에 대한 감사와 함께 칠레 민주주의를 지원하는 역할을 인정하는 결의안을 통과시켰다.[38] 순수주의자들은 그러한 프로그램이 양성의 도구라는 점에서 교환의 정도에 대해 의문을 제기할 수 있다. 그러나, 방문은 자원 봉사 주최자 역할을 하는 일반 미국 시민에 대한 노출과 미국 내의 동료 네트워크에 대한 연결을 포함하도록 구성되며, 둘 다 모두 지역 학습 차원이 추가된다. 최근의 지도자 교환 이니셔티브로는 기자 양성을 위한 부시 정권의 머로우 펠로우(Murrow Fellow) 프로그램과 신흥 기업가들에게 특히 관심을 기울이는 오바마 정권의 YALI(젊은 아프리카 지도자 이니셔티브) 출범 등이 있다. 동남아시아는 2013년 출범한 YSEALI(동남아시아의 젊은 지도자 이니셔티브)를 운영하고 있다.

지도자 교환 방식의 효과는 영국의 쉐브닝 프로그램(Chevening Program),••••••• 유럽 의회, 이스라엘 등 많은 국가와 기관의 채택을 통해 판단될 것이다. 이스라엘은 최근 국가의 특정 강점과 연결된 오피니언 형성자들이나 블로거를 찾아 그들을 자국에 데려오기 위한 프로그램을 시작하였다. 이것이 전략적으로 이스라엘 생활 속의 음식, 와인, 혹은 LGBTQ의 자유 등 이스라엘의 소프트파워 형성에 도움이 되는 요소들에 관한 지식을 구축해주는 최고의 방법이라는 걸 이해했기 때문이다.[39]

3. 전문가 교환

전문가 교환은 특정한 직업군을 목표로 한 일이나 연구와 관련하여 마련된 활동이다. 학문적 교환을 넘어 군사적 연계는 특히 중요했다. 냉전시대 미국의 군사교환 예산은 풀브라이트 프로그램 예산조차 앞질렀다. 오늘날 미국은 IMET 프로그램••••••••에 연간 1억 달러를 지출

••••••• 영국의 국비장학 프로그램

•••••••• International Military Education & Training 국제군사교육프로그램

하고 있다. 그 가치에는 많은 졸업생들이 자국 군대를 이끌고 국내로 간다는 사실이 포함된다.[40] 우려되는 것은 졸업생들의 직업 선택 과정에서 미국이 어느 정도 인질이 되는가 하는 것이다. 냉전시대에 라틴 아메리카에서 이루어진 미국의 군사 지도자 훈련은 칠레, 브라질, 아르헨티나 등 그들의 손에 시달린 나라에서 여전히 원망의 대상이 되고 있다.

민간 기술도 지원을 받는다. 미국은 개발 업무에 종사하는 중견 사원들을 위해 험프리 장학금(Humphrey Fellowship)을 제공한다. 또 다른 미국 프로그램인 테크우먼(TechWomen)은 중동과 북아프리카의 기술 분야 관련 여성들을 캘리포니아 실리콘밸리로 데려와 미국의 선도적인 기술 회사에서 5주 동안 멘토링 및 교환 프로그램을 진행한다. 이 프로그램에는 워싱턴DC 방문이 포함되어 있으며, 힐러리 클린턴이 국무장관으로 재임하는 동안 성 문제를 공공외교에 도입하기 위한 방안으로 시작되었다. 이는 사하라 사막 이남의 아프리카 출신 여성들을 포함하도록 하는 확장을 정당화할 만큼 충분히 효과가 있었다.[41]

다른 나라에서 운영하는 전문가들을 연결하거나 멘토링하는 프로그램에는, 인도를 위한 ITEC(인도 기술경제협력 프로그램) 같은 과학 및 개발 지향 프로그램, 나이지리아 기술원조단(Nigerian Technical Aid Corps), 국경 없는 브라질 과학 프로그램(Brazil's Science Without Borders program) 등이 있다. 일부 전문 프로그램들은 문화외교로 이중화된다. 사례에는 아이오와주 아이오와 대학에서 주최하는 유명한 국제 작가 프로그램(IWP)이 있다. 1967년 이후 매년 가을 전 세계에서 25명 정도의 창의적인 작가들을 한자리에 모아 서로 알아가며 자신만의 작품을 개발하도록 시도했다. 그들은 독서와 강의 분야에서 자신의 작품을 발표하고, 아이오와 지역과 미국 전역의 문학 공동체를 형성하며, 미국 출판 네트워크에 전문적 권한을 부여하는 프로그램을 도입했다. 졸업생으로는 노벨문학상 수상자인 중국의 모옌(Mo Yan)과 터키의 오르한 파묵(Orhan Pamuk)이 있으며, 모두 이 분야의 초기 참가자들이다.[42]

4. 제3자 촉진 교환

제3자 촉진 교환은 국제 행위자가 그 행위자가 화해하거나 서로 연결되길 원하는 둘 이상의 공동체로부터 대표자를 선정하는 것이다. 이 범주에 속하는 프로그램에는 언론인 존 왈라치(John Wallac)가 1993년에 만든 북아일랜드 어린이 친선 프로젝트(Children's Friendship Project for Northern Ireland)나 메인주의 평화의 씨앗 캠프(Seeds of Peace camp)가 있으며, 이스라엘/팔레스타인 분쟁의 양측에 위치한 아이들을 매년 여름 모으고 있다.[43]

영국 공공외교의 역사에는 촉진 교환에 관한 주목할 만한 사례가 있는데, 바로 윌턴 공원(Wilton Park)이다. 처음에 윌턴 공원은 런던에서 멀지 않은 시골 집에 위치한 포로 수용소였으며, 독일인들을 자유민주주의로 돌리려는 영국의 시도이기도 했다. 캠프의 활동에는 구제불능 나치가 아니었던 사람들을 위해 복수의 사회를 건설하는 최선의 방법을 오랜 시간 논의하는 시간이 포함되어 있었다. 전쟁이 끝나자

포로들은 포로 수용소를 독일의 신세대들이 정치에 대해 토론할 수 있는 안전한 공간으로 보존해 줄 것을 요청했다. 그 공간은 서섹스주 브라이튼시에 가까운 위스턴 하우스(Wiston House)로 변경되었고, 공간의 전환은 원활히 진행되어 불과 몇 년 후, 처음에는 프랑스 지도자들을 포함시키다가 이후에는 더 넓혀 유럽 정치 지도자들을 포함하도록 초점이 바뀌었다. 윌턴 공원은 영국의 공공외교 기구의 한 요소로 남아 있으며, 오늘날 세계 이슈에 관해 비공식 국제 회의를 주최할 권한을 가지고 있다.[44]

5. 청소년 교환과 멘토십

청소년 교환과 멘토십 프로젝트는 학생 나이대의 참가자들에게 체계적인 국제 학습 경험과, 단기간의 대학 수준 학위를 제공한다. 최근 수십년 간, 미국의 교환은 젊은 참가자들을 타겟으로 하였는데, 어린 학생들이 국제여행에 대한 접근성이 더 떨어질 뿐 아니라, 정치적 사고는 학생 시절에 일찍 형성되기 때문에 이른 개입이 추후에 생길 부정적인 태도를 막을 수 있다는 이론 때문이었다. 이는 교환 경험이 있는 사람의 인생에 확실한 편견을 심어주는 시도라고 할 수 있었다. 이것은 오랫동안 로타리 장학제도(Rotary Fellowship) 방식으로 이루어졌지만, 1993년 이후 탈소비에트 유럽과 유라시아를 목표로 삼은 미국 정부의 플렉스 프로그램, 즉 미래 지도자 교환에서도 확인할 수 있다. 또한 2003년 이후 이슬람 국가들과 10대 청소년들을 교환하는 케네디-루가 YES(청소년 교류 및 연구) 프로그램도 있다. 최근에 추가된 사례에는 테크걸스(TechGirls) 프로그램이 있는데, '중동과 북아프리카 출신의 젊은 소녀들이 과학 기술 분야의 경력을 쌓을 수 있도록' 하기 위해 고안되었다. 이 프로그램은 '실무 기술'을 바탕으로 한 미국에서의 학습 시간을 포함하고 있으며, 자국에서의 후속 학습과 더불어 마지막에는 그들이 속한 공동체에 프로젝트를 선보이는 과정을 포함하고 있다. 기술 산업 지원은 테크걸스를 공공/민간 교환 이니셔티브의 사례로 만들고 있다.[45]

청소년 교환의 다른 유형에는 디아스포라 출신의 사람들을 그들의 '고향'과 다시 연결시켜주는 프로그램이 포함되어 있다. 이 방식은 1999년에 '버스라이트 이스라엘(Birthright Israel)'이라는 프로그램을 통해 처음 시작되었고, 유대계 젊은이들에게 이스라엘을 방문할 기회를 주는 것을 목표로 했다. 이 프로그램 형식은 다른 나라에서도 모방되어 아르메니아인, 그리스인, 헝가리인, 심지어 팔레스타인 디아스포라까지 다루는 프로그램으로 이용되고 있다.[46]

6. 온라인 교환

온라인 교환은 온라인 플랫폼(VoIP)을 기반으로 하거나 다른 시각적인 기술로 교환된다. 온라인 매체의 도래는 프로그램이 막대한 비용의 소모 없이, 교환 형식의 효과를 낼 수 있을 것이라는 낙관적인 희망을 갖게 해주었다. 미 국무부는 미국과 해외의 교실을 온라인으로 연결하는 프로그램을 2005년부터 시험하기 시작했다. 가장 성과가 큰 방식은 '칸자스에서 카이로까지(Kansas2Cairo)'라는 프로그램처럼 대면과 비대면이 섞인 가상 교환 프로그램을 꼽을 수 있다. 이 프로그램은 카이로의 건축학과 학생들에게 로스앤젤레스의 서던캘리포니아 대학교 학생들을 소개한 프로그램이었다. 학생들은 대면으로 만나기 전 세컨드라이프(Second Life)에서 함께 3개월 동안 일하고, 이후 일주일간 직접 만나게 되었는데 그 결과, 훨씬 더 효과적으로 연결되었다.[47] 이에 그치지 않고, 미국은 그들의 잘 알려진 프로그램의 화상 서비스를 확대하였다. 아이오와 작가 프로그램(Iowa Writers Program)은 아이오와 주의 경험을 좀 더 멀리 전파하기 위해 거대 개방형 온라인 강좌인 무크(MOOC)을 개설했다. 또한 국무부는 테크걸스(TechGirls)나 얄리(YALI) 같은 프로그램에 지원하는 사람들을 위한 온라인 커뮤니티를 구축하였고, 소수의 교환 장소에 성공하지 못한 많은 후보자들이 여전히 미국 공공외교의 자원이 될 수 있다는 사실을 깨달았다. 얄리 온라인 커뮤니티에는 기업가 정신과 같은 주제에 대해 전문가의 유용한 아이디어를 제시하는 블로그가 포함되어 있다.[48]

7. 개발/업무 경험

교환의 특정한 혼합 형태는 여행이 공식적으로 개발 업무와 어느 정도 관련될 때 발생하지만, 참가자와 수원국 간의 개인적 연계를 구축하는 이차적인 공공외교 효과도 가지고 있다. 이러한 프로그램은 정부 기구로서 1961년 촉발된 미국의 평화봉사단(Peace Corps), 혹은 현재는 FK 노르웨이로 알려진 노르웨이의 프레드코르셋(Fredkorpset), 초국가적인 프로그램인 EU원조 봉사단 혹은 UN봉사단, 또는 1958년 영국에 설립된 민간 NGO의 해외봉사 등을 포함한다. 인바운드 프로그램에는 해외봉사단을 이스라엘의 키부트짐(Kibbutzim)•••••••••에 데려오는 프로그램이 있다. 키부트 집단 농장은 오랫동안 이스라엘 생활의 일부였지만, 1967년 제3차 중동 전쟁(Six-Day War) 이후 몇 년 동안 전 세계 젊은이들에게 중요한 국제 여행지가 되었고, 20년이 넘는 시간 동안 약 33만 명의 사람들이 참가할 정도로 성장했다. 이 현상은 비(非)유대인을 포함하였는데, 이는 집단생활 경험의 일부가 되고 싶은 욕구뿐만 아니라 과거 유럽에서 유대인에 대한 학대를 반성하는 집단적 욕구에 기인한 것으로 보인다.[49] 놀랍게도 몇몇 국가들은 인바운드 봉사자들과 교육 프로젝트가 그들의 국제적 이미지에 공헌한 것을 발견하지 못했다. 일본 정부는 JET(일본 교환 교육) 프로그램을 외국어 교사의 원천으로 보았으며, 참가자들이 종종 일본에 대한 평생의 애착을 키워온 경우가 많으며 에밀리 메츠가르(Emily Metzgar)가 말한 소위 '선의의 금광(Goodwill Goldmine)'이 되었다는 사실에 놀랐다.[50] 효과의 증거는 중국이 2005년에 중국국제교환교육협회(China Education Association for International Exchange)의 지원 하에 이에 상응하는 것을 시작했다는 사실에서 파악할 수 있다.[51] 개발 여행 범위의 가장 부드러운 끝단은 '자원봉사여행(Voluntourism)'으로

••••••••• 이스라엘의 집단 농업 공동체

좋은 의도를 갖고 해외에 들러 기부 활동을 하고, 1~2주 정도 방문하며 시간을 보내는 것이다. 자원봉사여행의 브랜드는 '봄 방학의 대안'으로서, 많은 미국과 캐나다 대학생들이 참여할 수 있다.

8. 관광

교환이나 개발 중심 프로젝트에 공식적으로 포함되어 있는 사람들의 수는, 물론 개인적인 여행으로 인해 줄어든다. 단기간의 여행과 여가를 목적으로 한 국제 관광은 전 세계 현대 생활에서 핵심이 되었다. 관광 분야의 규모에 대한 추정치는 인상적이다. 매년 약 12억 5천 건의 여행이 이루어지는데 평균적으로 전 지구에서 6명 중에 1명은 여행을 하는 셈이다.[52] 공식적인 교환 프로그램과의 명백한 규모와 거리 차에도 불구하고, 관광은 특정 상황에서 짧은 공공외교로 포함될 수 있다. 첫째, 많은 정부는 관광객이 느낀 한 국가에서의 긍정적인 경험을 그 지역의 소프트파워로 인식하고, 그러므로 비자 규제 선택에서부터 마케팅과 국내 공공 캠페인을 통한 관광객 유치까지 경제적 이유뿐 아니라 정치적 이유로도 관광 촉진을 추구한다.

두 번째로, 정부는 그들 관광객들이 국가의 국제 이미지에 기여하는 바를 이해하고 있기 때문에 영국 외무·영연방부는 영국 해외 관광객의 과잉을 억제하고자 하는 바램을 가지고 있다. 다른 국가들은 관광객들에게 정보제공을 통해 힘을 실어주고, 심지어는 해외 여행 중 들을 정치적인 질문에 대한 모범 답안을 제시하기도 한다. 광고 의회는 1950년대 미국 출장자들을 위해 대본을 만들었고, 더 최근에는 이스라엘이 자국 관광객들을 위해 외국인들에게 효과적으로 내응할 수 있는 방법을 조언했다.[53]

결론

국제 이동이 자유로운 시대에, 몇몇 정부들이 기대하는 단 한가지는 여행이 줄어들었을 때, 현재의 교환 연수를 어떻게 설계하느냐에 대한 것이다. 그러나 국제 이동이 국제적 이해 확립에 있어 필수적인 것은 아니며, 정책 요구에 대응하기 위해 특별히 설계된 교환의 여지는 여전히 존재한다. 몇몇 잘 알려진 교환은 이를 반영하여 변화하였다. 뉴욕의 연방 기금(Commonwealth Fund of New York)으로부터 상을 받은 하크니스 장학제도(Harkness Fellowship)를 예로 들어 보자. 1925년, 연방 기금은 장학제도를 마련하여 젊은 영국 학자들과 영연방 전역에서 온 젊은 전문가 및 학자들이 미국에서 공부할 수 있게끔 했다. 이 컨셉은 로즈 장학제도(Rhodes Fellowship)에 대한 화답이었다. 프로그램은 70년간 번창하였고 언론인 알리스테어 쿠크(Alistair Cooke)와 해롤드 에반스(Harold Evans), 역사학자 휴 브로건(Hugh Brogan)을 포함하여 영미권 상호 이해를 증진시키는데 중요한 역할을 할 수 있는 많은 사람들을 양성했다. 1997년, 프로그램은 급하게 보건에만 집중하는 것으로 방향을 바꾸었고, 일반적인 학술 교류보다 더 큰 상호 요구가 충족되었으며 영연방기금의 전반적인 의제에 더 적합하다는 것을 깨닫게 되었다.[54]이러한 진전은 일면 타당하다. 폭넓은 정책적 목적으로 시작되어 이들이 획득한 두 번째 본성으로 인해 왜곡된 사회적 특권을 얻는 장학제도에 대한 논의를 보는 것은 이상하게 느껴진다. 이 토론은 공공 기금을 사용할 때 특히 중요하다. 그러한 논의는 풀브라이트 프로그램(Fulbright Program)을 통해 많은 국가에서 이미 반복되어 등장했을 만큼 오래되었다. 그럼에도 불구하고, 정책목표에 좀 더 정확하게 설계할 수 있는 프로그램을 개발하는 것은 정치화와 다르다는 것을 기억하는 것이 중요하다.[55]

현대의 교환에 관한 심도 깊은 질문은 세계 일부 지역에서 잠재적인 '두뇌 유출'의 촉진제가 된다는 사실과 관련이 있다. 서구 일부 지역의 기업들은 국제 교육 확대를 위해 로비를 하는데, 국제적인 이해 확립을 위해서가 아니라, 국제 노동의 공급을 보장하기 위해서이다.[56] 또한, 인간적인 요소 역시 존재한다. 유럽의 에라스무스(ERASMUS) 프로그램의 지역 재건 목적이 참가자들이 사랑에 빠지고 결혼하고 교환이 이루어진 장소에 정착하는 걸 돕는 반면, 많은 교환의 정책적 목표는 이러한 현상들로 인해 훼손된다. 풀브라이트 장학제도에는 미국 입국을 위한 비자를 재신청하기 전에, 2년 동안 본국에 돌아가야 하는 의무가 있다. 초국가적 교육이 그 수혜자들에게 초국가적 취업 시장을 역시 열어주는 것은 당연하다. 아마 두뇌 유출의 위험은 국제 캠퍼스의 개발로 완화될 것이다. 우려는 일부 서구 국가들이 자국으로의 여행을 요구하는 국제 교육 모델을 멀리하게 된 명백한 원동력이 되었다. 물론 두뇌 유출에 대한 진정한 해결책은 그들을 그냥 내버려두기보다는 주변부로 보이는 곳으로 이동할 수 있도록 인재 순환과 글로벌 투자를 보장해주는 것이 될 것이다.

오늘날 우리가 살아가는 방식에서 발생한 질문들도 있다. 레저와 교육이 시민들이 국경을 넘는 유일한 이유가 되지는 않을 것이다. 국제 교육은 아직 전쟁과 경제난으로 인한 인구 이탈을 따라잡지 못하고 있다. 이 인구들은 글로벌 커뮤니케이션과 소프트파워 구축을 위한 연결 조직으로서 엄청난 잠재력을 지니고 있지만 사실, 그들은 종종 소프트파워의 잡아당기는 힘 때문에 여행을 한다. 그러나 반대로, 부정적인 메시지에는 취약하다. 추방된 사람들은 극단주의자들을 모집하는 사람들에게 가장 명백한 타겟이 되며, 난민국가에서의 부정적인 경험으로 인해 그러한 접근에 저항하도록 도움을 받기 힘들다. 오늘날 일부 서양 정부들이 망명 신청자를 다루는 방식은 과거의 일부 사례와는 상반된다. 제2차 세계대전 동안, 영국 문화원은 난민을 문화관계 사업의 기회로 보았으며, 난민들이 언젠가 여기서 배운 기술과 가치를 가지고 본국으로 돌아가 영국과 타국 간의 관계 설립에 있어서 특별한 역할을 해줄 것을 알아차리고, '고향 부서(Home Division)' 프로그램을 통해 언어와 문화 프로그램을 폴란드인과 체코인들에게 제공하였다. 같은 맥락에서, 각각의 독재 정부 하에 라틴 아메리카 출신, 스페인 출신 난민을 우호적으로 대하는 것은 지역 곳곳에서 긍정적인 감정의 연쇄를 발생시켰다. 칠레에서의 일부 정치 망명자들은 그들이 길에서 보낸 시간을 '피노체트 장학(Pinochet scholarship)'이라 명하며 우스갯

소리를 하였다.[57] 초국가적 인구에 대해 관심을 가지고 그들을 육성하는 것이 공공외교기관의 최우선순위가 되어야 한다. 실제로 그들이 받은 친절이나 명예로운 가치들은 그들 국가의 소셜네트워크에서 강력한 증거가 될 것이다.

마지막으로, 교환의 기본 구조 안에 문제점이 존재한다. 교환은 동료들 사이에서 가장 효과적으로 이루어지며 계층적 존재에 의해 억제되는 것처럼 보인다. 교사-학생의 위계적인 관계는 교사가 학생에게 배울 필요가 있을 때에는 장애물이 될 수 있다. 권력의 비대칭성이 큰 경우에는, 강자가 상호 학습 요소를 잊고 교환을 일방통행으로 보는 경향이 있다. 이러한 태도는 문화 제국주의에 대한 분노를 뒷받침해준다. 문화적으로 강한 국가의 국민들이 상대적인 문화적 약소국의 목소리에 어떻게 귀 기울일 수 있을지에 대한 문제가 여전히 남아있다.

06

국제 방송: 뉴스에 관한 투쟁

기반 ‖ 국제 방송의 역사 ‖ 옹호 및 국제 방송 ‖ 국영 뉴스 ‖ 대리 방송
문화 ‖ 상업 ‖ 반헤게모니적 방송 ‖ 인터랙티브 방송 ‖ 저항과 잘못된 지시
현대 국제 정보 관리 ‖ 신기술의 영향

북한의 김형수 교수는 운이 좋은 편이었다. 재능 있는 생물학자였던 그는 북한의 유수한 연구소에서 일했다. 그러나 1990년대 이 연구소의 프로젝트는 북한 지도자 김정일의 기괴한 집착에 점점 더 맞춰졌다. 수백만의 평범한 북한 사람들이 굶주리는 동안 아프리카 담배를 활용하여 로스만 담배 유사품을 제조하고, 사자의 성기를 활용해 정력제를 합성할 뿐만 아니라, 슈퍼 텐더 스테이크를 개발하는 등 다양한 실험을 감행했다. 당시 김형수 교수의 정신을 지탱해준 생명줄은 국제 라디오였다. 2003년경 김형수 교수는 라디오를 구해 남한 방송뿐 아니라 미국 정부 후원 보이스 오브 아메리카(Voice of America, VOA)와 라디오 프리 아시아(Radio Free Asia)의 한국어 프로그램도 듣기 시작했다. 그는 연구원으로서 6년간 각종 고발거리를 호시탐탐 지켜보았던 이웃의 눈을 피해 블라인드를 내리고 이불 속에서 라디오를 들으며 바깥세상의 소식을 스펀지처럼 흡수했다. 그러던 어느 날, 결정적인 방송을 듣게 되었다. 미국 라디오에서 김정일이 막내아들 김정은을 후계자로 선택했다고 보도한 것이었다. 북한이 변화할 수 있는 모든 희망이 사라진 것 같았다. 당시 김정일은 40대 중반에 불과했지만, 자신의 죽음 이후에도 영원히 지속될 정권을 만들고자 했다. 김형수 교수는 탈주하기로 결심했다. 한 번의 실패를 뒤로하고, 2009년 2월에 가짜 남한 문서를 입수하여 남한으로 넘어가는데 성공했다. 그는 현재 비정부기구(NGO) '징검다리'에서 북한 인권운동과 통일을 위해 활동하고 있다. 김형수는 2018년 2월, 라디오로 새로운 세상을 접했던 시절을 감사히 여기며 북한의 변화를 촉구하는 이들에게 첨단 USB 스틱

부터 일반 전단, 종이 전단까지 북한 국민에게 다가갈 수 있는 최선의 방법을 강구하라고 촉구했다.[1]

때때로 공공외교의 요소가 여지없이 효과적인 결과로 이어지는 경우가 있다. 대부분은 국제 방송이 시초가 되었다. 미하일 고르바초프는 1992년의 쿠데타 시도가 있었던 시기, 그에게 쿠데타에 관해 보도해준 국제 방송사에 감사를 전하기도 했다. 그와 동시에 당시 러시아 의회 인근 벽에는 "진실을 말해준 보이스 오브 아메리카에 감사하다."[2]라는 그래피티 낙서가 새겨지기도 했다. 역사적으로, 국제 방송은 해외 공중 참여의 가장 중요한 요소 중 하나였지만, 동시에 국제 방송만큼 기술 발전으로 어려움을 겪은 요소도 없었다. 이 장에서는 국제 방송의 진화와 오늘날의 가치를 고찰할 것이다. 다양한 형태의 국제 방송, 이론적 기반, 최근의 발전 영상을 살펴볼 것이다. 뉴스를 세상에 알리기 위한 투쟁은 꾸준히 지속되어 왔다.

기반

국제 방송은 많은 전통적인 해외 공중 참여 방식과는 차이가 있다. 20세기 중반에 이르자 자국어와 특정 외국어로 된 국제방송 프로그램은 국영 항공사만큼이나 국가에게 필수적인 것이 되었다. 국가와 지도자의 이미지를 투영하려는 오랜 시도의 일환이었다. 뉴스 배포의 가치는 전자 매체가 발전하기 전부터 중요하게 여겨졌다. 권력자들이 법령과 백과사전을 발행하는 것은 드문 일이 아니었고, 12세기의 신성로마 황제 프레데릭 2세와 같은 일부 지도자는 해외에 있는 대중을 상대로 글을 쓰기도 했다. 근대 초기의 지도자들은 그들의 신적인 지위를 해외에 알리고자 했다. 영국의 왕 제임스 1세의 작품들은 해외에서도 널리 읽혔다. 뉴스 전파자가 가지는 권력은 세계대전 이전에도 상당했다. 미국 정부는 런던의 로이터 통신(Reuters), 파리에서 온 하바스(Havas), 베를린에서 온 울프스 텔레그래피치버리유(Wolffs Telegraphisches Bureau)와 같은 유럽 뉴스 카르텔에 속하지 않을 경우 발생할 수 있는 불이익을 이해하고 있었다.[3] 국제 방송은 국가들이 전 세계 시민들과 관계를 유지할 수 있도록 했다. 초창기 문화원처럼 방송사들은 언어를 가르치고 예술을 전하며 문화적 가치를 확산시키기 위해 노력했다.

국제 방송은 글로벌 참여의 다섯 가지 요소와 모두 연관이 있다. 청취에 있어서도 역할이 있다. 영국 BBC 모니터링 서비스(BBC Monitoring Service)는 1939년부터 영국의 해외 참여에 필수적인 요소였으며, 현대 국제 방송의 상호적인 장르는 새로운 차원의 청취라고 볼 수 있다. 국제 방송은 VOA처럼 방송국 자체이든 콘텐츠의 일부이든 옹호에 있어서 역할이 있다. 국제 방송은 플랫폼이자, 문화교류에 적합한 수단이다. 국제 방송은 문화 콘텐츠를 선도하며 막중한 문화외교적 책임이 있다.

많은 국제 방송은 검증 가능하고 균형 잡힌 저널리즘에 기반을 두고 있지만 인지 편향에서 자유롭지는 않다. 모든 매체가 그렇듯, 확증 편향을 통해 빠른 결론 도출이 가능하게 한다. 국제 방송은 감정,

권위 또는 식별 가능한 피해자들을 이용하면서 다른 참여 형식과 마찬가지로 프레이밍을 한다. 또한, 익숙함을 활용하기도 한다. 방송사들은 국내 시청자들에게 어떻게 생각해야 할지 말할 때 동포의 목소리가 외국인보다 더 영향력이 있다는 것을 알고 있었다. 국제 방송사들은 디아스포라를 적절히 활용했다. 그러나 국제 방송은 예상하지 못한 두 가지 방식을 성공적으로 사용했는데, 그 중 첫 번째는 '엿듣기'이다. 시청자들이 자신들을 위한 것이 아니었던 프로그램에 공감하고 영향을 받게 되는데, 이와 관련해 주목할 만한 역사적 사례가 있다. 대표적인 예가 서독과 남한 등 미군기지 주변 지역에서 잡을 수 있는 미 육군 네트워크(US Armed Forces Network, AFN)의 신호다. 이를 통해 미국의 대중음악은 상당한 인기를 얻었다.[4] 국제 방송에서 나타나는 두 번째 편향은 '이케아 효과'로도 알려져 있는 개인적 참여에 의한 편향이다. 과거의 라디오 청취자들은 신호 교란을 하려는 이들을 피해 수제 수신기를 만들거나 방송 중 리시버를 돌려주는 등 신호를 잡기 위해 노력해야 했다. 수돗물을 트는 것보다 능동적이며 낚시에 가까운 과정이었다. 오히려 위험 요소가 경험을 다채롭게 만들었다. 냉전 후, 국제 방송사들은 자신의 채널이 수많은 방송사 중 하나일 뿐이며 더 이상 은밀한 친밀감이 형성되지 않는다는 사실에 쉽게 적응하지 못했다.

국제 방송사는 자금 지원 모델에 따라 세분화될 수 있다. 크게 국영 방송국과 비국영/상업 방송국이 있다(모기업을 행위자로 간주함).[5] 콘텐츠로도 구분 가능하다. 옹호 방송국, 뉴스 방송국, 대리 방송국• 등이 있다. 마지막 중요한 유형은 국제 시장에서 지배적인 뉴스나 문화의 흐름을 방해하는 것을 목적으로 하는 반(反)헤게모니적 방송국이다.[6] 공공외교의 다양한 요소들과 마찬가지로, 이러한 요소 각각은 네트워크 전체의 특성으로 구현될 수 있지만, 문화 방송에 뉴스 방송이 들어가거나 뉴스 방송에 음악 코너가 들어가는 것과 같이, 한 방송에서도 여러 유형이 동시에 나타날 수 있다. 국제 방송의 콘텐츠가 사실을 왜곡하는 데 활용된 역사도 있다. 이러한 접근법으로 나아가기 전, 국제 방송의 전역사를 살펴보는 것이 도움이 될 것이다.

국제 방송의 역사

국제 방송은 1901년 이탈리아-아일랜드계 과학자 구글모 마르코니(Guglelmo Marconi)가 무선으로 대서양 너머 신호를 전송하는 데 성공하면서 시작됐다. 뉴미디어에서 자주 그렇듯이, 초반에는 정치적인 평판을 높인다는 측면에서 의미가 있었다. 이 경우, 마르코니의 출신 국가와 그의 후원국(당시 아일랜드는 독립국이 아니었기 때문에 이탈리아와 영국)과 혁신적인 지도자 간의 메시지 교환(영국의 에드워드 7세와 1903년 테오도르 루즈벨트 대통령 사이의 교신)을 통해 평판도가 올라가는 효과가 나타났다.[7] 최초

• surrogate station 특별히 제약이 많은 시장의 국내 방송사를 대체하기 위해 외부에서 만든 방송국을 일컫는다.

의 국제 방송은 1915년 세계대전이 한창일 당시, 독일이 영국의 해저케이블 통제를 피하기 위해 모스 부호로 정규적인 전쟁 소식지를 발행하기 시작하면서 본격적으로 활용되었다. 러시아인은 1918년 독일과의 브레스트-리토프스크 조약(Brest-Litovsk)•• 소식을 발표하기 위해 새로운 방식을 활용하면서 비슷한 기술을 개발했다. 거의 즉각적으로, 국제 분쟁이 방송으로 확대되기 시작했다. 1919년, 미국과 러시아의 새로운 볼셰비키 정부는 모스 보도자료를 서로 내놓으며 라디오 방송을 두고 경쟁했다. 1925년, 라디오 모스크바(Radio Moscow)는 정기적인 국제 방송을 시작했다. 1926년 5월 모스크바는 영국의 총파업(General Strike)을 방해하려고 했으나 영국 정부가 신호를 막았다.[8] 매체가 자리잡기 시작하자 네덜란드 정부는 단파 대역에 있는 신호를 지구 전리층에 닿게 해서 지구 반대편에 보내는 방법을 고안했다. 네덜란드 제국의 라디오 네덜란드(Radio Netherland)가 1927년에 방송을 시작했고, 프랑스는 1931년에 뽀스떼 꼴로냘(Poste Colonial)을, 영국은 1931년에 BBC 엠파이어(BBC Empire) 서비스를 시작했다. 종교단체들도 마찬가지였다. 마르코니는 1931년 라디오 바티칸을 출범시키기 위해 예수회와 협력했다.[9] 최초의 미국 소재 단파방송국 W1XAL(1939년 이후 WRL로 알려짐)은 국제 행

•• 브레스트-리토프스크 조약은 1918년 3월 3일 소비에트 러시아의 볼셰비키 정권과 동맹국(독일 제국, 오스트리아-헝가리 제국, 불가리아 왕국, 오스만 제국) 사이에 맺어진 평화조약으로, 이 조약의 결과 러시아는 제1차 세계대전에서 이탈하고 동부전선이 마무리되었다.

위자이자 선구적인 라디오 엔지니어 월터 렘몬(Walter Lemmon)이 이뤄낸 성과였다. 렘몬은 넓은 의미에서는 종교계 방송인이었지만(크리스천 사이언스로부터 영감을 받음), 다국어로 진행된 방송국은 록펠러 재단, 국무부, 영국의 비밀 정보국 등 다양한 후원자의 지지를 이끌어냈다.[10]

방송은 제2차 세계대전으로 이어지는 과정에서 핵심적인 역할을 했다. 1938년 영국 정부는 중동에서 이탈리아의 영향력을 차단하기 위한 방법으로 아랍어 방송을 시작했다. 다른 언어로도 곧 방송을 시작했다. 1941년 말 즈음 영국 방송국은 30개 이상의 언어로 방송하고 있었고, 포르투갈어와 같은 일부 언어에서는 여러 방송을 제공했다. 위기상황과 긴급 정상회의를 갖춘 이 시대의 외교는 특히 무선통신에 최적화되어 있었고, 그것이 바로 아돌프 히틀러가 라디오로 영향력을 행사하기 위해 최신을 다한 이유였다.

유럽에서 전쟁이 발발하면서 방송에서 이념적 입장만이 아니라 방송 형식에서도 충돌이 발생했다. 독일은 정치적으로 편향된 뉴스를 방송하고 해외 청취자의 사기를 떨어뜨려 항복하게 하려는 목적으로 논평 형식의 채널을 내보냈다. 대표적으로 아일랜드 태생 방송인 윌리엄 조이스(William Joyce "Lord Haw-Haw")를 들 수 있는데, 영국이 패배할 것이라고 예언하며 지배층이 주정뱅이라고 조롱했다. 미국의 청취자는 페르디난드 쿤(Ferdinand Kuhn)의 방송을 들었는데, 쿤은 고향 아이오와에 반(反)영국 메시지로 가득 찬 방송을 정기적으로 송출했다. 그는 술집에서 프로파간다를 전파하는 이들과 합심하여, 적들을 조롱하기 위한 각종 별명을 고안해냈다. 처칠을 '롤리 폴리 윈드시(Roly-poly Windsy)'

라고 불렀고 그의 전임자인 체임벌린에게는 '엄브렐라 맨(Umbrella Man)'이라는 별칭을 붙였다.[11] BBC의 접근 방식은 근본적으로 달랐다. 영국은 제1차 세계대전 때의 왜곡 보도로 악명이 높았지만 제2차 세계대전 때의 영국 방송은 무엇보다도 정확성을 강조했다. 국제 청중은 영국이 나쁜 소식과 좋은 소식을 모두 전하는 것에 익숙해졌다. 영국 방송국은, 필요한 경우 독일의 의견이라도 높게 평가하기도 했고 과장은 지양했다. 좋지 않은 시기에 신뢰를 얻으면 판세가 바뀌었을 때에도 신뢰받을 것이라는 것을 알았기 때문이다. 괴벨스(Goebbels)는 이러한 영국 방송의 위험성을 간파하고 프로파간다라는 고상한 용어가 아닌 거짓말이라고 지칭할 것을 독일 언론에 지시했다.[12] 미국이 공식적으로 제2차 세계대전에 참여하기 전부터 루즈벨트 행정부는 영국식 국제 방송의 중요성을 알고 있었다. 1942년 초반, 참전 몇 주 만에 보이스 오브 아메리카(Voice of America, VOA)라고 알려지게 된 악명 높은 방송사는 "좋은 뉴스일 수도 있다. 나쁜 뉴스일 수도 있다. 어찌 되었든 진실을 알리겠다."는 단순 명료한 명제와 함께 출범했다. 미국은 특별히 매력적인 대중문화를 보유했고 VOA는 곧 프로그램에 엔터테인먼트적 요소를 더해 청취자들을 끌어들일 수 있었다.[13]

국제 방송은 제2차 세계대전이 끝나고 몇 년 동안 성장을 거듭했다.[14] 1950년에는 다국어로 콜 지온 라골라(Kol Zion la'Gola)를 런칭한 보이스 오브 이스라엘(Voice of Israel)이 등장했다. 탈식민지 국가 중에서는 이집트의 라디오 카이로(Radio Cairo)가 인기를 얻었다. 미국의 방송사들은 어느새 냉전이 다가오고 있음을 깨달았다. 보이스 오브 아메리카는 반(反)공산주의자가 가장 좋아하는 수단이었다. 국경선 너머로 방송하는 것은 외국어 서비스의 필요성을 정당화했다. 뿐만 아니라 저널리즘에 있어 객관성이 무엇인가에 관해 합의하라는 정치적 압박이 가해졌다. 영국 BBC는 청취자 입장에서 접근하여 동구권 청취자의 애국심과 스탈린을 포함한 지도자에 대한 애착을 존중했다. 런던은 욕설, 조롱을 자제하고 공산주의 도입에 관한 문제와 공산주의 시스템이 소련 국민에 미친 영향을 비판하는데 집중했다.[15] 라디오 프랑스 인터내셔널은 드골의 주장으로 냉전방송에서 강경한 중립 노선을 취했다. 그 결과, 러시아의 전파 방해 공작을 받지 않았다.[16]

뉴스를 '완전하고 공정한' 방식으로 보도하고자 했던 VOA는 망명자들이 프로파간다를 내보내는 CIA의 자체 라디오 방송국 라디오 프리 유럽(Radio Free Europe)과 라디오 리이브리리(Radio Library)가 생기면서 도움을 받았다. 1956년의 헝가리 봉기는 이러한 접근 방식의 위험성을 보여주었다. 라디오 프리 헝가리(Radio Free Hungary)의 의욕 넘치는 방송인은 미국 정부가 후원하기 곤란한 행동을 부추겼다. 1960년, 아이젠하워 행정부는 대통령 자리에서 물러나며 VOA의 객관성을 성문화했고, 균형 있는 뉴스 보도를 위한 대통령 헌장을 발표하였다. 베트남 전쟁과 워터게이트사건 취재는 1976년 이 헌장이 법적으로 강화되는 결과를 낳았다.[17]

국제 방송은 냉전의 마지막 단계에서 중요한 역할을 했다. 미국, 영국, 서독, 프랑스 등 서방 방송사는 공산주의 국가 국민의 삶에서 중요한 부분을 차지하고 있었다. 인구의 약 10%가 적어도 일주일에 한

번은 청취했고, 폴란드에서는 특정한 위기의 순간에 청취율이 80%까지 증가했다. 방송들은 서구의 체제가 존재하며, 서양 사람들이 그들을 잊지 않았다는 것을 상기키는 것만으로 도움을 주었다. 그 와중에 공산주의 국가 진영에서 중요한 정보를 보도하지 않으면서 공백이 발생했고, 시민들이 소문으로 듣거나 서양 국가 방송을 통해 전해 듣게 되는 경우가 있었다. 가장 대표적인 것은 1986년 4월 우크라이나 체르노빌에서 발생한 원전 대폭발 사건이다. 자국민의 건강에 해를 끼칠 사건이 발생했음에도 소련 정부는 사건을 은폐하기로 결정하면서 신뢰도에 막대한 손상을 입혔다. 개혁운동이 속도를 내면서 운동의 해외 보도가 다른 보도의 촉매제로 작용했고 추가적인 시위, 승복, 개혁을 초래했다.[18] 미국 방송들은 냉전의 종식을 알린 공을 인정받아 해체되지 않았다. 1994년 개혁으로 미국 정부가 후원하는 국제 방송사들은 국무부 산하 방송감독기구(Broadcasting Board of Governors, BBG)에 본거지를 갖게 되었고, 국영 국제 방송의 특정 기관은 냉전 이후 미국의 공공외교의 일부로 남게 되었다. 이 구조는 많은 비판을 받았지만, 대부분의 청취자는 그대로 남아 해당 방송을 청취했다.[19] 일련의 제도개혁에 이어 2018년 여름, 미국 정부의 국제 방송을 총괄하는 기관은 미국 글로벌미디어진흥원(US Agency for Global Media)으로 명칭을 변경했다. 이 새로운 명칭은 21세기를 맞이해 국제 방송이 특정 기술 플랫폼에 매몰되지 않고 콘텐츠 제공에 주력하는 정도를 반영했다는 점이 특징이다.[20]

옹호 및 국제 방송

수많은 국제 방송 접근법 중에서도 직접 옹호는 가장 매력적이지 않은 방식 중 하나이다. 옹호 방송국은 청취자의 관심이나 관심을 거의 고려하지 않은 채 정치적 의제를 방송하고자 하는데, 이 경우 매우 고리타분한 방송이 되기 쉽다. 대표적인 예로 공산주의 시기 알바니아의 라디오 티라나(Radio Tirana), 북한의 평양방송, 마오 집권기의 라디오 베이징(Radio Beijing) 등이 있다. 이와 같은 방송국은 시청자들을 신경 쓰지 않고, 독단적이었다. 미국 의회는 VOA가 옹호 역할을 할 것으로 기대했다. 1970년대까지만 해도 해설자 및 특정 특집 프로그램을 통해 이 기능이 충족되었다. 1976년부터, VOA는 주요 미국 정책을 설명하는 코너를 만들었다. VOA의 기사와 어학 서비스 기관들은 이 코너를 싫어했는데, 방송 의무를 피하려다가 해당 코너가 끝난 후 송출하는 것으로 알려졌다.[21]

국제 방송은 다른 형태의 옹호와 협력하여 해외 청취자에게 특정 밈(Meme)을 퍼트릴 수 있다. 전쟁 시기 BBC의 '승리의 V(V for Victory)'를 생각해 보자. 이것은 당시 망명 중이었던 벨기에 정치인이자 BBC의 벨기에 서비스 책임자였던 빅토르 드 라벨레예(Victor de Laveleye)가 만들었다. 1941년 초, 라벨레예는 독일이 점령한 조국 벨기에의 청취자들에게 영어 알파벳 V를 그래피티로 그릴 것을 장려했다. 밈은 '콜로넬 브리튼(Colonel Britton)'이라는 이름으로 방송한 더글러스 리치(Douglas Ritchie) 뉴스 보조 편집자가 확산시켰다. 리치는 들을 수 있는 버전인 모스 부호 V(. . . -)를 추가하여 '승리의 V' 메시지를 강화했는데, 운이 좋게도 베토벤 5번 교향곡의 오프닝으로 유명한 부분과 박자가 같았다. 독일 문화를 모순적으로 차용하면서, 이 음악은 런던에서 독일에 점령된 국가에 송출하는 방송의 콜사인이 되었다. 윈스턴 처칠이 손가락을 V 모양으로 들어올리는 '승리의 V'를 자신의 시그니처로 삼으며 화룡점정을 찍었다. 얼마나 성공적이었는지는 이 상징을 장악하려 했던 독일의 시도에서 유추할 수 있다.[22]

제2차 세계대전 이후 국제 방송은 다른 형태의 공공외교와 마찬가지로 단순히 국익을 옹호하는 것보다 더 복잡한 문제와 엮이게 되었다. 1967년 BBC가 세계 서비스로 재편성된 것은 이중적인 의미가 있었다. 국제 방송사는 보건이나 기후 변화와 같은 이슈에 대해 전 세계적 책임론을 주장해 왔다.[23]

국영 뉴스

현명한 국제 방송사는 옹호를 하는 뉴스의 권력을 오래 전부터 인지하고 있었다. BBC 창립자 존 레이스(John Reith)는 뉴스가 '프로파간다의 돌격대'라고 주장했다.[24] 이론적으로 국영 뉴스가 해외 대중에게 객관적으로 뉴스를 전달할수록 행위자에게 도움이 된다. 객관적일수록 청취자들이 출처를 신뢰하고 후원자에 호감을 가지며, 이는 국제 청중이 전략적인 경쟁국의 관점이 아니라 방송의 프레임과 우선순위에 따라 뉴스를 보게 될 때 특히 그렇다. 이러한 방송사 중 가장 잘 알려진 것은 BBC 월드 서비스(BBC World Service), 도이체 벨레(Deutsche Welle), 라디오 프랑스 앵테르나쇼날(Radio France International), 보이스 오브 아메리카(Voice of America) 등 20세기 강대국의 방송사이다. 이상적이게도 이런 기관은 세계 뉴스를 객관적으로 취재하고, 정치적 입장으로부터 영향을 받지 않기 위한 방화벽을 갖고 있다. 2003년 이라크 전쟁 당시 BBC 국장 그렉 다이크(Greg Dyke)는 침공에서 영국의 입장을 좀 더 지지해 달라는 토니 블레어의 요청을 걸걸한 욕과 함께 거절할 정도였다.[25] 일부 국영 방송사는 정부의 우선순위를 보고 받을 기회가 있지만, 거리를 두는 것이 일반적이다. 프랑스는 이러한 방송사를 외교부가 아닌 문화부 차원에서 관리한다. 프랑스는 암묵적으로 객관적인 뉴스를 문화적인 가치가 있는 것으로 규정한다.

언제나 객관적이라고 주장하지만, 뉴스는 필연적으로 정보원에 영향을 받을 수밖에 없다. 국영 방송이 받는 주요 비판은 국영 방송이 문화 제국주의의 수단이며 남반구 전체를 망치고 있다는 것이다. 대표적으로 1980년 유네스코에 제출된 맥브라이드 보고서(MacBride Report)는 "세계에서 보편적으로 중요한 문제들을 해결하고 세계 평화를 지키기 위해서는 국제적인 이해와 국가들 간 협력을 저해하지 말아야 하고, 다양한 국가들에 만연한 사회-정치적, 사회-문화적 요건에 영향을 주지 말아야 하며, 기본적인 욕구를 충족시키고자 하는 노력을 왜곡시키면 안 된다."고 경고한 바 있다.[26]

비평에 대한 대응은 다양했다. 사설 뉴스 기관 로이터(Reuter)는 개발도상국을 위한 저널리즘 교육을 시작했다. 유럽 방송사들은 특정한 지역적 위치를 넘어 시야를 넓히기 시작했고, 점점 더 유동적인 정체성을 수용하기 위해 다양한 목소리를 채택했다. 방송사들은 출신 국가의 평판과는 별개로 국제적인 행위자로 거듭났다. 이렇게 하는 것이 성과는 더 뚜렷할지 모르나, 국민의 세금을 국익 이외의 목적으로 쓴다는 사실을 정당화하기는 점점 더 어려워진다. 2014년부터 BBC 월드 서비스는 더 이상 외무부 예산을 받지 않기로 결정했으며, 영국 텔레비전 수신료에서 비용을 받기 시작했다.[27] 일부 국가의 정부는 극적인 감축을 강행했다. 캐나다 국제 방송(Radio Canada International)은 2012년애 예산의 80%를 삭감한 후, 인터넷 전용 서비스로 전환했다.[28] 라디오 네덜란드(Radio Netherlands)는 2014년에 단파 스페인어를 마지막으로, 서비스를 종료했으며, 현재는 RNW 미디어라는 새로운 브랜드로 발언의 자유 이슈에 대한 공유 가능 미디어를 구축하고 있다.[29]

대리 방송

국제 방송에 대한 세 번째 접근 방식은 대리 방송이다. 대리 방송은 행위자가 지역중심의 서비스를 만들어 외국 대중과 교류하는 방송의 한 형태로, 공짜 미디어(행위자에게 우호적인 미디어)와 같은 역할을 한다. 이 용어는 미국 정부가 후원하는 자유유럽방송(Radio Free Europe/Radio Liberty)이 냉전 당시 기밀 CIA에서 의회 보조금으로 자금처를 옮기면서 구성한 것이다. 이는 세계 뉴스에 초점을 맞춘 방송국과 차별화되는 점을 보여주고자 했다. 처음 있는 시도는 아니었다. 가장 초기의 대리 방송은 제2차 세계대전 독일인이 점령한 유럽 지역에 접근하기 위해 설립되었던 BBC 서비스를 들 수 있다. 이 서비스는 난민 네트워크를 광범위하게 활용했다. 가장 유명한 방송인으로는 덴마크 방송의 크리스마스 묄러(Christmas Møller)나 벨기에의 빅토르 드 라벨레예(Victor de Laveleye)와 같이 망명 중인 정치인이 있으며, 샤를 드골(General de Gaulle)이 참여한 프랑스 방송이나 하콘(Haakon) 왕의 노르웨이 연설은 독일 점령에 대한 저항을 유지하는 데 필수적이었다.[30] 서방만 대리 방송을 한 것은 아니었다. 동독은 남아프리카 공화국 아프리카 민족회의의 라디오 선선 서비스인 라디오 프리덤(Radio Freedom)을 후원했다.[31] 라디오 모스크바는 망명 생활을 하는 제3세계 해방 지도자들의 목소리를 정기적으로 전달했고 그 결과 많은 후원을 받을 수 있었다. 미국은 냉전 종식 이후 더 다양한 대리 방송을 만들었고, 중앙아시아에 중점을 두기 위해 자유유럽방송을 재정비했으며, 해당 지역 시청자를 겨냥한 라디오 및 텔레비전 프로그램 자유 아시아 방송(Radio Free Asia)과 중동 방송 네트워크(Middle East Broadcasting Network)를 추가했다.

대리 방송의 가능성은 익히 증명되었지만, 위험 요소도 있다. 난민 방송인은 출신국의 삶과 이미 동떨어져 있기 때문에 지난 정책에 대해서만 다룰 수 있으며 시대에 뒤처진 시점으로 이야기할 수 있다. BBC 러시아는 냉전 초기에 이에 대한 교훈을 얻었어야 했다. 그러나 BBC 러시아는 미국 정부의 대(對)쿠바 대리 방송을 진행했고 여전히 비판의 대상으로 남았다.[32] 보도 시각에 차이가 있기 때문에 행위자는 대리방송을 공공외교에 포함시키기 꺼려하는 경우가 있다.

일부 대리 방송사들은 뉴스를 넘어 풍자 보도를 하기도 한다. 2009년 VOA의 페르시아 뉴스 네트워크(Persian News Network)에서 캄비즈 호세이니(Kambiz Hosseini)와 사만 아르바비(Saman Arbabi)가 만든 파라지트(Parazit)라는 쇼는 곧바로 이란에서 상당한 시청률을 기록했다. 방송은 페이스북 게시물, 온라인 공유, 불법 복제 DVD 등으로도 퍼져 나갔다. 이슬람 정통 신도들은 격분했지만 프로그램을 막을 수는 없었다. 결국 방송국 스스로가 폐지를 단행했다. 파라지트는 2011년 창작자들 간의 예술적 견해 차이로 인해 폐지되었다.[33]

문화

문화는 역사적으로 국제 방송의 중요한 요소였다. 라디오는 언어를 가르치기 위해 사용되었다. 도이체 벨레 웹사이트에는 여전히 다양한 언어 교육 콘텐츠가 있다.[34] 국제 방송사들은 항상 문화 콘텐츠를 넣었는데, 옹호라는 알약을 삼킬 때 도움을 주기 위한 문화적 감미료로 시청자들을 보상하려는 목적이었다. 가장 잘 알려진 냉전 사례로는 윌리스 코노버(Wilis Conover)가 디제이로 방송한 VOA의 성공적인 재즈 음악 프로그램 '뮤직 USA(Music USA)'가 있다.[35] 베를린 서쪽에 위치한 미국 후원 아메리칸 섹터(American Sector) 라디오의 TV 부문인 RIAS TV

는, 1988년에 MTV에서 영감을 받은 하이라이프(High Life)라는 쇼를 포함하여 청소년 프로그램을 시작했다.[36] 현대 문화를 주도하는 사업으로는 라디오 사와(Radio Sawa)가 있는데, 미국 정부는 이를 통해 중동과 '혼 오브 아프리카(Horn of Africa)'에 국내 및 해외 음악과 뉴스를 송출했다. BBC 서비스는 당시 어린이 프로그램, 라디오 드라마, 그리고 시청자의 수요에 맞춰 스포츠 보도를 했다(영연방의 크리켓, 러시아의 축구와 체스 등등). 문화적 요소는 청중의 근본적인 문화 욕구를 충족해준다. BBC 프로그램 캐리비안 보이스(Caribbean Voices, 1943~1958)는 데릭 월콧(Derek Walcott)과 노벨 문학상 수상자인 V. S. 나이폴(V. S. Naipaul)을 포함한 서인도 작가 세대를 위한 발판이 되었다.[37]

국제 방송사가 팟캐스트와 공유 가능한 미디어 형태로 다양화된 현재에도 문화 소재는 큰 비중을 차지하고 있다. 현재 도이체 벨레는 클래식 음악, 종교, 기후, 건강, 유럽 문화 등을 주제로 한 팟캐스트를 운영하고 있다.[38] VOA의 뉴미디어 성공담에는 중국 소셜미디어에 공유하기 위해 제작했던 짧은 동영상 프로그램인 'OMG! 美?(OMG! Mieyiu)'가 있는데, 이 프로그램에서 미국 출신의 발랄한 젊은 여성인 제시카 베이넥(Jessica Beinecke)이 등장하여 중국 시청자들에게 신조어를 소개했다. 특히 '얼굴에서 나오는 모든 기분 나쁜 것들'을 가리키는 구어체 용어 'Yucky GUNK'를 알려주는 에피소드가 인기 있었다. 2012년에 시작한 프로그램에서 베이넥의 영상은 곧 1,500만 뷰를 돌파했다.[39]

방송사들은 재미뿐 아니라 교육을 위해서도 드라마를 만들었다. 소련 붕괴 후, BBC는 탈공산주의 국가의 청취자들을 위해 창업의 시련을 다룬 러시아 라디오 드라마 '7번지, 4호(Dom 7, Podjezd 4)'의 제작을 후원했다. 1997년 10월, 토니 블레어는 모스크바에 있는 스튜디오를 직접 게스트로 방문했다.[40] 2004년 르완다에서는 네덜란드의 한 NGO가 후투족과 투시족의 로맨스에 초점을 맞춘 분쟁해결 중심의 연속극 '새로운 여명(Musekeweya)'를 시작했다. 이는 약 90%의 시청률을 기록했다.[41] 아마도 가장 잘 알려진 교육 드라마는 1994년 BBC 아프간이 나라의 발전을 돕기 위해 만든 가족 드라마인 '새로운 집, 새로운 삶(Naway Kor, Naway Jwand)'일 것이다. BBC는 UN, EU를 포함한 국제 기부 기관과 현지 NGO, 스웨덴과 벨기에 외교부와 제휴하여 파슈토(Pashto)와 다리(Dari) 두 곳 모두에서 제작을 유지하기 위해 노력했다. 이 방송은 지역 방송과 BBC방송을 통해 아프간 성인의 3분의 1 이상에 해당하는 시청률을 확보했다. 주요 성과는 등장인물이 지뢰로 부상당하는 것을 통해 불발 지뢰에 대한 경각심을 높인 것이었다. 2012년에 이 프로그램은 아프간 현지로 옮겨졌고, 성공한 프로젝트의 표본이 되었다.[42]

흥미롭게도, 후원하는 행위자의 문화나 예상 관객의 문화를 문화 콘텐츠가 반영할 이유는 없다. BBC 월드 서비스는 재즈나 컨트리, 웨스턴 음악의 국제적 인기에 따라 재즈 나우 앤 덴(Jazz Now and Then)과 컨트리 스타일(Country Style)이라는 방송을 만들어 미국 문화를 영국의 국제 방송 취지와 맞추었다. 종교 방송도 문화에 기반한 국제 방송의 한 형태가 될 수 있다. 종교적인 콘텐츠나 종교적 내용을 지향한 방송국들은 두 가지 형태를 띠었다. 1950년대의 카이로나 현재의 이란 채널처럼 체제를 지지하는 모습이 있었고, 아랍권에서는 코란 읽기 서비스를 제공하고 러시아에서는 1957년까지 동방 정교회 방송을 한 VOA처럼 현지의 기대에 부응하기 위해 외부인으로서 문화를 존중하는 모습도 있었다.[43]

상업

20세기 전 기간 동안 단파 기술에 의존하면서, 국제 방송은 일정 수준의 투자를 받아야만 했고, 예상 수익이 너무 적어 이를 사용하거나 관심을 가질 법한 주체는 정부밖에 없었다. 위성 텔레비전의 등장은 변화를 가져왔다. 위성 신호는 넓은 지역에 도달 가능하며 더 매력적인 신호를 전달했다. 이는 쉽게 끊어지는 단파 라디오 신호가 아니라, 시청자들을 매혹해서 광고 수익을 이끌어낼 수 있는 힘을 가진 텔레비전 채널이라는 생생한 시각 매체였다. 1980년대 미국 정부는 월드넷(WORLDNET) 프로젝트를 통해 국제 위성과 케이블 시스템에 뉴스 프로그램을 편성하려고 시도했지만, 국제적으로 가장 큰 지분을 차지한 것은 상업 방송국 CNN이었다.[44] 다른 방송국들도 곧 뒤를 이었다. BBC는 영국 납세자들이 상업 기업에 보조금을 지급한다는 의혹을 피하기 위해 상업적 자회사인 BBC 월드를 개발하여 위성 뉴스 사업에 진출했다. 상업적인 국제 방송이 등장하면서 실질적인 행위자가 누구인지에 대한 의문이 제기되고 있다. CNN, MTV와 같은 방송국은 미국 정부에 속한 것이 아닌 자체적인 권리를 지닌 행위자로 행동하며, 자신의 고유한 관심사와 의제를 가지고 있다. 이러한 관심사와 의제는 출신국의 것과 겹칠 수도 있으나, 항상 겹친다는 보장은 없었다.

상업 채널의 국제화는 현재 포화 상태인 시장에서 활동해야 하는 정부 방송사들에게 심각한 문제를 초래했다. 상업성에 대한 관심은 일부 콘텐츠 제공자들이 스포츠, 자연 다큐멘터리, 오락 프로그램과 같이 종종 수익 창출을 위한 유화 전략이라고 간주되는 것을 추구하게 만들었다. 아이러니하게도, 상업 채널이 아무리 출신국으로부터 멀리 떨어져 있다고 해도, 권위주의 사회의 대중은 여전히 이러한 방송이 정부의 스피커 노릇을 한다고 여긴다.[45] 거부는 직설적인 비판을 하고 싶어하는 사람들에게 편리한 전술이다. 상업용 플랫폼이 폭발적으로 형성됨에 따라 다양한 출처의 콘텐츠가 더욱 폭넓게 유통되기 시작했다. 라틴 아메리카와 인도의 프로그램은 오랫동안 글로벌 시청자들의 주목을 받아왔지만, 최근 몇 년 간은 한국과 터키의 드라마가 인기를 끌고 있다. 21세기 상업용 텔레비전은 단일 국가만이 독점하는 소프트파워 도구가 아니다.[46]

반(反)헤게모니적 방송

새천년에는 새로운 유형의 국제 방송사들이 생겨났다. 지구촌 뉴스의 불균형을 바로잡겠다는 목표를 공언한 반헤게모니적 방송사였다. 중국의 영어 채널 CCTV9(2000년 설립 이후, 2017년부터 지금까지 보이스 오브 차이나(Voice of China)로 브랜딩된 중국국제방송(中国国际电视台)의 일부) 또는 러시아의 러시아 투데이(Russia Today, 2005년 설립되어 2009년부터 RT로 알려짐)와 같은 방송국들은 해외에서 소프트파워를 구축하겠다고 공언했다. 아이러니하게도 프랑스 국제 매체의 오랜 역사때문인지 2006년에 프랑스 24(France 24)가 설립된 일은 현지에서 영어 미디어에 대항하는 반(反)헤게모니적 움직임으로 정당화되었다.

가장 혁신적인 반헤게모니적 전략은 RT를 예로 들 수 있는데, '질문 더 하기(Question more)'라는 슬로건을 통해 서구적 삶과 정치에 대한 확신을 전복시키기 위해 이야기를 선별했다. 방송국은 최고의 제작 가치를 유지하고 눈에 띄게 잘생긴 앵커들을 고용했으며 국내 주류 언론에서 환영 받지 못하는 의견만을 위해 방송 시간을 제공했다. 2018년 현재, RT에는 CIA 내부고발자 존 키리아코우(John Kiriakou), 뉴욕타임스 베테랑 크리스 헤지스(Chris Hedges), 그리고 전 런던 시장 켄 리빙스톤(Ken Livingstone), 이전 이란 프레스 TV의 단골 기고가였던 스코틀랜드의 조지 갤러웨이(George Galloway)와 같은 영국 정치 독불장군들이 소속되어 있다. RT의 마가리타 시모얀(Margarita Simoyan) 편집장은 2013년 뉴욕 잡지와의 인터뷰에서 "다른 곳에서 진지하게 다루지 않으면서도 공공 정책과 정치적 측면에서 미국과 직접적으로 관련 있는 뉴스들이 미국에서 가장 인기가 있다."고 하면서 RT가 반(反)헤게모니 방송이 아닌 대리 방송이라고 주장했다.[47]

RT와 중국의 보이스 오브 차이나는 명백하게 글로벌한 반면, 베네수엘라의 텔레수르(TeleSur)나 카타르의 알자지라(Al Jazeera) 같은 일부

반(反)헤게모니 방송국은 처음에는 지역 시장을 겨냥했다.[48] 이같은 접근 방식은 위력을 보여줬다. 1995년, 카타르 국왕이 폐지된 BBC 아랍어 TV 서비스를 대신하여 수준 높은 아랍어 기자단을 고용하면서 알자지라 방송국은 시작되었다. 이 채널은 1998년의 영미국의 이라크 폭격에 대한 보도와 함께 지역 청중의 공감을 불러일으켰고, 성공적으로 국영 언론과 서방 언론의 지배를 깨뜨렸다. 마크 린치(Marc Lynch)는 아랍어로 토론할 수 있는 지역 공론장이 등장했다는 점에 주목했다. 필립 세이브(Philip Seib)는 이 현상을 '알자지라 효과(Al Jazeera Effect)'라고 부르며 중동 정치의 지각변동을 정확하게 예측했다.[49] 알자지라는 2006년에 영어 방송을 시작했지만 미국의 케이블 플랫폼에 진출하거나 일반 시청자들을 끌어들이는 데 어려움을 겪었다.[50] RT와 알자지라 모두 소셜 미디어에 공유 가능한 콘텐츠를 만들어 시청자를 모았다. 알자지라는 특정 시장에서 자신들의 이름이 부정적인 뉘앙스를 띨 수 있다는 점을 파악하고 AJ+라는 서브브랜드를 개발했다. 2014년 AJ+는 유튜브 채널로 출범하여 샌프란시스코의 커런트 TV(Current TV) 시설을 인수하면서 전용 스마트폰 앱도 출시했다. 2015년에 이르러서는 온라인 뉴스 보도로 웨비상(Webby Award)을 수상했고 10억 뷰 돌파라는 대기록을 세웠다. 이 채널은 특히 미국과 멕시코 간 국경 문제를 보도한 것으로 호평을 받았다.[51]

인터랙티브 방송

모든 국제 방송이 전체 방송국 수준에 반영되지는 않는다. 쌍방향 방송은 보다 일반적인 서비스 내에서 하나의 요소로 작동한다. 일류 국제 방송사들은 성공 여부가 시청자에게 달려 있다는 사실을 항상 인지하고 있었다. 인터랙티브 방송은 청취와 반응 방식을 하나의 프로그램 장르로 만들었다. 초창기부터 국제 방송사들은 청취자들의 사연 편지를 받고 이를 읽어주었다. 1990년대에 들어서자 전화 연결 중심으로 운영되는 프로그램으로 발전했다. 특히 1990년 6월, BBC 월드 서비스가 한 시간 동안 전 세계 청취자들의 전화를 받으며 마거릿 대처 수상을 직접 방송에 내보낸 날은 눈여겨볼만하다. 그날 방송을 담당했던 스튜디오 매니저는 일정에 맞춰 방송을 진행하기 위해 수상의 마지막 대답을 페이드아웃 처리하는 용감한 행동을 했다.[52] 미국은 일련의 월드넷 프로그램을 개발하여 현지 언론인들이 위성 연결을 통해 미국의 정치 인사들과 방송할 수 있도록 했다. 지역 채널들이 자국 기자들이 나올 때 방송을 편성할 가능성이 더 높다는 것을 발견했기 때문이었다. 2000년대 초, BBC는 '할말을 하세요(Have Your Say)'라는 코너를 통해 국내외 시청자들과의 새로운 상호작용을 시도했다. '아프리카, 할말을 하세요(Africa Have Your Say)'와 같은 전화 참여 및 이메일 프로그램은 지역민의 의견뿐 아니라, 런던 본사의 프로듀서가 그다지 고려하지 않았을 자살과 같은 금기 주제를 청취자들이 제안할 수 있도록 해주었다.[53]

저항과 잘못된 지시

국제 방송에 대한 논의에서 항상 등장하는 이야기는 국제 방송의 영향력에 저항하려는 시도이다. 가장 잘 알려진 기술은 방해공작이다. 상대편의 방송이 들리지 않도록 상대편의 주파수로 신호를 보내는 것이다. 이는 국제방송법상 불법이지만 냉전시대에는 큰 부분을 차지했다. 전쟁 후, 이를 첫 번째로 사용한 국가는 스페인이었다. 라디오 마드리드(Radio Madrid)는 1946년에 라디오 모스크바(Radio Moscow)에 방해공작을 펼치기 시작했다. 1948년, 소련은 이에 대응하여 BBC와 VOA의 러시아어 방송을 방해하려고 했다. 이러한 방해 공작은 곧 폴란드, 체코슬로바키아, 헝가리, 루마니아, 불가리아, 동독 등 소련의 위성국가를 겨냥한 방송까지 확대되었다. 방해공작은 위험성이 높은 전략이다. 방해공작은 불법이라는 것 외에도 해외 콘텐츠가 중요하다는 느낌을 주고 금단의 열매와 같은 환상을 심어주는데, 보통 일반 방송과 비슷하거나 그 이상의 비용이 든다. 방해공작이 선호되지 않는다는 것은 시민들의 행동에서 알 수 있다. 1956년 폴란드에서 일어난 포스난(Posnan)의 방해공작이 방송사에 대한 최초의 공격이였다. 국제 방송을 방해하는 또다른 방법에는 청취자나 방송국을 조롱하는 캠페인, 혹은 방송국에서 들은 정보를 전달하거나 듣는 것을 금지하는 법의 제정 등이 있다. 폴란드 정부는 아이젠하워 행정부가 라디오 프리 유럽을 통제하도록 설득하기 위해 협상을 시도했다. 마지막 수단으로 행위자들은 방송사에 폭력을 행사해왔다. 가장 잘 알려진 예는 1981년 2월

라디오 프리 유럽 뮌헨 본사에 심어졌던 폭탄이다.[54] 오늘날 이러한 갈등은 사이버 갈등으로 번지고 있으며 디지털 벽을 구축하여 시민들이 국제 미디어에 접근하지 못하도록 하고 싶어하는 국가들과 소프트웨어를 돌려 그 벽을 우회하려는 국가들 간에 치열한 게임이 벌어지고 있다.

심리전의 영역에 놓여 있는 국제 방송의 최종 용도는 상대를 잘못된 방향으로 유도하는 것이다. 역사에는 소위 흑색프로파간다방송국(Black Propaganda Stations)이라고 불리는 많은 예가 있는데, 이러한 흑색프로파간다방송국은 출신을 감추는 것에서 나아가 완전히 거짓된 정체성을 만들어낸다. 유명한 예로는 제2차 세계대전 때 영국의 정치전쟁 집행관이 독일 내부에 이견을 심어주기 위해 설립한 가짜 독일군 방송국인 구스타프 지그프리드 아인스(Gustav Siegfried Eins)와 솔다텐더 칼라이스(Soldatensender Calais)가 있다.[55] 오늘날에는 웹사이트와 트위터 피드가 이 역할을 하면서 '가짜 뉴스'에 대한 논란이 일고 있다. 가장 대표적인 예시로, 러시아에서 시작된 미디어 중 다른 정부와 그 기관의 평판을 훼손하는 것뿐만 아니라 진실을 의심하는 것이 있다. 이론적으로, 사람들은 평판이나 동맹을 믿지 않으면 강자를 믿는다. 강자 밑에서 일한다면, 진실에 신경 써야 할 이유가 어디 있겠는가?[56]

현대 국제 정보 관리

국영 방송사나 상업 위성 서비스 둘 중 어느 쪽도 경험해 본 적 없는 독자는 왜 국제 방송에 관한 내용이 담긴 장을 포함시킬 필요가 있는지에 대해 의문을 가질 수 있다. 이유는 8장에서 보게 되겠지만, 방송 역량이 부족한 이들에게 다른 행위자의 국제 방송사가 중요한 협력자가 될 수 있기 때문이다. 나아가, 현대 국제 방송은 많은 분야에 파급되는 복합적인 활동이 되었다. 이제 더 넓은 의미에서 이를 바라보고, 내재된 관심과 이상을 바탕으로 국제 공공 영역을 증진시키고 방어하기 위한 교류로 생각할 필요가 있다. 오늘날의 국제 방송사는 외국에서의 역량 강화, 저널리즘 개발, 문화 방송 등에 참여하고 있다. 대표적인 예가 현재 BBC 미디어 액션(BBC Media Action)으로 알려진 1999년 BBC 월드 서비스 트러스트(BBC World Service Trust)의 출현이다. 많은 방송사가 국내외 요소가 혼합된 방송을 만들어 프로그램 제작에 협력한다. 정부는 공유재로서의 인터넷이라는 개념을 유지하기 위해 글로벌 정보의 자유로운 교환을 확대하는 외교적 전략을 취할 수도 있다. 인터넷 거버넌스와 국제인터넷주소관리기구(Internet Corporation for Assigned Names and Numbers, ICANN)에 대한 논의가 그 예시다.

논란의 여지가 있는 현대 국제 정보 관리에는, 소위 정보 개입을 통해 상대편이 외국 대중과 교류하는 능력을 억제하는 것이 있다. 세르비아와의 NATO 전쟁 동안 회원국들은 '세르비아를 둘러싼 고리'라고 불리던 적지에 방송을 집중 포화했다. 이는 곧 군사적 행위로 이어졌는데, 베오그라드에 있는 국영 TV 뉴스 본부와 송신기를 폭격하여 세르비아가 국민과 교류할 능력을 세한했다.[57] 국가는 디지털 영역에서 소위 이슬람국가(IS)의 모집 선전과 같이 범죄로 간주되는 메시지 전송을 막기 위해 개입하기도 한다. 국가는 비(非)국가 행위자에 대해 이러한 방식으로 개입할 법적 권리를 가지고 있긴 하나, 지하디 네트워크와 같은 경우에도 이러한 개입이 현명한 행동일지는 미지수이다. 그들은 트래픽으로부터 듣고 배울 수 있는 능력과 부분적인 '급습(Takedown)'을 무의미하게 만드는 놀라운 네트워크 회복력을 지니고 있기 때문이다.[58] 물론 국가 외에도 이런 식으로 개입하는 행위자는 있다. 2015년, 어나니머스(Anonymous)로 알려진 온라인 단체가 디지털 공간에서 ISIS(다에시, Daesh)에 대항하여 개입한 바 있다.[59]

신기술의 영향

공공외교의 요소 중에서도 국제 방송은 기술의 변화에 가장 많은 영향을 받아왔다. 위성방송과 인터넷 사용이 증가함에 따라 선진국에서의 단파 라디오 사용이 감소하고, 스트리밍 서비스나 공유 가능한 개별 클립 형태로 시청자와 프로그래밍이 온라인으로 전환되었다. 이전에 소리만 나오던 서비스에 더해 다양한 종류의 비디오 자료가 나오면서 텔레비전 서비스가 급증했다. 처음에 국제 방송사들은 FM 라디오 방송국과 같은 현지 파트너를 찾았다. 그러나 일부 지역에서 지역 언론에 대한 정부의 통제가 강화되고 다른 곳에서는 FM 청취가 줄면서 이 또한 과거의 일이 되어버렸다. 국제 방송은 더 이상 지리적 영역과 정확히 맞아떨어지게 연계되지 않는다. BBC 월드 서비스는 10년이 넘는 시간 동안, 각 온라인 외국어 서비스 시청자의 50% 이상은 방송이 이뤄지는 국가의 외부에 있다는 것을 알고 있었다. BBC 페르시아(BBC Persian)는 주로 디아스포라를 위한 서비스다.[60] 국제 방송사들은 자신들이 도달하고자 하는 시청자들이 선호하는 플랫폼을 가지고 일할 수 있는 초국가적 콘텐츠 제공자 중 하나로 그들의 역할이 재인식되도록 관련성을 유지하고 있다. 그 예로는, BBC와 왓츠앱 모바일 기기 어플리케이션이 2014년 에볼라 바이러스 감염 방지법 대한 세부 사항을 서아프리카에 전달하기 위해 성공적으로 협업한 것을 들 수 있다. 이 방식은 권위적이면서도 문화적으로 민감했다.[61] 인터넷과 모바일 기술이 보편화되었음에도, 단파라디오는 필수적인 통신수단으로 남아 있고 당분간은 단파 용량을 유지해야 한다는 주장이 있다. 2017년 12월 한 영국 국회의원이 인터넷의 기반이 되는 해저 광케이블이 충격에 취약할 수 있다는 우려를 제기하자 VOA의 베테랑인 킴 앤드류 엘리엇(Kim Andrew Elliott)은 자신의 블로그에서 "전리층을 자르는 것이 그렇게 쉽지 않다."고 씁쓸하게 언급했다.[62]

기술은 국제 방송의 핵심 지향점을 바꾸어 놓았다. 이전에는 방송사들이 시청자들과 지속적인 관계를 유지할 수 있었다. 애초에 국제 방송 채널이 워낙 적었기 때문에 수많은 방해공작을 받았음에도 불구하고 서방 방송국들은 효과적으로 뉴스를 독점 공급할 수 있었다. 가정에 물을 보내는 수자원 공기업과 같은 독점력이었다. 오늘날, 그들은 시청자들이 방송을 바로 보는 것만큼이나 소셜 플랫폼을 통해 공유된 것을 바로 볼 수 있는 경쟁의 시대에 살고 있다. 국제 방송사들은 이제 시청자들이 사용하고 신뢰하는 플랫폼이라면 어디든 콘텐츠를 공유하는 콘텐츠 크리에이터가 되었다. 이를 물에 비유하자면, 방송사들이 더 이상 배관을 믿지 못하고 사람들 간에 쉽게 주고받을 수 있는 물병에 물을 담기 시작한 것과 같다.[63] 2018년 3월 재출시한 BBC 세르비아 서비스(BBC Serbian Service)는 웹 스트리밍뿐만 아니라 페이스북과 트위터에도 공유 가능하도록 구축되었다. 소비자들이 브랜드 별로 생수가 다르다고 평가하듯이 시청자들은 모든 정보가 동등하지는 않다는 것을 알게 되었다. 그렇기 때문에 '가짜 뉴스'가 만연한 시대에 뉴스 브랜드는 점점 더 중요해지고 있다. 상업용 제품과 마찬가지로 방송 또한 생산 품질을 필수적으로 유지해야 한다. 예산은 앞으로의 과제 중 하나다. 뉴스 소비는 습관적인 활동이고 습관은 지속하지 않으면 깨진다. 국제 방송사와 시청자들 간의 신뢰는 중요하다. 서비스를 중지하는 것은 그 서비스에 의존해 온 지역사회에 충격적인 사건이 될 수 있다. 특히 그 서비스가 아직 필요하다고 느낀다면 더더욱 그러하다. BBC 세르비아 서비스가 돌아온 것이 좋긴 하지만, 애초에 2011년 영국이 BBC 세르비아 서비스를 취소하지 않았다면 더 좋았을 것이다.[64]

많은 기술적 변화에도 불구하고, 국제 방송은 여전히 중요하다. 여전히 많은 국가들이 국제 방송을 자신들의 디아스포라와 연결 짓기 위해 사용한다. TV 칠레(1986년 개국), 이탈리아의 RAI 이탈리아(1992년 개국), 혹은 인도의 DD 인도(1995년 개국)는 현재 전 세계 디지털 플랫폼에서 쉽게 접할 수 있는 재외국민 중심 채널들이다. 다른 국가들은 영향력을 키우기 위한 서비스를 개발 중인데, 남반구 국가들끼리 교류하는 추세, 브라질의 주들이 브라질 인터나시오날(Brasil Internacional)을 통해 아프리카와 교류하려는 시도 등이 이에 해당한다. 한국의 아리랑TV나 최근에 이름이 바뀐 NHK 월드-재팬(NHK World-Japan)과 같은 방송국들은 낮은 시청률에도 불구하고 영어 서비스 제공을 국가적 자부심으로 여긴다. 그 외에도 다양한 채널들이 생기고 있다. 2013년 이스라엘 기업인 패트릭 드라히(Patrick Drahi)는 '사실과 다양성'을 기반으로 이스라엘에 대한 편견을 바로잡기 위해 영어, 프랑스어, 아랍어로 된 채널인 i24뉴스를 출범시켰다. 2017년에는 미국을 겨냥한 새로운 i24 뉴스 서비스가 나왔다.[65] 그러나 국제 방송이 가진 최고의 가치는 비상시에 발휘될 수 있다. 위기 상황 시에, 대중의 관심은 여전히 익숙한 국제 뉴스 채널로 향하며 이러한 레거시 방송 채널이 비상시 의사소통을 위해 '급증하는 수용력'을 유지하는 것은 분명 중요하다.

앞으로 고려해야 할 점은 어떤 행위자들이 국가라는 테두리에 남아있을지의 여부이다. 범유럽 문화채널 아르테(ARTE)와 같은 초국가적 행위자들이 길잡이가 될 수 있을까? 예산이 한정된 것으로 예상되는 시대에는 국제 방송사 간 더 큰 협업이 필수적이다. 어떤 서비스는 여러 언어로 제공되는데 다른 서비스는 그렇지 않다는 것은 말이 되지 않는다. 더 많은 행위자들이 상호교육을 목표로 자신과 타인의 이야기를 세계에 들려줄 수 있는 미래가 오길 희망한다. 다양한 국가에서 자유 언론의 억압에 대해 우려하는 추세는 정보의 자유 공유와 객관적인 뉴스 문화 전파의 중요성을 증대시켰다. 1955년 알베르 카뮈(Albert Camus)가 위대한 컬럼비아 언론인 에두아르도 산토스(Eduardo Santos)를 기념하며 기고한 글에서 말했듯이, "자유로운 언론은 물론 좋을 수도 나쁠 수도 있지만, 가장 확실한 것은 자유 없이는 좋은 점도 없다는 것이다… 자유는 나아질 수 있는 기회가 될 수 있지만, 노예화는 확실히 부정적인 것이다."[66]

국제 방송에 의해 어떻게 우리 세계가 영향을 받아왔는지 알아보는 것은 쉽지만, 그만큼 중요한 것은 국제 방송의 부재이다. 라이프치히와 드레스덴의 경우를 생각해 보자. 독일 남동부의 두 대도시인 라이프치히와 드레스덴은 많은 것을 공유하고 있다. 둘 다 작센 지방에 위치해 있고, 둘 다 공산주의 동독의 일부였고, 둘 다 화려한 문화적 역사를 가지고 있었으며, 1830년대 독일 최초의 장거리 철도 노선의 양 극단에 있었고, 오랫동안 선의의 경쟁을 했다. 하지만 이 두 도시는 정치적 태도에서 첨예하게 달랐다. 라이프치히는 1988년 정치적 변화를 위한 운동에 주도적인 역할을 하는 세계 중심지였다. 외부의 시각을 고려하여 라이프치히는 현재 음악 유산에 대한 유네스코의 인정을 받기 위해 심사를 받고 있다. 드레스덴은 반(反)이민당이자 PEGIDA(서양의 이슬람화에 반대하는 애국 유럽인)의 심장부다. 고립되었다고 볼 수 있는 이 도시는 정부가 반항의 의도로 역사적인 도시 중심가에 새로운 다리를 건설한 후에 유네스코 지위를 잃게 된 몇 안 되는 도시

중 하나이다. 무엇이 이러한 차이를 만들었을까? 결정적인 것은 이 도시들이 동독 시대에 완전히 다른 양상으로 방송에 노출되었다는 점이다. 동독의 대중이 공식적으로 외부의 영향으로부터 차단되고 검열과 프로파간다에 의존하는 정부에 의해 다루어지는 동안, 동독 언론과 미디어는 서독과 베를린의 RIAS나 미군의 군사 네트워크 라디오, 텔레비전 신호에 밀렸다. 하지만 이러한 신호들은 골짜기에 위치한 드레스덴에 도달하지 못했다. 작센의 수도와 그 주변 영토는 당연히 동독인들에게 '탈 데르 안웅슬로센(Tal der Ahnungslosen)'으로 알려지게 되었는데, 이것은 '무지함의 골짜기', '모르는 사람들의 계곡' 또는 '아무 것도 모르는 사람들의 계곡'으로 번역되었다. 이곳의 시민들은 서독의 번영도, 서양 음악도, 북미 뉴스도 듣지 못했다. 외부 언론의 부재는 동독의 선전이 수십 년 동안 거침없이 작동할 수 있도록 해주었다. 한정된 미디어로 초래된 편협함은 특히 1945년 2월 연합군이 역사적인 도시 중심가에 대량 폭격을 가하면서 극심해졌다. PEGIDA의 견고함에서 엿볼 수 있듯이, 역사적 피해자로 보낸 수십 년은 다른 이들의 고통에 무감각해지는 결과를 낳았다. 심리학에서 쌍둥이 연구처럼, 이 두 도시의 이야기는 한 세대 이상 지속된 프로파간다 장벽을 무너뜨리는 것의 가치와 누적될 수 있는 피해를 암시한다. 뉴스가 국경을 넘나들지 않는다면, 우리는 공감이나 외부의 현실로도 무너지지 않는 자기 연민과 불신이라는 견고한 장벽이 가득한 여러 작은 드레스덴에서 살 수 있다. 국제 방송은 중요하다.

07

국가브랜드와 브랜딩: 불완전한 대안 개념

기초: 브랜드 || 원산지 효과 || 가짜 브랜드 || 국가브랜딩의 등장 || 장소 만들기
독일의 사례 || 국가 브랜딩의 적용 || 경고의 말 || 선이 되는 것

이 문제에 대한 조사 자료를 봤음에도, 이도 아하로니(Ido Aharoni)는 녹화테이프에서 들은 내용에 충격을 받았다. 동영상이 보여주고 있는 장면은 간단했는데, 사람들이 둘러앉아 대화하고 있는 회의실이었다. 이들에겐 창의적인 과제가 주어졌다. 한 나라가 집이라고 가정한다면, 각 집의 파티는 어떤 모습일까? 처음에 그 답은, 그가 예상한 대로였다. 독일이라는 집은 말끔했다. 이탈리아라는 집은 와인과 온기, 대화로 가득 차 있었다. 포커스 그룹은 마치 그런 곳에 있다는 듯이 즐겁게 상상했다. 그러자 진행자는 이스라엘이란 집에 대해 물었다. 대답은 냉혹했다. 그 집은 위험했다. 그들은 콘크리트 벽과 보안 울타리를 상상했다. 긴장감과 불편함, 미래에 대해 걱정하는 사람들을 떠올렸다. 그룹을 바꿔가며 계속 시도했지만 대답은 그대로였다. 2004년의 런던, 파리, 뉴욕, 혹은 그 외 미국의 여러 지역에서, 부자든 가난하든 흑인이든 백인이든 유대인이든 비유대인이든 공감을 하든 안 하든 포커스그룹은 이스라엘을 주로 갈등, 위기와 연관 지었다. 아하로니(Aharoni)의 임무는 그 이미지를 바꾸고, 어떻게든 이스라엘에 대한 국제적인 인상을 포커스그룹이 이탈리아에 대해 가지고 있는 이미지처럼 바꾸는 방법을 찾고자 했다. 그는 굴하지 않고 이 같이 인상을 바꿀 이스라엘의 이야기들, 예컨대 이스라엘 기술 분야의 에너지, 텔아비브 야경의 아름다움, 수많은 이스라엘 생활의 다원주의에 관해 전략을 짜기 시작했다. 그는 이 과정이 힘든 일이 될 줄은 알았지만, 그만한 가치가 있다고 느꼈다. 밀레니엄 전환 시기의 전 세계 국가 홍보 공동체처럼, 아하로니는 이 과제를 '국가 브랜딩'으로 개념화하였다.[1]

지난 20년 간 공공외교 실무에 활기를 불어넣기 위한 여러 구상이 있었으나, 단 하나의 아이디어만이 국제적인 측면에서 소프트파워에 다가섰다. 그것은 1990년대 중반 영국의 분석가이자 정책고문인 사이먼 안홀트(Simon Anholt)가 고안한 것이었는데, 바로 '국가브랜드'라는 용어였다. 이는 프랑켄슈타인의 괴물처럼 이미 과거부터 존재했던 요소들로 형성된 것이었고 그 생명력은 곧바로 창작자의 의도를 넘어섰다. 그리고 최악의 경우, 국가와 장소 브랜딩은 여러 과학적 신뢰성에 대한 연구로 정보를 얻은 기업의 슬로건, 로고, 강령, 대규모 이벤트 등에 기적적인 결과를 약속하면서, 보통의 도시를 가장 강력한 민족국가(Nation-States)로 만들려는 전문가들이 무지한 정부를 이리저리 흔들어 대도록 만들었다. '놀라운 인도(Incredible India)'와 '말레이시아, 진정한 아시아(Malaysia, Truly Asia)' 같은 몇몇 슬로건은 계속 반복되면서 거의 격언이 되긴 했지만, 이는 예외적인 경우다. 정부의 변화나 차기 자문위원이 다보스포럼•의 황태자로 하여금 그의 말을 듣게 할 수 있다고 믿는 의지는 하나의 접근 방식에서 다른 접근 방식으로 이어지도록 만들었고, 여러 국가에서 국내 투자와 관광을 동시에 활성화시키기 위한 다양한 캠페인을 벌이도록 이끌었다. 머지않아 안홀트가 자신이 창조한 개념과 거리를 두려고 애쓰게 된 건 당연한 일이었다. 그

• 1971년 설립된 스위스 재단의 세계경제포럼(WEF)은 다보스 지역에서 열린 연례회의에 2000여 명의 참석자를 모아 전 세계의 정치인, 업계 지도자, 지식인, 언론인들이 모여 세계적인 중요성을 논의하는 장이다.

는 자신이 경쟁력 있는 정체성을 통해 개념화하고자 했던 것, 즉 기업 스타일의 커뮤니케이션 전략을 통해서가 아닌 더 나은 국가 현실을 통해서 개선된 국가 이미지를 구축하도록 더욱 견고한 기반을 마련하고자 애썼다. 그러나 국가 브랜딩의 과도한 적용이 안홀트가 초기에 구축한 근본 가치를 희석해서는 안 됐다. 국가를 비롯한 여타 지역들은 대중의 인식 속에서 브랜드로 기능할 수 있으며, 청중이 느끼는 장소에 대한 지배적인 의미를 이해하는 것은 공공외교관에게는 엄청난 가치가 있다. 문제는 연구가 실무로 바뀌고, 국가 및 장소 브랜드에 대한 이해에서 나아가 국가 및 장소 브랜딩을 직접 실천하는 과정으로 확대될 때 발생한다.

어렵게 실무 분야로 부상한 후에는, 국가 및 장소 브랜딩도 곧바로 연구 분야가 되었다. 대부분의 논문은 이 분야의 논의를 분명히 하려는 학자나 실무자가 쓴 것이었다. 안홀트 자신의 논문뿐만 아니라, 키스 디니(Keith Dinnie)와 로버트 고버스(Robert Govers)의 공헌도 컸다. 다른 이들은 이 분야를 포스트모던한 삶이 상품화되는 징후이자 멜리사 아론치크(Melissa Aronczyk)가 명명한 '초국가적 홍보 계급' 이 아닌지 의구심을 보였다. 또 다른 이들은 국가브랜드 개념이 지안 왕(Jian Wang)이 2010년 상하이 엑스포 전시회에서 '브랜드화된 공간(Branded Spaces)'을 작업한 것과 같은 행동을 해석하는 데 도움이 되는 메커니즘이라고 생각했다. 국가 브랜딩은 소프트파워 연구의 구성 요소로 사용되면서 단일 국가에 대한 통찰력 있는 이해를 구축해 왔다. 독일 학자 제시카 게이노-헤흐트(Jessica Geinow-Hecht)는 이를 역사적 분석의 틀로 적용하고자 노력했다.[2] 그러나 공공외교의 실천에서 국가브랜드와 브랜딩의 관계는 종종 불분명하다. 지속적인 연구를 통해 몇몇 의문점을 해소하고, 브랜드에 중점을 둘 때의 실제 비용과 미래를 위한 건설적인 방법을 파악할 수 있다.

기초: 브랜드

대중적으로 상표나 로고의 동의어로 '브랜드'라는 용어를 사용하지만, 브랜드는 여러 요소가 얽힌 복합체이다. 여기에는 디자인 측면과 더불어 1, 2차적 특성이 모두 포함되어 있다. 디자인 요소는 제품명, 로고, 제품에 부착된 슬로건 같은 것들이다. 제품의 1차적 요소는 제품 자체의 성분과 기능이다. 2차적 요소는 제품과 관련된 기업체의 행동이다. 코카콜라의 경우를 보면 디자인 요소에는 캔이나 병 라벨에 '역동적인 리본'과 함께 캘리그라피로 적힌 제품명, 곡선 모양의 병, 2016년 1월부터 글로벌 슬로건이 된 '이 맛, 이 느낌(Taste the feeling)'이 있다.[3] 1차적 제품 요소에는 음료의 맛과 탄산이라는 특징이 있다(브랜드 내의 전제품에서 '조용한 콜라(Coke Still)' 라인은 상상하기 어렵다). 2차적 제품 요소에는 유럽 축구 선수권 대회나 FIFA 월드컵 같이 회사가 후원하기로 결정한 이벤트, 직원 및 공급업체 관리, 생태발자국에 대한 고려(특히 수자원 정책과 재활용에 대한 태도)와 같은 회사의 사회적 활동이 있다. 동일한 구조를 민족국가(Nation-State)에도 비슷하게 적용할 수 있다. 예를 들어 브라질은 군주제 시대에서 유래된 초록과 노랑의 국가색을 디자인 요소로 가지고 있다. 브라질의 공화주의 국기는 그 색깔을 유지하고 있으나 여기에 남반구 별이 박힌 파란색 원반과 Ordem e Progresso(포르투갈어로 '질서와 진보')라는 모토를 추가했다.[4] 브라질의 1차적 요소는 대체로 모든 국가가 고수하고 있는 것이자 음악이나 축제 정신과 같은 판매 포인트를 포함하고 있는 지리 및 핵심 문화다. 2차적 요소는 국내외 실적인데, 대외원조정책과 같은 장점과 정치부패 스캔들 같은 문제점이 모두 포함된다.

브랜드는 서로 다른 구성요소들로 이루어져 있지만, 브랜드의 본질은 매우 구체적인 지점에 있다. 자문위원의 지침에 있는 것도 아니고, 대통령 집무실이나 세계 어느 곳의 금고에 넣어둔 것도 아니다. 이는 세계 청중의 마음 속에 흩어져 있다. 사이먼 안홀트는 "브랜드 이미지가 저 멀리 안전하게 흩어진 장소에 존재한다면, 브랜드 이미지의 '구축'과 '관리'에 대한 논의는 매우 희망사항에 불과한 일처럼 느껴진다고 말했다. 즉, 기업이 자신들이 원하는 만큼 브랜드 아이덴티티를 손볼 순 있지만 이것이 브랜드 이미지에 영향을 미치는지 여부는 또 다른 문제다.[5] 분명한 것은, 브랜드의 힘은 청중이 느끼는 감탄의 정도와 그 감탄을 바탕으로 품질을 유지하는 브랜드의 능력에 따라 결정된다는 점이다. 기업이나 국가에게 품질 관리란 건전한 평판과 공동체 유지에 필수적이다.

영어 단어 '브랜드(Brand)'의 유래는 고대 시기로 거슬러 올라가는데, 배럴통의 표면이나 가축의 피부를 지져서 소유권을 나타내는 기호를 의미한다. 도난을 막기 위한 방책으로 원산지를 표시하는 풍습이 시작되었던 것으로 짐작할 수 있으며, 특정 원산지의 제품이 특출나는 품질로 인정받게 되면 브랜드는 추가적인 의미를 갖게 됐다. 이는 소비자의 선택을 유도하며 신뢰의 표시가 되었다. 원산지는 독자적인 포장 방식을 통해서도 알 수 있었다. 고고학자들은 지중해 주변의 지역별 암포라•• 스타일에 주목했다. 제품은 특정 장소의 평판을 형성했을 것이다. 현명한 지도자들은 더 나은 현실을 통해서 자기 지역의 명성을 높이기 위해 노력했지만(프리네의 비아스는 그의 고향인 이오니아가 번영할 수 있는 방법에 대해 2,000줄의 시를 썼다고 한다6) 다른 사람들은 역사를 통틀어 이 과정을 간소화하려고 했다. 그들은 자신들이 짓거나 발견한 장소들에 이름을 붙일 때, 사람들이 그 장소에 투자하도록 만들기 위해 그 장소의 긍정적인 특성과 관련된 이름을 지었다. 그 예로는 바이킹 에이리크(Eric the Red)가 있는데, 그는 자신이 '발견한' 북쪽 영토를 그린란드라고 이름 붙이고 정착을 장려했다. 1140년대 중세 영국에서는 성전기사단이 십자군전쟁에서 돌아와 런던 북부에 새로운 시장도시를 세우기로 결정했을 때, 그들은 이곳이 바그다드(고대 프랑스어로는 '발닥'이라고 알려짐)만큼 상업적으로 유명해지기를 바라며 발독(Baldock)이라고 이름 붙였다. 식민지 시대 미국의 도시 지명은 뉴욕, 뉴저지 등과 같이 과거 세계의 명망을 새로운 세계로 이전하려는 욕망을 담았거나, 라플라타

•• 고대 그리스나 로마 시대에 쓰던, 양 손잡이가 달리고 목인 좁은 큰 항아리
출처: 옥스퍼드 영한사전

강(은의 강), 아르헨티나(돈의 나라), 황금의 나라가 통치하는 전설적인 왕국을 떠올리게 하는 엘도라도의 이름을 딴 여타 지역들과 같이 부의 원천으로 묘사하려는 욕망의 측면이 나타난다.

장소와 이미지의 더 복잡한 연관성은 네덜란드가 스페인 제국과 관계를 단절한 이후에 나타났다. 네덜란드가 지닌 비밀 병기 중 하나는 지도자인 빌럼 1세 판 오라녜(William the Silent)가 나사우가••• 출신이라는 것이었는데, 이는 혼인을 통해 오랑예 왕가라고 불리는 부르고뉴 지구와 합쳐진 것이었다. 원래, 네덜란드 국가는 고대 로마 공화주의로부터 물려받은 짐작 가능한 수준의 상징들(자유의 모자, 자유의 나무 등)을 고려하고 있었다. 그러나 왕자의 집 이름에 괴일 이름이자, 빨강과 노랑이 섞인 색 이름으로 말장난을 하는 것은 정말 강력한 무언가에 기회를 제공하였다. 그들은 장소의 정치적 특성을 상징적인 색채와 연관시킬 수 있었다. 오랑예 왕가는 네덜란드의 장소성뿐만 아니라 개신교와 시민 부르주아 자본주의의 융합을 구현하게 되었다. 그 상징은 너무 강력해서 다른 곳에서도 나타났는데, 주로 국가 및 지방의 정체성 정치학과 오렌지당••••을 통한 아일랜드, 스코틀랜드, 캐나다 연해주에서의 정치적 브랜딩, 네덜란드의 도상학을 아프리카너(Afrikaner) 민족주

••• 독일 중서부의 나사우 지방을 지배한 제후의 대공가
출처: 두산백과

•••• 1795년 아일랜드 신교도가 조직한 비밀 결사, 당의 기장(記章)이 오렌지색 리본임

의와 통합한 남아프리카에서의 정치적 브랜딩에서 나타났다.

이미 언급된 바와 같이, 가치에 대한 인상을 빠르게 구축하기 위해 노력하는 것은 혁명 국가의 본성이다. 이 과정에는 종종 이전 국가를 부정하거나 넘어서기 위해 새 상징을 명확하게 표현하는 작업이 포함되었다. 1789년 프랑스 혁명의 지도자들은 국가 상징, 음악, 심지어 달력까지 일련의 문화적 요소들을 통해 새 나라의 이미지를 명확히 표현하려고 노력했다. 미국도 다르지 않았는데, 깃발, 슬로건, 노래, 화려한 행사와 같은 디자인 요소를 기존의 민속 문화와 섞어 뚜렷하게 미국 전체를 표현하고 있었다. 그러나 정체성의 표지는 스토리의 일부일 뿐이다. 브랜드는 반드시 청자의 상상 속에 있는 일련의 품질을 고려해야 한다. 장소와 품질의 연관성은 한동안 '원산지 효과(Country-Of-Origin Effect)'의 작용으로 이해되었다.

원산지 효과

소비자들은 일부 국가들이 특정 제품의 우수성과 함께 연상된다는 것을 오랫동안 이해해왔다. 프랑스의 와인이나 독일의 자동차, 스위스 시계 등이 이에 해당될 수 있다. 원산지 메커니즘은 단순히 특정 지역에서 발생하는 바람직한 제품 혹은 서비스의 집합체보다 더 복잡한 개념이다. 이 매커니즘은 장소와 추상적 품질 간의 연상 구축을 통해 작용하며, 상품에 내재되어 되어 있다고 여겨진다. 독일은 정밀 기계가 연상되며, 이같은 지리적 혜택을 받는 제품에는 자동차가 있다. 프랑스는 우아함, 스타일이 연상되는데 (비록 이 평판이 다른 제품들의 발전을 위해 확산될지라도) 이 연상의 혜택을 받는 제품에는 고급 양장점이 있다. 영국의 경우, 사회 계층과 유산(遺産)을 고려하는 많은 소비자들이 영국에 대해 갖고 있는 오랜 연상이 있는데, 이는 버버리나 롤스로이스 같은 브랜드들에게 도움이 된다. 반대로 미국은 미국이라는 국가와 자유라는 개념 사이의 연관성을 구축하는 데 2세기를 보냈으며 이는 제품에 영향을 미쳤다. 말보로 담배에서 아이폰에 이르기까지, 미국에서 제품을 고르는 것은 전 세계 많은 소비자들에게 작은 독립 선언처럼 여겨졌다. 그러나 원산지 효과가 항상 원동력이 되는 것은 아니다. 일부 국가에게는 연관성 없는 분야로의 진입을 어렵게 만들면서 부담으로 작용할 수 있다. 그 대표적인 예가 소위 말하는 '코리아 디스카운트(Korea discount)'인데, 한국에서 만든 전자제품이 일본에서 만든 동일한 품질의 제품보다 25%가량 싸게 팔린다는 뜻이다. 한국의 재고품은 다른 동아시아의 비슷한 수익을 내는 회사보다 훨씬 낮은 가격에 거래된다.[7]

가짜 브랜드

원산지 효과의 아이러니는, 다른 나라 이미지와 결부되어 가짜 브랜드를 구축하는 것과 같은 조작 시도를 통해 그 힘이 가장 빠르게 확인된다는 것이다.[8] 정부는 원산지 표시를 감시하고, 제조사들은 그 레이

더망을 피하려고 시도했던 오랜 역사가 있다. 옛날에 영국 정부의 해외 사절단은 '보니 글렌즈(Bonnie Glens)'에서 멀리 떨어진 곳에서 제조된 위스키 병에 스코틀랜드식 가짜 이름들이 붙는지 검사하는 일을 배웠다. 이와 비슷하게, 프랑스인들은 샴페인으로 언급될 수 있는 것들을 두고 싸움을 벌였다. 무역을 하면서 문제는 더욱 심각해졌다. 1883년, 프랑스 정부는 특허 침해와 원산지 거짓 주장이 만연한 현 상황을 논의하기 위해 파리에서 국제회의를 열었다. 참여국들은 산업 재산권 보호를 위한 파리 협약(Paris Convention for the Protection of Industrial Property)에 동의 의사를 밝혔는데, 협약의 10번 조항에서 원산지 거짓 주장을 금지하고 있었다. 프랑스, 벨기에, 네덜란드, 스페인, 포르투갈, 스위스, 이탈리아, 세르비아 그리고 대서양 반대편의 과테말라, 엘살바도르, 브라질까지 총 11개국이 본 협약에 서명했다. 영국은 1884년에 이에 응했다. 주요 위반자들 때문에 승인되지 못한 조건들을 검토하기 위해 1886년 로마에서 열린 추가 회의는 요구사항들을 강화시켰다. 좌절한 영국 정부는 1887년, 원산지 표시를 요구하고 영국산이라고 허위 주장하는 제품들을 통관항에서 압수할 것이라 경고하는 획기적인 상품표시법을 통과시켰다.[9]

협의회, 영국의 법, 그리고 그들의 채택 사항은 자유 재량권을 찾으려는 시도를 막지 못했다. 제2차 세계대전의 여파로, 일본 기업들은 제품의 원산지를 강조하여 얻을 것이 거의 없다고 느꼈고 심지어는 자국 소비자들이 외국산 제품이라고 생각하도록 만들려고 애썼다. 소니(Sony)의 설립자인 모리타 아키오(Morita Akio)가 회사 이름을 소니로 지은 이유는 소니가 라틴어 소누스(Sonus)와 영어 방언 '소니 보이(Sonny boy)'를 모두 연상시키는 외국어처럼 들렸기 때문이다. 이는 섬령 기간 중 미군으로부터 들은 것이었다. 또한 그는, 당시에는 일상적이었던 일본어 한자보단 로마자로 브랜드를 바꿔야한다고 주장했다. 서양으로 수출하던 초기 시절에, 소니는 원산지 표시를 가능한 한 작게 했다.[10] 다른 국가의 원산지 효과를 이용하기 위해 자신들의 원산지를 줄이면서도 완전한 가짜 국가 정체성을 취하는 기업들을 예로 들어보자. 세면용품 업체 크랩트리앤에블린(Crabtree & Evelyn)은 미국 보스턴에서 설립되어 식민지 시대의 이미지를 구축했지만 적절한 시기에 영국의 정체성을 완전히 수용하기로 결정했다. 제품 포장과 제품명으로 인해 형성된 '오래된 세계'라는 느낌은 회사가 영국 유통 분야로 확장하면서(미국 고객들은 이미 그 회사가 가지고 있다고 여겼던) 영국인의 근원을 발전시키도록 자극했다. 이제 회사는 동아시아의 소유권에 들어간 지 오래지만, 영국 시골 마을이라는 브랜드 정체성은 여전하다. 비슷한 맥락에서, 란제리 업체 빅토리아 시크릿(Victoria's Secret)도 매장 장식이나 패키지, 명칭으로 영국적인 특성을 암시했을 뿐만 아니라(빅토리아라는 명칭은 빅토리아 여왕에게서 영감을 받은 것이다) 수년 동안 카탈로그에 가짜 영국 주소를 인쇄했다.[11] 실제로 이 기업은 캘리포니아주 팰로앨토시에서 시작했으며 본사는 미국 오하이오주에 있었다.

몇몇 영국 상품들은 유산과 관련된 범주에 포함되어 잘 팔렸으나, 영국의 기술 회사는 힘겨운 싸움에 직면해야 했다. 이 회사는 가짜 브랜드 모방의 거장, 영국의 카메라 및 전자제품 업체인 딕슨스(Dixons)였다. 1950년대, 정밀소비재 하면 독일 및 스위스를 떠올렸을 시기에 딕슨스는 일본에서 제품을 위탁 받아서 가짜 독일 브랜드 '프린츠(Prinz, 독일어로 '왕자'라는 뜻)'라는 이름으로 판매하였다. 1980년대까지, 일본은 저가 시장 공급자에서 고급 시장의 경쟁자로 변화했다. 이제는 영국 소비자가 적극적으로 일본산 전자제품을 찾게 됐다는 점에 주목하여, 딕슨스는 1982년 사이쇼(Saisho)라는 가짜 일본 브랜드를 런칭했다. 1985년 딕슨스는 전략을 더욱 확장하여 커리스 매장(Currys stores)에 새로운 가전제품 라인을 출시했다. 마쓰이(Matsui)라는 이름에, 디자인 요소로는 떠오르는 태양 모양의 로고와 '일본 기술은 완벽을 만든다'라는 문구가 덧붙여졌다. 마쓰이 텔레비전에는 여러 나라의 부품이 들어갔지만 일본산 다이오드만큼 많지는 않았다. 이같은 사실이 알려지면서 영국 공정거래 당국과 법정에서 위반 판결을 받았고, 벌금 부과와 함께 슬로건은 중단되었다. 마쓰이라는 이름은 살아남았지만 나름의 문제가 발생했다. 마쓰이는 단순히 일본인의 성이 아니라, 1937년 난징 대학살을 주도하고 1946년 도쿄 전범재판 이후 처형된 사람의 이름으로 많은 이들에게 인식되어 있었던 것이다. 마치 1980년대 영국의 부진한 자동차 회사들 중 하나가 아이히만이라는 새로운 라인을 출시하여 독일로부터 약간의 분위기를 빌려오려고 한 것 같았다. 참전용사들은 즐겁지 않았다.[12] 때맞춰 딕슨스는 마쓰이 브랜드를 그만두고 사이쇼를 매각했지만, 다른 이들은 이후에도 일본 제품으로 오해했다. 1994년, 인도의 한 회사는 뭄바이에 위치한 사무실에 마쓰이 전자라는 이름을 등록했다.[13]

대부분의 가짜 브랜드는 그저 평판의 흐름에 얹혀가려는 시도이자, 긍정적인 연상을 형성하기 위해 원산국이 과거에 한 노력을 이용하려는 시도에 불과하다. 원산국이 더 이상 강조하고 싶지 않은 이미지로 기업이 거래를 할 때, 추가적인 문제가 발생한다. 적절한 예로, 미국의 '캐주얼 다이닝' 레스토랑 체인점이지만 호주산인 것처럼 표현하는 아웃백 스테이크 하우스(Outback Steakhouse)를 들 수 있다. 아웃백은 1986년에 호주의 인기 코미디 영화 크로커다일 던디(Crocodile Dundee, 1986)의 성공과 이 영화의 인기스타인 폴 호간(Paul Hogan)이 등장하는 맥주 광고 시리즈에 힘입어 1988년에 플로리다주 탬파시에서 시작되었다. 설립자는 "고객이 원하면 안 되는 것이 없다(No rules, Just right)"는 미명 아래, 느긋한 이미지와 함께 삶은 내일도 여전히 거기 있을 거야… 오늘 밤은 아웃백에 가자(Life will still be there tomorrow … Let's go Outback tonight)라는 식의 짧은 노래를 강조하며 성장했다.[14] 문제는 호주 정부의 입장에서 이 같은 연상작용이, 현재 자국의 과학과 인적자본의 우수성을 강조하려는 호주의 시도를 약화시킬 수 있다는 점이다. 호주 경제에서 교육은 맥주보다 훨씬 더 강조할 만한 부문임에도 불구하고, 아웃백은 미국을 비롯한 전 세계 20개 이상의 국가에서 그러한 이미지를 만드는 데 도움이 되지 않았다. 그러나 호주 정부는 법적 대응을 할 수 없다. 아웃백은 "단지 호주에서 영감을 받았다."고 주장할 뿐이다.[15]

이같은 흐름들을 통해, 민족 국가나 여타 지역을 이끄는 사람들이 정체성과 장소 사이의 관계를 체계적으로 이해하고 형성하려 노력했을 것이라고 추측할 수 있다. 이는 정확히 1990년대에 일어난 일이다.

국가브랜딩의 등장

국가 및 장소 브랜딩이라는 용어는 1990년대에 영국에서 등장했다. 이 개념은 민간/상업분야가 공공부문의 핵심 교훈을 가지고 있다는 대처 시대의 관념이 그녀가 퇴임한 후에도 영국인의 삶을 계속해서 형성하는 여러 방법 중 하나였다. 이는 탈냉전 시대의 주된 서사 구축에 답하면서도 커뮤니케이션 혁명에 대응해야 하는 정부의 명백한 요구를 충족시켰다. 만약 두 세대를 사로잡았던 실제의 투쟁이 종식되었다면 서양의 산업 민족 국가는 어떻게 받아들여야 할까? 마침내 이러한 생각은 영국 문화에서 특별한 순간을 야기했다. 영국은 정체성 위기에 직면했다. 1993년 당시 총리였던 존 메이저(John Major)는 브리튼 섬을 "긴 그림자가 드리워져 있고 따뜻한 맥주와 아무도 건드릴 수 없는 초록의 교외 지역이 있는 애견인의 나라, 그리고 조지 오웰(George Orwell)이 말했듯 '아침 안개를 뚫고 자전거로 성찬식에 가는 늙은 하녀들이다'"라고 표현했다.[16] 다양성의 나라라는 이미지, 즉 리차드 브랜슨(Richard Branson)과 같은 기업가나 비비안 웨스트우드(Vivian Westwood)와 같은 패션디자이너, 스파이스 걸즈(Spice Girls)와 같은 활력이 넘치는 연예인, 많은 이들이 선호하는 활기찬 크리에이티브 분야가 존재하는 나라라는 이미지와 전통적인 이미지 사이에는 분명한 불일치가 존재했다.[17]

영국의 정책 분석가 사이먼 안홀트(Simon Anholt)는 이러한 구성적인 통찰을 발휘했다. 1996년, 그는 국가의 이미지와 기업의 평판이 유사하다는 점을 이해할 때 국가가 얻을 수 있는 이점에 대해 이야기하기 시작했다. 그는 특히 일관된 품질 유지에 관한 책임을 강조했다. 그의 의견은 1998년 '브랜드 관리 저널(Journal of Brand Management)'에 실린 논문에 통합되었다.[18] 안홀트의 통찰력은 현재 진행 중인 정책적인 면에서 깊은 인상을 남겼다. 1997년 8월, 토니 블레어(Tony Blair) 총리의 압도적인 당선 이후 불과 몇 개월 만에, 데모스 싱크탱크(Demos think tank)의 20대 연구원 마크 레너드(Mark Leonard)는 〈Britain TM〉이라는 유명 소책자를 발간했다. 책자에는 정부가 영국의 정체성을 적극적으로 관리할 때가 되었다는 내용이 담겨 있었다. 레너드의 주장은 다른 나라들이 세계에서 자신들의 '브랜드' 이미지를 성공적으로 명확하게 재배치하거나 활성화한 사례를 포함했다. 그는 특히 포스트 프랑코 스페인(Post-Franco Spain), 포스트 피노체트 칠레(Post-Pinochet Chile), 그리고 최근에 생겨난 '셀틱 타이거(Celtic Tiger)' 아일랜드 공화국을 언급했다.[19] 이 대화에 참여한 또 다른 이들 중에는 울프-올린스(Wolff-Olins) 브랜드 자문위원인 월리 올린스(Wally Olins)가 있었는데, 그는 특히 시장에서 이 개념을 활용하기에 좋은 위치에 있었다. 그는 폴란드 정부의 열성적인 고객들을 찾아냈다. 국가 브랜딩의 실행, 즉 해외 청자에게 인지되어 있는 장소의 의미를 정치적 혹은 경제적 이익으로 바꾸는 시도가 드디어 시작됐다.[20]

국가브랜드의 씨앗은 처음에는 나무 가까이에서 싹텄다. 영국의 이미지를 재고해야 한다는 마크 레너드의 주장은 블레어 정부에서 적극적으로 받아들여졌다. 블레어 총리는 패션이나 영국팝(Britpop), 예술 등의 분야에서 이룬 영국의 진정한 성과를 언급하면서 세계 지식경제에서의 영국의 기여를 강조했다. 블레어가 부활한 영국의 창의성을 수용하면서 이는 곧 미디어를 통해 기존의 복합어와 연결되었다. 이 복합어는 벤앤제리스(Ben and Jerry's) 아이스크림 맛 중 하나인 '쿨 브리타니아(Cool Britannia, 멋진 영국)'이었다. 쿨 브리타니아는 블레어 정부의 공식적인 정책이 결코 아니었다. 다우닝가 10번지에서 머리가 벗겨진 배불뚝이 정치인과 젊은 연예인이 섞여 노는 몇몇 허튼 상황도 벌어졌지만, 정부는 중요한 깨달음을 얻은 것이다. 접근법에 능숙해질수록 레너드는 자신의 아이디어를 개선했고, 외교정책센터의 관점에서 공공외교가 더욱 체계화되어야 한다고 주장했다.[21] 소프트파워의 개념이 추가되고, 2001년 9월 1일 테러리스트의 공격이 새로운 긴박감을 더하면서 영국 정부는 공공외교자문위원회를 소집했다. 안홀트가 (무료 자문) 멤버로 포함되었으며 국제 이미지에서 영국 의회, 영국 방문, BBC 같은 영국의 강점을 조정하는 것을 목표로 했다. 이같이 영국의 이미지에 대해 조정된 생각은 21세기 영국의 외교 정책 접근법의 주요 특징이 되었다.[22]

영국의 국가 브랜딩은 다른 곳보다 더 절제된 방식으로 진행되었다. 국가 이미지는 측정 가능하고 관리 가능한 것에서 마법처럼 변화 가능한 것으로 바뀌었다. 특히 유럽연합 가입 과정의 일환으로 자국을 마케팅하기 위해 고군분투하는 구동구권 국가들에게 매력적으로 다가갔는데, 아마 그들은 기존 EU 회원국에서 발견되는 마케터의 원만한 대화에 대해 회의감을 키우고 있었을지도 모른다. 국가 브랜딩 프로젝트는 많은 비판을 야기했다. 국가브랜드의 디자인 요소 출시는, 미학적 측면에 대한 분노와 함께 국가가 인지한 최상의 품질과 그 리스트에서 불가피하게 제외된 것들을 강조하는 데에서 온 분개를 모두 이끌어 냈다. 마지막으로, 기업 부문을 비난하는 일련의 의견들과, 가루비누를 만드는 과정을 많은 사람들의 정체성에서 가장 귀중한 요소인 '국가'에 적용하려는 저속한 의견들이 늘 있었다.[23]

안홀트는 국가 이미지에 기여하는 요인들을 전달하는 데 초점을 맞췄는데, 국제적 평판의 여섯 가지 핵심 요소를 비교하며 보여주는 방법으로 육각형 도표를 개발했다. 여섯 가지 핵심 요소에는 사람들, 관광, 수출, 투자와 이민, 국내외 정책, 유산과 문화가 있었다. 각각 다른 육각형 모양은 국가마다의 독특한 발자국을 드러냈다.[24]

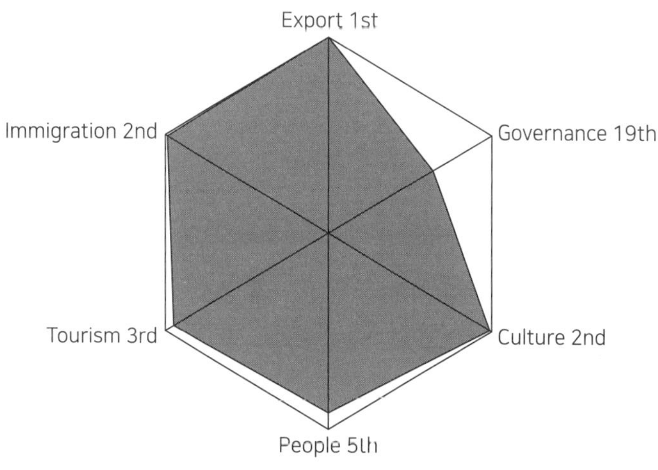

그림 7.1 2016년 미국 대선 때 수집한 자료를 바탕으로 만들어진 미국에 대한 안홀트의 육각형

Reproduced by kind permission of Simon Anholt.

안홀트는 보다 지속적이고 일반적인 분석이 도움이 될 것이라는 점을 깨달았고, 후에 연간 조사로 발전하게 된 첫 조사이자 현재 안홀트 국가브랜드 지수(Anholt-GfK Nation Brands Index)로 알려져 있는 국가브랜드 지수를 2005년에 발표했다. NBI(Nation Brands Index, 국가브랜드 지수)는 20개 국립 기관에서 1,000건의 인터뷰 조사를 통해 '브랜드' 국가 50개의 평판을 파악했다. 햇수로 20년이 되는 이 지수는 매년 연구의 폭과 데이터의 가치를 바탕으로 특별한 신뢰성을 보유하고 있다. 역설적이게도, 가장 놀라운 발견은 그 발견 자체가 그리 놀랍지 않다는 점이었다. 안홀트가 처음 NBI 작업에 착수했을 때, 이 데이터가 주식시장만큼 변동성이 크며, 국가 평판은 스캔들이나 올림픽 개최 같은 계획된 이벤트에 따라 급등락할 것이라고 추측했다. 그는 처음에 1년에 4차례 조사를 진행했고 그의 추측과는 정반대임을 알게 되었다. 국가의 명성은 놀랍게도, 거의 실망스러울 정도로 안정적이었다. 그는 자신이 세상에서 가장 지루한 데이터 집합을 만들었다고 농담을 하기에 이르렀다. 호주, 스위스, 스웨덴은 영구적으로 8위, 9위, 10위권에 머무는 것으로 보였다. 영국은 최근 3위로 안정되어 있었다. 2012년에 올림픽을 개최했다고 해서 순위가 오르진 않았다. 그레이트 캠페인(GREAT campaign)으로 알려진 대규모 프로젝트에 투자했던 영국 정치인들은 NBI 결과에 실망했지만, 안홀트는 당황하지 않고 영국 같은 나라는 그저 이 지수의 순위권에 머물기 위해 임대료를 지불하는 것처럼 종종 올림픽을 개최하거나 세계적인 텔레비전쇼를 만들어야 한다는 것을 이해했다. 그는 '위대함(Greatness)'을 홍보하는 것은 납세자의 돈을 낭비하는 것이라고 느꼈다.[25]

안홀트의 연구에서 두 번째 중요한 발견은 정부가 희망하는 게 무엇이든 간에, 대부분의 사람들은 다른 국가에 대해 그렇게 많은 시간을 생각하며 살지는 않는다는 것이었다. 그들은 미국, 러시아, 중국 같이 역사적인 초강대국에 대한 견해는 가지고 있었다. 또한 언젠가 방문하고 싶은 4~5개국과 이웃하고 있거나 역사적으로 관련이 있는 4~5개국 정도를 인지하고 있었다. 개인적으로 좋아하는 영화의 배경이나, 가족구성원 중 일부가 살고 있는 곳 등 사적으로 관련 있는 나라들까지 포함하면 대략 20개국까지 될 수도 있지만, 이 같은 답변의 가능성은 고작 10%에 불과하다. 대부분의 나라들은 브랜드로 간주될 정도로 사람들의 눈에 띄지 않았다. 설사 그 나라들을 알고 있다 하더라도, 사람들의 포부나 상상력으로 가득 차 있거나 측정 가능할 정도로 정신적 공간을 차지하지는 않았다.

안홀트는 국제적 이미지가 오랜 기간에 걸쳐 구축되었다는 것을 깨달았다. 청자가 캐나다를 '좋은 시민'의 나라로, 혹은 아일랜드가 '우호적인 나라'로 여기도록 하는 데에는 오랜 시간이 걸렸다. 안홀트는 국가는 별과 같다고 주장하기까지 했다. 그 빛은 우리에게 닿기까지 시간이 걸리며, 우리가 보고 있는 것은 그들이 '지금 어떤가'가 아니라 '과거에 어땠는가'에 따른 결과이기 때문이다. 국가에 대해 한번 확립된 생각은 쉽게 버려지지 않는다는 것과 이른바 소유 효과(Endowment Effect)로 작용한다는 점이 자료를 통해서도 명백하게 드러난다. 사람들은 육체적이든 심리적이든 간에 상관없이 자신의 소유물에 애착을 가진다. 브랜드 지수의 위치에 영향을 미치는 몇 가지 사건이 있었다. 버락 오바마의 당선은 조지 워커 부시 대통령 시절 침체된 듯했던 미국의 평판을 7위에서 1위로 급상승 시켜 놓았다. 오바마는 전혀 흔들리지 않았다. 미국의 입지는 2014년에 에드워드 스노든(Edward Snowden)의 폭로로 흔들리면서 메르켈의 독일이 다시 정상을 차지했지만, 도날드 트럼프의 승리는 미국을 더욱 후퇴시켰다. 트럼프 대통령 임기 첫해의 중반쯤에 데이터가 수집 됐을 때, 미국은 이미 6위로 추락했고 독일은 1위를 차지한 상태였다. 지수의 변동을 야기한 또 다른 사건은 이른바 2005년 덴마크 만화 위기(Danish Cartoon Crisis of 2005)였다. 안홀트의 자료는 덴마크가 국제적 인식에서 떨어진다는 것을 분명히 보여주었다. 많은 청자들은 예언자 무함마드를 조롱하는 만화에 관한 무슬림들의 비판을 덴마크 정부가 대응하는 방식에 대해 명백히 불쾌함을 드러냈다. 심지어 비이슬람교도 조차도 덴마크에 대해 부정적인 태도를 보여서 모든 외국인들이 덴마크를 비우호적으로 여기는 듯 보였다. 또한 덴마크의 교외지역에 대한 청자의 감탄도 줄었는데, 이는 사건과는 무관한 품질과 지역이 심각한 이미지 위기로 인해 브랜드 측면에서 영향을 받을 수 있다는 것을 암시했다. 이는 비록 부정적으로 작동하긴 했지만 후광 효과에 대한 심리학자의 주장과도 맞아떨어지는 발견이다. 독특한 것이 하나 있었다. 부시 시대의 미국 대중들은 만화 위기 이후 오히려 덴마크를 더 좋아했다. 안홀트는 그들이 단순히 국제적인 비난을 받는 유일한 국가가 아님에 고마워한 것뿐이라고 분석했다.[26]

물론 그 데이터는 몇몇 전도유망한 국가를 보여준다. NBI의 첫 10년 동안 아랍에미리트, 폴란드, 터키가 모두 유망주로 떠올랐다. 반대로 대부분(약 3분의 2)의 브랜드는 점차 하락하여 (흥미로운 발견으로) 수렴되고 있었다. 지수 순위에서 독일과 프랑스가 1위, 중국과 러시아가 중위권에 있다고 해도 그 차이는 매년 좁혀지고 있었다.[27]

국가브랜드 지수의 성공은 순위표로 향하는 두 번째 골드러쉬를 촉발했고, 이들 중 상당수는 컨설팅 업체에 의해 운영되면서 순위 향상을 위한 컨설팅 서비스를 국가에게 판매하기도 했다. 주요 경쟁지수로는 2005년 안홀트 지수의 여파로 등장하여 그 후 2년에 한 번씩 나오는 퓨처브랜드 국가브랜드지수(CBI)가 있다. 비록 CBI가 75개국에 대한 평가를 제시했지만, 그들의 데이터는 22개 이상의 국가들 중 브랜드로 간주될 만큼 명성이 높은 나라가 있는지 의문을 갖게 했다. 그들의 방법론은 전년도 특정 국가의 이미지 관리에 대한 업계 전문가들의 의견을 담은 내용이 포함되어 조사 결과에 변동성을 더했다.[28] 동서 커뮤니케이션스(EastWest Communications)는 2008년에 '인식지수(Perception Index)'를 개발하면서 한발 늦게 진입했다. 그들의 지수는 놀라운 변동성을 보여주는 것처럼 보였지만 여론조사를 무시하고, 대신 미디어만 다루었다. 그들이 만든 리그는 UN의 모든 회원국을 포함하여 가장 규모가 컸다. 1차 동서지수(East West index)에서 싱가포르가 1위를 차지했고, 영국이 10위, 가난하고 나이든 미국은 세계 미디어에서 가장 많이 언급된 나라임에도 불구하고 세네갈에 이어 132위를 기록했다. 이와 같은 특이점들은 지수가 계속해서 발표되도록 만들었고, 전 세계적으로 이미지 개선을 돕는다고 서비스를 홍보하면서 (혹은 기업 꼬리표에 쓰여져 있듯이 '세계적으로 경쟁할 수 있는 국가들을 브랜드화'하면서) 컨설팅에 아무런 장애물이 없음을 증명해주었다.[29] 비슷한 맥락에서, 블룸 컨설팅(Bloom Consulting)은 검색엔진 데이터에 기반하여 국가와 도시 지표를 모두 포함한 지수들을 발표했는데, '국가브랜드 또는 도시브랜드 매력을 보여주는 명확한 지표'라고 보았다. 순위는 좀 놀라웠는데, 2017년에 발표된 버전은 영국을 1위에 올려놓고 스웨덴의 평판은 러시아, 포르투갈, 아르헨티나에 이어 23위라고 발표했다.[30]

브랜드 강도를 평가하기 위해 병행할 수 있는 방법은 브랜드 파이낸스 컨설팅 회사(Brand Finance consultancy)가 2006년에 개발한 재무/가치 중심 접근법이었다.[31] 초기에는 안홀트의 데이터들을 기반으로 했다. 그들의 지표는 2009년 버락 오바마의 당선으로 미국 국가브랜드 가치가 2조 달러 더 올라갔다는 등의 폭로와 같이 눈길을 끌만한 결과를 제공했다.[32] 한편 다른 국가들도 순위가 상승했다. 2010년, 브랜드 파이낸스(Brand Finance)는 중국을 네 번째로 가장 가치 있는 브랜드로 선정했다. 2011년에는 3위였다. 여러 도전자들에도 불구하고 미국(세계에서 가장 강력한 상업 브랜드들의 본고장)은 항상 브랜드 파이낸스 리그를 이끌고 있으며, 트럼프 대통령의 당선으로 인해 성장세가 둔화된 듯 하지만 계속해서 선두를 지키고 있다.[33]

한 가지 유익한 개발지수는 새로운 영국의 싱크탱크인 정부연구소(Institute for Government)에서 나왔다. 이 연구소의 조나단 맥클로리(Jonathan McClory)라는 분석가는 주요 국가들의 상대적인 소프트파워를 구축하는 도구를 만들기 위해 객관적인 측정법과 순위 접근 방식을 결합하려고 했다.[34] 그는 연구 결과가 실제로 외교 업무적 측면에서 정부에 도움이 되길 바랐다. 이 지수는 2009년에 미디어 파트너인 모노클 매거진(Monocle Magazine)과 함께 나왔는데, 모노클 매거진의 해외 특파원 네트워크는 조사 결과를 보태는 포커스 그룹의 역할을 했다. 특히 모노클/맥클로리 지수(공식적으로 정부 연구소의 새로운 설득자, I, II, III)가 2009년과 2011년에 영국을 2위로 꼽고 나서 2013년에 영국을 소프트파워 리더로 꼽았는데, 이를 통해 런던 올림픽에 대한 영국의 투자가 성과를 거뒀다고 평가받으면서 영국 정계에서 맥클로리 지수가 주목을 받았다.[35] 맥클로리는 포틀랜드 커뮤니케이션 컨설팅 회사(Portland Communications consultancy)에서의 역할을 개발하기 위해 모노클에서의 자신의 경험을 활용했다. 포틀랜드 커뮤니케이션 컨설팅 회사에서는 여론조사 데이터를 가져오거나 페이스북이 제공한 (익명) 자료를 추가할 수도 있었다. 오늘날 맥클로리는 국제 관계 장학금과 평판 측정의 상업적 영역 사이에서 꾸준히 중간다리 역할을 하고 있는 30 개국의 평판 개발 연구인 소프트파워써티(Soft Power Thirty)의 원동력이 되고 있다.[36]

하지만 왜 좋은 지수를 기다리고만 있는가? 어떤 국가가 이 리그의 부당함을 인식하여 자신들의 지수를 창조해 내는 것은 시간문제였다. 그래서 정말 그렇게 했다. 2009년, 삼성의 분석가들의 도움으로 새롭게 구성된 대한민국 국가브랜드위원회는 한국을 안홀트 지수보다 상위권에 둔 자신들만의 지수를 공개했다. 그리고 한국은 이후 몇 년 간 그 지수 안에서 계속해서 상승했다.[37] 그러나 이러한 개선은 한국 정부가 문화 외교, 선택적 옹호, 국제 개발을 혼합하여 마케팅 중심적인 접근방식에서 벗어나고자 한 것을 막기에는 충분하지 않았다.

기업을 위한 기적의 해결책이라는 약속과 신화에서 벗어났을 때, 국가브랜드 개념의 통찰력은 나머지 공공외교의 이론 및 실천과 쉽게 화합할 수 있을 것이다. 브랜딩 연구는 경청의 한 형태다. 이는 (그렇게 하지 않으면 고립돼 버릴 이야기에 기본 구조를 제공하면서) 지지 과정에서 강조되어야 할 핵심 주제들을 제안하여 강점에 주의를 집중시키거나, 목표 청중들의 인식 격차를 해소할 수 있다. 또한 문화는 국가적 특수성의 핵심 요소이므로 문화 외교의 내용을 결정할 수도 있다. 교환 프로그램과 국제 방송의 내용이나 주안점을 만들어낼 수도 있다. 하지만 무엇보다 중요한 것은 그저 해외 청중에게 옳은 말을 하기 위해서뿐만이 아니라, 미래로 올바르게 나아가기 위해서 정책에 반영하고 프로젝트를 뒷받침할 수 있다는 점이다. 인지 편향적 관점에서, 국가 브랜딩은 이후의 경험을 통해 확인할 수 있는 긍정적 인식의 틀을 구축하는 메커니즘이라고 볼 수 있다. 국가 브랜딩은 후광의 메커니즘을 통해 작동하며, 한두 개의 상징적인 요소에 노출되는 과정을 통해 국가의 전체 이야기를 개선하려고 한다.

장소 만들기

연구에 기반을 두고 정체성에 중점을 둔 참여의 메커니즘은 다양한 수준의 장소 홍보에 적용된다. 도시 브랜딩은, 도시가 공유된 문화와 활동에 기반한 의미 있는 정체성을 실제로 가질 수 있을 만큼 작다는 점, 그리고 21세기 국가 차원에서는 매우 흔했던 정치적 교착상태에 덜 빠진다는 점을 고려하면 더욱 그럴싸하게 보인다. 이제는 전설적인 케이스가 된 I ♥ NY(1977)나 글래스고 마일스 베터(Glasgow's Miles Better, 1983)와 같이 몇몇 확실한 성공 사례들은 외부인들에게 도시의 가치를 일깨워주면서 주민들이 최선을 다해 결집하는 데 기여했다.[38]

브랜드가 지닌 예술의 정점은 아마도 장소 만들기의 실행일 것이다. 장소 만들기는 이전에 연결되지 않았던 장소들을 한 지역, 심지어는 한 경로로 끌어들여서 대중의 관심을 모으고 집단 지식의 일부가 된다. 성공적인 사례는 아일랜드의 와일드 애틀랜틱 웨이(Wild Atlantic Way)이다. 아일랜드 서부 해안은 대중의 상상 속에서 특징한 존재감을 가지고 있었으나, 모허 절벽이나 크로프패트릭산 정상, 코네마라 해변과 같이 개별적인 장소로 인식되는 경향이 있었다. 케리 주에는 링(Ring)이라고 불리는 아름다운 풍경이 있었는데, 이곳은 그 자체로 목적지가 되었다. 2014년 아일랜드 관광위원회는 해안도로에 '와일드 애틀랜틱 웨이'라는 이름을 붙이고, 이 도로의 브랜딩을 할 때 여행 자체를 길이에 따라 한쪽 끝에서 다른 쪽 끝으로 가는 것에서 '해야 할 일(Things To Do)'로 바꾸면서 사업 홍보 매커니즘으로 이용하는 통찰력을 보였다. 이 영감은 원래 샌프란시스코에서 LA로 가는 'California's Route One drive'에서 받은 것이었지만 아일랜드 쪽이 더 길고, 더 흥미로운 장소가 많은 것으로 나타났다. 그러나 가장 과감한 장소 만들기 시도는 국경을 초월하는 지역을 만들려는 자들, 즉 초국가적인 지역을 구축하려는 사람들의 시도였다.[39]

2000년, 덴마크의 수도 코펜하겐과 스웨덴의 도시 말뫼를 연결하는 화려한 다리가 외레순드 해협으로 알려진 물줄기를 가로질러 개통되었다. 외레순드 다리는 두 도시의 시민들이 같은 국제 공항을 공유할 수 있도록 했으며, 공유된 도시 지역을 내부 투자 장소로 기능하도록 해서 공동 마케팅할 수 있는 가능성을 제시했다. 항만 행정부는 2001년에 단일 관리로 통합되었고, 두 도시는 초국가적인 외레순드 지역의 브랜딩과 홍보를 시작하기로 했다.[40] 공유된 지역에는 공통된 이야기가 필요했기 때문에 초기 프로젝트에는 합작 영화와 텔레비전 개발 촉진을 위해 2003년에 출범한 외레순드 영화진흥위원회(Oresund Film Commission)가 포함되어 있었다. 2011년 인기 TV 시리즈 'The Bridge(덴마크어로는 Broend, 스웨덴어로는 Bron)'가 그 결과였다. 도시에서 온 서로 어울리지 않는 형사들이 다리의 양쪽 끝에서 중앙 지점에 있는 시신에 숨겨진 미스터리를 파헤치는 이야기를 전 세계가 매료되어 지켜보았다. 새로운 초국가적 외레순드 지역의 홍보가 진행될 때 단 하나의 난관이 있었는데, 그것은 바로 스웨덴인과 덴마크인은 모두 외레순드가 어디 있는지 알고 있었지만, 대부분의 외국인은 외레순드가 어디인지 모른다는 것이었다. 이름만 제외하면 모든 것은 다 좋았다. 결국 실용주의인 스웨덴인들은 어쩔 수 없이 상황을 받아들이고 더 널리 인지될 수 있는 용어인 '더 위대한 코펜하겐(Greater Copenhagen)'으로 그 지역을 재브랜드화하기로 했다.[41] 스토리텔링 요소조차도 무너졌다. 영화진흥 위원회는 덴마크위원회와 스웨덴위원회로 분리되었다.[42] 초국가적 지역에 관한 다른 실험으로는 트랜스만슈(Transmanche)의 영국-프랑스-벨기에 지역과 비엔나/브라티슬라바 회랑을 통합한 오스트리아-슬로바키아 공동 지역이 있다. 거기에서도 문제는 청중들의 기본 지식과 기대인 듯하다. 사람들은 오랫동안 국가적인 범주로 생각하는 것에 익숙해졌고, 오래된 습관은 쉽게 사라지지 않는다.

독일의 사례

대부분의 브랜드 지수에서 선두에 위치하고 있는 독일의 현 상황을 고려할 때, 어떻게 이런 일이 일어났는지 고민하는 것이 당연하다. 확실히 독일에겐 전통적인 국가브랜드 캠페인이 있다. 이는 독일이 2006년 FIFA 월드컵을 개최할 즈음 시작된 '독일: 아이디어의 나라(Germany: Land of Ideas)' 캠페인으로, '진지한 관계에 관심 있나요?'라는 문구 아래에 클라우디아 쉬퍼(Claudia Schiffer)가 독일 국기만을 몸에 두른 포스터가 있다.[43] 그러나 아무도 독일의 현상황을 최신의 무언가, 혹은 쉬퍼에 대한 사과로 비교적 쉽게 잊어버릴 수 있는 무언가에서 기인한 것으로 보진 않을 것이다. 독일의 강점은 한 세기 이상 쌓아온 양질의 수출 및 공학기술에 대한 평판에 바탕을 두고 있다. 언제나 그런 것은 아니었으며, 우연히 얻어진 명성도 아니었다. 독일 전체 스토리 속에서, 개인과 기업은 적극적으로 나라를 이끌어 왔다.

독일의 영토는 중세 길드 제도를 중심으로 한 장인정신과 한자동맹 항구를 기반으로 한 무역으로 역사적 명성을 떨쳤으나, 19세기의 독일은 무리의 선두에 들지 못했다. 독일은 정치적 형성 과정에서 다른 유럽 강대국들에 비해 뒤늦게 산업화되었고, 국제 시장의 하위층에서 가장 명백한 수출 격차를 받아들였다. 1876년 필라델피아 세계박람회에서 독일 제품이 미국 비평가들에 의해 쓰레기로 치부된 사건은 독일이 각성한 계기가 되었다.[44] 독일 정부의 반응은 느리긴 했지만, 결국 저작권을 보호하기 위한 조치를 취했다. 1891년부터 독일의 제품들에 번호가 매겨지고 독일 임페리얼 특허 사무소(Deutsches Reichs Gebrauchmuster)의 약어인 DRGM이라는 도장이 찍혔다. 비록 반드시 품질로 보장되는 건 아니었으나, 양철 장난감이 지닌 일반적인 특징이었다. 에드워드 시대의 영국 아이들이 그것은 '더러운 썩은 독일제'를 의미한다고 말했던 시절도 있었다.[45]

독일은 다시 경청, 좀더 정확히 말하자면 관찰의 자세로 되돌아갔다. 관찰을 담당한 사람은 작센 출신의 건축가 헤르만 무테시우스(Herman Muthesius)였다. 1896년에 무테시우스는 주런던 독일대사관에서 문화담당관을 맡았다. 19세기 대사관에서 문화담당관의 임무는 자국의 문화를 홍보하는 것만큼 자신에게 배정된 국가의 문화를 연구하는 것이었다. 무테시우스도 마찬가지였다. 무테시우스는 런던에 재임하는 동안, 영국의 건축과 디자인 연구에 전념했다. 그는 특히 산업화 시대에 윌리엄 모리스(William Morris)와 그의 팀이 펼친 예술 및 공예 운동이 영국의 디자인을 부활시킨 방식에 매료되었고, 이와 비슷한 운동을 펼치는 것이 독일의 성공 비결이 될 거라고 확신하게 되었다. 1904년 독일로 돌아온 그는 영국 주택에 대한 3권짜리 연구의 첫 번째 권을 출간하고, 독일의 산업 생산량에 대한 종합적인 재검토와 품질 집중의 필요성에 대해 강의하기 시작했다.[46] 그의 말은 보편적으로 환영받진 못했다. 어떤 이들은 독일 제품에 대한 그의 비판이 애국적이지 못하다고 생각했다. 하지만, 그의 메시지는 디자이너와 예술가들이 대의를 위해 결집하도록 고무시켰다. 1907년에 그들은 훌륭한 디자인을 기초로 하여 독일의 아웃풋을 재구축하기 위해 소위 말하는 작업반(Werkbund)을 만들었다. 그들의 유명한 모토인 '소파 쿠션에서 도시 디자인까지(Vom Sofakissen Zum Stdtebau)'와 같이, 그들은 국가의 모든 측면이 디자인의 혜택을 받을 수 있다고 주장했다.[47] 작업반은 독일의 예술과 산업의 기존 사상들에 형태와 목적을 부여하고, 바우하우스의 건축가들에게 영감을 주었다. 작업반은 독일 생활과 역사의 서로 다른 측면을 연결하는 제도적 인큐베이터이자 서사의 역할을 했다. 이는 프로테스탄트적 직업 윤리로 장인의 유산과 독일의 유명한 과학 대학 전통을 끌어낼 수 있었다. 로버트 보쉬(Robert Bosch)나 칼 벤츠(Carl Benz)와 같은 산업 개척자들의 작업은 이제 국가 정체성과 연관된 맥락 안에서 존재했다. 프로이센 국가의 후원을 바탕으로, 디자인의 우수성은 공식적으로 독일과 '관련된' 것이었다.

제1차 세계대전의 발발은 독일 디자인이 도래하는 데 거의 방해가 되지 않았다. 1914년의 쾰른 페어는 브루노 타우트(Bruno Taut)가 디자인한 숨막히는 탄환 모양의 유리 파빌리온과 감각적인 물품들로 그 방향성을 보여주었다. 스위스와 코펜하겐에서 전시회가 열렸고, 전쟁 시기의 런던에서는 독일 가구 전시회까지 열렸다. 이 모든 것은 오로

지 정복에만 열중하는 교양 없는 '훈족'이라는 독일인들의 이미지를 전복시키는, 전후 작업에서 귀중한 탄약과도 같았다. 독일식 정체성 표현의 일환으로 작업반이 디자인을 강조했던 것에서부터 독일의 제조업 효율성과 품질에 대한 세계적인 인식으로 이동하는 것은 현실의 우수성을 유지하는, 혹은 브랜드 용어로 '브랜드를 사는(Live the Brand)' 독일의 능력이었다.

아마 독일의 효율성에 대한 이 같은 인식에서 가장 주목할 만한 특징은, 세기의 중반까지 독일 나치의 잔혹행위와 재앙조차 해외에서 긍정적으로 받아들여질 수 있도록 상황을 잘 관리해왔다는 점이다. 히틀러는 효율성과 디자인이 잘못 이용된 사례로 비춰졌다. 대전 이후 미국에서 독일의 이러한 이미지는 매우 강력했고 공상과학 팬들은 이제 '시간여행에서 고드윈의 법칙(Godwin's Law of Time Travel)'••••• 으로

••••• 시간여행을 다루는 공상과학소설에서 '히틀러를 죽인다'는 말은 일종의 문화 용어가 되었는데, 시간 여행의 역설, 즉 할아버지의 역설(할아버지가 아이를 낳기 전에 할아버지를 죽이기 위해 시간을 거슬러 가면, 시간 여행자는 태어날 수 없으며 할아버지를 죽일 수 없다는 논리)과 같은 문제가 발생한다. 즉, 히틀러를 죽이면, 히틀러를 죽이기 위해 시간 여행을 하게 될 이유가 사라지며 필연적으로 히틀러가 살아 남아야 한다는 것이다.

한편, 고드윈의 법칙은 미국의 변호사이자 작가인 마이크 고드윈(Mike Godwin)이 인터넷상에서의 논쟁 및 토론에 대해서 내놓은 가설로, 온라인상의 토론이 길어지면 아돌프 히틀러에 비유하는 말이 나올 가능성이 높아진다는 것으로 주제에 관계없이 온라인 상에서의 토론이 길어지면 인신공격으로 치닫는다는 뜻을 의미하기도 한다.

불리는 장르 클리셰에 주목했다. 본 법칙에 따르면 지구의 역사에 대한 아주 작은 수정이 히틀러가 제2차 세계대전에서 승리하는 결과를 가져온다는 것이다.[48] 레이 브래드버리(Ray Bradbury)의 고전 작품 '천둥의 소리(The Sound of Thunder)'는 쥐라기 시대에 시간 여행자가 나비를 짓누르는 단순한 행동이 어떻게 히틀러 형태의 정권이 세계를 지배하도록 만들었는가를 묘사하고 있다. TV쇼 스타트랙에서 기억에 남는 에피소드는, 독일 나치가 '지구상 가장 효율적인 국가'라는 것을 근거로 삼아 나치식 체제를 되살려 행성의 발전을 가속화하려는 지구 역사학자의 시도를 그린 것이다. 그 시도는 재앙과도 같지만, 언제나 논리적인 스팍(Spock)이 근본적으로 역사적 주상을 지지하는 데는 아무런 문제가 없다. 그는 눈썹을 치켜 올리며 커크(Kirk) 선장에게 "정말이야, 캡틴. 패배하고 파산한 작은 나라가 몇 년 만에 세계 패권에서 한 발짝 밖에 떨어지지 않은 채로 우뚝 섰어."라고 주장한다.[49] 히틀러 시대에 관한 진지한 역사가라면 그런 주장을 하진 않을 것이다.[50] 이는 좋든 나쁘든 독일의 효율성, 디자인, 능력이 의심할 여지 없이 집단적 상상력 안에서 독특한 위치를 차지하고 있음을 보여주는 현상이다. 이 토대를 기반으로 한 '독일: 아이디어의 나라' 캠페인은 새로운 뉴스거리로서가 아니라 관객들이 이미 알고 있는 것들을 더욱 일깨워 주는 캠페인이 되었다. 이는 한 국가로서 부러울 만한 위상을 보여준다.

세계가 어떻게 느끼든 간에, 다른 국가라면 순수하게 홍보를 위해 썼을 공간을, 독일은 과거와의 화해를 위해 노력하는 공간으로 마련했다는 점은 칭찬할 만한 일이다. 2010년 상하이 엑스포의 독일 전시관에 독일 산업의 화려한 사례들을 가득 채우면서도, 슈톨퍼스타인(Stolpersteine) 전시를 작게 넣었다. 이는 히틀러 시대에 끔찍한 일이 일어났던 장소를 표시하기 위해 지나가는 발걸음을 일부러 방해하면서 독일 거리 위에 설치된 걸림돌, 즉 글씨를 새긴 놋쇠로 된 자갈이었다. 1992년에 아티스트 군터 뎀니히(Gunter Demnig)가 시작한 슈톨퍼스타인은 독일을 넘어 2010년까지 나치의 잔학 행위를 기억하는 메커니즘으로 확산되었다. 슈톨퍼스타인을 전시에 포함시킨 것은 용기 있는 일이었고, 디자인에 있어서도 뛰어난 작품이었다.[51]

국가 브랜딩의 적용

국가 브랜딩의 적용은 필연적으로 제한적이다. 이는 청자의 마음과 이미 가지고 있는 생각, 가치, 인상에 따라 좌우되며, 실제로 대부분의 나라는 사람들에게 그리 중요하지 않다는 슬픈 현실도 영향을 미친다. 브랜딩 캠페인은 긍정적인 이야기를 만들 수 있지만 기적을 일으킬 순 없다. 브랜드적 사고의 일부 요소는 도시나 지역 평판에 의해 갇힌 잠재력과 같이 저평가된 장점에 이목을 집중시킬 수 있다. 또한 브랜드 분석은 관광부가 선호하는 이미지와 산업통상자원부가 선호하는 이미지의 간의 모순과 같은 난관도 드러낼 수 있다. 멕시코는 이 같은 난관의 전형적인 사례다. 21세기는 국가 포트폴리오에 온라인

상에서의 행동이나 온라인 이미지와 같은 새로운 요소들을 추가했다. 이같은 요소들은 브라질과 에스토니아에겐 성공적이었지만, 러시아와 마케도니아에겐 부정적이었다. 디아스포라 또한 중요해졌다. 루마니아가 유럽 관광지에서 길거리 범죄에 연루된 소수의 로마 집시들로 알려지면서(루마니아에서 가장 잘 알려진 시민이 가상의 흡혈귀 드라큘라 백작이라는 점을 감안하면, 루마니아의 이미지에는 이미 충분히 불안정한 요소가 있었다) 디아스포라는 루마니아에게 걱정거리가 되었다. 모든 이미지의 하부에는 시민들이 브랜드를 전달하고 '사는 것(Live the Brand)'을 어떻게 보장할 것인가에 대한 질문이 필요하다.

경고의 말

브랜드 이미지 훼손에 따른 결과는 상당히 클 수 있다. 2004년에 미국의 이미지는 전 세계적으로 엄청난 타격을 받았다. 이는 아부 그라이브 교도소에서 미국의 이라크 포로 학대에 관한 폭로, 관타나모 강제수용소에서의 학대 증거, 구 동유럽의 특별 송환 시설에서 CIA의 고문 사실에 대한 폭로에 따른 결과였다. 10년 후, 미국의 온라인 감시 규모에 대한 폭로는 (비록 같은 수준은 아니었지만) 오바마 행정부의 이미지에 타격을 주었다. 많은 미국인 관찰자들에게, 마치 미국은 다른 국가들과는 다른 규칙을 따르기를 기대 받는 것처럼 불공평하게 느껴졌다. 세계가 이같은 폭로에 분노한 이유는 지난 몇 세기 동안 미국이 자유와 정의, 법치주의의 국가라는 서사를 받아들였기 때문이다. 고문과 감시는 미국이 반대하는 것이어야 했다. 일부 민족국가들이었다면 국제적 지위에 큰 손상 없이 자국민들과 외국인들에게 그저 '거칠게 행동한다' 정도로 이해될 수 있었겠지만, 미국은 그 정도로 간주될 수 없었다. 미국은 조금의 미안한 기색없이 그 영역으로 이동하면서, 미국을 안다고 느끼는 전 세계 모든 사람의 마음 속에서 미국의 긍정적인 이미지가 깃든 기둥 중 하나를 움푹 패이게 만들었다. 그러나 이것은 미국에 나쁜 소식만은 아니었다. 미국인들에게 충격을 주고 자기회의의 쓰나미를 유발하는 몇몇 사건들은 이미 미국에 대한 세계적인 평가에 반영되어 있는 듯하다. 외국인은 월가의 거물들 몇몇은 도둑이고, 할리우드 제작자 일부는 성범죄자라는 것을 알고 있으며, 고성능 무기에 쉽게 접근 가능하기 때문에 학교에서 대규모 총격을 할 수 있으며, 미국의 민주주의는 때때로 괴상한 사람들을 고위직에 배치한다는 것도 알고 있지만, 어쨌든 미국을 동경한다. 사람들은 기저에 깔린 좋은 면을 본다.

선(善)이 되는 것

안홀트의 연구는, 전 세계 청자들이 부와 권력에 어느정도 찬사를 보내면서도 긍정적인 평판에 가장 크게 기여하는 질적 요소를 선한 것으로 여긴다는 것을 보여주었다. 이는 좋은 나라라는 명성을 쌓는 가장 좋은 방법은, 실제로 세계 청자에게 선을 행하고 세상이 이를 알아채도록 하는 것임을 시사한다. 안홀트는 인식에 집중하기보다는 관점을 재조정하여, 국가의 규모와 부에 비례하여 각 나라가 행하는 '선'을 측정하는 병행 도구를 개발하는 쪽을 택했다. 그 결과로 이른바 '좋은 나라 지수(Good Country Index)'가 탄생했다. 선의 개념은 국가마다 다르지만, 이 지표에서 측정한 일곱 가지 범주는 국가들이 인류 전체의 이익을 위해 기여하는 방법을 보여주고 있다. 일곱 가지 범주는 과학기술, 문화, 국제 평화와 안보, 세계 질서, 지구/기후, 번영과 평등, 건강/웰빙이다. 객관적으로 측정된 '좋은 나라'와 국가브랜드지수에 반영되는 평판 사이에는 80%의 인상적인 상관관계가 있지만, 선에 집중할 경우 영예 배분에 몇가지 불일치가 있다는 것이 드러났다. 첫째, 아일랜드가 경제 규모 대비 세계의 선에 가장 많이 기여한 반면, 2017년에는 네덜란드가 1위를 차지하였다. 반면에 국가브랜드 지수에서는 둘 다10위권 밖이었다. 2017년 좋은 나라 지수는 스위스가 2위(국가브랜드지수는 8위), 덴마크가 3위(국가브랜드지수는 15위)다. 미국의 세계적 기여는 그리 인상적이지 않다. 2017년 GDP 대비 세계 선에 대한 기여도는 25위로 초기의 21위보다 낮아졌다.[52] 이 프로젝트는 의도적으로 도발적인 측면이 있지만 장기적으로 진짜 중요한 것에 집중하는 국가들, 즉 더 나은 현실과 세계의 청자와 관련된 현실에 집중하는 국가들에게는 새로운 도전이자 획기적인 바람인 것에는 의심할 여지가 없다. 이것은 그 자체로 (아마도 인덱스 외교로서) 공공외교의 한 형태지만 단일 국가 하나보다는 전체를 대표한다.

한 국가의 정부, 혹은 여타 지역이 장소 이미지의 인식 방식에 대해 공식적으로 연구를 시도하든 아니든, 장소 이미지는 형성될 것이다. 스스로를 경쟁국이나 이웃국가와 차별화하는 데에는 이유가 있다. 장소 이미지의 관리 과정에는 비록 많은 요소들이 관리 가능한 범위를 넘어서 있지만, 통제할 수 있는 몇몇 기회 요인이 있다. 영국의 '그레이트 캠페인' 같은 브랜드 정체성은 좋은 소식을 만들어 낼 수 있다. 물론 의도하지 않은 결과의 법칙이 있는데, 건전한 복지 정책에 대한 평판은 이주민에게 환영의 표지로 간주될 수 있다는 것이다. 국가는, 축적된 국가의 이미지에 대해 전 세계 대중들이 소유의식을 느낄 수 있으며 해당 이미지를 훼손할 경우 과잉 반응할 수 있음을 인지하고, 평판과 현실 사이의 간극에 유의해야 한다는 점을 꼭 기억해야 한다. 마지막으로, 국가는 나라의 평판에 초점을 맞추는 것이 다른 외교적 측면에서는 장애물이 될 수 있다는 것을 기억해야 한다. 국가 브랜딩의 진정한 비용은 자문위원에게 지불하는 수수료가 아니라 국제 무대에서 점차 성공을 정의하는 방식으로 일할 수 있는 기회를 상실하는 것, 즉 파트너십과 협업능력을 상실하는 것이다.

08

파트너십: 새로운 패러다임

영국인인 로빈슨은 위압적인 전쟁터에서 가공할 만한 적을 마주했다. 미국 에이즈 퇴치를 위한 대통령 비상계획 기구(President's Emergency Plan for AIDS Relief, PEPFAR)의 선임 행정관으로서, 그의 임무는 에이즈가 가장 심각했던 지역인 아프리카에서 에이즈 방지 운동을 펼치는 것이었다. 그의 역할은 민관 협력 부문의 부회장 직이었다. 운 좋게도, 그는 곧 협력할 사람들을 찾을 수 있었다. 처음 업무를 마주했을 때는 버겁게 느껴졌지만, 그와 그의 동료들은 연구 기관을 설립하는 것의 가치를 이해했다. 그들은 아프리카에서 에이즈가 의료, 경제, 사회 요인 등이 복잡하게 결합하여 전염된다고 보았다. 또한 그들은 반응 공략의 중요성을 생각했을 때, 젊은이들과 여성들에게 집중하는 것이 가장 이치에 맞다는 것을 깨달았다. PEPFAR은 2004년 조지 부시 정권 하에 설립되었고, 미국 정부의 노력을 조직화하는 구조적 틀을 구축했다(USAID, 보건, 질병통제센터, 노동, 상업, 안보 그리고 평화봉사단이 이에 포함되었다). 그러나 더 중요한 것은 공공 분야와 민간 분야의 효과적인 파트너십이었다. 로빈슨은 2006년 PEPFAR에 합류하였다. 2009년에 제안된 최고의 아이디어는 TV연속극을 만들어 젊은 여성들에게 다가가는 것이었다. 이 아이디어는 노르웨이 정부와 유니세프가 낸 것이었으며, MTV에서 열정적인 파트너를 찾을 수 있었다. MTV는 그 프로그램을 2005년에 시작된 MTV 베이스 (아프리카) 뮤직 채널에 가장 알맞은 프로그램으로 보고 있었다. 로빈슨은 이 프로젝트에 기꺼이 PEPFAR의 자원을 가져왔으나, 쇼가 조심스럽게 다뤄져야 한다는 것을 곧 알게 되었다. 왜 유명한 상업적 파트너인 MTV가 그들에게 도움을 주고 있는지에 대해 솔직해질 필요가 있었다. 그들에게는 기업의 사회적 책임 프로그램이 있었고, 따라서 그들의 좋은 작품을 홍보하고 싶어했다. 프로젝트는 예술적이어야 했으며, 동시에 교육적인 이점을 제공해야 했고, 어느 정도 정치적인 용기가 필요했다. 에이즈에 대한 메시지를 담은 드라마는 성관계를 노골적인 방식으로 다루어야 한다는 점에서 미국과 케냐의 프로젝트에서 모두 모순적일 수 있었다. '슈가(Shuga)'•라는 이 작품의 작가는 남아프리카의 활기 넘치는 젊은 여성인 아만다 레인(Amanda Lane)이었으며, 주연은 케냐 출신 미국 배우 루피타 뇽오(Lupita Nyong'o)가 맡았다. 남은 일은 역사를 쓰는 것뿐이었다. '슈가'의 첫 시즌은 고작 3회로 구성되어 있었지만, 매우 훌륭한 성과를 거뒀다. 많은 인기를 끌면서 추가 시즌이 계속되었고, 나이지리아와 남아프리카에서도 방영되었다. 더 중요한 사실은, 로빈슨이 성병 감염에 대한 핵심적인 메시지를 전달하는 데 새로운 지평을 열었다는 것이다. 미국 정부 혼자서는 절대 기대할 수 없는 것이었다. 파트너십의 힘을 보여준 것이다.

파트너십은 공공외교의 핵심이 되었다. 전통적인 공공외교의 형태(청취, 옹호, 문화 외교, 교류, 국제 방송)는 민족국가(Nation-States) 내에서 발전하고, 과거 민족국가는 단독으로 행동할 수 있었지만 이제는 그렇지 않다. 이번 챕터에서는 협력이 공공외교에서 매우 중요해진 원인에 대해 고찰해볼 것이다. 긍정적인 사례와 부정적인 사례를 살펴보고, 글

• 2009년 MTV에서 방영된 TV드라마

로벌 공공외교에서의 성공적인 파트너십 사례를 분석해볼 것이다. 결론에서는 이 분야에 적용할 수 있는 좋은 사례들을 모아볼 것이다.

파트너십의 사례

파트너십을 찬성하는 측이 가장 강력하게 주장하는 것은 단일 민족국가가 해결할 수 없는 문제들이 증가하고 있다는 점이다. 전 UN사무총장인 코피 아난(Kofi Annan)이 말한 것처럼 세계는 기후변화, 전염병, 테러 등 '여권 없는 문제들(Problems Without Passports)'로 가득 차 있다.[1] 이러한 문제들은 과거에도 존재했지만, 왕국과 요새로 이루어진 세계가 흑사병과 직면했을 때와는 다르게 민족국가, 글로벌기관, 글로벌커뮤니케이션네트워크가 등장하면서 집단 대응이 가능해졌다. 국가는 소총을 든 전령이 나폴레옹의 프랑스군을 마주했던 전쟁 시기의 국가보다 더 효과적으로 협력하고 있다. 의제로서의 문제가 정말로 심각해졌는지에 대해 토론할 수도 있지만, 한 행위자에게 제공되는 자원은 확실히 줄어들었다. 협력은 문제를 둘러싼 자원을 극대화하는 메커니즘을 제공한다. 또한 신뢰의 양상이 전환되고 있다는 점을 고려한다면, 파트너십은 다양한 대중에게 다가가기 위해 필수적이라고 말할 수 있다. 어느 행위자라도 모든 곳에서 신뢰받기는 힘들다. 모든 행위자는 파트너와 함께 일하면서 이득을 얻을 수 있다. 마지막으로, 하나의 파트너 혹은 여러 파트너와 함께 수행하는 것은 본질적으로 보람 있는 과정이 될 수 있으며, 새로운 혼합과 병치, 연결을 통해 새로운 아이디어와 접근방식을 낼 수 있다는 점도 인정해야 한다. 공공외교 파트너십에는 일반적으로 사안별 지식을 갖고, 역사적 부담이 제한적이라는 장점을 지닌 비정부 기구를 포함하여 다양한 배경을 지닌 행위자들이 포함되어 있다. 주머니가 두둑하고 고유의 선량함을 보여주고 싶은 기업 행위자들, 지역적 지식과 시민사회 운영 능력을 갖춘 지역, 도시, 커뮤니티 수준의 행위자들, 동기에 대한 의구심 없이 국가의 역사를 초월하여 합법적으로 집단 대응을 할 수 있는 국제 기구 등이 이에 해당한다. 이 모든 행위자들은 파트너십에 관해 특별한 강점을 가지고 있다.

파트너십과 인지적/사회적 편향

인지적 편향과 사회적 편향에 있어서, 파트너십은 행위자의 영향력을 확대하는 메커니즘을 제공한다. 행위자들은 과학 분야나 다른 전문 분야에 대해 이야기할 수 있는 파트너들과 협업할 수 있으며, 파트너들은 공유된 지역, 종교, 세대, 성별을 통해 목표 청중과 유사점을 지니거나, 메시지를 강화하는 후광 효과를 가질 수 있다. 가장 좋은 예는 개발과 여타 파트너십에서 유명인사들이 대변인으로 부각된 사례이다.[2] 파트너들은 메시지를 좀 더 부드럽게 전달하는 데 도움이 될 수 있고, 메시지를 좀 더 넓게 전달하는 증폭기 역할을 하며, 감정의 울림을 더할 수 있다. 다수의 파트너는 특정 지위가 폭넓게 유지된다는 인식에서 비롯된 밴드웨건 효과••를 활용할 수 있다. 파트너 간 관계를 강화하는 데 있어서 협업의 경험은 본질적으로 융합의 힘이라는 면에서 가치가 있다. 영국 학자 브라이언 호킹(Brian Hocking)은 '공공외교의 구조 변경: 경쟁에서 협력으로'의 과정에 대해 이야기한다.[3] 미국 학자인 제프리 코완(Geoffrey Cowan)과 아멜리아 아르세노(Amelia Arsenault)는 독백과 대화를 넘어 공공외교의 제3단계로서 파트너십의 위상을 정리한 바 있다.[4]

불완전한 파트너십의 모델

파트너십의 분명한 이점을 고려한다면, 그것이 얼마나 형편없이 이루어졌는지에 놀랄 것이다. 외교정책의 공간에는 실패한 협력에 대한 이야기가 넘쳐난다. 불완전한 네 가지 모델이 있다. 전 과정을 통제하고 협력자의 창조성을 억누르는 독재자(때로는 고용주와 계약자의 관계에서 벗어나기 위해 '파트너'라는 용어를 사용하기도 한다), 공인된 메시지를 반복할 정도로만 파트너를 중시하는 복화술사, 파트너를 활용해 지불되지 않은 청구서를 남겨둔 채 성공에 대한 모든 공로를 자신의 공으로 돌리는 영웅적인 자아도취자, 그리고 마지막으로 특정 상황의 출발부터 목적지에 가

•• 편승효과. 어떤 선택이 대중적으로 유행하고 있다는 정보가, 그 선택에 더욱 힘을 실어주는 효과

기 위해 열성적으로 달리지만 실제 파트너는 그저 승객뿐인 버스기사가 있다. 다음과 같은 실제 사례들이 있다. 1990년대 BBC 아랍 TV채널의 실패(BBC가 편집의 독립을 주장했으나 사우디 파트너인 오르빗 커뮤니케이션스(Orbit Communications)가 BBC라는 복화술사의 모조품이 되는 것을 거절하면서 거래가 파기된 사건)와 2015년 밀라노 엑스포에서 미국의 별관의 건립을 맡았던 불행한 건축가 제임스 비버(James Bieber)에게 국무부가 적절한 비용을 지불하지 못한 것, 그리고 마치 승객용 기관처럼 유네스코는 위대한 임무 실현에는 별 보탬이 되지 않는 회원국들이 끊임없이 정치적 행위를 지속하고 있다는 점이 그것이다.[5] 청취 과정과 마찬가지로, 파트너십의 결점은 고질적이고 예상 가능해 보이지만 적절한 설계를 통해 극복할 수 있다.

공공외교에서의 파트너십

파트너십은 항상 정부 간이나 국가 내에서 자산을 모아 공통의 이야기를 하려는 행위자들과 함께 공공외교의 내부 행정에서 핵심 요인이었다. 공공외교의 최고 하이라이트(대규모 박람회, 세계대전에서 미국의 중립에 반대한 영국의 집결, 인종차별정책에 반대한 초국가적 운동)는 범분야 행위자들 간의 파트너십 사례라고 할 수 있다. 미국 정보부의 많은 역사는 미국 정부의 여타 부서들과 민간 부문 파트너를 공동의 대의로 규합하려는 시도를 중심으로 발전해 왔다.[6] 교환 프로그램은 특히 파트너십에 의지했는데, 브라질의 국경 없는 과학 프로그램(Brazil's Science without Borders program), 국제 교류를 위한 중국교육협회(China Education Association for International Exchange), 독일-미국 파트너십 프로그램(German-American Partnership Program)과 같은 프로그램들이 모두 파트너십을 증진시키기 위한 것이다. 디아스포라를 겨냥한 파트너십도 있는데 이스라엘 쥬이시 에이전시(Jewish Agency for Israel)에 의해 시행된 이스라엘의 파트너십투게더(Partnership2gether) 프로그램, 혹은 아일랜드의 글로벌 아이리시 네트워크(Global Irish Network)와 글로벌 아이리시 경제 포럼(Global Irish Economic Forum)이 이에 해당한다.[7] 캐나다와 멕시코 간의 양자간 파트너십 이니셔티브는 2004년에 구축되었고, 인도와 러시아 간에는 2015년에 이루어졌다.[8] UN과 EU 같은 국제 기구는 (비록 다자간의 권한을 갖고 있긴 하지만) 단독 행위자라기보단, 외교 정책 분야에서 행위를 조정하는 플랫폼으로 기능하고, 그 중요성이 점점 커지면서 파트너십 증대의 원동력이 되고 있다. EU의 공공외교관인 데이비드 링그로즈(David Ringrose, 유럽연합회 외교정책부장)는 EU를 아이폰과 비교하면서, 파트너들에게 플랫폼에 기반하여 멋진 업무를 할 수 있도록 애플리케이션을 개발할 것을 요구했다.[9] 파트너십을 위한 새로운 플랫폼에는 다수의 국제기구들이 포함되는데 이들은 새천년 개발계획(MDGs)을 진전시키기 위해 결집했다. 2002년에 구축된 '교육을 위한 글로벌 파트너십(모두를 위한 교육-패스트 트랙 이니셔티브)'이 그 예이다.[10]

공공외교의 역사를 자세히 들여다보면, 때로는 국가 행위자가 운전석에 앉고 때로는 비정부 행위자가 앞장서서 이끄는 등 글로벌 공중 참여의 5가지 핵심 요소를 넘나드는 훌륭한 협력의 예를 찾을 수 있다.

청취에서의 파트너십: BBC 모니터링 서비스와 FBIS

일반적으로 방송은 전파와 관련이 있지만, 서양 국제 방송이 성공한 것은 청취가 핵심 요인이 되었다. 영국과 미국 방송사들은 각각 전 세계의 복잡한 라디오 모니터링 방송 시스템에 접근할 뿐만 아니라, 취재와 통찰력을 극대화하기 위해 자료를 수집하는 데 협력했다. 이는, 그렇게 하지 않을 경우 분석이나 대화가 막혀버릴 수 있는 세계의 특정 지역을 이해하고자 할 때 특히 가치를 발휘했다. 파트너십은 두 기관의 꼬리와 같았다. BBC 모니터링 서비스(The BBC Monitoring Service)는 전 세계 라디오 청취 기관 네트워크를 통해 세계 라디오 방송을 추적하고 기록하기 위해 1939년에 설립되었으며, 심층적인 청취의 온디맨드 프로젝트와 일일방송 요약을 모두 만들어냈다. 위기의 순간에, BBC모니터링 서비스는 그 자체로 인용 보도 자료가 되었다. 미국의 경우 이와 비슷한 기관으로 해외 방송 모니터링 서비스(FBMS)가 있었는데, 프랭클린 루즈벨트 대통령이 미국이 전쟁에 맞닥뜨리자 액시스 라디오 프로파간다(Axis radio propaganda)를 추적하기 위해 1941년 설립한 기관이었다.[11] FBMS는 FBIS가 되었으며, 여기서 'I'는 '지능(Intelligence)'을 뜻했으나 후에 '정보(Information)'가 되었다. FBIS 행정부는 1947년 연방통신위원회에서 군부로, 그리고 CIA로 넘어갔고, 그곳에서 오픈소스 자료로 작업하며 쉽게 연구 결과를 공유하면서 독특한 지위를 지니게 되었다.[12] 자유유럽방송(Radio Free Europe/Radio Liberty)이 설립되면서 동부권의 청중들을 이해하기 위한 구체적인 청중 조사가 필요해졌다. BBC, FBIS, RFE의 노력은 동양의 삶에 대한 매우 구체적인 그림을 만들어냈고, 이는 프로그래밍에 도입될 수 있었다. 공동 성취의 규모는 냉전이 끝난 뒤에야 명확해졌다. 놀랍게도, RFE/RL과 BBC가 원격으로 추적한 의견의 역학관계는 KGB가 발견한 것과 더불어 그에 상응하는 조사 결과와 매우 정확하게 일치한다.[13]

옹호/문화 외교에서의 파트너십: 실패한 신

초기의 냉전은 옹호의 영역에서 흥미로운 파트너십 사례를 제공했다. 이것은 문화 외교의 단편을 배가하는 것이었다. 1949년, 영국 노동당 당원이자 아이젠하워 전쟁 심리학 복지팀의 참전용사였던 리차드 크로스먼(Richard Crossman)은 공산주의에 대항하는 가장 강력한 무기는 '한 때 공산주의를 믿었지만, 환멸을 느끼게 된 사람들의 증언으로 잠재적인 설득을 이루는 것'이라는 사실을 깨달았다. 그는 한때 사회주의자였으나 그 사상의 오류를 깨달은 세계 각국의 최고 지식인들의 고백성사 문집을 구상했다. 이 책의 제목은 「실패한 신(The God that Failed)」이었다. 크로스먼은 독일의 아서 코스틀러(Arthur Koestler), 영국의 스테판 스펜더(Stephen Spender), 프랑스의 앙드레 지드(Andre Gide, 노벨 문학상을 수상함), 그리고 최고의 흑인 작가 중 한명인 미국의 리처드 라이트(Richard Wright) 등 화려한 인재들을 영입할 수 있었다. 출판하자마자, 책은 영국 및 미국의 국가 안보 기구와 함께 그 자체로 2차 파트너십의 핵심이 되었다. 1949년 책의 출간은 외무부의 비밀 프로파간다 부대인 정보연구부처(Information Research Department)와 미국 정부에 의해 가속화되었고, 개발도상국 전체에 걸친 번역 보조금과 값싼 판본의 가치를 알 수 있었다. 마침내 모든 해외 판권은 미국 정보당국이 소유하게 되었고, 책은 환멸을 느낀 영국 좌파의 다른 분파인 조지 오웰의 「동물 농장」과 함께 주요 정치 교육 업적이 되었다.[14]

교류에서의 파트너십: EU의 에라스무스 프로그램

20세기 대부분의 기간 동안 국가들은 교육 교환 프로그램의 문지기 역할을 했고, 양국 관계도 양자적인 관점에서 구축되었다. 이는 1980년대 유럽경제공동체(European Economic Community, EU의 전신)가 대륙 간 협동 학생 교환을 시도하기 시작하면서 대부분의 유럽에서 변화하였다. 유럽 경제 공동체는 원대한 계획을 구상하였는데, 바로 에라스무스(ERASMUS) 프로그램이었다. 그 이름은 위대한 네덜란드의 학자의 말장난에서 비롯되었는데, '대학생들의 이동을 위한 유럽 공동체 행동계획(European Community Action Scheme for the Mobility of University Students)'의 앞 글자를 딴 것이었다. 학생들은 이 프로그램을 통해 유럽경제공동체 내 다른 나라로 자유롭게 이동할 수 있었고, 한 학기 혹은 한 해 동안 한 국가에서 얻은 학점을 다른 국가에서 어느 정도 인정받을 수 있었다. 또한, 교수진들이 교환 프로그램에 참여할 수 있도록 자금을 지원하였다. 프로그램의 첫 번째 학기에 거의 300만 명의 학생이 참가하였다.[15] 에라스무스는 EU와 함께 청년 문화의 일부가 되었고 단순히 유럽의 정치적 견해를 홍보하는 것뿐만 아니라, 본질적인 초국가적 관계도 촉진하였다. 얼마 지나지 않아 'Orgasmus'라는 별명을 얻게 되었다. 2002년 프랑스-스페인 코미디 드라마 로베르제 에스파뇰(L'Auberge espagnol, The Spanish Inn)을 기반으로 한 프랑스-스페인 코미디 드라마 영화의 중심에는 국제 로맨스의 잠재력이 있었다. 하지만 대인관계의 영향력은 단순한 이야기 이상이었다. 2014년에, 유럽연합 집행위원회의 에라스무스 영향 연구(ERASMUS Impact Study)는 33%의 에라스무스 졸업생들이 다른 국가에서 '인생의 동반자'를 찾는다는 결과를 찾아냈다(교환학생을 하지 않은 유럽 학생의 3배 수준이었다) 그리고 인상적인 것은 27%의 에라스무스 졸업생이 해외에서 공부하며 현재의 인생 동반자를 만났다는 점이었다.[16] 회의론자들은 에라스무스(ERASMUS)의 인력풀이 세계주의적 관점을 지향하는 학생들 스스로의 선택으로 이루어진 것이라고 추측했지만, 많은 사람들은 이 프로그램에서 진정한 범유럽적 의식을 구축하는 메커니즘을 발견했다. EU는 예산을 확대했고, 2009년에 에라스무스 문두스(ERASMUS Mundus)를 비롯하여 이와 유사한 프로젝트들에 착수하여 보다 광범위한 지역에 있는 EU 기반 기관과 대학 간의 협업 대학원 교육 프로그램을 지원하였다. 또한 2013년에는 전 유럽에서 모든 수준의 훈련, 교육, 스포츠 교류를 구축하기 위한 에라스무스+ 프로그램을 지원하였다.

국제 방송에서의 파트너십: 아동의 생존을 위한 방송

예컨대, 국제 방송에서 파트너십은 중계나 프로그램 교환을 통해 새로운 시청자들에게 접근하는 등의 눈부신 성과를 이룰 수 있지만, 아동 생존(Child Survival)을 위한 방송의 경우는 그 의미가 특히 광범위하다. 아동 생존이라는 개념은 1980년대 유니세프의 디렉터였던 제임스 그랜트(James P. Grant)의 재직 기간에 우선순위로 강조되었다. 1991년, 유니세프는 젊은 청년들의 특별한 수요를 인지하여 국제 아동의 날을 맞이하여 연간 방송을 시작하였다. 그러나 문제가 컸다. 1990년대 중반을 지나면서, 약 1,200만 명의 아동들이 매년 예방이 가능한 원인으로 인해 목숨을 잃었다. 그 와중에, 국제 방송 역시 나름의 문제점이 있었다. 냉전의 여파로, 국제 방송사들은 정부와 시청자 양쪽 모두와 연관성을 유지하는 데 적응해야 했다. 그들은 인공위성 TV라는 새로운 경쟁상대와 대결해야 했고, 지출을 정당화하기 위한 냉전은 없었다. 제프리 코완(Geoffrey Cowan)이 1기 클린턴 행정부에서 보이스 오브 아메리카(VOA)의 국장이 됐을 때의 현실이 그러했다. 코완은 VOA가 이미 분쟁 해결과 세계 보건과 같은 문제들을 돕기 위한 프로그램을 개발하고 있다는 것을 깨닫곤 감명을 받았다. 그는 가장 최근에 VOA 영어와 포르투갈어 방송을 맡았던 그렉 피리오(Greg Pirio)를 자신의 사무실로 데려와 VOA 작업을 더 발전시키고 외부 재단의 지원을 추구했다. 피리오는 아프리카 청중들이 평화 구축을 목적으로 한 프로그램에 어떻게 응답하는지 직접적으로 볼 수 있었고, 만약 적절하게 구축된다면, 라디오가 신문의 공평성을 해치지 않고 사회적 이익을 개선할 수 있다는 것을 목격하였기 때문에 이 같은 기회를 환영했다. 피리오가 시행한 첫 번째 단계는 미국 국제개발청(US Agency for International Development)을 들여오는 것이었다. 이는 VOA의 베테랑들이 USAID 프로젝트로 이전하는 것을 도왔다. 엘리자베스 폭스(Elizabeth Fox)는 특히 중요한 연결고리가 되었다. VOA와 USAID는 1998년 4월, 양일간의 범분야 컨퍼런스를 워싱턴 DC에서 함께 개최하였다.

VOA/USAID 컨퍼런스에는 보건 전문가, 커뮤니케이션 학자, 개발 전문가, 유니세프, 재단, 서방 국제 방송사 대표 등 30개국 대표단이 모여 니즈와 모범 사례를 제시했다. 부통령의 부인인 티퍼 고어(Tipper Gore)는 백악관을 대표했다. 컨퍼런스에는 주요 메시지의 재전송자가 될 개발도상국의 지역 방송사도 포함되어 있었다. 컨퍼런스는 대성공이었다. 대표들은 당면 과제와 도움이 될 방송 정보를 모두 명확히 이해했다. BBC 월드 서비스(BBC World Service), 프랑스 국제 라디오(Radio France International), 도이체 벨레(Dutsche Welle), 라디오 네덜란드(Radio Netherlands) 등 여타 국제 방송사들이 협력할 것을 약속했다. 28개 지역의 VOA 계열사가 힘을 합쳐 아동 생존 방송인 협회(Association of Broadcasters for Child Survival)를 결성하여 이를 중심으로 공동 프로그램을 개발했다. 첫 번째 프로그램 이니셔티브는 VOA가 처음으로, 영양, 가뭄, 백신 보급, 에이즈의 전파 등을 포함하여 아동 보건 이슈를 타겟으로 한 공중파 방송을 모든 언어로 제공하기 시작하면서 1998년 9월 1일에 시작되었다. VOA와 협력사들은 아동 보건을 주제로 한 취재, 온라인 저널리즘 교육, 볼리비아에서 방영될 10회짜리 라디오 드라마 제작을 진행하였다. VOA는 프로그램 라이브러리를 포함하여 파트너가 사용할 리소스 웹사이트를 만들었다. USAID는 이 활동을 평가하면서 수백만 건의 추가 에이즈 백신 접종을 시행하여 VOA 및 협력사의 사업 효과 증진에 기여했다. 아동 생존을 위한 방송국의 동맹은 오래 가지 못했지만, 많은 장기 이니셔티브는 1998년 회의에서 파생되었다. 유니세프는 자체적으로 개발을 위한 커뮤니케이션의 아이디어를 고안했으며, 오래된 활동에 새로운 미디어를 도입하는 것에 집중하였다. VOA와 USAID는 계속해서 밀접하게 협력했지만, 자금 지원이 가능한 분야에 우선적으로 집중하는 경향이 있었고, 특히 소아마비 퇴치, 에이즈 예방, 보건 저널리즘 교육 등에 집중하였다. 비록 해야 할 일이 많이 남았지만, 현재는 세계적으로 5세 이하 아동들이 사망수가 1년에 600만 명 미만으로 감소세를 보이면서 그 효과성을 보여주었다.[17]

공공외교의 역사에서 이러한 사례들을 찾아볼 수 있지만, 현재는 점차 다양한 파트너들과의 협력을 더 많이 강조하고 있는 추세이다.

협력적인 변화: 미국의 사례

미국 외교에서 협력으로의 전환은 지출 제한을 극복하기 위해 파트너십이 필요한 USAID의 관행에서 비롯되었다. 2002년 늦여름 요하네스버그에서 열린 세계지속가능발전정상회의(Rio+10)는 참가자들이 새천년 개발목표를 이행하기 위한 선행 방법으로 제2형 파트너십이라는 것을 요구함에 따라 파트너십을 확고한 아젠다로 삼았다. 제1형 파트너십은 민족국가들 간의 엉터리 계약에 불과했지만, 제2형 파트너십은 특정 목표에 기초하여 국가, 하위 국가, 시민 사회, 기업 등 다양한 행위자들 간에 특별히 마련된 자발적 파트너십이었다.[18] 비록 미국의 경우, 부시 대통령이 본 행사를 무시하고 국무장관 파월(Powell)은 행사의 말미에 이르러서야 등장하면서 이 회담에 제대로 응하지 않았지만, USAID는 자체적인 내부 파트너십 전문가를 임명하면서 그곳에 있는 모델을 채택하기로 결정했다. 미 국무부는 덜 열정적이었으며, 부시 대통령이 스스로 '세계 테러와의 전쟁'을 '의지 있는 자의 연합'으로 규정했음에도 불구하고, 부시 시대에서 개발 파트너십이라는 개념은 대부분의 시간을 법률 고문들과 함께 보냈다.

2008년 11월 버락 오바마의 당선은 새로운 가능성을 열어주었다. 특히 당시 국무장관이었던 힐러리 클린턴(Hillary Clinton)은 파트너십을 호소하였는데, 클린턴은 즉시 미국 글로벌 파트너십 이니셔티브(US Global Partnership Initiative)를 설립하고 미국이 전 세계적인 파트너들과 함께 의장, 촉매제, 협력자의 역할을 할 것을 구상하였다. 이는 행동에 의한 공공외교라고 할 수 있는 전략의 일부였고, 힐러리 클린턴은 이를 '스마트파워'라고 명명하였다. 초기의 성공에는 '안전한 취사용 스토브 보급을 위한 국제연맹(Global Alliance for Clean Cookstoves)'이 있었다. 2010년 설립된 이 기구는 기증자, 연구자, 정부를 연결하면서 불이나 단순 화로를 이용하여 요리할 때 발생하는 탄소 오염과 우발적인 죽음의 문제를 강조하였다. 이 프로젝트는 불균형적으로 화재의 희생자가 되는 여성에게 특히 중요했다. 네덜란드 회사 필립스는 혁신적인 디자인을 개발했고 정부는 난로의 보급을 위해 다양한 NGO 및 지역 자치단체와 협력하였다. 놀랍게도, 중국과 인도 정부까지도 이 이니셔티브에 참여하였다. 프로젝트는 매우 성공적이어서 정부 부처를 넘어 UN기구에 편입되었다.[19] 2011년, 클린턴 팀은 국제디아스포라연계연합(International Diaspora Engagement Alliance, IDEA)을 설립하였고, 이 기구는 기업가정신, 자조, 개발을 촉진하는 메커니즘 형성을 목표로 하면서 미국에 위치한 디아스포라 커뮤니티와 그들의 출신 국가 간에 다양한 파트너십을 이루었다. 이 프로그램에는 파트너들이 그들의 출신 국가를 다시 방문하고, 도움을 주기 위해 송금하는 등의 자원봉사에 대한 홍보가 포함되어 있었다. 개발에는 온라인 멘토링 프로젝트가 포함되어 있었다.[20] 2012년, LIONS@frica(혁신 기회 국가의 자유화(Liberalizing Innovation Opportunity Nations)의 줄임말)의 출범은 아프리카 대륙의 기술 기업가 정신을 개척하기 위해 존 템플턴 재단, 비정부기구, USAID와 같은 다양한 기여자와 함께 핀란드의 기술 대기업 노키아와 미국의 마이크로소프트 간의 기술 협력을 이루어냈다.[21]

클린턴의 후임인 존 케리 국무장관은 미 국무부 파트너십 업무의 상부구조를 수정하여 글로벌 파트너십 사무국(S/GP 지정) 수준으로 이니셔티브를 상향했다. 이 같은 비전은 미국 정부 전체가 부문간 국제 파트너십 업무를 중심으로 훈련과 네트워킹을 할 수 있도록 기관 간 파트너십 자원을 제공하는 데 초점을 맞추기 위해 일부 수정되었다. 주요 프로젝트로는 2014년 글로벌 다도시 민관협력 연례행사로 시작된 피셔커톤(Fishackathon, #codefish) 프로젝트가 있으며, 정부가 파트너들로 하여금 어플리케이션을 제작하고, 장관의 해양 의제(Ocean Agenda)를 지원하도록 했다. 파트너로는 아마존(Amazon)과 캐나다 정부가 있었다.[22] 2016년, 정부는 학계, 외교연구소(Diplomacy Lab), 웡크탱크(Wonk Tank)와 제휴하기 위한 두 가지 이니셔티브를 시작했는데, 이 두 가지 이니셔티브 모두 학생과 교직원의 새로운 아이디어를 이끌어내기 위한 것이었다. 케리는 더 나아가, 최고의 국제 파트너십을 표창하기 위해 P3 임팩트 어워드(P3 Impact Award)를 도입하였다. 이러한 추진력은 트럼프 행정부에서도 계속되었다.

협력으로의 전환: 영국의 사례

미국 외교의 변혁을 주도하고 있던 것과 같은 과정이 영국에서도 일어나고 있었지만, 영국의 경우엔 공공외교에 더욱 분명하게 초점이 맞춰져 있었다. 사이먼 안홀트(Simon Anholt)를 포함한 초기 블레어 시대의 일부 실무자들에게 국가브랜드의 편협한 홍보에 대한 집착은 막다른 골목처럼 보였다. 2002년 FCO•••의 크리스 월튼이 주재한 공공외교

••• Foreign&Commonwealth Office. 영국 외무 영연방부

지형에 대한 검토는 영국 공공외교 내 파트너십 개선을 위한 공식적인 구조를 필요로 했다. FCO는 공공외교정책위원회를 마련했다. 2003년, 새 이사회는 공공외교에 대한 정의를 파트너십을 "HMG••••의 해외 목표를 지지하며, 영국에 대한 해외의 개인 및 조직의 인식과 영국과의 관계, 관계와 파트너십의 창출을 통해 긍정적인 영향을 미치는 것을 목표로 하는 작업"이라고 썼다.[23] 이 문구는 영국 평의회가 기존에 가지고 있는 우선순위와 접근방식을 반영했다. 외무부와 영국 연방청 지도부는 더 심도 깊은 변화가 필요할 것 같다는 의심을 하기 시작했다. 이에 대한 분수령은 2005년 콜스의 카터 경이 영국 공공외교에 대한 전면 재검토를 제시하고 전략적 목표에 초점을 맞출 것을 요구하면서 등장했다.[24] 이 같은 아이디어를 적용하는 업무는 공공외교를 맡고 있는 외무부 국무차관 데이비드 트리스만(David Triesman) 경에게 돌아갔다. 그가 2007년 4월에 런던정경 대학의 학생 청중들에게 "우리는 우리가 관심 있는 이슈에 대해, 우리가 영향을 주고 싶은 나라의 사람들과 직접 이야기하는 데 다시금 집중했습니다. 그리고 우리는 단순히 우리의 정책을 설명하지 않고, 토론하며 우리에게 동의하거나 반대하는 사람들과 관계를 맺습니다."라고 말하였는데, 이것이 그의 접근법이었다. 트리스만 경은 이 같은 접근법을 강조하기 위해 "잘 사는 사람은 친구들의 조언을 받는다."는 셰익스피어의 말을 인용하였다.[25]

•••• Her Majesty's Government(영국 정부)

영국 공공외교의 초점은 네 가지 전략적 목표에 있었다. (1) 기후 안보, (2) 폭력적 극단주의(CVE) 대응과 문화적 영역에 걸친 이해 증진, (3) 지식 경제 촉진, (4) 특히 EU와의 다자간 협력 증진이 그것이다.[36] 트리스먼 경이 의장을 맡아 재구성된 이사회가 조정 작업을 감독했고, 이사회는 국제 커뮤니케이션 문제에 대한 지식을 가진 두 명의 '독립 회원(크리스 파웰과 사이먼 안홀트)', 마틴 데이비드슨(영국 평의회 사무총장), 루치안 허드슨(FCO의 통신국장), 나이젤 채프먼(BBC월드 서비스의 감독이자 관찰자)으로 구성되었다.[27] 과거 '쿨 브리타니아'••••• 의제의 상당 부분이 지식경제 안에 들어맞는 것은 사실이었지만 제시된 프레임은 협업을 위한 이상적인 토대였다. 기후변화를 '기후안보'로 재포지셔닝한 것은 효과적인 단어 선택이 만들어낸 기적이었다. 영국외무연방성(FCO)은 윌턴 공원(Wilton Park)에서 공공외교에 관한 일련의 회의를 열고 협력자, 고문, 동맹국들을 통해 협력적 접근법을 확산시키려 하는 등 이 접근법을 널리 알리려 했다.[28] 2008년, FCO는 「참여: 세계화된 세계에서의 공공외교(Engagement: Public Diplomacy in a Globalised World)」라는 제목으로 새로운 공공외교 주제에 관한 서적을 의뢰했고, 이를 대서양 양쪽에서 모두 사용할 수 있게끔 노력했다.[29]

협력을 위해 보다 효과적인 근간을 마련하고 싶었던 FCO는 퇴임한 커뮤니케이션 이사인 루시안 허드슨(Lucian Hudson)에게 이 주제에 대

••••• 1990년대 들어 활기찬 모습을 보인 영국 문화를 가리키는 말

한 상세한 보고서를 작성해줄 것을 의뢰했다. 결과적으로 〈활성화된 국가: 성공을 위한 협력(The Enabling State: Collaborating for Success)〉은 부문 간 파트너십의 가능성과 한계를 이해하는 데 큰 기여를 했으며, 이 주제에 관심이 있는 사람들에게 훌륭한 출발점이 되었다.[30] 2010년, FCO가 공공외교의 정의를 다음과 같이 파트너십에 집중하는 것으로 전면 수정하면서 대단원의 막을 내렸다. "공공외교는 NGO, 싱크탱크, 여론 조성자, 청년, 기업가, 시민 개개인 등 뜻을 같이 하는 기관과 개인들이 공공 장소에서의 파트너십을 통해 영국의 국제 전략 우선순위를 쟁취하는 과정이다."[31]

2010년 5월 총선에서 데이비드 캐머런(David Cameron)의 보수당이 이끄는 연립정부가 집권하면서 영국의 협력적 전환은 중단되었다. 2011년, 영국 정부는 그레이트 캠페인(Great campaign)으로 알려진 소프트파워 이니셔티브를 출범하였다. 이 같은 시도는 어떤 면에서는 국가 브랜드 중심의 접근법으로 되돌아가는 것처럼 보였다. 모든 국기가 휘날리며 "영국을 지지한다(Backing Britain)"고 함성을 외치지만, 국가와 분야를 초월한 파트너십은 여전히 오늘날의 질서로 남았다. 21세기에는 이보다 효과를 발휘할 수 있는 다른 방법이 없다.

모범 사례 모델링

협력의 장점이 명확하다고 할 지라도, 파트너십을 형성하는 방법은 종종 파악하기 어렵다. 협력은 노골적으로 리더십을 요구하고, 다른 사람의 자원을 의도적으로 끌어들이는 데에는 다소 무리한 요소가 있다. 파트너십을 촉진하는 모든 모델은 기부금을 모을 수 있는 견고한 플랫폼의 구축과 커뮤니케이션의 활용, 이 두 가지 모두에 관심을 쏟을 필요가 있다. 한 가지 방법은 고대 유럽 우화에서 찾아볼 수 있는데, 서유럽에서는 '돌멩이 수프(Stone Soup)'로 알려져 있으며 북유럽에서는 '손톱 수프(Nail Soup)', 동유럽에서는 '도끼 수프(Axe Soup)'로 알려져 있다. 이야기는 다음과 같다. 기근이 만연한 시대에 한 낯선 이가 낯선 나라를 여행하고 있었다. 어떤 사람들은 그가 순례자라고 말하고, 다른 사람들은 그가 전쟁에서 돌아온 군인이라고 말했다. 그는 어느 마을에 와서 문이 닫힌 것을 발견했다. 퉁명스러운 마을 주민들은 "먹을 거 달라고 하지 마세요", "우리에겐 아무것도 없습니다. 가던 길 가는 게 좋을 거요"라고 말했다. 그러나 낯선 이는 자신이 먹을 것을 구걸하기 위해 온 것이 아니라 요리 마술을 보여주기 위해 왔다고 했다. 그는 3개의 돌을 집고서 "이 돌로 수프를 만드는 방법을 보여드리죠. 한 솥의 물과 불만 있으면 됩니다."라고 말했다. 마을 주민들은 몹시 호기심이 생겼다. 그는 한 솥의 물을 받아 마을 한가운데 앉았다. 낯선 이는 물이 담긴 솥에 돌 3개를 넣고 긴 숟가락으로 물을 젓기 시작했다. 그는 저으면서 "오, 돌 수프는 너무 좋아…"라고 혼자 중얼거렸다. 마을 주민들은 집에서 뛰쳐나와 무슨 일이 일어나고 있는지 구경했다. 그들은 낯선 이가 무슨 말을 하는지 듣기 위해 가까이 다가왔다. 낯선 이는 "돌 수프는 정말 좋지만, 소금이 있으면 더 좋을 것 같아."라고 말했다. 이 말을 들은 누군가가 "우리 집에 소금이 좀 있어요. 갖다 줄게요"라고 말했다. 소금이 추가되었다. 낯선 이는 계속해서 저었고 혼자 중얼거렸다. "돌 수프는 매우 좋지만 허브를 좀 넣으면 더 좋을텐데…" 곧 허브도 전달되었다. 낯선 이는 계속해서 "돌 수프는 정말 좋지만 감자 몇 개 더 있으면 참 좋을텐데"라고 말했다. 다른 마을 주민이 감자 몇 알을 가져다주었다. 낯선 이는 그렇게 당근, 콩, 심지어 고기까지 이야기하였고 마을 주민들은 각각의 식재료들을 가져다 주었다. 늦은 오후, 솥 안에는 놀라움에 압도된 관중들과 함께 먹을 수 있는 영양가 있는 수프가 가득 차 있었다. 모두가 수프를 먹을 때, 그는 떠나고 계속해서 갈 길을 갔다.

이 우화는 윌리엄 브래턴(William Bratton)과 재커리 투민(Zachary Tumin)이 2012년 그들의 책 「협력 혹은 죽음! 네트워크로 연결된 세계에서 경계선을 넘다(Collaborate or Perish! Reaching Across Boundaries in a Networked World)」라는 책에서 제시한 모델과 일치한다. 그들의 만남은 그 자체로 경계를 넘는 협력이기도 했다. 한 명은 하버드 케네디 행정대학의 교수였으며, 한 명은 전직 LA 경찰서장이었다. 이 책은 성과를 내는 이색적인 파트너십의 필수 사례를 제시하면서 협업의 구성과 관리를 위한 틀을 마련하였다. 그들이 제시한 9단계는 다음과 같았다.

1. 비전을 갖고 시작하라: 당신에게 분명하고, 광범위하고, 다른 사람들에게도 설득력 있는 목표를 표현하라.
2. 문제를 인식하라: 당신이 협력하고 싶은 분야를 연구하고 그 본성을 이해하라.
3. 문제를 적절한 규모로 파악하라: 사용 가능한 자원이 주어진 경우, 어떤 요소를 효과적으로 다룰 수 있을지 선택하라.
4. 플랫폼을 구축하라: 협력의 효과적인 운영을 통해 메커니즘을 구축하라.
5. 파트너를 모집하라: 프로젝트의 참가자를 모집하라.
6. 윈윈 전략으로 설득하라: 파트너들에게 협력이 모두의 이익임을 강조하라.
7. 이야기를 형성하라: 대외적으로 그 성과를 뒷받침할 수 있는 방법으로 협력을 제시하라.
8. 정치적인 현실을 기억하라: 당신의 파트너들이 그들 나름의 복잡한 배경을 갖고 있으며 양측 모두에게 달성할 수 있는 한계치가 존재한다는 점을 이해하라.
9. 파트너십의 한계를 수용하라: 협력의 중요성을 과장하거나 다른 당사자들을 당연시하지 말라.

이러한 과제들은 모두 공공외교의 다른 기술인, 즉 청취, 신중한 프레이밍, 숙련된 옹호를 끌어들인다.[32]

브래턴-투민 공식(Bratton-Tumin formula)은 돌멩이 수프 우화와 더 잘 들어맞는다. 이방인은 밥을 먹겠다는 비전을 갖고 시작했다. 그는 기근과 불신이 자원의 부족을 야기한다는 문제를 인식하고 있었다. 그는 문제를 '축소'하여 평생 먹을 수 있는 것을 찾기보단, 한 끼 식사를 먹고자 하였다. 그는 마을 한 가운데에 솥을 준비하여 플랫폼을 구축했다. 그는 그의 언사로 사람들을 꾀어 파트너를 구했다. 그는 모두가 먹을 수 있다고 약속하며 '윈윈 전략'을 어필하였다. 그는 '요리 마술'을 볼 수 있는 절호의 기회라고 말하며 이야기를 만들어냈다. 그는 냄비 주변에 모인 군중들과의 관계를 조정하고 하루가 끝날 무렵까지 사방으로 국그릇을 전달하는 등 정치적 현실을 기억했다. 그는 이야기의 마지막에서 마을을 떠나며, 파트너십의 한계를 인정했다. 이 우화는 브래턴의 LA경찰국 근무 경험과도 들어맞는다.

2002년, 브래턴은 도시의 시위, 갱, 보복, 강압적인 치안 등과 밀접하게 연관된 부서에서 근무하였다. 그는 더 안전한 LA를 만들어야 한다는 사명을 갖고 있었다. 그는 즉시 연구 프로그램과 데이터 분석, LA의 여러 커뮤니티 대표들의 의견을 들으며 도시 범죄의 문제점에 대해 인식하기 시작했다. '문제 축소'의 과정은 400만 명의 도시 전체 인구에 접근하기보단, 범죄로 악명 높은 동네 5곳에 집중하는 것으로 이루어졌다. 5곳에서의 범죄 감소가 인접 지역의 상황도 개선시킬 수 있을 것이라는 생각에서 나온 결정이었다. 실전에서 이 이론은 '깨진 유리창을 고치는' 방법과 같았다. 이것은 브래턴이 1990년대 중반 뉴욕시에서 효과적으로 사용한 접근법이었다.[33] 브래턴이 만든 플랫폼은 지역 사회와 정기적인 교류를 하기 위한 포럼 네트워크였다. 그는 지역사회 단체와 노동조합을 포함하여 지역사회 단체에서 파트너를 찾았다. 그가 이 집단들에게 강조한 윈윈 전략은 공동체의 성공이었다. 그의 프레임은 '도시 모든 시민의 공유 재산'이라는 말을 따랐다. 그가 마주한 정치적인 현실에는 경찰서장이 직접 유권자를 참여시키는 것에 대해 탐탁지 않게 여겼던 시장과 시의회와의 복잡한 관계도 포함되어 있었다. 브래턴은 정확히 파트너십의 한계를 이해했다. 그의 지역사회 파트너들이 그와 LA경찰의 모든 것을 지지할 거라고 기대할 수는 없었다. 예를 들어 2007년 5월 1일, LA경찰들은 맥아더 공원에서 열린 이민자 인권 시위를 진압하기 위해 무력을 사용했고, 지역사회 시민들은 분노하였다. 경찰노조는 브래턴의 지역사회 구성원들이 이 사건에 대해 자신들의 편을 들어줄 것이라고 기대했다. 그러나 브래턴의 견해는 달랐다. 그는 지역사회의 시민들의 반대할 권리를 옹호했을 뿐만 아니라, 개인적으로 시위와 관련된 시청 회의에 참석하고 LA경찰의 위반에 대해 엄중한 처벌을 요구했다. 그는 이날 담당 고위간부를 좌천시키고 이 사건을 부서 개편의 동인으로 삼았다.[34] 파트너십은 배상금을 지불했다. 브래턴이 2009년에 임기를 마쳤을 때, 범죄율은 6년 연속 감소라는 전례 없는 하락세를 보였고 경제 불황 속에서도 꾸준히 하락하였다.[35] 브래턴은 LA에서의 그의 정책이 더 큰 가치가 있다고 믿었으며, 심지어는 LA에서의 임기 동안 그의 경험을 전하기 위해 세계를 여행하기도 했다. 임기 말미에, 그는 민간 분야로 옮겨 더 일반적인 적용 사례를 찾기 위해 일했다. 투민과의 협력은 이것의 연장선이었다. 그가 영국에서 여왕에게 훈장을 수여 받고, 영국이 2011년 폭동에 대

응하고자 그를 초대할 만큼, 그의 조언은 충분히 가치 있는 것으로 여겨졌다.[36]

이 장의 앞부분에서 설명한 성공적인 파트너십 사례에서도 동일한 종류의 역학을 확인할 수 있다.

분석: BBC와 FBIS

BBC와 FBIS 간 청취 파트너십에서, 그 비전은 처음엔 전쟁과 냉전 시대의 안보였다. 문제를 '축소'하는 것은 관리 가능한 수준으로 과제를 쪼개는 것이 해당되고, BBC와 FBIS 모니터 요원에게는 특정 방송국과 프로그램을 추적하고 번역할 대상을 선택하는 것을 의미했다.

플랫폼은 전쟁 초기에 미국과 영국 사이에 만들어진 연구 교환을 위한 절차였고, 1947년 서면 합의에서 공식적으로 명시되었다. 이 과정의 파트너들은 호주의 국가 평가국이 수행한 연구처럼 소규모 연맹국들을 포함했다.[37] 이러한 상황에서 윈윈 전략을 찾기는 어렵지 않았다. 그러나 모든 참가자들이 마주한 정치적 현실은 그들 자신의 정부에 의해 그들의 일의 중요성이 종종 무시된다는 것이었다. 공동 모니터링 이니셔티브의 역사는 예산 삭감을 관리하는 양측의 끊임없는 반복인 듯하다. 현재는 오픈소스센터(Open Source Center)로 알려진 FBIS와 BBC MS는 그들의 활동을 수익화해야 하기 때문에 미래의 청취 도전이 과거의 도전만큼 잘 충족될지는 불분명하다.[38]

분석: 실패한 신

브래턴과 투민의 관점에서, '실패한 신'의 비전은 넓은 의미에서 공산주의에 대한 도전이었다. 크로스먼(Crossman)은 확실하게 문제를 알고 있었다. 젊은 시절에 방문한 베를린에서 그는 서유럽의 주요 볼셰비키•••••• 선전가인 윌리 문젠베르크(Willi Munzenberg)와 함께 일했다.[39] 그는 공산주의가 지적으로 설득력이 있다는 부분에서, 그것은 곧 위협이라고 이해했다. 크로스먼의 '문제 축소'는 지식인에 집중하고 그들이 다른 지식인의 경험에 영향을 받을 것이라는 걸 이해하는 것이었다. 그의 플랫폼은 문학 선집이었다. 윈윈 전략은 과거의 과오를 개인적으로 해명하는 것과 공산주의에 대항하는 집단운동에 기여하는 것 모두 해당했다. 프로젝트의 프레임이 곧 제목이었다. 「실패한 신(The God that Failed)」이라는 이 책은 소련의 접근에 대한 믿음이 사라졌을 때 기고자들이 느꼈던 실망과 실존적 소외의 정도를 정확히 합친 것이었다. 이 책은 국가 프로파간다 차원보다는, 개인적인 발언으로 간주되었다. 하지만 그것은 국가가 지원하는 캠페인에 있어서는 훌륭한 탄약이었다. 크로스먼의 접근 방식, 즉 목표 청자가 신뢰할 수 있는 사람들과 파트너를 맺는 것은 현시대에서 폭력적 극단주의에 대항하는 훌륭한 모델이다.

•••••• 블라디미르 레닌이 인솔한 러시아 사회민주노동당의 급진적 분파이자 공산주의 정당

분석: 에라스무스

에라스무스 프로그램(ERASMUS program)은 효과적인 교환 파트너십이다. 세계에서 가장 인상적인 또 다른 협업 플랫폼인 EU에 의해 구축된 협업 플랫폼이다. 기저에 깔린 비전은 물론 유럽인들 간에 더 큰 통합을 이루는 것이었다. 이 문제에 대한 지식은 교육에 대한 관심을 유도했고 많은 학생들은 관료적인 이유로 엄격한 국가적인 지평을 제시했던 반면, 조금의 설득이 있었다면 그들은 좀 더 국제적인 관점을 수용했을 것이다. 문제를 '축소'하는 것은 대학 학생들에게 집중하고, 한 학기에서 1년 사이의 시간을 고국 밖에서 보낼 수 있는 능력을 향상시키는 것이었다. 이를 가능하게 한 플랫폼은 에라스무스 프로그램이었다. 파트너는 개인 교육 기관과 프로그램에 참여하고자 했던 학생 모두였다. 윈윈 전략은 연합을 넘어 상호 발견의 측면이 가능하다는 것이었다. 프레임은 제목에 활용되었는데, 유럽의 르네상스의 거장 중 한 명과 동시대적 교류를 가능하게 함과 동시에, 부활과 기하급수적 성장의 새 기회를 암시하는 제목이었다. 정치적 현실은 회원들이 처음에 이 프로그램에 제시했던 한계였다. 프랑스, 독일 그리고 영국은 처음에 프로젝트를 거부했고, 그들만의 잘 발전된 교환 채널을 잃는 것을 우려하였다. 시간이 흐를수록 그 개념은 성장하였고, EU국가의 경계를 넘어 도달하는 '에라스무스 문더스(ERASMUS MUNDUS)' 프로그램이 가능해졌다.

분석: 아동 생존 방송

VOA 이니셔티브인 '아동 생존을 위한 방송(Broadcasting for Child Survival)'의 경우, 제프리 코완(Geoff Cowan) 감독과 그의 스태프 그레그 피리오(Greg Pirio)의 비전은 국제방송을 통해 개발도상국에서 변화를 일으키는 것이었다. 여기서 세계 보건의 '문제를 인지'하는 과정은, 정확한 정보의 부족이 하나의 이슈이며, VOA가 이를 수정하기 위해 이상적으로 준비되어 있다는 것이 드러내주었다. '문제를 축소'하는 과정은 정보 부족이 특정한 피해를 유발하는 분야에 집중하는 것을 포함하는데, 그 분야가 바로 유니세프가 제시한 아동 보건 아젠다였나. 플랫폼은 VOA와 USAID가 1998년 4월에 개최한 컨퍼런스 형태로 나타났다. '윈윈' 전략은 청중들의 삶에 중요한 공헌을 하고, 외교 정책의 인도주의적 측면을 전달하는 데 있었다. 이니셔티브의 '프레임'은 '아동 생존을 위한 방송'이라는 컨퍼런스의 제목에 나타났는데, 단순히 아이들의 건강보다는 아동 사망의 주요한 원인을 줄이는 데 집중한다는 것이었다. 정치적인 한계 역시 많았다. 제프리 코완에 의해 생겨난 개념이지만 컨퍼런스는 그의 후계자이자 피리오를 재임용한 에블린 리버만(Evelyn Lieberman)에 의해 진행되었다. 뒤이어, 리버만의 후임인 샌포드 웅가(Sandford Ungar)가 업무를 맡았다. 모두가 각각의 주안점이 있었다. VOA/AID 요소는 기관 간 파트너십을 중심으로 관료주의를 통해 업무를 진행해야 했고, 전체 이니셔티브는 조지 W. 부시 행정부로의 이행과 해외 여러 방면에서 미국 지도부에 대한 개방성 하락에 적응해야 했다. 프로젝트의 중요한 측면을 유니세프로 옮기는 것은 의심할 여지없이 일부 당사자들의 참여를 이끌어내는 데 도움이 되었다. 몇몇 우려들이 있었다 하더라도, 이 사례는 시의적절한 협력적인 플랫폼이 네트워크화된 세계에서 발생하는 불공평한 결과를 어떻게 해결하는지 보여주었다.[40]

교훈: 10가지 비밀

2012년 6월, 미 국무부의 글로벌 파트너십 이니셔티브 기구(Global Partnership Initiatives)는 힐러리 클린턴의 국무장관 재임 시기에 시작된 협력 활동 내에서 새로운 교훈을 얻고자 원데이 컨퍼런스를 개최하였고, 이를 위해 조지 워싱턴 대학교 경영대학의 기업 책임 연구소(Institute for Corporate Responsibility)와 파트너를 맺었다. 컨퍼런스에는 관심있는 학자, 실무자, 그리고 포드 모터스(Ford Motors)를 포함한 국무부의 저명한 파트너들, 바이탈 보이스(Vital Voices), 레인포레스트 얼라이언스(Rainforest Alliance), 월드비전(World Vision)과 같은 NGO들이 참가하였다. 이 컨퍼런스의 제목은 '흔치 않은 동맹: 진정한 파트너십, 진정한 경험, 진정한 영향(Uncommon Alliances: Real Partnerships, Real Experiences, Real Impacts)'이었다.[41] 마지막 세션에서는 하루동안 나온 교훈을 요약하였다. 각종 경험이 회의장 곳곳에서 흘러나왔다. 자료를 추려보니 성공적인 파트너십의 열 가지 비밀이 밝혀졌다.

1. 목표를 일치시키라. 파트너십에 참여하는 모든 당사자들이 명백한 목표를 갖고, 프로젝트의 비전을 공유하는 것이 중요하다.
2. 기대를 관리하라. 모든 당사자들이 파트너십의 한계를 이해하고, 특히 기간 관련 문제와 다른 사람이 누구를 파트너로 선택할지에 대해 이해하는 것이 중요하다.
3. 신뢰를 구축하라. 모든 당사자들이 서로 신뢰를 쌓는 것이 중요하다. 전자 기기의 발달에도 불구하고, 실무자들은 성공적인 협력을 이루는 데 필수적인 신뢰를 구축하는 데 있어서 대면 미팅을 대체할 것이 없다고 보았다.
4. 신뢰를 지켜라. 모든 당사자들이 서로 계속 신뢰를 유지하는 것이 중요하며, 가장 좋은 방법은 지속적으로 연락을 유지하는 것이다.
5. 평등을 주상하라. 실무자들은 성공적인 파트너십을 위한 준비과정 중 하나는, 모든 당사자들을 동등하게 대우하고 서열에 의해 나눠서는 안 된다고 주장하는 것이라고 말했다. 특히, 기부 규모를 비공개하여 현물 기부가 동등한 지위를 부여받는 것이 중요했다.
6. 전문성을 허용하고 존중하라. 평등 원칙의 확대는 다양한 전문지식에 개방적인 태도를 취하고, 서로 다른 파트너들이 다양한 전문지식을 가져온다는 것을 이해하는 것이었다.
7. 국경, 분야, 세대를 뛰어넘어라. 파트너십은 직업적 경험과 경계의 차이를 넘어 다른 전문 분야 사람들과 협력하는 것을 허용할 뿐만 아니라 이를 요한다. 장벽이 꼭 지리적인 장벽일 필요는 없다.

8. 차이점을 환영하라. 실무자들은 파트너십에서 나타나는 다양성은 재미 요소 중 하나이며 관련된 행위자들의 범위를 명확히 하고, 이에 주목하는 것이 일리가 있었다고 밝혔다.
9. 공로를 나누어라. 파트너십의 베테랑들은 공로를 나누지 않을 경우, 한 파트너가 공로를 가장 많이 차지하게 되어 성공적인 협력 사례에서 협력자의 역할이 무시당하고 그 의미가 퇴색될 수 있음을 상기해 주었다.
10. 시간이 흐르기 전에 관계를 끝내라. 파트너십 참여자들이 건넨 충고 중 가장 놀라운 것은, 최고의 파트너십에는 늘 기한이 있으며 파트너십을 맺는 것이 배타적이거나 무기한적인 약속이라고 느끼도록 해서는 안 된다는 것이었다. 새로운 프로젝트에서 파트너와의 결합과 재결합은, 비록 익숙한 의제일지라도 흥미성을 유지하고 지속적으로 새로운 관점을 보여주어야 한다.

협력과 CVE•••••••: ISIS/다에시•••••••• 격퇴하기

협업의 힘을 보여주는 최근의 사례 중 하나는 CVE에 대한 집단적인 공중 참여 노력이다. 초기 단계에서, 서구의 CVE는 국제 파트너를 시도는 고사하고 단일 국가 관료체제 내에서 파트너십을 구축해야 하는 어려움에 빠져 있는 경우가 많았다.[42] 그러나 2011년부터 파트너십의 과정은 네덜란드와 멕시코가 공동 의장을 맡은 글로벌 대테러리즘 포럼(Global Counterterrorism Forum, GCF)의 등장과 함께 국제적인 단계로 변화하였다. GCF는 모범 사례들을 공유하기 위한 플랫폼을 제공하였고, 그 중 상당 부분이 개념 단계부터 프로그램의 관계 및 평가 구축에 집중하면서 효과적인 공공외교의 표지를 반영했다.[43] 2012년, 아랍 에미레이트 연합은 콘텐츠를 강화하기 위해 중요한 조치를 취했다. 아부다비에 CVE 헤다야 국제 센터(Hedayah International Center of Excellence for Countering Violent Extremism)라는 허브를 구축하고 효과적인 공유 미디어를 생산하고 교환하는 것을 도왔다.[44]

다에시의 도발이 커지자 오바마 정부는 2015년 2월, CVE 회담을 개최하여 협력을 도모하였다. 이 같은 접근법은 다른 나라와의 국제 파트너십을 강조할 뿐만 아니라, 지하드에 대한 찬반 메시지 전송

••••••• Countering Violent Extremism, 폭력적 극단주의 대응

•••••••• 2014년부터 2017년까지 이라크의 북부와 시리아의 동부를 점령하고 국가를 자처했던 극단적인 수니파 이슬람 원리주의 무장단체

에 필수적인 플랫폼을 보유한 기술 기업들과의 국제 파트너십도 강조하였다. 백악관은 젊은 사람들이 자신들의 지역에서 중도를 위해 목소리를 낼 수 있도록 '기술 캠프(Technology Camps)'를 약속하였다.[45] 여기에는 '강한 도시 네트워크(Strong City NewYork)'라는 활동이 있었는데, 미국무부가 노르웨이 정부, 덴마크 정부, 영국에 본부를 둔 전략 대화 연구소와 함께 마련한 것으로, 시장과 지방자치단체의 반극단주의 업무 경험을 수집하고자 했다.[46] UN은 또한, 2016년 1월에 발표된 '폭력적 극단주의에 대항하기 위한 UN 사무총장의 계획'에 협력할 움직임을 보였다. 이러한 노력을 통해 협력 분야에서 열정적인 파트너를 찾을 수 있었고, 구글과 같은 기업들은 이 분야에서 '구글 아이디어 싱크탱크(현 구글 직소)'를 통해 기업의 사회적 책무를 보여주고자 했다. 기업 부문에서도 CVE에 대한 노력의 일환으로 미디어 개발을 촉진하거나 빅데이터를 활용하기 위해 다양한 수준의 정부와 협력하려는 전문 계약업체가 등장했다. 일례로 2015년에 CVE와 신앙 관련 프로젝트, 정체성 중심 프로젝트를 기반으로 형성된 영국 광고 회사 M&C Saatchi의 자회사 Horizon PR이나, '데이터 기반 혁신을 통해 CVE에 대응한다'는 꼬리표를 단 Moonshot CVE가 있다.[47]

영국 외교부는 앞장서서 다에시에 대응하기 위한 노력을 펼쳤다. 2015년 가을, 외교부는 다니엘 처그(Daniel Chugg)의 지휘 아래 연합통신 조직을 설립했다. 이 기구는 11개의 협력 국가에서 온 직원들을 포함하고 있었다. 이 기구의 핵심 목표는 다에시의 일방적인 주장과 매혹적인 자화자찬에 대응하는 것이었다. 처그는 다음과 같이 말했다.

> "우리의 첫 번째 임무는 다에시를 둘러싼 이야기들을 성공에서 실패로 바꾸는 것이었습니다. 우리는 다에시가 스스로의 프로파간다와는 달리, 전투에서 승리하지 못하고, 통제 중인 지역에 있는 사람들에게 서비스를 제공하지 못하고, 약속을 지키지 못하고 있다는 것을 보여주면서 다에시라는 브랜드를 훼손해야 했습니다."[48]

다에시는 자신들의 활동을 일별로 업데이트하고 60개 파트너국의 공무원 1,000명에게 제안 트윗과 리트윗을 했다.

다에시의 만행과 패배를 보여주는 소셜미디어 피드와 웹사이트가 있었고, 기술 개발 및 자료 공유, 공통의 메시지 구축, 민간 부문 파트너 형성을 위해 30개 파트너국과 분기별 미팅을 했다. 성공의 증거에는 호수와 스페인의 장관들이 발표한 성명서를 포함하여, 처그가 언급하면서 자랑스러워 했던 모든 수준의 파트너 메시지에서 반-다에시 조직의 자료를 사용했다. 이러한 그물 효과는 다에시를 '덜 멋지고, 덜 신뢰할 수 있고, 덜 유능해 보이는' 것처럼 만들었다. 결과적으로 처그가 언급한 것처럼, "그들은 이라크 및 다른 제3국가들의 사람들을 자신들과 동참하도록 설득하는 것이 어렵다는 것을 발견했다."[49] 군사적인 패배가 그 메시지를 더 분명히 보여주었다.

CVE에 대한 집단적인 노력은 놀라운 설득의 사례를 만들어냈다. 그중 가장 유명한 사례는, 2015년 영국의 싱크탱크 퀼리엄(Quilliam)이 시행한 #notanotherbrother 캠페인,[50] 영국의 무슬림들이 제작한 Open Your Eyes.net 사이트의 짧지만 핵심적인 시민들의 소리 비디오(Vox Pop Videos)이다.[51] 하지만 이같은 노력에 비판이 없는 것은 아니었다. 문제는 투명성의 결여와 반(反)극단주의 자료 생성을 돕는 계약자의 역할이었다. 2016년, 영국의 가디언지는 'Break Through'라는 기업의 역할에 대한 관심을 이끌어냈는데, 가디언지가 주장한 바에 따르면 이 기업은 CVE 커뮤니케이션을 위해 영국 정부로부터 1,100만 파운드 상당의 지원을 받았고, 동조적인 미디어 조직에 자료를 공급할 뿐만 아니라 필요할 때는 직접 만들기도 했다.[52] 시민권 운동가 벤 헤이즈(Ben Hayes)와 아심 쿠레시(Asim Qureshi)는 오픈 데모크라시(Open Democracy)•••••••••에 글을 올리며 영국 정부의 지원이 잘못된 '지역사회 기반 운영'으로 나타나는 것에 대한 우려를 제기하면서, 이제 막 진입하려는 민간부문의 열망은 '반(反)급진화 산업'으로 여겨진다고 지적했다. 그들은 또한 "반(反)급진화 산업의 가장 놀라운 업적 중 하나는, 개인을 극단주의로부터 막는 데 가장 좋은 위치에 있는 사람들이 실제로는 어떤 형태의 극단주의에도 관여한 적이 없는 사람들일 수 있다는 생각을 매장해버린 것이다."[53]라고 말하며, 소위 '전자들(과거 지하드들)'과 파트너 관계를 구축하려는 정부의 열망에 어리둥절해 했다. 영국 정부 파트너십에 대한 그들의 설명에서 암시하는 바는 일부 '파트너들'은 실제로 서방 정부가 그들의 활동을 지원하고 있다는 것을 알지 못할 수도 있고, 그러한 지원을 폭로하는 것이 그들의 신용을 손상시키거나 심지어는 위험에 빠뜨릴 수도 있다는 것이었다. 처그의 경우,

••••••••• 영국 기반의 정치 웹사이트

미얀마 주재 영국 대사직 승진을 앞두고 다에시에 대한 집단적 소통 투쟁이 성공으로 이어지기는 더욱 어려워질 것이라는 점을 언급하며 안일한 태도에 경각심을 주기도 했다. 중앙 다에시 커뮤니케이션 메커니즘의 파괴는 조직의 메시지가 중심 이야기를 잃은 채 여러 가닥으로 쪼개지게 만들었고, 각각의 구체적인 역학을 이해하기 위해 주의 깊게 청취해야 하는 무수한 지역 내러티브에 관심을 기울여야 했다. 지금까지 채택된 모든 방법의 효과에 대하여, 새롭게 이뤄져야 할 일은 여전히 많이 남아 있다.[54]

결론: 협력의 회복

현대 협력은 글로벌 공적 참여의 주요 특성이 되고 있지만, 협력이 항상 잘 이루어지는 것은 아니다. 브래턴과 투민이 플랫폼을 강조한 것이 이를 잘 보여준다. 현대의 많은 협력 프로젝트는 투명한 기부자 조직 구조가 부족하여, 지역 파트너들은 EU, OESC, 혹은 친절한 독일재단법인(German Stiftung)의 다음 자금 투입이 언제 이뤄질 지 알 수 없다. 이 같은 불확실성은 단기적인 사고를 낳으며, 특히 숙련된 직원의 연속 근무가 필수적인 미디어 개발 분야 프로젝트에 피해를 준다. 협력 플랫폼은 지속적으로 생산된다. 가장 흥미로운 것은 유럽연합국립문화연구소(EUNIC)인데, 괴테 연구소, 이탈리아 문화연구소, 영국 문화원과 같은 경쟁 기관이 전 세계의 예술을 통해 공통 관심사를 증진시킬 수 있도록 협력의 발판을 제공하는 파트너십 기구이다. EUNIC파트너십은 도시마다 있는 문화 공공외교 조직 사이에 설립되었다. 이 같은 설립은, 과거 식민지 열강들이 이웃과의 협력에 있어서 신생국들보단 덜 개방적이었다는 과거의 역사에 강하게 영향을 받았다.

잠재적 행위자들이 확립한 대외정책 목표로 인해 파트너십이 불가능한 경우, 그 어려움은 목표 자체가 잘못되었다는 강력한 표시로 해석되어야 한다. 파트너십의 필요성은 특히 국가브랜드에 대한 집착에 강력한 비판을 제공한다. 프로젝트에 국기를 꽂고 싶어서 미루기보단, 문제에 맞서는 편이 나았다. 그러나 이보다도, 파트너십에서 좋은 '팀플레이어'나 '조력자'로 알려지는 것이 장기적으로 보았을 때, 국제 행위자의 소프트파워를 강화하는 데 유리하게 작용할 수 있다. 이와 반대로, 홀로 행동하는 것을 고집하거나 혼자서 팡파레를 울리는 것은 장기적으로 보았을 때, 부정적인 결과로 이어질 것이다. 마지막으로, 파트너십에 대한 새로운 초점은 공공외교 연구에 영향을 미친다. 만약 공공외교가 다수의 이해당사자가 있는 협력적이고 관계 중심적인 활동이라면, 공공외교의 학문적 연구를 국가별 사례로 나누는 것은 이치에 맞지 않는다. 실무자들이 협력의 관점에서 생각하는 법을 배웠다면, 학자들도 마찬가지일 것이다. 어떻게 여러 종류의 행위자들이 네트워크를 통해 모여 공동의 문제를 해결했는지를 학자들이 생각해본다면, 그때야 비로소 학계는 글로벌 공중 참여의 다음 단계를 전적으로 지원하게 될 것이다.

PUBLIC DIPLOMACY

결론: 공공외교와 우리 시대의 위기

교훈 1: 공공외교는 청취에서 시작한다 || 교훈 2: 공공외교는 정책과 연결되어야 한다
교훈 3: 공공외교는 자국민을 위한 행위가 아니다 || 교훈 4: 효과적인 공공외교에는 신뢰가 필요하다
교훈 5: 때때로 가장 신뢰할 수 있는 목소리는 당신 자신의 목소리가 아니다
교훈 6: 공공외교가 항상 '당신의 국가에 관한 것'은 아니다 || 교훈 7: 공공외교는 모두의 일이다
필요성 1: 평판 안보 구축 || 필요성 2: 허위 정보에 대한 대응
필요성 3: 피해자 내러티브에 대한 맞대응 || 필요성 4: 미래의 비전을 향한 명확한 제시

2014년 겨울, 우크라이나는 러시아 군대의 물리적인 침공과 왜곡된 정보의 침공이라는 두 가지 공세로 인해 휘청거렸다. 러시아 정부는 혼란의 먹구름을 분리주의의 반란으로 규명하여 이득을 취했다. 몇 주 내에, 러시아 군대는 크림반도를 정복했다. 해외 관찰자는 하이브리드 전투에 대해 언급하기 시작했다.[1] 많은 우크라이나인들에게, 그것은 그저 전쟁이었다. 키예프의 모힐라 언론 대학(Kyiv's Mohyla School of Journalism)의 학자들은 권리를 지닌 행위자로서 가능한 의사소통 반응을 어떻게 조정할 수 있는지를 고민하기 위해 모였다. 이 회의에서 많은 이의 주목을 받은 사람은, 언론인이자 대학의 디지털 미래 저널리즘 학부(Digital Future of Journalism Program)를 막 졸업한 올가 유르코바(Olga Yurkova)였다. 유르코바는 가짜를 폭로하기 위한 웹사이트를 제안하였다. 커뮤니케이션학부 교수 예브게니 페드첸코(Yevgeni Fedchenko)는 그녀의 아이디어가 가진 가치를 즉각적으로 알아챘다. 2014년 3월, 그는 처음에 러시아 동포들과 우크라이나의 위기를 본 영어권 국제 옵서버에게 우선적으로 자원을 제공하는 다중언어 팩트체크 웹사이트인 스톱페이크(StopFake)의 설립을 이끌었다. 우크라이나 저널리즘과 언론학계 출신의 자원봉사자들로 인력이 충원되었고, 스톱페이크는 온라인상에 돌아다니는 조작된 이야기를 게시했다. 주로 시리아, 심지어 멕시코까지 포함해 완전히 다른 분쟁에서의 잔혹 행위를 상세히 묘사한 내용이 많았지만, 초기에 게시된 다양한 이야기에는 우크라이나의 전 대통령 빅터 야누코비치(Victor Yanukovych)의 사망 증명서와 미국 용병들이 도네츠크 지역에 배치되었다는 허위 보고가 포함되어 있었다.

이 사이트는 즉각적인 성공을 거두었다. 세 달이 지난 이후, 매달 150만 명 이상의 방문자를 기록했다.[2]

스톱페이크는 공평했다. 우크라이나 정부의 지지자들이 진실을 왜곡하면, 사이트는 그것에 대한 왜곡 또한 표시했다. 사이트가 가진 가치 중 하나는 실증을 기록했다는 점이었다. 허위사실을 기록하고 표기하며, 그것은 기만이라는 극적인 지형을 드러냈다. 스톱페이크는 냉전으로의 회귀에 약간의 열망을 가지고 유럽에 경종을 울리는 과정의 일환이었다. 서구 NGO들과 이에 공감하는 정부들은 스톱페이크를 미디어를 수호하려는 노력의 일환으로 간주하고 지지하기 시작했다. 그들은 새로운 디지털 세계에서 커뮤니케이션 의제에 '내가 무엇을 말할 수 있는가?'라는 구시대적인 물음보다, '누가 나에게 권한을 부여할 수 있는가?'라는 태도로 접근하는 것이 더 낫다는 것을 이해했다. 2016년 말, 스톱페이크의 자료들은 10가지의 언어로 이용 가능했을 뿐 아니라, 스톱페이크의 숙련된 기술자들은 미디어 커뮤니티에 교육 훈련을 제공하기 위해 탈소비에트 국가 어디든 방문하였고, 아르메니아, 아제르바이잔, 조지아 그리고 카자흐스탄의 기자와 정치가들을 도우며 크렘린 지원 아래 탄생 된 미디어에 도전하기 위해 적절하게 대응했다.[3] 이것은, 외부 행위자들과 진정한 변화를 이루기 위해 시도한 개인에게 어떻게 동기부여를 해주어야 하는지 보여주는 좋은 사례 중 하나이다.

현재의 위기는 국제 언론을 교란하는 악의 있는 단일 국가에 대한 대응 필요성, 그리고 심지어는 최근 '샤프파워(Sharp Power)'로 불리는 미디어의 공격적 이용을 통해 자기주장을 하려는 여러 국가의 대응 필요성보다 훨씬 더 심각하다.[4] 이 위기는 그 자체로 질병만큼 큰 증상이다. 이는 많은 국가가 국내 지지를 결집하고 이웃 국가를 악마로 만드는 메커니즘을 통해 외교 정책을 이용하고 있는 세상을 의미한다. 많은 지도자들은 구시대적인 동맹에서 탈퇴하고, 장벽을 건설하고 묵은 원한을 풀어 그들의 국가를 다시 위대하게 만들 것이라고 약속했다. 일부 국가는 그들의 국가 이미지와 아젠다 프로젝트를 진행하기 위한 메커니즘으로 공공외교의 도구, 혹은 정신을 받아들이기도 했다. 그러나 현실에서 우리가 마주하는 문제는 한 국가로는 해결할 수 없을 만큼 거대하다. 독립을 주장하는 시대는 지났다. 세계는 그들의 상호의존성을 인지해야 하고, 집합적인 도전을 이루기 위해 국경을 너머 무엇을 배울 수 있을지 고민해야 한다. 우리 시대의 위기는 특정한 대응을 요구하지만, 이것을 언급하기 이전에 여태까지의 공공외교 사례의 기저에 있는 교훈을 시야에서 놓쳐서는 안 된다. 또한 그 교훈들은 이 책에서 논의한 것처럼 윤곽이 명확하게 드러났으며, 국제적인 행위자들이 앞으로 나아갈 길을 고민할 때 명심해야 할 사항이다.[5]

교훈 1: 공공외교는 청취에서 시작한다

글로벌 공공 협력은 청취에서 시작되어야 한다. 즉, 체계적으로 해외 대중들의 의견을 수집하고 분석해야 한다. 청취는 반드시 해야 하는 것이고, 선입견에 구애받지 않고 공개되어야 하는 것이다. 새로운 기술은 청취를 더 쉽게 만든다. 소트프웨어가 블로그와 트위터 피드를 실시간으로 검토할 수 있기 때문이다. 하지만, 실무자들은 기술이 그들과 청중들 사이의 거리를 벌릴 수 있다는 점 역시 유념하고 있어야 한다. 공공외교에서, 관계는 그 무엇보다 중요하기 때문이다.

교훈 2: 공공외교는 정책과 연결되어야 한다

공공외교의 황금률은, '당신이 무엇을 말하는가'가 아닌 '당신이 무엇을 하는가'가 중요하다는 것을 의미한다. 건전한 정책을 대체할 수 있는 것은 없으며, 건전한 정책으로 명성을 얻은 행위자라면 막강한 힘을 발휘할 수 있다. 더 나아가, 공중 참여 구조에서 가장 중요한 연결고리는 '청취'를 정책 수립과 연계시키고 외교 정책 과정에서 해외 청중의 의견을 고려하는 것이다. 건전한 정책이 확인되면, 이를 공론화하거나 공공외교와 조화시켜야 한다. 또한 '증서에 따른 참여'의 역할로 간주될 수 있는 파트너와 협력할 필요가 있다. 역으로, 행위자들은 인터넷 세상에서는 주요 정책 오류가 전 세계에 알려진다는 것을 기억해야 한다.

교훈 3: 공공외교는 자국민을 위한 행위가 아니다

오늘날 공공외교관들이 직면한 주요 문제 중 하나는, 일부 정부들이 그들의 일을 국제적인 대중을 끌어들이기 위한 수단이 아니라 국내 청중들을 감동시키기 위한 메커니즘으로 여기는 경향이 있다는 것이다. 이러한 정부들은 세상을 가르치기 위한 행위나 '무식한 외국인'의 잘못된 인식을 고쳐 주기 위해 행하는 모든 것을 자국민에게 매우 보여주고 싶어한다. 그들은 자국민에게 세계의 찬사를 선물해 줄 수 있길 바라며 국내 프로파간다를 목적으로 해외에서 공공외교를 펼친다. 오늘날, 많은 외국 대중 참여의 정치적 맥락은 측정 가능한 결과를 내도록 요구하는데, 이는 결국 단기적 효과를 가장 쉽게 보여줄 수 있는 공공외교의 요소들에 대해 편견을 유발할 위험이 있다. 이러한 편견은 (장기적인 관점에서) 문화외교와 교환외교에 불리하다. 만약 공공외교가 단기적인 정치적 이익 확보를 넘어 사명을 유지하려 한다면, 지도자들에게는 규제와 비전이 필요할 것이다.

교훈 4: 효과적인 공공외교에는 신뢰가 필요하다

신뢰의 가치는 이솝우화의 양치기 소년이 처음 "늑대다!"라고 외쳤던 날부터 속담처럼 되었다. 문제는 신뢰를 얻는 방법이 공공외교 각 요소마다 다르고, 지나치게 밀접하게 연관될 경우 해를 입을 수 있다는 점이다. 공중 참여의 요소를 외교부 내에 모두 포함하기보다는 최고 수준으로 조화시켜 개별 단위로 나누는 영국-독일 모델에서 가능성을 찾을 수 있다. 신뢰는 모든 효과적인 공공외교의 토대가 되고, 소셜 네트워크는 신뢰가 퍼질 수 있는 훨씬 더 큰 범위를 제공한다. 인터넷을 통해 이용 가능한 정보의 양이 증가할수록, 그 정보의 출처는 훨씬 더 중요해진다. 공공외교는 고유의 브랜드가 있고, 그 브랜드 하에 제공되는 정보는 특권을 가질 수 있으며, 브랜드의 신뢰성이 유지되는 한 인터넷 사용자들 사이에서 자발적으로 전달될 가능성이 높다.

교훈 5: 때때로 가장 신뢰할 수 있는 목소리는 자신의 목소리가 아니다

효과적으로 보이고 싶은 욕망은 역사적으로 자신이 공공외교에서 대의를 도모하는 데 가장 적합한 목소리인지에 상관없이 행위자들이 스스로를 중심에 두도록 밀어붙인 요인 중 하나였다. 가장 효과적인 외국 공중 참여 사례 중 몇몇은 행위자들이 다른 이들에게 그들의 이야기를 할 수 있는 권한을 부여했을 때 발생했다. 국가 공공외교는 지방과 소수민족의 목소리에 특권을 주는 데에 효과적이다. 모든 행위자들은 청중들이 신뢰하는 파트너를 찾아내는 것이 좋다. 개인 간 통신기술이 발달한 시대에 신뢰를 확보하는 것은 유사성에 달렸다. '나와 비슷한 사람'을 등록하여 동료에게 전달할 만한 정보를 그들에게 제공하는 것이 효과적인 공공외교가 될 것이라는 얘기다. 참여에 상응하는 개념화는 대상 청중에게 단일 통신을 하기 위한 메커니즘을 정립하는 것이 아니라, 대상 그룹 간에 전달될 수 있도록 네트워크에 재현 가능한 아이디어를 도입할 수 있는 메커니즘을 정립하는 것이다.

교훈 6: 공공외교가 항상 '당신의 국가에 관한 것'은 아니다

공공외교는 외교 정책의 발전에 관한 것이며, 외교 정책이 반드시 행위자의 이미지와 관련된 것은 아닐 수도 있다. 즉, 이는 국제 환경의 개선을 꾀하거나 목표 국가 내에서 지역의 목소리에 힘을 실어주는 것과 관련된 것일 수 있다. 일단 국가 이미지에 대한 편협한 집착에서 벗어난 해외 공중 참여는 광범위한 국제 문제를 다룰 수 있는 잠재력을 가지고 있다. 이는 전례 없는 수준으로 지구의 운명을 손에 쥐고 있는 국제적 대중과 관계 맺기를 희망할 때 국제 행위자가 이용할 수 있는 몇 안 되는 도구 중 하나다. 나아가, 이제는 공공외교가 이슈 공유와 네트워크 사용을 목표로 삼으면서 과거의 성공 모델이 무의미하게 되었다. 몇몇 정부들은 여전히 국제 문제에서 성공에 대한 편협한 생각을 가지고 있다. 그들은 네트워크와 관계의 가치를 이해하지만 마지막 과정에서 독단적인 우위를 기대한다. 이는 용납될 수 없다. 누군가와의 관계에서 어느 한 쪽이 '이길' 수는 없다. 관계는 상호 이익에 기초해야 한다. 관계에서 이기고 싶은 욕망은 정신 질환의 증상이다.

교훈 7: 공공외교는 모두의 일이다

해외 공중 참여를 현장에서 급여를 받으면서 일하는 사람들의 전유물로 이해한다면, 이는 '시민 외교관'의 공헌, 자매 결연 도시와 같은 공식적인 업무, 수많은 국가 간 긍정적인 연결과 같은 '국민 대 국민' 공공외교를 모두 무시하는 것이다. 지난 반세기 동안 공공외교가 이룬 가장 큰 성과는 독일과 프랑스의 화해다. 이 과정에서 이뤄진 마을간 교류는 국가적으로 조직된 교류 계획보다 15년 앞서 있었다. 뿐만 아니라 시민은 공공외교가 세계에 전하고자 하는 메시지나 이미지를 전달하는데 큰 역할을 수행한다. 공공외교는 나쁜 정책뿐 아니라 나쁜 사람들에게도 취약하다. 한 국가가 '브랜드'를 유지하지 못한다면 국가의 모든 메시지는 손상될 것이다. 이로 인해 일부 소수의 사람들은 큰 피해를 볼 수 있다. 때때로 해외 공중을 참여시키는 것의 핵심은, 국내 대중들이 긍정적인 평판에 동의하도록 설득하는 것이다.

오늘날, 정부가 후원하는 메시지는 우리가 국경을 넘어 소통하는 하나의 메커니즘일 뿐이다. 개인 간 직접 상호교류를 통해서도 의견이 형성된다. 귀국한 이민자의 경험과 망명 신청자의 운명은 한 국가의 이미지에 국가 최고계층의 말만큼이나 큰 영향을 미칠 수 있다. 이미지는 항상 경험에 의해 형성된다. 디아스포라 시민은 거주국뿐만 아니라 출신 국가의 공공외교 파트너십을 위한 자원이다. 동시에 이들은 중요한 청중이다. 한 사회가 국제적 아이디어 시장에서 번영을 이루기 위해서는 올바른 것을 말하기 위한 노력뿐 아니라 마야 엔젤로(Maya

Angelou)의 노래 〈나는 왜 새장의 새가 노래하는지 알아요(I Know Why the Caged Bird Sings)〉의 가사에 표현된 것처럼 '내면이 올바르면서,' 사이먼 안홀트(Simon Anholt)가 덧붙였듯이 '좋은 나라'가 되기 위해 노력해야 한다.

이러한 7가지의 교훈 외에도 현재의 국제적인 문제에서 비롯된 4가지 필요성이 존재한다.

필요성 1: 평판 안보 구축

우리 시대의 위기는 국세 질서에 심각한 문제를 초래한다. 만약 상대적으로 처벌을 가할 수 없는 이웃 국가에게 우크라이나의 일부가 넘어간다면, 과연 누가 안전할까? 우크라이나의 운명은 공공외교, 소프트파워, 국가브랜드가 잘못된 방식으로 개념화되었을 가능성을 제기한다. 이러한 개념들은 부유하고 잘 알려진 강대국들의 사치품으로 간주된다. 현실에서는 오히려 더 작은 나라, 더 새로운 나라들이 평판 안보(Reputational Security)를 확립하기 위해 적극 동참해야 한다. 평판 안보는 전 세계적 상상력이 요구되는 지대에 위치한다. 일단 평판 안보가 확립되고 나면 주변 국가와의 주권분쟁, 내적 분열, 해수면 상승을 비롯한 자연적 위협으로부터 문제가 발생할 때 세계가 관심을 기울인다. 우크라이나는 평판 안보가 명백히 부족했다. 예를 들면 국제 청중들은 서방국이 1981년 폴란드에서 계엄령 선언문을 읽은 폴란드 주권에 대한 위협과, 러시아의 위협을 같은 반응을 유발하는 문제로 이해하기 어렵다.

평판 안보에 대한 탐구는 코소보(Kosovo)의 국가브랜드화 노력, 즉 외교적으로 인정받고 베니스 비엔날레와 같은 국제 문화 플랫폼에 참여하려는 노력을 설명하는 데 도움이 된다. 평판 안보에 대한 우려 역시 대만의 해외 공중 참여의 원동력으로 보인다. 국가 브랜딩은 목표하는 현실에 비해 너무 느슨한 프레임이다. 마찬가지로 카자흐스탄이 처음 30년 동안 국가 명성을 쌓기 위해 한 노력은 단순히 투자유치만을 위한 것이 아닌, 국경을 넘어서야 한다는 근본적인 필요성 때문이었다. 따라서 나자르바예프(Nazarbayev) 정부는 2017년 엑스포를 개최하고 정기적인 내부 신뢰를 구축하는 회의를 주재했으며, 아스타나(Astana) 영화제 개최와 대외지향적인 대학 부문에 투자하기 시작했다. 이러한 모델은 두바이 모델보다 싱가포르 모델에 더 가깝다. 희망이란 상호 연결하여 더 잘 연결되도록 만드는 것이다. 이러한 연결성에 대한 지원에는 모든 과학, 기술, 공학, 수학(STEM) 교육을 영어로 진행하고, 소비에트 시대의 키릴 문자를 포기하여 라틴 알파벳을 채택하기로 한 결정을 포함한다. 알려지고 싶어하는 욕망은 일부 카자흐스탄 공무원들이 2006년에 개봉한 코미디 영화 '보랏(Borat): 카자흐스탄의 영광스러운 국가를 위한 미국의 문화 학습'과 같은 풍자조차도 선물로 이해하고자 한다는 점에서 확인할 수 있다. 카자흐스탄이 '보랏 국가(Borat country)'에 관해 알면, 타지키스탄, 우즈베키스탄, 투르크메니스탄, 키르기스스탄에게는 부족한 서양 관객의 정신적 지도에 가까이 다가

갈 수 있다. 이는 보다 정확한 지식과 국가의 관련성에 대한 인식을 구축할 수 있는 출발점이 된다. 이것이 전 세계에 특별한 의미를 갖는 것은 아니지만, 탐욕스러운 주변 국가가 카자흐스탄의 주권을 위태롭게 하기로 결정하는 것을 어느 정도 막을 수 있다. 해외 공중 참여는 평판 안보를 구축하는 방법 중 하나이다.

필요성 2: 허위 정보에 대한 대응

허위 정보의 급증에는 대응이 필요하다. 가짜 뉴스에 동일하게 대응하려는 유혹이 따르지만, 위기에 대한 NATO의 집단 대응은 확립된 새로운 가치를 훼손하는 것을 막았다. 서방 언론들은 러시아 지도자들을 공격하는 과정에서 러시아 국민을 악마로 만들지 않도록 주의해야 하며, 1950년대 BBC와 같은 전략을 채택하여 인성보다는 이슈에 비판의 초점을 맞추는 편이 낫다. 확실히, 서방 국가들은 스스로의 적들에 의해 공표된 고정관념에 따르지 않도록 주의해야 한다. 지금까지 서방의 동맹국들은 잘못된 정보와 왜곡이 일어나고 있는 상황을 폭로하기 위해 노력해 왔다. 유럽연합의 외부 행위 서비스 정보 훼손 검토(European Union's External Action Service Disinformation Review)와 같은 활동들에 대한 지원이 대표적이다.[6] 하지만 이걸로 충분하지 않다. 또한 서방 동맹국들이 문화 교류, 교환, 국제 방송을 포함해 공공외교에서 확립된 채널을 통해 허위 정보와 하이브리드 위협에 압박을 받아 청중들을 참여

시킴으로써, 위협에 더 잘 대처할 수 있도록 탄력적인 사회의 건설을 지원하는 것도 중요하다. 이와 함께 현지 주민의 매체를 강화할 필요가 있다. 특히 현지 주민 매체가 위협을 받고 있는 지역도 묘사할 수 있을 만큼 신뢰받는 뉴스로서 현지에 형성되도록 도움을 주는 권한이 부여되어야 한다. 에스토니아의 러시아어권 국경 도시인 나르바(Narva)와 같은 도시가 대표적이다. 이 도시는 모스크바에서 '천편일률적인' 메시지를 받고 있는데, 그에 대한 해결은 워싱턴에서 보내는 것과 마찬가지로 '천편일률적인' 메시지가 아니다. 나르바시는 러시아어권, 에스토니아어권, 유럽권 주민이 뒤섞여 생활하고 있으며 이러한 공동체의 복잡성에 적합한 미디어를 제공해야 한다. 마지막으로, 커뮤니케이션 문제에 대한 해답이 반드시 동일한 커뮤니케이션 분야에 있는 것은 아니라는 것을 기억할 필요가 있다. 무기화된 정보는 정보의 군사화 과정을 필요로 할 수 있다. 확실히, 이러한 방식은 1980년대 후반 냉전 시기, 미디어의 도전에 대한 해결책의 일환이기도 했다.[7]

필요성 3: 피해자 내러티브에 대한 맞대응

아이디어의 시장에서, 피해자 내러티브의 밈은 다른 아이디어를 둥지에서 밀어내는 통통하고 작은 뻐꾸기 새끼와 같다. 피해자 내러티브는 소셜 미디어에 울려 퍼지는 이상적인 메시지이다. 이는 청중들에게 공동체가 고통에 관한 특별한 이야기를 가지고 있고 다른 사람들의 요구가 고려되기 전에 피해자 내러티브에 대해 관심을 가질 필요가 있음을 시사한다. 피해자 내러티브는 대칭적인 포용을 통해 1990년대 공동체를 분리시키고, 이스라엘과 팔레스타인, 그리고 유고슬라비아의 분열을 포함해 10년 동안 가장 추악한 논쟁을 불러일으켰다. 21세기의 첫 10년 동안, 이러한 피해자 내러티브는 범세계적 지하드로 방향을 옮겨갔다. 뒤이어 맞이한 2010년대에, 이러한 내러티브는 새로운 포퓰리즘을 양산했다. 공공외교에서는 과거의 피해자 내러티브가 어떻게 확산되어 왔는지를 고려하고, 최근 몇 년 동안 폭력적인 극단주의에 대항하기 위해 활용되었던 자원들을 통해, 어떻게 피해자 내러티브를 극복할 수 있는지를 모색할 필요가 있다. 우리는 이전에도 여기에 와 본 적이 있다. 피해자 내러티브와 서로에 대한 공포는 20세기의 거대한 투쟁을 뒷받침하는 빈곤의 일부이기도 했다. 이러한 투쟁은 단순히 무력에 의해서가 아니라 비전을 공유하면서 극복할 수 있었다. 우리 세대의 과제는 불시착 없이 동일한 결과를 얻는 것이다.

필요성 4: 미래의 비전을 향한 명확한 제시

이 책의 곳곳에서 심리학적 측면을 다루었다는 점에서 알 수 있듯이, 모든 사람들이 공유하는 인지적 편견은 한 번 정해진 생각을 바꾸기가 상당히 어렵다는 것을 시사한다. 먼저 확립된 주장을 지지하는 것으로 알려진 확증 편향의 강력한 효과를 넘어서, 하나의 생각은 다양한 소유 효과에 의해 방어된다. 부정적인 메시지와 분열적인 메시지를 극복하려면 설득력 있는 대안이 필요하다. 국제 관계에 있어서, 극복할 수 있는 가능성은 미래에 대한 비전이 될 것이다.

줄타기를 하는 곡예사를 떠올려보자. 줄타기 곡예사에게는 단순한 비밀이 있다. 그들은 높게 맨 줄 위에서 안정적으로 서 있기 위해 목적지에 시선을 고정한다. 바로 와이어의 끝부분이다. 만약 그들이 끝을 볼 수 없다면, 뒤돌아 원점에 초점을 맞추면 마찬가지로 잘 버틸 수 있다. 만약 그들이 어느 쪽도 보지 않는다면, 휘청거리며 떨어질 것이다. 국가도 마찬가지이다. 안정성은 미래의 목적지에 대한 명확한 통찰이나 과거의 비전을 필요로 한다. 현 시대에 발생하는 순간의 위기는 전 세계의 수많은 지도자들이 과거에 대한 환영으로부터 그들의 안정을 이끌어내려 하면서 발생한다. 단순히 과거의 상반된 비전을 바로잡으려는 차원을 넘어 우리의 집단적 공공외교 역시 줄타기꾼을 돌려세우고 미래에 대한 설득력 있는 비전을 분명하게 밝히는 방안을 고민해야 한다. 공공외교의 역사는 그러한 전환이 가능하다는 것을 시사한다. 사실, 전환은 과거의 큰 국제적 위기들이 해결될 수 있었던 주요한 방법이기도 하다. 세계대전, 냉전을 생각해 보자. 이러한 갈등을 극복할 수 있었던 길은 미래에 대한 비전을 전달함으로써 열렸고, 비전은 동맹국뿐만 아니라 적대국에게도 매력적으로 다가갔다. 미국 대통령들은 이 과정에 필수적인 존재였다. 우드로 윌슨, 프랭클린 루즈벨트, 존 F. 케네디와 로널드 레이건은 모두 미래에 대한 긍정적인 비전을 제시하는 데 달인이었다. 그러나 그들은 결코 혼자서만 의견을 표명한 것은 아니었다. 그들의 메시지는 그 시대의 공공외교 기구를 통해 전달되었고, 참가자들은 회의를 구성했다. 당시의 가장 훌륭한 의사소통 능력자를 잘 기용하는 것은 이 과정의 일부이다. 예를 들어, 세계대전에서, 영국 정부가 미래에 대한 비전을 독일 대중에게 제시할 필요가 있다는 것을 깨달았을 때, 영국 정부는 그 주제에 관한 저술가로 가장 잘 알려진 사람인 H. G. 웰즈를 고용했다.[8] 세계대전에 닥친 문제점은 비전이 타당성이 부족해서가 아니라 전후 해결이 전시 약속에 부응하지 못했다는 점에 있다.

과거의 상처와 영광에 대한 끊임없는 집착에도 불구하고, 몇몇 공공외교 행위자들은 이미 미래에 대한 비전을 명확하게 표현하고 있다. 예를 들어, UN은 회원국들을 2030년까지 달성해야 할 17개의 지속 가능한 개발 목표(SDG)를 제시하여 규합했다.[9] 미래에 대한 긍정적인 비전은 2017년 아스타나 엑스포의 일부였고 2020년 두바이 엑스포의 계획을 뒷받침했다. 미래에 초점을 맞춘 다른 프로젝트들로는 오슬로시가 미래 도서관을 건설함으로써 미래에 대한 노르웨이의 의지를 증명했던 주목할 만한 프로젝트를 들 수 있다. 스코틀랜드 예술가 케이티 패터슨이 디자인한 이 도서관은 단순히 친환경적이고 새로운 공간이 아니라, 매년 한 명의 주요 저자에게 작품을 의뢰해 전달하는 도서 수집관으로 2114년에나 공개될 예정이다. 지금까지 발표된 참여 작가로 캐나다의 노벨문학상 수상자 마거릿 애트우드, 「클라우드 아틀라스(Cloud Atlas)」의 작가 데이비드 미첼이 있다. 도서관은 또한 천 그루의 나무들로 이루어진 숲을 심어서 때가 되면 책을 발간하기 위한 종이를 제작하는 데 활용한다.[10] 비슷한 맥락에서, 예루살렘의 히브리 대학에 속한 연구팀은 아인슈타인의 상대성 이론에 대한 100주년 기념을 그의 업적을 돌아보거나 되풀이하는 식이 아니라, 그 안에서 우리 시대의 선견지명이 있는 사상가로부터 100개의 비전을 찾아냄으로써 기념하기로 했다. 이는 아인슈타인이 우리의 부모와 조부모 세대를 열광하게 만든 방법과 같이, 다음 세대를 고무시키기 위함이었다.[11]

소셜미디어 시대는 새로운 가능성을 열어 놓았지만, 공공외교는 여전히 지난 역사와 관련이 있다. 오히려 커뮤니케이션이 유례없이 중요한 역할을 하는 현시대에 과거의 교훈은 더욱 의미가 있다. 커뮤니케이션이 빛의 속도로 전자 매체를 통해서 이동하든, 깃털로 만든 필기구를 사용하여 쓰여진 노트가 인편을 통해서 전달되는지 간에, 근본적인 토대는 1960년대 '공공외교'라는 용어가 탄생했을 당시나 그 이전 세대에 공공외교의 이름을 의식하지 않고 실행중심의 기술이 중요한 역할을 했을 때와 마찬가지로 오늘날에도 여전히 유효하다. 인간 통치에 대한 체계적인 접근이 시도되었던 시기에, 프리네의 비아스는 인간의 노력 본질에 관한 간단한 질문을 받았다. "인간이 가진 것 중 가장 달콤한 것은 무엇인가?" 그는 전형적인 명쾌함으로 대답했다: "희망."[12] 2500년이 흐른 후에도, 우리는 여전히 희망이 필요하다. 공공외교는 그 희망을 전달하는 메커니즘이 될 수 있지만, 더 중요한 것은 올바른 비전과 올바른 상호연결이 뒷받침된다면, 공공외교는 대중 스스로가 희망이 되는 과정 일부가 될 수 있다는 점을 반드시 기억해야 한다.

PUBLIC DIPLOMACY

미주

1장 해외 공중 참여를 통한 외교: 핵심 용어와 역사

1 http://www.nytimes.com/2012/02/16/world/asia/xi-jinping-of-china-makesa-return-trip-to-iowa.html?_r=0. The visit, the Dvorchaks, and its resonance today are featured in the forthcoming documentary film on Sino-American relations: Better Angels (dir., Malcolm Clarke, 2018).

2 Eytan Gilboa, "Searching for a Theory of Public Diplomacy," *ANNALS of the American Academy of Political and Social Science* 616(1) (2008): 5–757, part of a special issue which provides multiple perspectives. See also Kathy Fitzpatrick, "Advancing the New Public Diplomacy: A Public Relations Perspective," *The Hague Journal of Diplomacy* 2(3) (2007): 187–211; and Nancy Snow and Nicholas J. Cull, *The Routledge Handbook of Public Diplomacy*, 2nd edn, Abingdon: Routledge, 2019.

3 Institutions using the term "public diplomacy" include the Public Diplomacy Council in Washington, DC, the journal *Place Branding and Public Diplomacy*, the Center on Public Diplomacy at USC, the Center for the Study of Public Diplomacy at Ilmenau in Germany, the Center on Public Diplomacy at Beijing Foreign Studies University, the Public Diplomacy interest group of the International Communication Association (established in 2016) and the degree programs in public diplomacy offered by the University of Southern California, Syracuse and Beijing Foreign Studies University.

4 The formulation of "diplomacy as ways in which an international actor seeks to manage the international environment" comes from Harold Nicolson, though he sees negotiation as the mechanism of diplomacy and sets all propaganda activity outside of the definition; see *Diplomacy*, 2nd edn, Oxford: Oxford University Press, 1950, p. i.

5 The motto is quoted in Diogenes Laertius" "Life of Bias," paragraph v, in *The Lives*

and Opinions of the Eminent Philosophers, trans. C. D. Yonge, London: Henry G. Bohn, 1853, pp. 38-40.

6 See, for example, Sun Tzu, *The Art of War* (trans. Samuel B. Griffith), Oxford: Oxford University Press, 1963 (ch. XIII, v. 4), p. 145.

7 Herodotus, 7, 150: see A. D. Godley, trans., *Herodotus*, Vol. III, London: Heinemann, 1919, pp. 459, 461.

8 The best articulation of this process remains Dimitri Obolensky, *The Byzantine Commonwealth: Eastern Europe*, 500-1453, London: Weidenfeld and Nicolson, 1971.

9 For a convenient survey of the practice focusing on Viking Iceland, see Jenny Jochens, "Fosterage," in Margaret Schaus, *Women and Gender in Medieval Europe: An Encyclopedia*, New York: Taylor and Francis, 2006, pp. 296-7.

10 Frederick II wanted to transform the sixth crusade into a negotiated settlement. His approach is well described in David Abulafia, *Frederick II: A Medieval Emperor*, Oxford: Oxford University Press, 1988, pp. 290-321. For an example of a letter to Henry III from 1229, see https://legacy.fordham.edu/Halsall/ source/fred2cdelets.asp

11 The present author makes this argument at length in his essay "New Tricks or New Dogs? How Propaganda became Public Diplomacy, then morphed into Public Diplomacy 2.0," in Jonathan Auerbach and Russ Castronovo (eds), *The Oxford Handbook of Propaganda Studies,* Oxford: Oxford University Press, 2013, pp. 131-46.

12 Daryl Copeland in Nicholas J. Cull and Michael Hawes (eds), *Canadian Public Diplomacy*, New York: Palgrave, 2019.

13 This formulation borrows from the famous dictum of the Romanian historian of religion Micea Eliade regarding the relationship between the sacred and consciousness.

14 The siege story is in paragraph II of Diogenes' "Life of Bias." For an English version, see Diogenes Laertius, *The Lives and Opinions of the Eminent Philosophers*, trans. C. D. Yonge, London: Henry G. Bohn, 1853, pp. 38-40.

15 Kautilya's *Arthashastra*, Book X, Relating to War, ch. I, encampment.

16 The standard work on the image of Alexander is Andrew F. Stewart, *Faces of Power: Alexander's Image and Hellenistic Politics.* Oakland, CA: University of California Press, 1993.

17 The text is included in Ignatius of Loyola, *The Constitutions of the Society of Jesus*,

trans. George E. Ganss, S.J., St Louis, MO: Institute of Jesuit Sources, 1970, item [3] on p. 66. While the word "propagate" and its derivatives have an agricultural origin, their use in an ideological context was part of their classical origin. Cicero's treatise "On Divination" includes the observation in book 2, section 149, "*Quam ob rem, ut religio propaganda etiam est, quae est inucta cum cognitione naturae, sic superstitionis stirpes omnes eiiciendae*" (Wherefore, as this religion which is united with the knowledge of nature is to be propagated, so also are all the roots of superstition to be destroyed). The translation is from Cicero (trans./ ed. C. D. Yonge), *The Treatise of M. T. Cicero,* London: Henry G. Bohn, 1852, p. 262.

18 On the need to study rhetoric, see Loyola, ibid. (351 & 352) pp. 187-8; on preaching, see [402–5), pp. 201-2. For commentary on early Jesuit preaching, see John M. McManamon, S. J., *The Texts and Contexts of Ignatius Loyola's "Autobiography,"* New York: Fordham University Press, 2013, pp. 79-80.

19 On the foundation of the Sacred Congregation for *Propaganda Fide*, see Peter Guilday, "The Sacred Congregation de Propaganda Fide (1622–1922)," *The Catholic Historical Review* 6, 1922: 478-94. The early entry of the bias against propaganda is noted by Garth S. Jowett and Victoria O'Donnell, *Propaganda and Persuasion*, Thousand Oaks, CA: Sage, 2014, p. 82.

20 Jonathan Israel, *The Dutch Republic : Its Rise, Greatness and Fall, 1477–1806,* Oxford: Oxford University Press, 1995; Pierre Loyseleur (ed.), *The Apologie of William of Orange against the proclamation of the King of Spaine,* Ann Arbor, MI: ProQuest/EEBO, 2010. English precursors include Henry VIII's decision in 1522 to publicize his split with the church internationally, "to the intent that the falsehood, iniquity, malice and injustice of the bishop of Rome may thereby appear to all the world." See Geoffrey de C. Parmiter, *The King's Great Matter: A Study of Anglo-Papal Relations,* 1527-1534. London: Longmans, 1967, pp. 259-62, 268–70.

21 Robert Thomas Fallon, *Milton in Government.* University Park: Pennsylvania State University Press, 1993; Dora Neill Raymond, *Oliver's Secretary: John Milton in an Era of Revolt,*. New York: Minton, Balch and Co., 1932.

22 On the international impact of the Declaration of Independence, see David Armitage, *The Declaration of Independence: A Global History,* Cambridge: Harvard University Press, 2007.

23 The story is told in Harry Ammon, *The Genet Mission,* New York: Norton, 1973.

24 Selim Deringel, *The Well Protected Domains: Ideology and the Legitimation of*

Power in the Ottoman Empire, 1876-1909, London: I. B. Tauris, 1998.

25 On Great War propaganda, see Michael L. Sanders and Philip M. Taylor, *British Propaganda during the First World War*, 1914-18, London: Macmillan, 1982.

26 I addressed this story in detail in Nicholas J. Cull, *The Cold War and United States Information Agency: American Propaganda and Public Diplomacy*, 1945-1989. Cambridge: Cambridge University Press; see esp. ch. 2.

27 Robert F. Delaney and John S. Gibson (eds), *American Public Diplomacy: The Perspective of Fifty Years*, Medford, MA: The Edward R. Murrow Center of Public Diplomacy, Fletcher School of Law and Diplomacy/Lincoln Filene Center for Citizenship and Public Affairs, 1967, p. 31, as cited in John Brown, "The Anti-Propaganda Tradition in the United States," Bulletin Board for Peace, 29 June 2003, posted at http://www.publicdiplomacy.org/19.htm

28 Cull, *The Cold War and the United States Information Agency*, esp. pp. 259-61.

29 Frank Ninkovich, *The Diplomacy of Ideas: U.S. Foreign Policy and Cultural Relations*, 1938-1950, New York: Cambridge University Press, 1981.

30 For discussion, see Tim Rivera, *Distinguishing Cultural Relations from Cultural Diplomacy, The British Council's Relationship With Her Majesty's Government*, Los Angeles: CPD Perspectives of Public Diplomacy, 2015.

31 Kathy R. Fitzpatrick, *The Collapse of American Public Diplomacy: What Diplomatic Experts Say about Rebuilding America's Image in the World - A View from the Trenches*, Hamden, CT: USIA Alumni Assoc./Qunnipiac University, 2008: http://www.publicdiplomacy.org/Fitzpatrick2008.pdf, esp. p. 9. "Good relationships" were rated sixth in both time periods, and "respect" was rated ninth in the Cold War and eighth for the present day.

32 This story is told in Nicholas J. Cull, *The Decline and Fall of the United States Information Agency: American Public Diplomacy*, 1989-2001, New York: Palgrave, 2012.

33 Jan Melissen (ed.), *The New Public Diplomacy: Soft Power in International Relations*, New York: Palgrave, 2005; James Pamment, *New Public Diplomacy: A Comparative Study of Policy and Practice*, Abingdon: Routledge, 2013; R.S. Zaharna, Amelia Arsenault, Ali Fisher (eds), *Relational, Networked and Collaborative Approaches to Public Diplomacy: The Connective Mindshift*, Abingdon: Routledge, 2014.

34 On varieties of actors, see Ellen Huijgh, "The Public Diplomacy of Federated Entities: Examining the Quebec Model," in David Criekemans (ed.), *Regional*

Sub-State Diplomacy Today, Leiden: Martinus Nijhoff, 2010, pp. 125–50; Rodrigo Tavares, *Paradiplomacy: Cities and States as Global Players,* Oxford: Oxford University Press, 2016. On the European Union, see Mai'a K. Davis Cross and Teresa La Porte, "The European Union and Image Resilience during Times of Crisis: The Role of Public Diplomacy," *The Hague Journal of Diplomacy* 12 (2016): 1-26; Steffen B. Rasmussen, "The Messages and Practices of the European Union's Public Diplomacy," *The Hague Journal of Diplomacy* 5(1) (2010): 121–3.

35 Isaiah 40, v. 5: "And the glory of the Lord shall be revealed, and all flesh shall see it together."

36 Manuel Castells, *The Rise of the Network Society: The Information Age, Society and Culture,* New York: John Wiley & Sons, 2012.

37 For comment, see Peter Ford, "Europe Cringes at Bush 'Crusade against Terrorists," Christian Science Monitor, September 19, 1991; also Paul Vallely, "The Fifth Crusade: George Bush and the Christianisation of the War in Iraq," in Alastair Crooke et al., *Re-Imagining Security,* London: British Council/Counterpoint, 2004, pp. 42-68.

38 This has been a particular concern in US public diplomacy since the so-called "Cairo tweet" of September 2012. S Max Fisher, "Worldviews: US Embassy in Cairo's Controversial Twitter Feed Deleted after One Too Many Public Spats," *Washington Post,* April 3, 2013.

39 This argument is developed in Cull, "The 2008 Olympics and the Rise of Chinese Soft Power," in Monroe Price and Daniel Dayan (eds), *Owning the Olympics: Narratives of the New China,* Ann Arbor: University of Michigan Press, 2008.

40 Philion is now general director for international media relations at the Office of the President, Mexico City. He shared this anecdote at an Anglo-Mexican conference, "Maximizing Soft Power Assets: Toward Prosperity," held May 19–21, 2014 at the Hacienda Cantalagua, Mexico, in cooperation with the UK Foreign and Commonwealth Office conference center: Wilton Park. It is repeated here with his permission.

41 On soft power, see Joseph Nye, *Soft Power: The Means to Success in World Politics,* New York: Public Affairs, 2004; and Joseph Nye, *The Future of Power,* New York, PublicAffairs, 2011.

42 For multiple uses in a speech by President Xi from October 2017, see http://www.chinadaily.com.cn/china/19thcpcnationalcongress/2017-11/04/content_34115212.htm.

43 "Thailand's gastro diplomacy," *The Economist,* February 21, 2002.

44 A key moment for the articulation of smart power was the release of Richard Armitage and Joseph Nye (co-chairs), CSIS *Commission on Smart Power: A Smarter More Secure America*, CSIS: Washington, DC, 2009. See also Massimo Calabresi, "Hillary Clinton and the Rise of Smart Power," *Time*, November 7, 2011, pp. 26-33.

45 Daya Kishan Thussu, *Communicating India's Soft Power: Buddha to Bollywood*, New York: Palgrave, 2013; David Shambaugh, "China's Soft-Power Push: The Search for Respect," *Foreign Affairs*, July/August, 2015, pp. 99-107; Senem Çevik and Philip Seib (eds), *Turkey's Public Diplomacy*, New York: Palgrave, 2015. For multi-country comparisons, see Craig Hayden, *The Rhetoric of Soft Power: Public Diplomacy in Global Contexts,* Lanham, MD: Lexington, 2012; and Efe Sevin, *Public Diplomacy and the Implementation of Foreign Policy in the US, Sweden and Turkey*, New York: Palgrave, 2017. Work on Russian soft power includes Sinikukka Saari, "Russia's Post-Orange Revolution Strategies to Increase Its Influence in Former Soviet Republics: Public Diplomacy *porusskii," Europe-Asia Studies* 66(1), January 2014: 50-66. On the Asia Pacific, include Caitlin Byrne (ed.), "Recasting Soft Power for the Asia Pacific," a special issue of Politics and Policy 45(5) (2017).

46 For a video of Anholts remarks, see https://www.youtube.com/watch?v=zbKWORDvz5s

47 James Pamment, *British Public Diplomacy and Soft Power: Diplomatic Influence and the Digital Revolution,* Abingdon: Routledge, 2015, p. 2.

48 Peter Pomeranzev and Michael Weis, *The Menace of Unreality: How the Kremlin Weaponizes Information, Culture and Money.* New York: Institute of Modern Russia, 2014.

2장 청취: 기본적인 역량

1 Author conversations with PRS staff in 2007, Johannes Matyassy, Seraina Flury Schmid, and Mirjam Matti.

2 Andrew Dobson, *Listening for Democracy: Recognition, Representation, Reconciliation,* Oxford: Oxford University Press, 2014.

3 See, for example, Sun Tzu, *The Art of War* (trans. Lionel Giles), ch. XIII,"On Spies."

4 http://news.bbc.co.uk/1/hi/world/middle_east/1465114.stm

5 As of 2018, the show has been adapted into seventeen local versions around the

world with more in the pipeline, making it one of the most successful TV formats ever. The show is a property of Studio Lambert.

6 Sun Tzu (trans. Lionel Giles), *Art of War*, ch. VII, "Maneuvering," v. 29.

7 From Patricia Buckley Ebrey (ed.), *Chinese Civilization: A Sourcebook*, 2nd edn, New York: Free Press, 1993, pp. 112-15.

8 *Foreign Relations of the United States*, Vol. I, Washington, DC: US Government Printing Office, 1862; for a good example, see Adams to Seward, October 10, 1862, p. 92.

9 Cull, *The Cold War and the United States Information Agency;* on Gallup and Benton, see pp. 24-5, 139.

10 For a case, see Erika Yepsen, *Practicing Successful Twitter Diplomacy: A Model and Case Study of US Efforts in Venezuela.* Los Angeles: CPD Perspectives on Public Diplomacy/Center on Public Diplomacy, 2012.

11 Dobson, *Listening for Democracy,* pp. 181-2. Keynote listening is explored in Jonathan Gosling et al., "Keynote Listening: Turning the Tables on the Sage on the Stage," *Business Review* 9(1) (2012): 1-9.

12 Stacy Schiff, *A Great Improvisation: Franklin, France, and the Birth of America*, New York: Holt, 2005, p. 42.

13 The current author has discussed this campaign at length in his book, *Selling War: The British Propaganda Campaign Against American "Neutrality" in World War II,* Oxford: Oxford University Press, 1994. Some of Berlin's reports were anthologized and published as H. G. Nicholas (ed.)/Isaiah Berlin, (intro.), *Washington Despatches,* 1941-1945*: Weekly Political Reports from the British Embassy,* London: Weidenfeld and Nicolson, 1981.

14 On Crespi, see http://www.washingtonpost.com/wp-dyn/content/article/2008/07/16/AR2008071602876.html. Crespi's private papers survive at his alma mater, Princeton.

15 On this period in US public diplomacy, see Cull, *The Cold War and the United States Information Agency,* pp. 181-3; Mark Haefele, "John F. Kennedy, USIA, and World Public Opinion," *Diplomatic History* 25(1) (2001): 63–84.

16 For a point of entry, see Robert Banks, *A Resource Guide to Public Diplomacy Evaluation*, Los Angeles: CPD/Perspectives, 2011.

17 Gregory M. Tomlin, Murrow's Cold War: *Public Diplomacy for the Kennedy Administration.* Lincoln: University of Nebraska Press, 2016, p. 250.

18 The present author has assisted in the evaluation of British public diplomacy as an external consultant.

19 Mark Haefele, "John F. Kennedy, USIA, and World Public Opinion," *Diplomatic History*, 25(1) (2001): 63–84.

20 The case is discussed in Robert Albro, "The Disjunction of Image and Word in US and Chinese Soft Power Projection," *International Journal of Cultural Policy* 21(4) (2015): 382-99.

21 For a summary of her tour, see Tom Regan, "US State Department 'Charm Offensive' Hits Bumps," *Christian Science Monitor*, October 24, 2005; on Hughes learning, see Steve Inskeep, "Hughes: No Short-Term Fix for US Image Abroad," *NPR Morning Edition*, March 28, 2006, http://www.npr.org/ templates/story/story.php?storyId=5304491.

22 Speech to Conservative Party Conference, October 10, 1980.

23 The study and cataloguing of cognitive and social biases has a wide following as a meeting point for social scientists, psychologists, behavioral economists, marketers, and even some hobbyists. A convenient point of entry is Daniel Kahneman, *Thinking, Fast and Slow*, New York: Farah, Straus and Giroux, 2011. Other helpful starting points include the diagram of biases created by Buster Benson: https://betterhumans.coach.me/cognitive-bias-cheat-sheet55a472476b18 and the Wikipedia page: https://en.wikipedia.org/wiki/List_ of_cognitive_biases. Curiosities in the study of bias include the CIA's textbook, Richards J. Heuer, Jr., *Psychology of Intelligence Analysis*, Langley, VA: Center for the Study of Intelligence, 1986. The chapters dealing with cognitive bias begin at https://www.cia.gov/library/center-for-the-study-of-intelligence/ csi-publications/books-and-monographs/psychology-of-intelligence-analysis / art12.html

24 In Latin: *Quis, quid, quando, ubi, cur, quem ad modum, quibus adminiculis*, following a formulation by Hermagoras of Temnos in Augustine's De Retoricia but popularized for Britain in the verse Rudyard Kipling appended to his story "The Elephant's Child":

I keep six honest serving-men/(They taught me all I knew); Their names are What and Why and When/And How and Where and Who.]

25 A more nuanced approach focuses on the "belief bias," whereby a statement is judged on the plausibility of the conclusion rather than the merits of the argument; for discussion; see Robert J. Sternberg and Jacqueline P. Leighton, *The Nature of Reasoning*, Cambridge University Press, 2004, p. 300.

26 The revelation is in William M. Hammond's official history: *Public Affairs, The*

Military and the Media, 1968-1973, Washington, DC: US GPO, 1996, pp. 223-4.

27 I owe this reference to Ole Brage of the Danish Film Institute.

28 For a point of entry into the literature, see Susan T. Fiske, "Stereotyping, Prejudice, and Discrimination at the Seam between the Centuries: Evolution, Culture, Mind, and Brain." *European Journal of Social Psychology* 30(2) (2000): 299-322.

29 For research on the role of the halo in elections, see Brad Verhulst, Milton Lodge, and Howard Lavine, "The Attractiveness Halo: Why Some Candidates are Perceived More Favorably than Others," *Journal of Nonverbal Behavior* (2) (2010): 111-17.

30 On first occurrence bias, see Richard A. Clarke and R. P. Eddy, *Warnings: Finding Cassandras to Stop Catastrophes*, New York: HarperCollins, 2017.

31 Deborah E. Lipstadt, *Beyond Belief: The American Press and the Coming of the* Holocaust, 1933-1945. New York: Touchstone, 1983.

32 The problem of normalcy is outlined in Clarke and Eddy, *Warnings*. For the problem as it relates to natural disasters, see Amanda Ripley, *The Unthinkable: Who Survives When Disaster Strikes and Why*. New York: Crown, 2008.

33 The idea of an availability heuristic was first put forward in Amos Tversky and Daniel Kahneman, "Availability: A Heuristic for Judging Frequency and Probability," *Cognitive Psychology* 5(2) (1973): 207–32. The availability cascade was outlined in Timur Kuran and Cass R. Sunstein, "Availability Cascades and Risk Regulation," *Stanford Law Review* 51(4) (1999): 683-768.

34 On the endowment effect, see Kahneman, *Thinking, Fast and Slow*, pp. 293-99.

35 For an overview of priming, see Evan Weingarten et al., "From Primed Concepts to Action: A Meta-analysis of the Behavioral Effects of Incidentally Presented Words," *Psychological Bulletin* 142(5) (May 2016): 472-97.

36 See Amos Tversky and Daniel Kahneman, "Judgment under Uncertainty: Heuristics and Biases," *Science* 185(4157) (1974): 1124-31.

37 For an interesting experiment showing the strength of the bias, see Elaine Walster and Leon Festinger, "The Effectiveness of Overheard Persuasive Communications," *Journal of Abnormal and Social Psychology* 65(6) (1962): 395-402, finding that Stanford students who overheard warnings against smoking were more influenced by them than students who were warned directly.

38 See David Mauer, *The Big Con: The Story of the Confidence Man*, Indianapolis: Bobbs-Merill, 1940.

39 I owe this insight to Soumi Chatterjee. British examples include John Major's "bastards" gaffe in 1993 and Gordon Brown's "bigoted woman" gaffe from 2010. US foreign policy examples include Ronald Reagan's "Bomb Russia" gaffe from 1983 and Barack Obama's overheard remarks to Dimitri Medvedev in 2012.

40 For a convenient primer on the issue, see Glenn Kessler, "Fact Checker: The Pre-War Intelligence on Iraq: Wrong or Hyped by the Bush White House?" *Washington Post,* December 13, 2016.

41 For discussion of this oversight from the UK point of view, see Anthony Parsons, *They Say the Lion: Britain's Legacy to the Arabs, A Personal Point of View,* London: Jonathan Cape, 1986.

42 For foundational work on congruence, see Peter C. Wason, "On the Failure to Eliminate Hypotheses in a Conceptual Task," *Quarterly Journal of Experimental Psychology* 12(3) (1960): 129–40.

43 On the bias blind spot, see Emily Pronin, Daniel Lin, and Lee Ross, "The Bias Blind Spot: Perceptions of Bias in Self Versus Others," *Personality and Social Psychology Bulletin* 28(2) (2002): 369–81.

44 This saying is the starting point for Joe Lurie, *Perception and Deception: A Mind Opening Journey across Cultures,* Berkeley: Cultural Detective, 2015.

45 The story is told in H. Ñ. Durand, *The Life of Major-General Sir Henry Marion Durand.* London: W. H. Allen, 1883.

46 I owe the comment on the golder plover to Arnar Gudmundsson. For a sustained argument, see Michael Shermer, *Why People Believe Weird Things,* New York: Henry Holt and Co., 1997. The quote is from a book review by him in the *Washington Post* from November 21, 1999.

47 Kahneman: *Thinking, Fast and Slow.* especially pp. 222-33.

48 I owe this observation to pilot and trainer, Captain Paul Ambrose of British Airways.

49 The office is discussed in Yosef Kuperwasser, "Lessons from Israel's Intelligence Reforms," Brookings Institution Saban Center, ANALYSIS PAPER, #14, October 2007. For online discussion, see https://www.quora.com/WorldWar-Z-2013-movie-Do-the-Israelis-really-have-a-10th-man-doctrine

50 https://www.gchq.gov.uk/features/daring-think-differently-and-be-different. GCHQ has had in-house neurodiversity support since the 1990s. https://www.gchq.gov.uk/news-article/gchq-becomes-stonewall-top-100-lgbt-employer. This is, of course, a contrast to the historical mistreatment of gay people within the

British security state, as documented by the case of Alan Turing.

51 See Leonard Waks, "Listening and Questioning: The Apophatic/Cataphatic Distinction Revisited," *Learning Inquiry* 1(2) (2007): 153-61; and Leonard Waks, "Two Types of Interpersonal Listening, W *Teachers College Record* 112(11) (2010): 2743-62. On clinical best practice, see Sheila Shipley, "Listening: A Concept Analysis," *Nursing Forum* 45(2), (2010): 2833-49. These approaches are noted by Andrew Dobson. Print versions the police beating story include Jason Epstein, "The CIA and the Intellectuals," *New York Review of Books*, April 20, 1967.

52 For an example, see the case of the BBC and Radio Free Europe dividing listening tasks during the Cold War, discussed in chapter 8.

53 Reporting is also an eligible element in the Award for Excellence in International Security Affairs, see https://fam.state.gov/searchapps/viewer?format=html&query=award%20reporting&links=AWARD, REPORT&url=/FAM/03FAMI03FAM4830.html#M4832_9_1

54 For the official website, see https://unglobalpulse.org. Uganda work is noted at https://radio.unglobalpulse.net/uganda). On Indonesia, see https://www.unglobalpulse.org/blog/haze-gazer-crisis-analysis-tool and http://hazegazer.org/

3장 옹호: 최첨단 기술과의 만남

1 I owe this story to Navdeep Suri and Riva Ganguli Das. Inspiration for the original challenge was a US State Department competition to submit short films entitled "Democracy Is..."

2 For first use, see the Djerejian commission report: Ambassador Edward Djerejian (chair), *Changing Minds, Winning Peace: A New Strategic Direction for US Public Diplomacy in the Arab and Muslim World,* Washington, DC: Department of State, 2004, pp. 16, 66. The phrase was coined by commission member (and later Undersecretary of State) James K. Glassman.

3 Ignatius of Loyola, *The Constitutions of the Society of Jesus,* trans. George E. Ganss, S. J.,. St Louis, MO: Institute of Jesuit Sources, 1970, p. 275. The relevant instruction is [622 d &e].

4 Ali Fisher and Aurélie Bröckerhoff, *Options for Influence: Global Campaigns of Persuasion in the New Worlds of Public Diplomacy*, London: British Council Counterpoint, 2008, p. 25.

5 Andrew Cooper, *Celebrity Diplomacy,* Abingdon: Routledge, 2008.

6 The successor to this work is the website https://travelaware.campaign.gov.uk/.

7 On the power of frames, see Robert M. Entman, "Framing: Toward Clarification of a Fractured Paradigm," *Journal of Communication* 43(4) (1993): 51–8; Robert M. Entman, *Projections of Power: Framing News, Public Opinion, and US Foreign Policy*, Chicago: The University of Chicago Press, 2004.

8 This aphorism is noted by the Belgian author Fernand van Langenhove at the opening of his study of German rumors at the beginning of World War I: *Comment naît un cycle de legends,* Paris: Payot, 1916, p. 1.

9 This saying was told me by the Catalan scholar of propaganda, Marc Argemí Ballbè.

10 The campaign is discussed at https://www.telegraph.co.uk/news/5836455/Foreign-Office-defends-lewd-language-in-Dont-be-a-Dick-holiday-campaign.html.

11 Evangelina Cosio was an imprisoned Cuban dissident, freed after the Hearst press arranged a raid on her prison in 1897; Clemencia Arango was a young woman searched by Spanish authorities on the US-bound ship *Olivette* and reported in a salacious way also by the Hearst press in February 1897.

12 This point is made in writer/producer/director Andrew Niccol in an NPR interview at: https://www.scpr.org/programs/the-frame/2015/05/15/42893/andrew-niccol-s-good-kill-looks-at-the-lives-of-dr/. The British film on the same theme, *Eye in the Sky* (2015), opted for a higher resolution without ill effect; in that latter case, it was the plot that lacked credibility.

13 For analysis of AQ messaging, see Jeffrey Halverson, H. L. Goodall, Jr, and Steven R. Corman, *The Master Narratives of Islamic Extremism*, New York: Palgrave, 2011.

14 For a complete history, see Barbara Tuchman, *The Zimmerman Telegram*, New York: Viking Press, 1958.

15 https://secure.avaaz.org/page/en/about/.

16 Michael Norton, Daniel Mochon, and Dan Ariely, "The IKEA effect: When Labor Leads to Love," *Journal of Consumer Psychology* 22(3) (2011): 453-60.

17 On some occasions, I have called the Crowding the Space approach "Stacking the Deck" - I am not doing so here to avoid confusion with the classic list of propaganda tactics drawn up by the Institute of Propaganda Analysis in 1937, which used the term "Stacking the Deck" to refer to a tactic of presenting one or two of an opponent's arguments to establish an impression of balance and then overwhelming them with multiple refuting arguments of one's own.

18 The Confederates had their own press agents and, interestingly, scored some successes by embedding European war correspondents with their forces. The journalists who were personally present with the Confederates wildly overestimated the strength of the rebel states. It was an early example of the value in empowering another to tell one's story.

19 This case is based on the author's interviews with David Abshire and Walter Raymond.

20 The 4° map remains live and can be accessed at https://www.metoffice.gov.uk/climate-guide/climate change/impacts/four-degree-rise/map.

21 The Stern review can be accessed at: http://webarchive.nationalarchives.gov.uk/20100407172811/http://www.hm-treasury.gov.uk/stern_review_report.htm. For a full treatment of the review as public diplomacy, see James Pamment, *British Public Diplomacy and Soft Power Diplomatic Influence and the Digital Revolution*, Abingdon: Routledge, 2015, pp. 123-30.

22 This paragraph is a summary of the current author's ongoing research.

23 This case is based on Cull, *Selling War: The British Propaganda Campaign Against American "Neutrality" in World War II*, Oxford: Oxford University Press, 1994.

24 Joseph A. Fry, *Henry S. Sanford: Diplomacy and Business in Nineteenth-Century America*, Reno: University of Nevada Press, 1982.

25 The allegation is noted in Graham Fairclough, "The Cold War in Context," in John Scofield and Wayne Cocroft (eds), *A Fearsome Heritage: Diverse Legacies of the Cold War*, Walnut Creek, CA: Left Coast Press, 2007, p. 28.

26 Cull, *Selling War*, pp. 169-75, 189-90.

27 The official UK government inquiry into this incident may be found here: https://www.gov.uk/government/uploads/system/uploads/attachment_data/file/228975/7934.pdf.

28 Richard Dawkins, *The Selfish Gene*, 2nd edn, Oxford: Oxford University Press, 1989, p.192.

29 Chip Heath and Dan Heath, *Made to Stick: Why Some Ideas Survive and Others Die*, New York: Random House, 2007.

30 For an extended visual discussion of this, see *The Power of Nightmares*, a documentary by Adam Curtis (BBC, 2004).

31 The chart appears in the original version of TV miniseries *Roots* (1977) and is consulted by the slave traders played by Edward Asner and Vic Morrow.

32 For background, see http://time.com/3878665/cecil-beaton-portrait-of-eileen-dunne-1940-london-blitz/; see also Cull, *Selling War*, p.107.

33 I owe this case to Evan Potter.

34 For a comprehensive presentation of the approach, see Alister Miskimmon, Ben O'Loughlin, and Laura Roselle (eds), *Forging the World: Strategic Narratives and International Relations*, Ann Arbor: University of Michigan Press, 2017.

35 The figures come from the annual Twiplomacy study conducted by PR film company Burson Marsteller: http://twiplomacy.com/blog/twiplomacystudy-2017/

36 Noam Coen, "The Toughest Qs Answered in the Briefest Tweets," *New York Times*, January 4, 2009, p. WK4. The tweet translates as "We are pro negotiation. Currently talks are held with the Palestinian Authority plus talks on the two-state solution. We talk only with people who accept our right to live."

37 For works midway in the evolution of digital engagement, see Amelia Arsenault, "Public Diplomacy 2.0," in Philip Seib (ed.), *Toward a New Public Diplomacy: Redirecting US Foreign Policy,* New York: Palgrave Macmillan, 2009, pp. 135-53; and Lina Khatib, William Dutton, and Michael Thelwall. "Public Diplomacy 2.0: A Case Study of the US Digital Outreach Team," *Middle East Journal* 66(3) (2012): 453–72.

38 Corneliu Bjola and Marcus Holmes (eds), *Digital Diplomacy: Theory and Practice,* Abingdon: Routledge, 2015; Romit Kampf, Ilan Manor, and Elad Segev, "Digital Diplomacy 2.0? A Cross-national Comparison of Public Engagement in Facebook and Twitter," The *Hague Journal of Diplomacy* 10(4) (2015): 331-62. See also Brian Hocking and Jan Melissen, *Diplomacy in the Digital Age*, Clingendael Report, Netherlands Institute of International Relations, July 2015.

39 On Love Army, see https://www.lovearmy.org/.

40 Jian Wang, "Case: Advertising China," in Keith Dinnie, *Nation Branding: Concepts, Issues*, Practice, 2nd edn, Abingdon: Routledge, 2016, pp. 80-3.

41 https://www.climaterealityproject.org/.

42 https://www.propublica.org/article/from-russia-with-pr-ketchum-cnbc.

43 The ISD was founded by the publisher Lord Weidenfeld in 2006. Its declared mission is "powering new generations against extremism"; for homepage, see https://www.isdglobal.org/

44 The manual is at http://www.isdglobal.org/wp-content/uploads/2016/06/ Counter-narrative-Handbook_1.pdf.

45 https://obamawhitehouse.archives.gov/the-press-office/2015/02/18/factsheet-white-house-summit-countering-violent-extremism.

46 http://www.abdullahx.com/ Abdullah X's media coverage was not helpful to his credibility and raised issues around the ethics of the presumed sponsorship of his activity. For a discussion of this issue, see https://www.opendemocracy. net/ben-hayes-asim-qureshi/ going-global-uk-government-s-propaganda-andcensorship-silicon-valley-and-cve.

47 Halverson, Goodall, and Corman, *The Master Narratives of Islamic Extremism.*

48 Brendan Nyhan and Jason Reifler, "When Corrections Fail: The Persistence of Political Misconceptions," *Political Behavior* 32(2) June 2010): 303-30.

4장 문화: 친근한 설득자

1 This case in based on a conversation with Alicia Adams, for background see Nelson Pressley, "The Kennedy Center's Alicia Adams brings the world to D.C. stages," *Washington Post*, February 27, 2011; Jeremy D. Birch, "Kennedy Center: ARABESQUE - Arts of the Arab World," Playbill, February 23, 2009: http://www.playbill.com/article/kennedy-center-arabesque-arts-of-the-arabworld; for details of design elements, see https://www.studiogarderc.com/en/ projects/exhibition/arabesquel.

2 For a survey of the field, see Patricia Goff, "Cultural Diplomacy," in Andrew F. Cooper, Jorge Heine, and Ramesh Thakur (eds), *The Oxford Handbook of Modern Diplomacy,* Oxford: Oxford University Press, 2013, pp. 419–35.

3 This argument has been well made by Mexican scholar Cesar Villanueva Rivas. For work setting cultural diplomacy outside of public diplomacy, see Harvey B. Feigenbaum, "Globalization and Cultural Diplomacy," Center for Arts and Culture, 2001 at http://www.cultural policy.org/pdf/globalization.pdf.

4 Edward Corse, *A Battle for Neutral Europe: British Cultural Propaganda during the Second World War,* London: Bloomsbury, 2013, p. 147.

5 Frank Trommler, *Kulturmacht ohne Kompass : Deutsche auswärtige Kulturbeziehungen im 20. Jahrhundert,* Köln: Böhlau-Verlag Gmbh, 2013.

6 A search of works digitized on Google Books reveals usage including: Georg Eltzschig, "Kulturdiplomatie," in Heinrich Ritter von Frauendorfer and Edgar Jaffé (eds), *Europäische staats-und wirtschafts-zeitung* 6 (1921): 33, 38, 39; a piece discussing Japan in *China Weekly Review* 77 (1936) by Yen Ying Lu entitled "Cultural Diplomacy," pp. 188–9; and a Japanese journal published by the Nippon

Cultural Federation also from 1936 - *Cultural Nippon* - which includes an essay by Chikao Fujisawa (vols 4 and 5) which notes that for Japan: "Fujiyama and Geishagirl diplomacy is now giving way to a much more sober type of cultural diplomacy which stresses the intrinsic value of our culture from a world point of view," p. 513.

7 For a text from this period, see Anthony Haigh, *Cultural Diplomacy in Europe*, Strasbourg: Council of Europe, 1974, archived online at https://files.eric. ed.gov/fulltext/ED102067.pdf.

8 French rulers also had to contend with the regional sister languages to French(the *langues* d'oll, or languages in which the word for yes is "*ojlloui*") like Norman, Picard, Burgundian, and so forth.

9 J. H. Robinson (ed.), *Readings in European History*, Vol. 2, Boston: Ginn, 1906, pp.271-2.

10 The ordinance of 1539 was known as *Ordonnance de Villers-Cotterêts*. The most accessible English language source on the interface between the French language and nationalism is Eric Hobsbawm, *Nations and Nationalism since 1780: Programme, Myth, Reality*, Cambridge: Cambridge University Press, 1990.

11 Matthew Arnold, *Literature and Dogma: An Essay Toward the Better Appreciation for the Bible*, New York: Macmillan, 1873, p. 13.

12 Jessica Geinow-Hecht, *Sound Diplomacy: Music and Emotions in Transatlantic Relations*, 1850-1920, Chicago: University of Chicago Press, 2006.

13 For a centenary history, see Maurice Bruézière, *L'Alliance Française: Histoire d'une Institution* 1883-1983, Paris: Librairie Hachette, 1983.

14 R. E. McMurray and M. Lee, *The Cultural Approach: Another Way in International Relations*, Chapel Hill: University of North Carolina Press, 1947, pp. 9-15, 43. Philip M. Taylor, *The Projection of Britain: British Overseas Publicity and Propaganda*, 1919-1939, Cambridge: Cambridge University Press, 1981, pp. 126-7. On VDA, see http://www.vda-kultur.de/de/ueber_ uns/ueber-uns.php.

15 This story is told in Michael Llewellyn Smith, *Olympics in Athens 1896: The Invention of the Modern Olympic Games*, London: Profile Books, 2004.

16 For a sustained treatment of this impulse, see David W. Ellwood, *The Shock of America: Europe and the Challenge of the Century*, Oxford: Oxford University Press, 2012.

17 Peter Buitenhuis, *The Great War of Words: British, American and Canadian Propaganda and Fiction*, 1914–1933, Vancouver: University of British Columbia, 1987.

18 For a survey of this work, see George Creel, *How We Advertised America,* New York: Harper & Bros., 1920, esp. pp. 117–32.

19 Gregory Paschalidis, "Exporting National Culture: Histories of Cultural Institutes Abroad," *International Journal of Cultural Policy* 15(3) (2009): 275-89.

20 Richard T. Arndt, *The First Resort of Kings: American Cultural Diplomacy in the Twentieth Century,* Dulles, VA: Potomac Books, 2005; Edward Corse, *A Battle for Neutral Europe,* p. 83.

21 Tony Shaw, "Nightmare on Nevsky Prospekt: *The Blue Bird* as a Curious Instance of US-Soviet Film Collaboration during the Cold War," *Journal of Cold War Studies* 14(1) (Winter 2012): 3–33.

22 Samuel P. Huntington, "The Clash of Civilizations?" *Foreign Affairs* 72(3) (Summer 1993): 22-49.

23 https://www.britishcouncil.org/organisation/policy-insight-research/research/trust-pays.

24 https://www.britishcouncil.org/sites/default/files/3418_bc_edinburgh_univer sity soft_power_report_03b.pdf

25 Eidgenössisches Departement für Auswärtige Angelegenheiten. Politische Abteilung V, Sektion Kultur und UNESCO

26 For the ifa's mission statement, see http://www.ifa.de/en/about-us/missionobjecti ves.html

27 On Venice, see Enzo di Martino, *The History of the Venice Biennale*: 1895-2007, Venice: Papiro Arte, 2007. For a treatment of the cultural diplomacy of cities, see Mariano Martín Zamorano and Arturo Rodríguez Morató. "The Cultural Paradiplomacy of Barcelona since the 1980s: Understanding Transformations in Local Cultural Paradiplomacy," *International Journal of Cultural Policy* 21(5) (October 2015): 554–76.

28 Graham Carr, "No Political Significance of Any Kind': Glenn Gould's Tour of the Soviet Union and the Culture of the Cold War," *Canadian Historical Review* 95(1) (2014): 1–29.

29 Yudhishthir Raj Isar, "Culture in EU External Relations': An Idea Whose Time Has Come?, *International Journal of Cultural Policy* 21(4) (2015): 494-508. For quote, see https://eeas.europa.eu/headquarters/headquarters-homepage/4038/mogherini-and-commission-aim-put-culture-heart-eu-internationalrelations_en

30 Membership currently stands at 57 states, including the Canadian provinces of Quebec and New Brunswick and non-colonial countries with a strong tradition

of French language like Albania and Bulgaria.

31 J. P. Singh, *United Nations Educational, Scientific and Cultural Organization (UNESCO): Creating Norms for a Complex World,* New York: Routledge, 2011.

32 For details, see http://www.iccn.or.kr/.

33 For details, see https://exchanges.state.gov/us/program/german-american partnership-program and http://www.gmfus.org/.

34 For details, see http://culcon.jusfc.gov/.

35 The network as of the 1990s is documented in an archived USIA website at: http://dosfan.lib.uic.edu/usia/E-USIA/education/engteaching/eal-elpl. htm#Ind

36 https://artsbeat.blogs.nytimes.com/2011/11/18/lil-buck-jooks-his-waythrough-beijing-with-yo-yo-ma-and-meryl-streep/.

37 http://cubaskate.com/.

38 On this case, see Sarah E. K. Smith's essay in Nicholas Cull and Michael Hawes (eds), *Canadian Public Diplomacy*, New York: Palgrave, forthcoming.

39 Steve Crawshaw, "Shakespeare Goes to Serbia; Two Years Ago Britain Bombed Belgrave. Now the National Theatre has Sent its Hamlet as a Gesture of Peace," *The Independent*, February 18, 2001, pp. 1, 2; Dan De Luce in Tehran and Jeevan Vasagar, "Curtain Up, Veils Down: Bard Builds a Bridge with Iran, *Winter's Tale* Blazes Trail with Iranians Starved of Culture," *The Guardian,* January 22, 2003.

40 Tony Howard, "Blood on the Bright Young Things: Shakespeare in the 1930s," in Clive Barker and Maggie B. Gale (eds), *British Theatre Between the Wars*, Cambridge: Cambridge University Press, 2000, pp. 155-6.

41 David Monod, "'He is a cripple an' needs my love': *Porgy and Bess* as Cold War Propaganda," in Giles Scott-Smith and Hans Krabbendam (eds), *The Cultural Cold War in Western Europe:* 1945-1960, London: Frank Cass, 2003, pp. 300-12.

42 For the NFB/ONF platform for aboriginal film, see https://www.nfb.ca/indigenous-cinema/?&film_lang=en&sort=year:desc,title&year=1917..201.

43 On the play – entitled *Shopping and Fucking* – see Lorna Duckworth, "Blunkett Attack on Rent Boy Play Cash," *Mail on Sunday*, March 22, 1998, p. 18; Martin Bright, Richard Brooks, and Roger Tredre, "Blunkett Slams Grant for 'Foul' drama," *The Observer*, March 22, 1998, p. 3; John Mckie, "How Mark Went Shopping for a Worldwide Hit," *Evening Standard*, January 19, 1998, p. 52.

44 Falk Hartig, *Chinese Public Diplomacy*: the rise of the Confucius Institute, Abingdon: Routledge, 2016.

45 The partnership is even recalled in the brief online history of the theater at http://elteatrocampesino.com/our-history/.

46 I owe this reference to Simon Gammell of the British Council, which supported the project as a junior partner.

47 On West Heavens, see http://westheavens.net/en/aboutusen. The film was Huo Jianqi (dir.), *Xuanzang* (China Film/Eros International, 2016).

48 For the website, see http://can4culture.ca/.

49 See US Department of State, Bureau of Educational and Cultural Affairs, Cultural Programs Division, Grants Awarded 2006 at: http://exchanges.state.gov/education/citizens/culture/grants/awarded.htm.

50 For example, the Council's 2010 project to bring the play *The Great Game* to the United States included a 48-page anthology of essays edited by Christopher Merrill: *Trust Me, I'm an Expert: Talking Culture from Inside and Out.* http://www.britishcouncil.org/trust_me__i_m_an_expert.pdf

51 George Bruce, *Festival in the North: The Story of the Edinburgh Festival*, London: Robert Hale & Co., 1975, pp. 17-24.

52 For a range of sport cases, see Stuart Murray (guest ed.), "Sports Diplomacy," *The Hague Journal of Diplomacy* 8(3-4) (2013).

53 Byblos, in contrast, was excavated by the French. Interestingly, these contributions are memorialized, suggesting an interest in drawing value from past contributions also. Personal site visits, 2008.

54 For a study of this approach, see Christina Luke and Morgan M. Kersel, *US Cultural Diplomacy and Archeology: Soft Power, Hard Heritage*, New York: Routledge, 2013.

55 For a convenient introduction to gastro-diplomacy, see the winter 2014 issue of *Public Diplomacy Magazine* at: http://publicdiplomacymagazine.com/tag/gastrodiplomacy/.

56 As of 2018, these higher budgets are slated to be dramatically cut. See https://www.state.gov/documents/organization/277155.pdf.

57 See Barry Sanders, *American Avatar: The United States in the Global Imagination*, Dulles, VA: Potomac Books, 2011; and, for wider discussion of the challenge of America's cultural footprint, see Nathan Gardels and Mike Medavoy, *American Idol after Iraq: Competing for Hearts and Minds in the Global Media Age*, Malden, MA: Wiley-Blackwell, 2009; and Martha Bayles, *Through A Screen Darkly: Popular Culture, Public Diplomacy, and America's Image Abroad*, New Haven:

Yale University Press, 2014.

58 https://www.teachingenglish.org.uk/overview/promoting-21st-century-skills.

59 Michael Krenn, *Fall-Out Shelters for the Human Spirit: American Art and the Cold War*, Chapel Hill: University of North Carolina Press, 2006, pp. 230-1.

60 http://www.bosch-stiftung.de/en/story/film-prize-international-cooperation.

5장 교환과 연수: 공공외교의 대표적 형태

1 I owe this story to Sharon Harroun, chair of the CFPNI. For a full account, see Sharon Harroun, "How a Youth Program can Promote Peace, Reconciliation, and New Leadership," in Joseph L. Popiolkowski and Nicholas J. Cull (eds.) *Public Diplomacy, Cultural Interventions & the Peace Process in Northern Ireland: Track Two to Peace?* Los Angeles: Center on Public Diplomacy, 2009, pp. 83-8 (available online at: https://uscpublicdiplomacy.org/sites/uscpublicdiplomacy. org/files/legacy/media/Track%20Two%20to%20Peace%20FINAL). The notoriety of the murder was such that Mrs McMullin remains a semi-public figure in Northern Ireland, voicing concern over leniency of the prison sentence for her husband's killer and the release of a documentary dealing with the hunger strike of 1981 which was part of the backdrop to the Proctor murder.

2 http://oig.state.gov/documents/organization/186048.pdf. Reports on the government-wide use of exchanges may be found at: http://www.iawg.gov. At the time of writing, the budget for exchanges is a subject of dispute between the White House and the Department of State and its supporters on Capitol Hill.

3 On UK relationships, see http://www.nicaraguasc.org.uk/solidarity/twintowns/. US cities with civic links to Nicaragua included the author's hometown in the late 1980s and early 1990s, Princeton, New Jersey.

4 Eiichi Kiyooka (trans.), *The Autobiography of Yukichi Fukuzawa,* New York: Columbia University Press, 2007.

5 For a biography in English, see Francis G. Crowley, *Domingo Faustino Sarmiento*, New York: Twayne, 1972. I owe this reference to my colleague, Robert Banks.

6 Giles Scott-Smith, *Networks of Empire: The US State Department's Foreign Leader Program in the Netherlands, France, and Britain*, 1950–70, Brussels: Peter Lang, 2008.

7 Manuel Castells, *Communication Power*, New York: Oxford University Press, 2010. 20-6.

8 The story is in paragraph I of Diogenes" "Life of Bias." For an English version, see Diogenes Laertius, *The Lives and Opinions of the Eminent Philosophers*, trans. C.D. Yonge, London: Henry G. Bohn, 1853, pp. 38 40.

9 David Braud, *Rome and the Friendly King: The Character of the Client Kingship*, London: Routledge, 1983.

10 The early medieval moment is sketched in David G. Mandelbaum, "Comments," pp. 45–6, in "Attitudes and Adjustment in Cross-Cultural Contact: Recent Studies of Foreign Students," *Journal of Social Issues* 12(1), 1956, pp. 1-7. For more recent work, see Peter Stein, *Roman Law in European History*, Cambridge University Press, Cambridge, 1999; Hugh Goddard, *A History of Christian-Muslim Relations*, Edinburgh: Edinburgh University Press, 2000, p. 99; Amalananda Ghosh, *A Guide to Nalanda*, New Delhi: Archeological Survey of India, 1965, p. 9.

11 Helen Waddell, *The Wandering Scholars of the Middle Ages*, London: Constable 1927.

12 Peter Parkes, "Celtic Fosterage: Adoptive Kinship and Clientage in Northwest Europe," *Society for Comparative Study of Society and History* 48(2) (2006): 359-95.

13 Jean Lelièvre and Maurice Balavoinc, *Le Mans-Paderborn 836-1994: Une amitié séculaire un sillage delumière*, Le Mans: Martin, 1994.

14 Tsar Peter's residence in Zaandam, the Netherlands, may still be visited.

15 David E. Mungello, *Curious Land: Jesuit Accommodation and the Origins of Sinology*, Honolulu: University of Hawaii Press, 1989.

16 Stephen K. Batalden, Kathleen Cann, and John Dean, *Sowing the Word: The Cultural Impact of the British and Foreign Bible Society, 1804–2004*. Sheffield: Sheffield Phoenix Press, 2004.

17 For contemporary Indian criticism of Macauley, see Kapil Kapoor, http://veda.wikidot.com/article:decolonizing-the-indian-mind.

18 On Carlsberg, see Kristof Glamann, *Jacobsen of Carlsberg: Brewer and Philanthropist*, Copenhagen: Gyldendal, 1991. On the Danish Cultural Institute, see https://www.danishculture.com/history/.

19 For recent discussion of this, see Charlotte Lerg, "Uses and Abuses of the First German-American Professorial Exchange 1905-1914," in Anne Overbeck and Jürgen Overhoff (eds), *German-American Educational History: Topics, Trends, Fields of Research*, Heilbrunn: Klinkhardt Verlag, 2017, pp. 63-70; Anja Werner,

The Transatlantic World of Higher Education: Americans at German Universities, 1776–1914, New York: Berghahn, 2013; and Adam Nelson, "The Emergence of the American University: An International Perspective," *History of Education Quarterly* 45(3) (2005): 427–37. Nelson argues that the foreign experiences did not build an international perspective but rather were an incubator of nationalism.

20 Renate Simpson, *How the PhD Came to Britain: A Century of Struggle for Postgraduate Education,* Guildford: Society for Research into Higher Education, 1983.

21 Philip Ziegler, *Cecil Rhodes, the Rhodes Trust and Rhodes Scholarships,* New Haven: Yale University Press, 2008.

22 Weili Ye, *Seeking Modernity in China's Name: Chinese Students in the United States,* Palo Alto: Stanford University Press, 2001.

23 The story is well documented in the classic study by Frank Ninkovich, *The Diplomacy of Ideas: US Foreign Policy and Cultural Relations, 1938–1950,* New York: Cambridge University Press, 1981. On the ALA, see Michael Krenn, *The History of United States Cultural Diplomacy: 1770 to the Present Day,* London: Bloomsbury, 2017, p. 55.

24 I owe this account of Fulbright's motivation to a discussion with his widow, Harriet Fulbright. The original act may be accessed at https://www.loc.gov/ law/help/statutes-at-large/79th-congress/session-2/c79s2ch723.pdf.

25 Christopher Shulgan, *The Soviet Ambassador: The Making of the Radical Behind Perestroika,* Toronto: McClelland and Stewart, 2008.

26 Yale Richmond, *Cultural Exchange and the Cold War: Raising the Iron Curtain,* University Park, PA: Penn State University Press, 2003; Robert English, *Russia and the Idea of the West: Gorbachev, Intellectuals and the End of the Cold War,* New York: Columbia University Press, 2000.

27 Ulrich Krotz, *The Ties that Bind: The Parapublic Underpinnings of Franco-German Relations as Construction of International Value*, Cambridge, MA: Minda de Gunzburg Center for European Studies, Harvard, October 2002; also, Antoine Vion, "Europe from the Bottom Up: Town Twinning in France during the Cold War," *Contemporary European History* 11(4) (2002): 623-40.

28 Barak Kushner, "Cannibalizing the Japanese Media," *The Journal of Popular Culture* 31(3) (1997):55-68.

29 The emphasis on the welfare of the fostered child seemed odd to societies without the practice. English observers regularly identified Irish and Welsh fosterage as

examples of barbarism and exploitation of poor parents by parasitic wealthier families farming out offspring. This is discussed in Peter Parkes, "Fosterage, Kinship and Legend: When Milk was Thicker than Blood," *Comparative Studies in Society and History* 46(3) (July 2004): 587-615.

30 On Australia's approach, see David Lowe, "Australia's Colombo Plans, Old and New: International Students as Foreign Relations," *International Journal of Cultural Policy* 21(4) (2015): 448–62. The film was *Crook* (2010).

31 For an account of tub's sojourn, see David Von Drehle, "A Lesson in Hate: How an Egyptian Student Came to Study 1950s America and Left Determined to Wage Holy War," *Smithsonian Magazine*, February 2006.

32 Terry McDermott, *Perfect Soldiers: The 9/11 Hijackers: Who They Were, Why They Did It,* New York: HarperCollins, 2005.

33 The W curve was originally proposed by John T. Gullhorn and Jeane E.Gullhorn, "An Extension of the U-Curve Hypothesis," *Journal of Social Issues* 19(3) July 1963): 33-47. For recent research on culture shock, see Alfred Presbitero, "Culture Shock and Reverse Culture Shock: The Moderating Role of Cultural Intelligence in International Students' Adaptation," *International Journal of Intercultural Relations* 53 (July 2016): 28–38.

34 Alexey Fominykh, "Russia's Public Diplomacy in Central Asia and the Caucasus: The Role of the Universities," *The Hague Journal of Diplomacy* 12(1) (2017): 56-85.

35 Cynthia Miller-Idriss and Elizabeth Hanauer, "Transnational Higher Education: Offshore Campuses in the Middle East," *Comparative Education* 47(2) (2011): 181-207.

36 J. Manuel Espinosa, *Inter-American Beginnings of US Cultural Diplomacy, 1936-1948,* Washington, DC: Department of State, 1976, pp. 8-12.

37 Cull, *The Cold War and the United States Information Agency*, pp. 50-1.

38 http://www.senado.cl/distinguen-trayectoria-y-el-aporte-del-programa-deintercambio-cultural-mas-importante-de-estados-unidos/prontus_senado/2015-08-05/211346.html#vtxt_cuerpo_T0; see also https://alumni.state. gov/highlight/chilean-senate-pays homage-international-visitor-leadership program.

39 On the EU exchange, see Giles Scott-Smith, "Mending the 'Unhinged Alliance' in the 1970s: Transatlantic Relations, Public Diplomacy, and the Origins of the European Union Visitors Program," *Diplomacy & Statecraft* 16(4) (2006): 749-78.

40 Carol Atkinson has pointed out that 10 percent of the graduates of the Carlyle army education program head their military; see Carol Atkinson, *Military Soft*

Power: Public Diplomacy through Military Educational Exchanges, Lanham MD: Rowman & Littlefield Publishers, 2014.

41 http://exchanges.state.gov/non-us/program/techwomen.

42 https://exchanges.state.gov/non-us/iwp; https://iwp.uiowa.edu/residency.

43 John Wallach, *The Enemy Has a Face: The Seeds of Peace Experience,* Washington, DC: United States Institute of Peace, 2000.

44 Richard Mayne, *In Victory, Magnanimit in Peace, Goodwill: A History of Wilton Park,* London: Frank Cass, 2004.

45 http://exchanges.state.gov/non-us/program/techgirls

46 On Greek diaspora, see https://p.widencdn.net/Okxfiz/IIE-2016-AnnualReport; on Palestinians, see https://www.thedailybeast.com/a-palestinianbirthright-trip.

47 Nicholas J. Cull, "The Long Road to Public Diplomacy 2.0: The Internet in US Public Diplomacy," *International Studies Review* 15(1) (March 2013): 123-39.

48 On YALI network, see https://yali.state.gov/network/.

49 https://www.haaretz.com/1.5128004.

50 Emily T. Metzgar, *The JET Program and the US-Japan Relationship: Goodwill Goldmine,* Lanham, MD: Lexington Books, 2017.

51 http://en.ceaie.edu.cn/. The CEAIE also runs a program for voluntary teachers of English, in partnership with the UK charity Project Trust.

52 The statistic comes from https://www.statista.com/statistics/209334/totalnumber-of-international-tourist-arrivals/, accessed in March 2018, and represents a doubling on the figure from 1996.

53 Cull, *The Cold War and the United States Information Agency,* p. 138; Israel's efforts to enlist outgoing tourists are noted in Max Blumenthal, "Israel Cranks the PR Machine," *The Nation,* October 16, 2013.

54 The present author was a Harkness Fellow at Princeton from 1988 to 1990 and an active alumnus at the time of the change.

55 Molly Bettie, "Ambassadors Unaware: The Fulbright Program and American Public Diplomacy," *Journal of Transatlantic Studies* 13(4) (2015): 358-72.

56 This issue was raised in the United States during the debate over the H1B visa in the final years of the Obama presidency.

57 I owe this reference to Daniel Aguirre Azócar.

6장 국제 방송: 뉴스에 관한 투쟁

1 On Kim Hyeong-soo's 'story, see Sophia Cai, "Human Rights 'desert'': An Interview with North Korean Defector Kim Hyeong Soo," Asian Correspondent. Com, February 21, 2018; Elizabeth Shim, "North Korea Defector: News of Kim Jong Un Made Me Leave," *UPI*, November 30, 2017; Emma Batha, "North Korea Defector Reveals Late Leader's Fears over Libido and Diabetes," Reuters, March 11, 2016.

2 Cull, *The Decline and Fall of the United States Information Agency: American Public Diplomacy*, 1989-2001, New York: Palgrave, 2012.

3 I owe this observation to Matthew Armstrong.

4 For a German language study acknowledging the role of AFN, see Stephanie Graeber, *Der amerikanische Einfluss auf die Rolle des Radios in Nachkriegsbayern*, München: Grin Verlag, 2010.

5 For exploration of this role, see Amelia Arsenault and Manuel Castells, "Switching Power: Rupert Murdoch and the Global Business of Media Politics: A Sociological Analysis, *International Sociology* 23(4) (2008): 488-513.

6 For a case study of the counter-hegemonic approach, see James Painter, *Counter-Hegemonic News: A Case Study of Al-Juzeera English and Telesur*, Oxford: Reuters Institute for the Study of Journalism, 2008.

7 For an up-to-date biography, see Marc Raboy, *Marconi: The Man Who Networked the World*, Oxford: Oxford University Press, 2016, claiming Marconi was a priority for Italian dictator Benito Mussolini. Marconi received multiple honors, including a peerage from the regime and reciprocated with endorsements of Mussolini's politics.

8 Philip M. Taylor, *Munitions of the Mind: A History of Propaganda*, 3rd edn, Manchester: Manchester University Press, 2003, p. 205.

9 Marilyn J. Matelski, *Vatican Radio: Propagation by the Airwaves*, Westport, CT: Praeger, 1995.

10 The link between WRUL and British intelligence is noted in Cull, *Selling War: The British Propaganda Campaign Against American "Neutrality" in World War II*, Oxford: Oxford University Press, 1994, p. 133. For a contemporaneous account of the station's origins, see Robert J. Clements, "Foreign Language Broadcasting of 'Radio Boston,'" *The Modern Language Journal* 27(3) (March 1943): 175-9.

11 Horst J. P. Bergmeier and Rainer E. Lotz, *Hitler's Airwaves: The Inside Story of Nazi Radio and Propaganda Swing*, New Haven: Yale University Press, 1997;

Clayton D. Laurie, "Goebbels's lowan: Frederick W. Kaltenbach and Nazi Short-Wave Radio Broadcasts to America, 1939-1945," *Annals of Iowa* 53(3) (Summer 1994): 219-45.

12 On British wartime broadcasting, see Asa Briggs, *History of Broadcasting in the United Kingdom: Volume III: The War of Words,* Oxford: Oxford University Press, 1995; and Michael Stenton, *Radio London and Resistance in Occupied Europe: British Political Warfare,* 1939-1943, Oxford: Oxford University Press, 2000. Goebbels's reaction is noted in James Wood, *History of International Broadcasting, Vol. 2,* Stevenage: IET, 1992, p. 24.

13 Cull, *The Cold War and the United States Information Agency,* p. 14.

14 For a convenient comparative table of outputs from 1950 through to the end of the Cold War, see Wood, *History of International Broadcasting,* p. 20.

15 Alban Webb, *London Calling: Britain, the BBC World Service and the Cold War,* London: Bloomsbury, 2012, pp. 60, 130.

16 Wood, *History of International Broadcasting, Vol. 2,* 1992, p. 63.

17 The evolution of the VOA is well drawn in Alan Heil, *Voice of America: A History,* New York: Columbia University Press, 2003.

18 The best overview of the role of broadcasting in the Cold War is Michael Nelson, *War of the Black Heavens: The Battles of Western Broadcasting in the Cold War,* Syracuse: Syracuse University Press, 1997.

19 For a critique of the BBG structure, see Emily Metzgar, *Considering the "Illogical Patchwork": The Broadcasting Board of Governors and US International Broadcasting,* Los Angeles: CPD Perspectives, 2013.

20 For official statement see https://www.usagm.gov/2018/08/22/statementfrom-ceo-john-f-lansing-on-agency-rebrand/

21 Until now, editorials have been created by a special office of political appointees within VOA who adapted their arguments from the wider output of the Department of State, White House, and other elements of government. At the time of writing, there is a plan for editorials to be replaced by online links to official statements.

22 Stenton, *Radio London and Resistance in Occupied Europe,* p. 385.

23 A case of broadcasting for development will be considered in detail in chapter 8.

24 John Reith, *Into the Wind,* London: Hodder & Stoughton, 1949, p. 341.

25 Greg Dyke, conversation with author, 2004.

26 http://unesdoc.unesco.org/images/0004/000400/040066eb.pdf. The quote is from p. 37.

27 http://www.bbc.co.uk/bbctrust/news/press_releases/2014/world_service.

28 http://www.cbc.ca/news/canada/new-brunswick/rci-ends-shortwave-broad cast-1.1148370.

29 https://www.rnw.org/.

30 Stenton, *Radio London and Resistance in Occupied Europe.*

31 Lebona Mosia, Charles Riddle, and Jim Zaffiro, "From Revolutionary to Regime Radio: Three Decades of Nationalist Broadcasting in Southern Africa," *Africa Media Review* 8(1) (1994): 1-24.

32 On broadcasting to Cuba, see Daniel C. Walsh, *An Air War with Cuba: The United States Radio Campaign against Castro*, Jefferson, NC: MacFarland, 2012.

33 Tara Bahrampour, "Expats' Daily Show-style VOA Program Enthralls Iranians, Irks their Government," *Washington Post*, December 31, 2010; Elizabeth Flock, "Staffers: Voice Of America Left Lawmakers in the Dark about Loss of Prominent Show *Parazit*," *US News and World Report,* August 23, 2012.

34 http://www.dw.com/en/learn-german/s-2469.

35 For a biography of Conover, see Terrence Ripmaster, *Willis Conover: Broadcasting Jazz to the World,* Lincoln, NE: iUniverse, 2007.

36 A ten-minute promo for the High Life program has been preserved on YouTube at https://www.youtube.com/watch?v=ystNNQg0o2U.

37 Philip Nanton and Anne Walmsley, "Henry Swanzy: Pioneering BBC Producer whose Literary Programmes Launched a Generation of Caribbean Writers," *The Guardian*, March 20, 2004.

38 http://www.dw.com/en/media-center/podcasts/s-100977.

39 https://www.npr.org/2012/11/28/166082428/from-jk-to-eye-gunk-taking-us-slang-to-china; Tara Bahrampour, "'OMG Meiyu,' a Breakout Hit Web Show, Schools Chinese in American Slang," *Washington Post*, September 14, 2012. For sample see ttps://www.youtube.com/watch?v=UhUQMrOLYVU.

40 https://www.independent.co.uk/news/an-everyday-story-of-russian-working folk-starring-tony-blair-1233970.html.

41 For coverage, see http://www.labenevolencija.org/rwanda/radio-soap/; http://www.loveradio-rwanda.org/episode/1/onair/intro; and https://www.npr.org/20

18/04/16/602872309/romeo-juliet-in-kigali-how-a-soap-opera-sought-tochange-behavior-in-rwanda.

42 http://www.unesco.org/education/lwf/doc/portfolio/case3.htm; http://www.bbc.co.uk/mediaaction/where-we-work/asia/afghanistan/aepo; Simon Usborne, "The Afghan Archers: How a Radio Soap Opera Won Hearts and Minds in Afghanistan," *Independent,* October 6, 2014; Andrew Skuse, "Communication for Development and Public Diplomacy: Insights from an Afghan Radio Drama," in Marie Gillespie and Alban Webb (eds), *Diasporas and Diplomacy: Cosmopolitan Contact Zones at the BBC World Service* (1932– 2012), Abingdon: Routledge, 2012, pp. 193–210.

43 On Radio Cairo, see Douglas A. Boyd, "Development of Egypt's Radio: Voice of Arabs under Nasser," *Journalism Quarterly* 52(4) (Winter 1975): 643–53. On the end of VOA's religious content, see Cull, *The Cold War and the United States Information Agency,* p. 136.

44 On WORLDNET, see Alvin Snyder, *Warriors of Disinformation: How Lies, Videotape, and the USIA Won the Cold War: An Insider's Account,* Washington, DC: Arcade, 1995.

45 For example, the president of Serbia, Alexander Vucic, has referred to the local CNN affiliate N1 as "CIA TV."

46 On the soft power of Turkish soap opera, see Senem Çevik, "Turkish Soap Opera Diplomacy: A Western Projection by a Muslim Source," *Exchange: The Journal of Public Diplomacy* 5(1) (2014): https://surface.syr.edu/exchangel vol5/iss 1/6.

47 Joe Pompeo, "Russia Goes Viral," *New York Magazine*, September 20, 2013: http://nymag.com/daily/intelligencer/2013/09/how-the-rt-network-built-aus-audience.html.

48 On Telesur, see Craig Hayden, *The Rhetoric of Soft Power: Public Diplomacy in Global Contexts*, Lanham, MD: Lexington, 2012, pp. 131-67.

49 Marc Lynch, *Voices of the New Arab Public: Iraq, al-Jazeera, and Middle East Politics Today,* New York: Columbia University Press, 2007; Philip Seib, *The Al Jazeera Effect: How the New Global Media are Reshaping World Politics,* Washington, DC: Potomac Books, 2008.

50 William Lafi Youmans, *An Unlikely Audience: Al Jazeera's Struggle in America,* Oxford: Oxford University Press, 2017; also Philip Seib (ed.), *Al Jazeera English: Global News in a Changing World,* New York: Palgrave, 2012.

51 http://www.ajplus.net/english/.

52 Roger Wilmut, in Hamid Ismailov, Marie Gillespie, and Anna Aslanyan (eds), *Tales from Bush House*, Hatfield: Hertfordshire Press, 2012, pp. 108-9.

53 For case studies, see David Herbert and Tracey Black, "What Kind of Global Conversation? Participation, Democratic Deepening and Public Diplomacy through BBC World Service Online Forums: An Examination of Mediated Global Talk about Religion and Politics"; and Jingrong Tong and Hugh Mackay, "Discussions on BBC Chinese *Have Your Say* Forums: National Identity and International Broadcasting in the Interactive Media Era,' in Marie Gillespie and Alban Webb (eds), *Diasporas and Diplomacy.*

54 For a detailed treatment of the Polish case, see Pawel Machcewicz, *Poland's War on Radio Free Europe*, 1950-1989, Palo Alto: Stanford University Press, 2014. The diplomatic overture is on pp. 86-7. See also Richard Cummings, *Cold War Radio: The Dangerous History of American Broadcasting in Europe, 1950–1989,* Jefferson, NC: McFarland, 2009.

55 David Garnett, *The Secret History of PWE: Political Warfare Executive 1939-1945,* London: St. Ermin's Press, 2002.

56 The landscape of Russian broadcasting at home and abroad is well sketched by Peter Pomerantsev, *Nothing is True and Everything is Possible: Adventures in the New Russia,* London: Faber and Faber, 2015. See also Ilya Yablokov, "Conspiracy Theories as a Russian Public Diplomacy Tool: The Case of Russia Today (RT)," Politics 35(3-4) (November 2015): 301-15.

57 On information intervention, see Monroe Price and Mark Thompson (eds), *Forging Peace: Intervention, Human Rights and the Management of Media Space,* Manchester: Manchester University Press, 2002.

58 Ali Fisher, "Swarmcast: How Jihadist Networks Maintain a Persistent Online Presence," *Perspectives on Terrorism* 9(3) (2015): 3-20.

59 Katie Rogers, "Anonymous Hackers Fight ISIS but Reactions are Mixed," *New York Times,* November 25, 2015.

60 Matilda Andersson, Marie Gillespie and Hugh Mackay, "Mapping Digital Diasporas @ BBC World Service: Users and Uses of the Persian and Arabic Websites," *Middle East Journal of Culture and Communication* 3 (2010): 256– 78; the statistic is on p. 261.

61 http://www.adweek.com/digital/bbc-launches-whatsapp-ebola-lifeline-servicein-west-africa/; http://kimelli.nfshost.com/index.php?id=14370.

62 http://kimelli.nfshost.com/, December 12, 2017 commenting on http://www.

miamiherald.com/news/nation-world/national/article189222514.html.

63 The intermediate stage in this process at VOA is sketched in Nicholas J. Cull, "New Technology and the Future of International Broadcasting," in Alan Heil (ed.), *US Overseas Networks: Visions for America's Dialogue with the World,* Washington, DC: Public Diplomacy Council, 2008, pp. 99-106.

64 http://www.bbc.co.uk/mediacentre/latestnews/2018/bbc-news-serbian-digital-service-goes-live.

65 Dana Harman, "Move Over Al Jazeera, Israel's Own 24-hour TV News Station is about to Go Live," *Haaretz,* June 26, 2013; https://www.i24news.tv/en.

66 Albert Camus, *Resistance,* Rebellion and Death, New York: Alfred A. Knopf, 1961, p.104.

7장 국가브랜드와 브랜딩: 불완전한 대안 개념

1 The "House Party Model" was developed by Boaz Mourad for the Brand Israel Group, a team of experts convened by Ido Aharoni in 2002. The study took place in 2004-5.

2 Robert Govers, "Why Place Branding is Not about Logos and Slogans," *Place Branding and Public Diplomacy* 9(2) (2013): 71-5; Keith Dinnie, *Nation Branding: Concepts, Issues, Practice,* 2nd edn, Abingdon: Routledge, 2016; Melissa Aronczyk, Branding the Nation: The Global Business of National Identity, New York: Oxford University Press, 2013; Jian Wang, *Shaping China's Global Image: Branding Nations at the World Expo,* New York: Palgrave, 2013; Carolin Viktorin, Jessica Gienow-Hecht, Annika Estner, and Marcel Will, *Nation Branding in Modern History,* New York: Berghahn Books, 2018. Case studies are a regular feature of the journal *Place Branding and Public Diplomacy,* founded by Anholt and currently edited by Govers and myself.

3 http://www.coca-colacompany.com/stories/taste-the-feeling-launch.

4 The happy juxtaposition of yellow and green may evoke golden beach sand and lush vegetation to foreigners, but it began as a representation of the rather unhappy marriage of the royal houses of its first monarch Pedro I "the liberator" and his first consort Maria Leopoldine of Austria.

5 For the quote and the preceding idea of dispersed image, see Simon Anholt, *Competitive Identity: The New Brand Management for Nations, Cities and Regions,* Basingstoke: Palgrave, 2007, pp. 4-5.

6 The story is in paragraph III of Diogenes' "Life of Bias." For an English version, see Diogenes Laertius, *The Lives and Opinions of the Eminent Philosophers,* trans. C. D. Yonge, London: Henry G. Bohn, 1853, pp. 38-40. Ironically, of course, Bias himself became his city's brand, as his epitaph had it: "Here Bias of Priene lies, whose name / Brought to his home and all Ionia fame."

7 For a survey of the concept, see Keith Dinnie, "Country-of-Origin 1965-2004: A Literature Review," *Journal of Customer Behaviour* 3(2) (2004): 165-213. The Korean Discount was explained to the author by members of the Korean "Presidential Council on Nation Branding" in 2009.

8 These brands have been variously identified by previous writers. Simon Anholt called them cuckoo brands; however, this frames the issue in terms not just of a stolen advantage but a zero sum in which the authentic "chick" in the national nest is killed and the parent state/bird exploited. Another possibility is "false Aag" brands, but this implies not only a deceit but intent to undermine a reputation by creating a bad product rather than just a cheap product. Some writers have referred to "stealth brands"; however, this name has come to be used to refer to brands which are prestigious without being famous and are recognized as such by consumers "in the know." To avoid confusion, the present author has fixed on faux brand as a preferred alternative. I appreciate the help of my colleague David Craig in suggesting this term. For Anholt's discussion, see Simon Anholt, *Brand New Justice: How Branding Places and Products Can Help the Developing Works,* 2nd edn, Abingdon: Routledge, 2005, p. 123.

9 For text, see Howard Payn, The Merchandise Marks Act, 1887, London: Stevens and Sons, 1888, a volume which includes notes and copies of the earlier conventions. Available in digital form from https://archive.org/stream/merchandisemark00payngoog#page/n5/mode/2up. The Paris convention remains in force and is today administered by the World Intellectual Property Organization, a UN agency established in Geneva in 1967.

10 John Nathan, *Sony: The Private Life.* New York: Houghton Mifflin, 1999, p. 72.

11 This practice is noted in Susan Faludi, *Backlash: The Undeclared War Against American Women,* New York: Random House, 2006, p. 201.

12 The Matsui affair was reported as far away as the United States. See Steve Lohr, "Made in Japan' or Not? That is the Question," *New York Times,* April 3, 1988. For Anholt's treatment, see *Brand New Justice,* 2nd edn, p. 123. Anholt also gives the example of the Italian-sounding Thai brand Bossini: "The existence of such 'cuckoo brands', as I call them, also serves to emphasize the enormous power of language in the context of building international brands."

13 https://www.zaubacorp.com/company/MATSUI-ELECTRONICS-PRI VATE-LIMITED/U32109MH1994PTC080513.

14 https://www.outback.com/about-us.

15 Interestingly, perhaps, the company makes the limits of its Australianness clear and in terms of corporate social responsibility Outback emphasizes US patriotic causes, aligning itself with the welfare of US armed forces.

16 John Major's speech to the Conservative Group for Europe, April 22, 1993, archived online at http://www.johnmajor.co.uk/page1086.html. For non-English readers, "county grounds" are where cricket is played and "pools fillers" are people who gamble by predicting weekly football results.

17 The starting gun for an appreciation of this was a *Newsweek* cover story: Stryker McGuire, "London Reigns," *Newsweek,* November 4, 1997.

18 Simon Anholt, "Nation-Brands of the Twenty-First Century," *Journal of Brand Management* 5(6) (1998): 395-406.

19 Mark Leonard, *Britain TM: Renewing Our Identity,* London: Demos, 1997, available online at: https://www.demos.co.uk/files/britaintm.pdf.

20 For Olins's own account of this work, see http://nation-branding.info/2006/06/14/wally-olins-branding-poland/.

21 Leonard's output included Mark Leonard and Vidhya Alakeson, *Going Public: Diplomacy for the Information Society,* London: Foreign Policy Center, 2000; and Mark Leonard, Catherine Stead, and Conrad Smewing, *Public Diplomacy,* London: Foreign Policy Center, 2002.

22 For a detailed account of this process, see James Pamment, *British Public Diplomacy and Soft Power* for new insight into the early Blair period: James Pamment, "Foresight Revisited: Visions of Twenty-First Century Diplomacy," *Place Branding and Public Diplomacy* 14(1) (2018): 47-54.

23 Many of these points are made in Aronczyk, *Branding the Nation.*

24 Anholt launched his hexagon in the second edition of *Brand New Justice* in 2005. The 2003 version had been a pentagon and lacked the dimension of "people." See also Simon Anholt and Jeremy Hildreth, *Brand America*, New York: Cyan, 2005, p. 15.

25 Anholt to author.

26 Anholt to author. Norway also suffered a downturn in its image, owing to the tendency of people to confuse the two Nordic countries with each other.

27 Anholt to author.

28 https://www.futurebrand.com/country-brand-index.

29 The 2008 results are at http://www.eastwestcoms.com/global_annual_2008.htm.

30 https://www.bloom-consulting.com/en/country-brand-ranking.

31 Brand Finance evaluates nations using what it terms "the royalty relief mechanism employed to value the world's largest companies." It segments its analysis to consider the contribution of particular sectors, including tourism.

32 Simon Anholt, "The $2 Trillion Man: How Obama Saved Brand America," *Foreign Policy,* December 19, 2009: http://foreignpolicy.com/2009/12/17/the2-trillion-man/.

33 For early data, see http://brandfinance.com/images/upload/bfnb_100_2011_web_sp.pdf; for the post-Trump valuation, see: http://brandfinance.com/images/upload/bf_nation_brands_2017.pdf. From 2016 to 2017, the value of the US brand increased by 2 percent ($481 billion) but the value of China (in second place) increased by 44 percent. The US brand is rated as twice as valuable as that of China.

34 For example, his measure of cultural strength in the first index was based on tourism-per-thousand of the population, Olympic medals, the number of foreign correspondents, state-sponsored media-reach, and use of the native language. See Jonathan McClory, The New Persuaders, London: Institute of Government, 2009: https://www.instituteforgovernment.org.uk/sites/default/files/publications/The%20new%20persuaders_0.pdf, p. 9.

35 See Jonathan McClory, *The New Persuaders III,* London: Institute of Government, 2013: https://www.instituteforgovernment.org.uk/sites/default/ files/publications/The%20new%20persuaders%20111_0.pdf. See also Jonathan McClory, The New Persuaders II, London: Institute of Government, 2011: https://www.instituteforgovernment.org.uk/sites/default/files/publications/ The%20New%20PersuadersII_0.pdf.

36 https://softpower30.com/ McClory to author.

37 The present author was witness to the meeting in South Korea at which this new index was unveiled.

38 On I♥NY, see Alastair Sooke, "Milton Glaser: His Heart was in the Right Place," Daily Telegraph, February 7, 2011. On Glasgow's Miles Better, see "John Struthers: Advertising Man Credited with Devising the Famous Glasgow's Miles Better," (Glasgow) *Sunday Herald*, October 2, 2001.

39 http://www.failteireland.ie/Footer/Media-Centre/ Minister-Ring-officiallylaunches-Wild-Atlantic-Wa.aspx; for the associated website, see https://www.wildatlanticway.com/home.

40 Søren Buhl Pedersen, "Place Branding: Giving the Region of Øresund a Competitive Edge," Journal of Urban Technology 11(1) (2010): 77-95; Søren Buhl Hornsko, "On the Management of Authenticity: Culture in the Place Branding of Øresund," Place Branding and Public Diplomacy 3(3) (2007): 17–331.

41 Jesper Falkheimer, "Place Branding in the Øresund Region: From a Transnational Region to a Bi-national City-Region," *Place Branding and Public Diplomacy* 12(2-3) (2016): 160–71.

42 http://cphfilmfund.com/en/film-greater-copenhagen-replaces-oresund-film-commission/.

43 For the home site of Germany Land of Ideas, see https://land-der-ideen.de/en.

44 This case follows the argument made by Michael Kunczik, *Images of Nations and International Public Relations,* Mahwah. NJ: Lawrence Erlbaum Associates, 1997, drawing on Joan Campbell, *The German Werkbund: The Politics of Revival in the Applied Arts,* Princeton: Princeton University Press, 1978.

45 The present author heard this from his maternal grandmother, Alice O'Callaghan, but scholarly sources include Frank Reeves, *British Racial Discourse: A Study of British Political Discourse about Race and Race-related Matters,* Cambridge: Cambridge University Press, 1983, p. 50.

46 Herman Muthesius (ed. Dennis Sharp), *The English House* (full translation and facsimile of 1904 edition), London: Frances Lincoln, 2007.

47 For English language sources on the Werkbund since Campbell, see Lucius Burckhardt, *The Werkbund,* London: Hyperion Press, 1987; Frederic J. Schwartz, *The Werkbund: Design Theory and Mass Culture Before the First World War,* New Haven: Yale University Press, 1996.

48 See http://tvtropes.org/pmwiki/pmwiki.php/Main/GodwinsLawOfTimeTra vel. The law is named for Godwin's Law of online discussion which holds that the longer any online discussion goes on, the greater the probability of Hitler being mentioned.

49 This Season Two episode of *Star Trek* – "Patterns of Force," written by John Meredyth Lucas – was first transmitted in the United States in February 1968 but because of historical sensitivity was not shown in Germany until 2011.

50 Recent texts exposing this myth include Adam Tooze, *The Wages of Destruction:*

The Making and Breaking of the Nazi Economy, New York: Penguin, 2006.

51 For a bilingual treatment in German and English, see Karola Fings (ed.), *Stolpersteine. Gunter Demnig und sein Projekt*, Cologne: Emons Verlag, 2007. The project website is: http://www.stolpersteine.eu/en/homel. At the time of writing, there are 68,000 Stolpersteine in 21 European countries and one in Argentina. Demnig was part of the Shanghai display and visited the pavilion but did not speak publicly during the visit. Gunter Demnig to author, April 2, 2018.

52 There are some surprises in contributions to particular categories. Belgium shows up as doing most good in the field of culture. Iceland does most good in the field of climate. Readers should bear in mind that the differences between the GCI and NBI are statistically relatively insignificant; that GCI data are actually collected three to four years before publication, whereas the NBI is "real time," and finally that the GCI is normalized by GDP while the NBI is not. The index may be found at http://goodcountry.org/index/results. Anholt argues that by its very existence, the index provokes new kinds of discussion. Anholt to author.

8장 파트너십: 새로운 패러다임

1 Kofi Annan, "Problems without Passports," *Foreign Policy*, February 9, 2009: http://foreignpolicy.com/2009/11/09/problems-without-passports/.

2 For an exploration of this, see Andrew F. Cooper, *Celebrity Diplomacy*, Abingdon: Routledge, 2007.

3 Brian Hocking, "Reconfiguring Public Diplomacy: From Competition to Collaboration," in Jolyon Welsh and Daniel Fearn (eds), *Engagement: Public Diplomacy in a Globalised World*. London: Foreign and Commonwealth Office Books, 2008.

4 Geoffrey Cowan and Amelia Arsenault, "Moving from Monologue to Dialogue to Collaboration: The Three Layers of Public Diplomacy," *Annals of the American Academy of Political and Social Science* 616(1) (2008): 10-30.

5 https://publications.parliament.uk/pa/cm200506/cmselect/cmfaff/903/903.pdf evidence p. 64); https://www.curbed.com/2018/3/26/17165324/expo-milano-pavilion-united-states-unpaid-bills.

6 For cases, see Nicholas J. Cull, "Public Diplomacy and the Private Sector: The United States Information Agency, its Predecessors, and the Private Sector," in Helen Laville and Hugh Wilford (eds), *The US Government, Citizen Groups and the Cold War: The State-Private Network*, London: Frank Cass, 2006, pp.209-25.

7 http://www.jewishagency.org/partnership2gether-history-overview and https://www.dfa.ie/media/globalirish/global-irish-irelands-diaspora-policy.pdf, p. 43.

8 http://www.canadainternational.gc.ca/mexico-mexique/cmp-pem.aspx?lang=eng; http://mea.gov.in/bilateral-documents.htm?dtl/27482/IndiaRussia+Joint +Statement+during+the+Visit+of+President+of+the+Russia+to+India+Partnership+for+Global+Peace+and+Stability.

9 Ringrose to author.

10 https://www.globalpartnership.org.

11 The BBC Monitoring Service was recently the subject of a multi-scholar study by Britain's Imperial War Museum. For a web presentation of findings, see http://www.iwm.org.uk/research/research-projects/listening-to-the-worldbbc-monitoring-collection-ahrc-research-network.

12 For a recently declassified overview, see Joseph E. Roop, *Foreign Broadcast Information Service, History, Part I: 1941–1947,* Langley, VA: Central Intelligence Agency, 1969, esp. chapter 6, pp. 164–85.

13 The Russian audience element of the listening project is well documented by Eugene Parta in *Discovering the Hidden Listener: An Empirical Assessment of Radio Liberty and Western Broadcasting to the USSR during the Cold War,* Palo Alto: Hoover Institution Press, 2007. For the memoirs of a participant, see Jaroslaw Martyniuk, *Monte Rosa: Memoir of an Accidental Spy,* Bloomington: Xlibris, 2018.

14 The book was originally published in the United States by HarperCollins and in the United Kingdom by Hamish Hamilton; it was republished in 2001 by Columbia University Press with a helpful scholarly foreword by David C. Engerman. Other contributors were Ignazio Silone (Italy) and Louis Fischer (United States). Engerman's introduction includes details of its promotion by governments. See also Andrew Defty, *Britain, America and Anti-Communist Propaganda 1945-53: The Information Research Department,* Abingdon: Routledge, 2007, p. 160.

15 Benjamin Feyen and Ewa Krzaklewska (eds), *The ERASMUS Phenomenon: Symbol of a New European Generation?* Brussels: Peter Lang Publishing, 2013.

16 https://ec.europa.eu/programmes/erasmus-plus/sites/erasmusplus2/files/erasmus-impact_en.pdf, p. 18.

17 This case is based on conversation with Gregory Pirio of VOA and Elizabeth Fox of VOA and USAID. For context, see Nicholas J. Cull, *The Decline and Fall*

of the United States Information Agency: American Public Diplomacy, 1989-2001, New York: Palgrave, 2012, p. 150; on the Bolivian soap, see https://pdf.usaid.gov/pdf_docs/PNACL907.pdf; evidence from the conference is reviewed in attendee Graham *Mytton's Handbook on Radio and Television Audience Research*, UNESCO/UNICEF/BBCWST, London, 1999.

18 For background, see Susan Baker, *Sustainable Development*, Abingdon: Routledge, 2006; and Carl Death, *Governing Sustainable Development: Partnerships, Protests and Power at the World Summit*, Abingdon: Routledge, 2009.

19 For current activity, see http://cleancookstoves.org/. Reports on the evolution of the project may be downloaded from: http://cleancookstoves.org/about/ our-mission/index.html.

20 https://www.state.gov/s/partnerships/diasporal and http://www.diasporaalliance.org/

21 https://www.state.gov/s/partnerships/ppp/lionsafrical and http://www.lionsafrica. org/

22 http://fishackathon.hackernest.com/.

23 https://publications.parliament.uk/pa/cm200506/cmselect/cmfaff/903/903.pdf, cited on p. 12.

24 The report is archived at http://webarchive.nationalarchives.gov.uk/20090704022438/http://www.fco.gov.uk/en/about-the-fco/publications/publications/pd-publication/

25 See Lord Triesman's speech at the LSE, April 24, 2007, archived at http://cms.goodwood.co.uk/website-archive/publicEvents/pdf/20070423_LordTries man.pdf. The line is from Shakespeare's poem "Venus and Adonis" and was used to encourage comments from the audience.

26 A version of these objectives appears in House of Commons Foreign Affairs Committee, *Foreign and Commonwealth Office Annual Report 2006-07: First Report of Session 2007-2008*, London: HMSO, 2008, p. 86, item 250.

27 https://www.gov.uk/government/uploads/system/uploads/attachment_data/file/24328717099.pdf, pp. 109-12.

28 The present author was part of this process. In 2008, I was commissioned by the FCO to write the booklet which found its final form as Nicholas J. Cull, *Public Diplomacy: Lessons from the Past*, Los Angeles: Figueroa Press/Centre on Public Diplomacy, 2009. https://uscpublicdiplomacy.org/sites/uscpublicdiplomacy.org/

files/useruploads/u35361/2009%20Paper%202.pdf.

29 Welsh and Fearn (eds), *Engagement: Public Diplomacy in a Globalised World.* Contributors included Anholt and the present author. The text is archived at http://webarchive.nationalarchives.gov.uk/20090704022438/http://www.fco. gov.uk/en/about-the-fco/publications/publications/pd-publication/.

30 The report is archived at http://webarchive.nationalarchives.gov.uk/20100513 203926/http://www.fco.gov.uk/resources/en/pdf/pdf9/enabling-statev3.

31 The change was highlighted by public diplomacy scholar/blogger Robin Browne on a post of September 10, 2010: https://pdnetworks.wordpress.com/ 2010/09/10/ public-diplomacy-the-foreign-office-definition/.

32 William Bratton and Zachary Tumin, *Collaborate or Perish! Reaching Across Boundaries in a Networked World,* New York: Crown Business, 2012.

33 On broken windows policing, see George Kelling and Catherine Coles, *Fixing Broken Windows: Restoring Order and Reducing Crime in Our Communities,* New York: Simon and Schuster, 1997.

34 This paragraph follows the account in Bratton and Tumin, *Collaborate or Perish!*

35 Joel Rubin and Richard Winton, "Crime Continues to Fall in Los Angeles Despite Bad Economy," *Los Angeles Times*, January 1, 2009.

36 On his advice in the United Kingdom, see Vikram Dodd, "Bratton in Britain: Can London Learn Lessons from Former LAPD Chief?" *Guardian,* August 14, 2011. The medal was an honorary CBE (Commander of the Order of the British Empire).

37 On the setup, see Laura M. Calkins, "Patrolling the Ether: US-UK Open Source Intelligence Cooperation and the BBC's Emergence as an Intelligence Agency, 1939–1948," *Intelligence and National Security* (2011) 26(1): 1-22; Roop, *Foreign Broadcast Information Service, History,* notes that at some points the United States and the United Kingdom looked to create a United Nations listening operation.

38 For a study of more recent years in the partnership, see Kalev Leetaru, "The Scope of FBIS and BBC Open-Source Media Coverage, 1979–2008," *Studies in Intelligence* 54(1) (March 2010): 17-37.

39 Sean McMeekin, *The Red Millionaire: A Political Biography of Willi Münzenberg, Moscow's Secret Propaganda Tsar in the West, 1917–1940,* New Haven: Yale University Press, 2004; Stephen Koch, *Double Lives: Stalin, Willi Munzenberg and the Seduction of the Intellectuals,* New York: Free Press, 1994.

40 This case is based on conversation with Gregory Pirio of VOA and Elizabeth Fox of VOA and USAID. For context, see Nicholas J Cull, *The Decline and Fall of the United States Information Agency,* p. 150; on the Bolivian soap, see: https://pdf.usaid.gov/pdf_docs/PNACL907.pdf. Evidence from the conference is reviewed in attendee Graham Mytton's *Handbook on Radio and Television Audience Research,* London: UNESCO/UNICEF/BBCWST, 1999: https://www.publicmediaalliance.org/wp-content/uploads/2017/08/audience_research.pdf. The venue was Gallaudet, a university for people who are deaf.

41 The best practices are drawn from the author's own notes of the session rather than any formal volume of proceedings. An outline of the event is preserved at https://business.gwu.edu/sites/g/files/zaxdzs1611/f/downloads/ICR_Uncommon-Aliances_Bios.pdf.

42 Examples of national collaborative platforms include the UK government's Research Information and Communications Unit (RICU), created in 2007 at the Home Office to try to build a cross-government response to the problem and to develop materials for wider circulation.

43 https://www.thegctf.org/. For a sample of best practice documentation, see https://www.thegctf.org/Portals/1/Documents/Framework%20Documents/ A/GCTF-CE-and-COP-Good-Practices-ENG.pdf.

44 The hub's home page is at http://www.hedayah.ae/.

45 https://obamawhitehouse.archives.gov/the-press-office/2015/02/18/factsheet-white-house-summit-countering-violent-extremism.

46 For an overview two years into the project by one its architects, Michael Duffin, see https://blogs.state.gov/stories/2017/05/17/en/role-cities-countering-violent-extremism.

47 The Horizon home page notes: "Horizon is a public relations agency that specializes is applying bet-in-class strategic communications to promote, celebrate and strengthen the positive voices and stories of ethnic minority communities here in Britain and abroad," http://horizonpr.agencyl. On Moonshot CVE, see http://moonshotcve.com/#g-container-header. Their projects include a spinoff from Google Jigsaw to redirect online searches for radical material, as noted on https://jigsaw.google.com/projects/#redirect-method.

48 Dan Chugg, "Winning the Strategic Communications War with DAESH," *Civil Service Quarterly,* December 20, 2017: https://quarterly.blog.gov.uk/ 2017/12/20/winning-the-strategic-communications-war-with-daesh/

49 Ibid

50 For coverage, see https://www.theguardian.com/media/2015/aug/04/anti-isisyoutube-video-notanotherbrother.

51 https://openyoureyes.net/. For especially powerful testimony, see https://openyoureyes.net/the-teachings-of-isis-are-the-opposite-of-islam/ and https://openyoureyes.net/british-ex-jihadi-in-emotional-appeal-not-to-join-isis/.

52 https://www.theguardian.com/politics/2016/may/02/inside-ricu-the-shadowy-propaganda-unit-inspired-by-the-cold-war. The piece claimed that the NGO Help for Syria was created by Breakthrough Media.

53 https://www.opendemocracy.net/ben-hayes-asim-qureshi/going-global-ukgovernment-s-propaganda-and-censorship-silicon-valley-and-cve. Hayes is a fellow of the Transnational Institute. Qureshi is research director of the NGO CAGE, which has been involved in cataloguing the negative aspects of the UK government's PREVENT initiative: https://www.cage.ngol. He is the author of *A Virtue of Disobedience: A New Civil Rights Handbook,* London: Byline, 2018.

54 https://quarterly.blog.gov.uk/2017/12/20/winning-the-strategic-communications-war-with-daesh/.

결론: 공공외교와 우리 시대의 위기

1 The term was coined by Hungarian scholar András Rácz in Russia's *Hybrid War in Ukraine Breaking the Enemy's Ability to Resist (FIIA Report 43),* Helsinki: Finnish Institute for International Affairs, 2015.

2 For early StopFake stories, see http://www.stopfake.org/en/2014/03/ Fedchenko to Cull.

3 On the 2016 training, see http://www.stopfake.org/en/stopfake-trainer-conducted-two-day-anti-propaganda-training-for-young-politicians-in-armenia/ and http://www.stopfake.org/en/stopfake-trainers-told-journalists-in-kazakhstan-politicians-from-georgia-and-azerbaijan-about-fact-checking-combating/propaganda/

4 Christopher Walker and Jessica Ludwig, "The Meaning of Sharp Power: How Authoritarian States Project Influence," *Foreign Affairs,* November 16, 2017: https://www.foreignaffairs.com/articles/china/2017-11-16/meaning-sharp-power?cid=int-fls&pgtype=hpg.

5 These seven lessons were first presented in 2008 in Cull, "Public Diplomacy Seven Lessons for its Future from its Past," in Welsh and Fearn, *Engagement: Public Diplomacy in a Globalised World,* pp. 16-29.

6 https://euvsdisinfo.eu/.

7 The clearest example of this is the way in which the US government successfully pressed the Soviet Union to stop claiming that AIDS was a US-made bio weapon by threatening to suspend all US-Soviet scientific cooperation. See Cull, *The Cold War and the United States Information Agency*, pp. 467, 474.

8 On H. G. Wells's Great War propaganda work, see J. Lee Thompson, *Politicians, Press and Propaganda: Lord Northcliffe and the Great War*, 1914-1919, Kent, OH: Kent State University Press, 1999.

9 https://sustainabledevelopment.un.org/post2015/transformingourworld.

10 https://www.futurelibrary.no.

11 http://genius 100visions.com/

12 See Diogenes Laertius, *The Lives and Opinions of the Eminent Philosophers*, trans. C. D. Yonge, London: Henry G. Bohn, 1853, p. 40.

PUBLIC DIPLO MACY

참고문헌

Aday, Sean and Livingston, Steven (2008) "Taking the State out of State - Media Relations Theory: How Transnational Advocacy Networks are Changing the Press-State Dynamic." *Media, War & Conflict* 1(1): 99-107.

Anholt, Simon (1998) "Nation-Brands of the Twenty-First Century." *Journal of Brand Management* 5(6): 395-406.

Anholt, Simon (2005) *Brand New Justice: How Branding Places and Products Can Help the Developing Works*, 2nd edn. Abingdon: Routledge.

Anholt, Simon (2007) *Competitive Identity: The New Brand Management for Nations, Cities and Regions.* Basingstoke: Palgrave.

Anholt, Simon and Hildreth, Jeremy (2005) *Brand America.* New York: Cyan.

Aronczyk, Melissa (2013) *Branding the Nation: The Global Business of National Identity.* New York: Oxford University Press.

Arsenault, Amelia and Castells, Manuel (2008) "Switching Power: Rupert Murdoch and the Global Business of Media Politics: A Sociological Analysis." *International Sociology* 23(4): 488-513.

Atkinson, Carol (2014) *Military Soft Power: Public Diplomacy through Military Educational Exchanges.* Lanham, MD: Rowman & Littlefield Publishers.

Auerbach, Jonathan and Castronovo, Russ (eds) (2013) *The Oxford Handbook of Propaganda Studies.* Oxford: Oxford University Press.

Bayles, Martha (2014) *Through a Screen Darkly: Popular Culture, Public Diplomacy, and America's Image Abroad.* New Haven: Yale University Press.

Bettie, Molly (2015) "Ambassadors Unaware: The Fulbright Program and American Public Diplomacy." Journal of Transatlantic Studies 13(4): 358-72.

Bjola, Corneliu and Holmes, Marcus (eds) (2015) *Digital Diplomacy: Theory and Practice*. Abingdon: Routledge.

Bratton, William and Tumin, Zachary (2012) *Collaborate or Perish! Reaching across Boundaries in a Networked World*. New York: Crown Business.

Castells, Manuel (2010) *Communication Power*. New York: Oxford University Press.

Çevik, Senem (2014) "Turkish Soap Opera Diplomacy: A Western Projection by a Muslim Source." *Exchange: The Journal of Public Diplomacy* 5(1).

Corse, Edward (2013) *A Battle for Neutral Europe: British Cultural Propaganda during the Second World War*. London: Bloomsbury.

Cowan, Geoff and Cull, Nicholas J. (eds) (2008) "Global Public Diplomacy." *ANNALS of the American Academy of Political and Social Science* 616(1) (special issue).

Cross, Maya and Melissen, Jan (eds) (2013) *European Public Diplomacy: Soft Power at Work*. New York: Palgrave.

Cull, Nicholas J. (1994) *Selling War: The British Propaganda Campaign Against American "Neutrality" in World War II*. Oxford: Oxford University Press.

Cull, Nicholas J. (2008) *The Cold War and the United States Information Agency: American Propaganda and Public Diplomacy, 1945-1989*. Cambridge: Cambridge University Press.

Cull, Nicholas J. (2009) *Public Diplomacy: Lessons from the Past*. Los Angeles: Figueroa Press/Centre on Public Diplomacy.

Cull, Nicholas J. (2012) *The Decline and Fall of the United States Information Agency: American Public Diplomacy*, 1989-2001. New York: Palgrave.

Cull, Nicholas J. (2013) "The Long Road to Public Diplomacy 2.0: The Internet in US Public Diplomacy." *International Studies Review* 15(1) (March): 123-39.

Cull, Nicholas J. and Hawes, Michael (eds) (forthcoming) *Canadian Public Diplomacy*. New York: Palgrave.

d'Hooghe, Ingrid (2015) *China's Public Diplomacy*. Leiden, the Netherlands: Brill/Nijhoff.

Dinnie, Keith (2016) *Nation Branding: Concepts, Issues, Practice*, 2nd edn. Abingdon: Routledge.

Dobson, Andrew (2014) *Listening for Democracy: Recognition, Representation, Reconciliation*. Oxford: Oxford University Press.

el-Nawawy, Mohammed and Iskandar, A. (2003) *Al-Jazeera: The Story of the Network That Is Rattling Governments and Redefining Modern Journalism*. Boulder, CO: Westview Press.

English, Robert (2000) *Russia and the Idea of the West: Gorbachev, intellectuals and the End of the Cold War*. New York: Columbia University Press.

Entman, Robert M. (2004) *Projections of Power: Framing News, Public Opinion, and US Foreign Policy*. Chicago: The University of Chicago Press.

Espinosa, J. Manuel (1976) *Inter-American Beginnings of US Cultural Diplomacy*, 1936-1948, Washington, DC: Department of State.

Fisher, Ali (2013) *Collaborative Public Diplomacy: How Transnational Networks Influenced American Studies in Europe*. New York: Palgrave.

Fisher, Ali and Bröckerhoff, Aurélie (2008) *Options for Influence: Global Campaigns of Persuasion in the New Worlds of Public Diplomacy*. London: British Council Counterpoint.

Fletcher, Tom (2016) *Naked Diplomacy: Understanding Power and Statecraft in the Digital Age*. London: HarperCollins, Gardels, Nathan and Medavoy, Mike (2009) *American Idol after Iraq: Competing for Hearts and Minds in the Global Media Age*. Malden, MA: Wiley-Blackwell.

Geinow-Hecht, Jessica (2006) *Sound Diplomacy: Music and Emotions in Transatlantic Relations*, 1850-1920. Chicago: University of Chicago Press.

Gilboa, Eytan (2006) "Public Diplomacy: The Missing Component in Israel's Foreign Policy." *Israel Affairs* 12(4): 715-47.

Gilboa, Eytan (2007) "The CNN Effect: The Search for a Communication Theory of International Relations." *Political Communication* 22(1): 27-44.

Gilboa, Eytan (2008) "Searching for a Theory of Public Diplomacy." *ANNALS of the American Academy of Political and Social Science* 616(1): 55-77.

Gillespie, Marie and Webb, Alban (eds) (2012) *Diasporas and Diplomacy: Cosmopolitan Contact Zones at the BBC World Service* (1932–2012). Abingdon: Routledge.

Goff, Patricia (2013) "Cultural Diplomacy," in Andrew F. Cooper, Jorge Heine, and Ramesh Thakur (eds), *The Oxford Handbook of Modern Diplomacy*. Oxford: Oxford University Press, pp. 419-35.

Golan, Guy J., Yang, Sung-un, and Kinsey, Dennis F. (2015) *International Public Relations and Public Diplomacy*. New York: Peter Lang.

Govers, Robert (2013) "Why Place Branding is Not about Logos and Slogans." *Place Branding and Public Diplomacy* 9(2): 71-5.

Govers, Robert (2018) *Imaginative Communities: Admired Cities, Countries and Regions.* Antwerp: Reputo Press.

Halverson, Jeffrey, Goodall Jr, H. L., and Corman, Steven R. (2011) *The Master Narratives of Islamic Extremism.* New York: Palgrave.

Hartig, Falk (2016) *Chinese Public Diplomacy: The Rise of the Confucius Institute.* Abingdon: Routledge.

Hayden, Craig (2012) *The Rhetoric of Soft Power: Public Diplomacy in Global Contexts.* Langham, MD: Lexington.

Heath, Chip and Heath, Dan (2007) *Made to Stick: Why Some Ideas Survive and Others Die.* New York: Random House.

Heil, Alan (2003) *Voice of America: A History.* New York: Columbia University Press.

Heil, Alan (ed.) (2008) *US Overseas Networks: Visions for America's Dialogue with the World.* Washington, DC: Public Diplomacy Council.

Fitzpatrick, Kathy. (2007) "Advancing the New Public Diplomacy: A Public Relations Perspective." *The Hague Journal of Diplomacy* 2(3): 187–211.

Kampf, Romit, Manor, Ilan, and Segev, Elad (2015) "Digital Diplomacy 2.0? A Cross-national Comparison of Public Engagement in Facebook and Twitter." *The Hague Journal of Diplomacy* 10(4): 331-62.

Kelley, J. Robert (2010) "The New Diplomacy: Evolution of a Revolution." *Diplomacy & Statecraft* 21(2): 286–305.

Krenn, Michael (2006) *Fall-Out Shelters for the Human Spirit: American Art and the Cold War.* Chapel Hill: University of North Carolina Press.

Krenn, Michael (2017) *The History of United States Cultural Diplomacy: 1770 to the Present Day.*London: Bloomsbury.

Lee, Sook Jong and Melissen, Jan (eds) (2011) *Public Diplomacy and Soft Power in East Asia.* New York: Palgrave.

Luke, Christina and Kersel, Morgan M. (2013) *US Cultural Diplomacy and Archeology: Soft Power, Hard Heritage.* New York: Routledge.

Machcewicz, Pawel (2014) *Poland's War on Radio Free Europe*, 1950-1989. Palo Alto: Stanford University Press.

Melissen, Jan (ed.) (2005) *The New Public Diplomacy: Soft Power in International Relations.* New York: Palgrave.

Metzgar, Emily (2013) *Considering the "Illogical Patchwork": The Broadcasting Board of Governors and US International Broadcasting.* Los Angeles: CPD Perspectives.

Metzgar, Emily (2017) *The JET Program and the US-Japan Relationship: Goodwill Goldmine.* Lanham, MD: Lexington Book.

Miskimmon, Alister, O'Loughlin, Ben, and Roselle, Laura (eds) (2017) *Forging the World: Strategic Narratives and International Relations.* Ann Arbor: University of Michigan Press.

Murray, Stuart (guest ed.) (2013) "Sports Diplomacy." *The Hague Journal of Diplomacy* 8(3-4): 191-5.

Nelson, Michael (1997) *War of the Black Heavens: The Battles of Western Broadcasting in the Cold War.* Syracuse: Syracuse University Press.

Ninkovich, Frank: (1981) *The Diplomacy of Ideas: US Foreign Policy and Cultural Relations,* 1938-1950. New York: Cambridge University Press.

Nisbet, Erik C., Nisbet, Matthew C., Scheufele, Dietram A., and Shanahan, James E. (2004) "Public Diplomacy, Television News, and Muslim Opinion." *The International Journal of Press/Politics* 9(2): 11-37.

Nye, Joseph (2004) *Soft Power: The Means to Success in World Politics.* New York: Public Affairs.

Nye, Joseph (2011) *The Future of Power.* New York: PublicAffairs.

Pamment, James (2013) *New Public Diplomacy: A Comparative Study of Policy and Practice.* Abingdon: Routledge.

Pamment, James (2015) *British Public Diplomacy and Soft Power: Diplomatic Influence and the Digital Revolution.* Abingdon: Routledge.

Pamment, James (2015) "Media Influence, Ontological Transformation, and Social Change Conceptual Overlaps between Development Communication and Public Diplomacy." *Communication Theory* 25(2): 188–207.

Parta, Eugene (2007) *Discovering the Hidden Listener: An Empirical Assessment of Radio Liberty and Western Broadcasting to the USSR during the Cold War.* Palo Alto: Hoover Institution Press.

Paschalidis, Gregory (2009) "Exporting National Culture: Histories of Cultural Institutes Abroad." *International Journal of Cultural Policy* 15(3): 275–89.

Pomerantsev, Peter and Weis, Michael (2014) *The Menace of Unreality: How the Kremlin Weaponizes Information, Culture and Money.* New York: Institute of Modern Russia.

Pomerantsev, Peter (2015) *Nothing is True and Everything is Possible: Adventures in the New Russia.* London: Faber and Faber.

Popiolkowski, Joseph L. and Cull, Nicholas J. (eds) (2009*) Public Diplomacy, Cultural Interventions and the Peace Process in Northern Ireland: Track Two to Peace?* Los Angeles: Center on Public Diplomacy.

Powers, Shawn and el-Nawawy, Mohammed (2009) "Al-Jazeera English and Global News Networks: Clash of Civilizations or Cross-cultural Dialogue?" *Media, War & Conflict* 2(3): 263-84.

Rácz, András (2015) *Russia's Hybrid War in Ukraine Breaking the Enemy's Ability to Resist (FIIA Report 43).* Helsinki: Finnish Institute for International Affairs.

Richmond, Yale (2003) *Cultural Exchange and the Cold War: Raising the Iron Curtain.* University Park: Penn State University Press.

Sanders, Barry (2011) *American Avatar: The United States in the Global Imagination.* Dulles, VA: Potomac Books.

Scott-Smith, Giles (2008) *Networks of Empire: The US State Department's Foreign Leader Program in the Netherlands, France, and Britain 1950–70.* Brussels: Peter Lang.

Seib, Philip (2008) *The Al Jazeera Effect: How the New Global Media Are Reshaping World Politics,* Washington, DC: Potomac Books.

Seib, Philip (ed.) (2009) *Toward a New Public Diplomacy: Redirecting US Foreign Policy.* New York: Palgrave Macmillan.

Seib, Philip (2012) *Real-Time Diplomacy: Politics and Power in the Social Media Era.* New York: Palgrave.

Seib, Philip (2016) *The Future of Diplomacy.* London: Polity.

Sevin, Efe (2014) "Understanding Cities through City Brands: City Branding as a Social and Semantic Network." *Cities* 38 (June): 47–56.

Sevin, Efe (2017) *Public Diplomacy and the implementation of Foreign Policy in the US, Sweden and Turkey.* New York: Palgrave.

Shaw, Tony (2012) "Nightmare on Nevsky Prospekt: *The Blue Bird* as a Curious Instance of US-Soviet Film Collaboration during the Cold War." *Journal of Cold War Studies* 14(1) (Winter): 3–33.

Singh, J. P. (2011) *United Nations Educational, Scientific and Cultural Organization (UNESCO): Creating Norms for a Complex World.* New York: Routledge.

Singh, J. P. and MacDonald, Stuart (2017) *Soft Power Today: Influences and Effects.* Edinburgh: British Council/University of Edinburgh Institute for International Cultural Relations.

Snow, Nancy (2011) *Information War: American Propaganda, Free Speech and Opinion Control Since 9-11.* New York: Seven Stories Press.

Snow, Nancy and Cull, Nicholas J. (eds) (forthcoming) *The Routledge Handbook of Public Diplomacy,* 2nd edn. Abingdon: Routledge.

Taylor, Philip M. (1981) *The Projection of Britain: British Overseas Publicity and Propaganda,* 1919–1939. Cambridge: Cambridge University Press.

Taylor, Philip M. (2003) *Munitions of the Mind: A History of Propaganda,* 3rd edn. Manchester: Manchester University Press.

Thussu, Daya Kishan (2013) *Communicating India's Soft Power: Buddha to Bollywood.* New York: Palgrave.

Tomlin, Gregory (2016) *Murrow's Cold War: Public Diplomacy for the Kennedy Administration.* Lincoln: University of Nebraska Press.

Trent, Deborah L. (ed.) (2016) *Nontraditional US Public Diplomacy: Past, Present, and Future.* Washington, DC: Public Diplomacy Council.

Ungar, Sanford (2016) "The Study-Abroad Solution: How to Open the American Mind," *Foreign Affairs* 95(2) (March/April).

Viktorin, Carolin, Gienow-Hecht, Jessica, Estner, Annika and Marcel, Will (2018) *Nation Branding in Modern History.* New York: Berghahn Books.

Villanueva Rivas, César (2007) *Representing Cultural Diplomacy: Soft Power, Cosmopolitan Constructivism and Nation Branding in Mexico and Sweden.* Växjö: Växjö University Press.

Villanueva Rivas, César (2015) "The Use of the Spanish Language as a Cultural Diplomacy Strategy for Extending Mexico's Soft Power in the United States." *Place Branding and Public Diplomacy* 11(2): 139-47.

Villanueva Rivas, César (2017) "Mexico's Public Diplomacy Approach to the Indo-Pacific: A Thin Soft Power?" *Politics and Policy* 45(5): 793-812.

Waller, J. Michael (2007) *The Public Diplomacy Reader.* Washington, DC: IWP Press.

Walsh, Daniel C. (2012) *An Air War with Cuba: The United States Radio Campaign against Castro.* Jefferson, NC: MacFarland.

Wang, Jian (2013) *Shaping China's Global Image: Branding Nations at the World Expo.* New York: Palgrave.

Webb, Alban (2012) *London Calling: Britain, the BBC World Service and the Cold War.* London: Bloomsbury.

Welsh, Jolyon and Fearn, Daniel (eds) (2008) *Engagement: Public Diplomacy in a Globalised World.* London: Foreign and Commonwealth Office Books.

Wiseman, Geoffrey (2015) *Isolate or Engage: Adversarial States, US Foreign Policy,and Public Diplomacy.* Palo Alto: Stanford University Press.

Zaharna, R. S. (2014) *Battles to Bridges: US Strategic Communication and Public Diplomacy after 9/1,* 2nd edn. New York: Palgrave.

Zaharna, R. S. (2016) "Reassessing 'Whose Story Wins': The Trajectory of Identity Resilience in Narrative Contests." *International Journal of Communication* 10: 4407-38.

Zaharna, R. S. (forthcoming) *Globalizing Public Diplomacy: Three Communication Logics for a Digitally Connected and Culturally Diverse World.* New York: Oxford University Press.

Zaharna, R. S., Arsenault, Amelia, and Fisher, Ali (eds) (2014) *Relational, Networked and Collaborative Approaches to Public Diplomacy: The Connective Mindshift.* Abingdon: Routledge.

번역에 참여하신 분들: 한국외대 미디어외교센터

채영길(커뮤니케이션학 박사)
한국외대 미디어커뮤니케이션학부 교수
한국외대 미디어커뮤니케이션연구소 소장

이효복(광고학 박사)
한국외대 미디어커뮤니케이션연구소 전임연구원
한국외대 미디어커뮤니케이션학부 전임강사

김현진
한국외대 미디어외교센터 연구원
한국외대 국제지역대학원 러시아·CIS경제 전공 박사과정

윤지수
한국외대 미디어외교센터 연구원
한국외대 일반대학원 터키·중앙아시아·몽골학과 박사과정

박제노
한국외대 일반대학원 국제관계학과 석사

안정아
컬럼비아대학교 예술대학원 영화와 미디어연구 석사과정

이지인
경희대학교 스페인어학 학사

공공외교

역 자	한국외대 미디어외교센터
발 행 일	2021년 6월 28일
발 행 처	**한경사**
발 행 인	이계남
등록사항	제10-1951호 2000년 4월 14일
주 소	서울시 마포구 신수로 59-1 3층
전화번호	02_717_7264~5
팩스번호	02_717_7226
홈페이지	hankyungsa.co.kr
전자우편	hankyungsa@hanmail.net
I S B N	978-89-6844-330-5 (93320)
가 격	22,000원

■ 이 도서는 2019년 대한민국 교육부와 한국연구재단의 지원을 받아 수행된 연구입니다(NRF-2019S1A5C2A03083114).